존 스토트

설교의 능력

Copyright © 1982 by John Stott
Originally published in English under the title I Believe in Preaching
Published by Hodder and Stoughton Limited
338 Euston Road, London, NW1 3BH, England
All rights reserved.

Translated and used by the permission of Hodder and Stoughton Limited
through the arrangement of KCBS, Inc., Seoul, Korea

Korean Copyright © 2004 Christian Digest, Goyang, Korea

이 저작물의 한국어판 저작권은 KCBS,Inc.를 통하여
Hodder and Stoughton Limited사와 독점 계약한 크리스챤 다이제스트에 있습니다.
저작권법에 의하여 한국 내에서 보호를 받는 저작물이므로
무단 전재와 무단 복제를 금합니다.

─ J o h n S t o t t ─

존 스토트
설교의 능력

존 스토트 지음 | 원광연 옮김

I BELIEVE IN PREACHING

CH북스
크리스천
다이제스트

차례

서문 6

제1장 설교의 영광: 역사적 스케치 11
제2장 설교에 대한 현대의 반감 49
제3장 설교의 신학적 토대 95
제4장 설교의 가교 역할 143
제5장 연구의 소명 192
제6장 설교 준비 225
제7장 진실함과 열심 282
제8장 용기와 겸손 324

후기 366

서문

어떤 설교자든 다른 설교자들에게 설교에 대하여 설교한다는 것은 경솔하고도 무모한 일일 것이다. 나는 내 스스로 전문가로 자처하지 않는다. 오히려 그 반대로, 강단에서 나는 "의사전달의 실패로 인한 좌절감"에 사로잡히는 때가 많다는 것을 고백하지 않을 수 없다. 속에서는 메시지가 불타오르는데, 내가 느끼는 것은 고사하고 내가 생각하는 것조차도 다른 사람들에게 제대로 전달할 수가 없는 것을 느끼기 때문이다. 부분적으로라도 실패했다는 마음이 없이 강단을 내려오는 때가 거의 없고, 거의 언제나 후회의 마음이 생기고, 용서해달라고 하나님께 부르짖게 되며, 앞으로는 더 잘 할 수 있게 은혜를 베풀어주시도록 그를 바라보리라 다짐하게 된다.

동시에, 다음 여러 장들에서 그 이유들이 제기되겠지만, 나는 설교가 전도를 위해서도, 교회의 건강한 성장을 위해서도 없어서는 안 되는 필수적인 요소임을 믿는 고집스런 신자임을 고백하지 않을 수 없다. 오늘날의 상황은 설교하는 일을 더욱 어렵게 만들고 있다. 그러나 그렇다고 해서 설교의 필수성이 감소되는 것은 아닌 것이다.

설교에 대해서는 이미 셀 수 없을 만큼 많은 책들이 씌어졌다. 설교학이나 의사전달 및 관련 주제들에 대해서 나 자신이 읽은 책만 해도 거의 일백 권 가까이나 된다. 그런데 거기에 한 권을 더 추가한다면, 그것이 과연 어떻게 정당화될 수 있겠는가? 본서에 나름대로 특징이 있다면, 그 주제에 관하여 잘 다루어지지 않았던 몇 가지 보충적인 면들을 함께 제시하고자 했다는 점일 것이다. 그러므로 독자들은 제1장의 역사적 조감을 통해서 필자가 그랬듯이 설교 사역에 "영광"이 있다는 것을 느끼게 되고, 그리하여 제2장에서 오늘날 설교와 관련된 문제점들을 진지하게 대하게 되기를 바란다. 제5장과 6

장에서 연구와 설교 준비에 대해 실질적인 조언을 주고자 했지만, 전달, 화법, 혹은 제스처 등의 문제에 대해서는 거의 다루지 않을 것이다. 이 문제들에 대해서는 경험 많은 설교자의 "조수"로 일하면서 시행착오를 겪고, 또한 친근한 비평들을 받음으로써 가장 잘 터득할 수 있기 때문이기도 하다. 그러나, 필자로서는 중요한 문제를 중요하게 다루는 것이 시급하다고 보았고, 또한 설교의 가장 중요한 비결들이 기술적인 것이 아니라 신학적이요 인격적인 것이라고 믿기 때문이기도 하다. 그리하여 제3장에서는 "설교의 신학적 토대"를 다루고, 제7장과 8장에서는 설교자의 성실성, 진지함, 용기, 겸손 등의 인격적인 특징들을 다루는 것이다. 또 한 가지 필자가 경험과 확신 가운데서 강조하고자 한 것은 "설교의 가교(架橋) 역할"이다(제4장). 진정한 설교는 성경의 세계와 현대 세계 사이의 간격을 좁혀 주는 것이요, 따라서 두 세계 모두에 똑같이 발을 디뎌야 하는 것이다.

모든 설교자들은 이상과 현실 사이의 고통스러운 갈등을 의식하고 있다. 독자들 중에는 필자가 수많은 인용문들을 첨가시켰고, 그 인용문 가운데 많은 것들이 오늘날 우리의 상황과는 동떨어진 지나간 시대에 속하는 저자들에게서 취하였다는 것을 느낄 분들도 있을 것이다. 인용문들을 첨가시킨 것은 그저 필자가 읽은 것들을 독자들과 함께 나누고 싶었을 뿐이다. 필자 자신의 경험에서 나오는 것들을 자유로이 솔직하게 쓰기도 했지만, 그런 것만을 썼다면 아주 외람된 일이었을 것이다. 설교는 거의 스무 세기 동안 깨어지지 않고 이어 내려온 교회의 전통이다. 하나님께서 사역에 특별하게 복주신 과거의 위대한 설교자들에게서 배울 것이 매우 많다. 우리의 현실이 그들의 현실과 다르다 할지라도, 필자가 보기에 그 때문에 그들의 이상을 함께 나누지 못할 이유는 없는 것 같다.

또한 독자들 중에는 필자가 다른 의미에서 지나치게 이상적이라고 느낄 분들도 있을 것이다. 즉, 오늘날의 많은 목사들이 당하는 문제점들을 충분히 다루지 않는다는 점 말이다. 오늘날 많은 목사들은 과로와 박봉에 시달리고 있고, 또한 우리의 조상들은 알지 못하던 지적 · 사회적 · 도덕적 · 영적 압박들을 끈질기게 받고 있다. 그리고 사기도 많이 떨어져 있다. 많은 이들이 외로움과 실망과 우울증에 시달리고 있다. 어떤 이들은 몇 개 부락의 회중들을 섬길 임무를 떠맡고 있기도 하다(남부 인도 교회의 한 장로는 30개 부락을 맡고 있는데 자전거를 타고 다니면서 그들을 돌본다고 한다). 또 어떤 이들은 소외받는 도시의 빈민 지역에서 지도자도 없는 손바닥만한 교인들과 함께 악전고투하고 있기도 하다. 필자가 제시하는 연구와 준비의 기준이 오랜 전통을 지닌 도시 교회에는 적합할 수 있으나 개척 교회의 상황에는 적합하지 않을 가능성이 너무나 높은 것은 아닐까? 그렇다. 필자 자신의 경험이 주로 런던의 올 소울즈 교회(All Souls Church)와 또한 다른 곳의 그 비슷한 교회들로 한정되어 있는 것이 사실이고, 집필하는 동안 대부분 그런 교회들을 염두에 둔 것도 사실이다. 그러나 그러면서도 필자는 다른 상황들도 최선을 다하여 기억하고 염두에 두었다.

필자가 전개한 이상들은 물론 구체적인 현실에 적응할 필요가 있겠으나, 그럼에도 불구하고 보편타당한 진리라 믿는다. 설교자가 현대의 도시 교회의 대규모의 회중에게 설교하든, 혹은 고대 유럽의 마을 교회의 역사가 오랜 강단에 서든, 혹은 활기 있게 쓰임 받았다가 방치된지 이미 오래 지난 낡은 옛 교회당의 한 쪽 구석에 남아 있는 몇 명의 교인들과 씨름하고 있든, 남아메리카의 오두막에서 빈민들의 무리에게 말씀을 전하든, 아니면 서구 세계의 가정 집에 모인 소그룹에게 비공식적으로 말씀을 전하든 — 이런 모든 상이한 조건들이 있지만 동일하게 그대로 적용되는 점도 매우 많은 법이다. 동일한 하나님의 말씀이 있고, 동일한 인간들이 있고, 또한 동일하신 살아 계신 하나님께서 부르셔서 말씀과 세상을 공부하게 하시고 그리하여 정직하게 확신과 용기와 온유함으로 다른 이에게 전하게 하신 동일한 부족한 설교자가 있는 것이다.

오늘날에는 설교하는 특권이 점점 다양한 사람들에게 주어지고 있다. 필자는 물론 사례비를 받고 전임으로 일하는 목회자를 주로 염두에 두었지만, 팀 사역이 옳다는 것과 그것이 유익이 많다는 것을 강하게 믿고 있으므로, 팀 사역에 속하여 함께 일하는 여러 부교역자들과 평신도 설교자들도 염두에 두었다. 또한 설교자들을 대상으로 했지만, 그들의 설교를 듣는 자들도 잊지 않았다. 거의 모든 교회에서 목회자와 교인들 간의 관계가 — 설교자와 회중들 간의 관계가 — 더 긴밀하고 더 화기애애한 것이 유익할 것이다. 좀 더 성경적이며 시대에 맞는 설교를 요구한다면, 목회자들을 행정적인 임무에서 해방시켜서 연구하고 준비하는 일에 더 시간을 많이 소비할 수 있도록 해 준다면, 그리고 목회자들이 설교의 책임을 진지하게 감당할 때에 그들에게 감사와 격려의 마음을 표현해 준다면, 평균적인 정도의 교회도 그들이 인식하는 것보다 훨씬 더 큰 영향력을 발휘할 수 있을 것이라 여겨진다.

마지막으로, 본서의 집필에 도움을 주신 여러분들 중 몇 분에게 감사를 전하고 싶다. 우선 내쉬 목사님(Rev. E. J. H. Nash)께 감사를 드린다. 그는 필자의 나이 열일곱 살 때에 그리스도께 나아가는 길을 보여주셨고, 필자를 양육하셨고, 놀라운 신실함으로 필자를 위해 기도하셨으며, 하나님의 말씀에 대한 맛을 느끼도록 인도해 주셨고, 처음으로 그 말씀을 강해하는 기쁨의 맛을 보게 해 주신 분이다.

그 다음, 친히 모루가 되어 필자로 하여금 자신의 모든 설교의 기술들을 연마하도록 해 준 올 소울즈 교회의 오래 참아온 회중에게 감사하며, 또한 사랑과 격려와 기도로 필자와 함께한 교회의 가족에게 감사드린다. 또한 그들과 더불어 마이클 보건(Michael Baughen)에게 감사한다. 그는 1970년 올 소울즈 교회에 목사보로 부임하였고, 1975년 필자의 후임으로 담임 목사가 된 분으로, 그의 목회팀의 일원이 되는 특권과 더불어 계속 설교할 수 있는 특권을 필자에게 베풀어 주셨다.

또한 프란시스 화이트헤드(Frances Whitehead)에게 특별히 감사를 전하고 싶은데, 그분은 이 달 필자의 비서가 된지 이십 오 년을 맞은 분으로, 근면과 능률이 귀감이 되며, 필자가 하늘의 명상에 젖어 손으로 쓴 글씨가 비뚤어질 때에 그 수수께끼 같은 글들을 애써서 해독해 주었다. 그녀는 스무 권 가량의 필자의 저서들을 타이프로 정서하였거나 타이프 정서에 참여하였다.

테드 슈로더(Ted Schroder)에게도 감사한다. 그는 뉴질랜드에서 출생하여 현재 미국에서 사역하고 있는데, 올 소울즈 교회에서 4년 동안 목사보로 일하는 동안 복음을 현대 세계와 관련시키는 일에 대해 필자에게 계속해서 도전을 주었다. 또한 설교에 관한 컨퍼런스와 세미나, 그리고 워크샵에 참여한 육대주의 무수한 목회자들에게도 감사하고, 또한 이 주제에 관한 필자의 강의들을 경청해 준 트리니티 복음주의 신학교(Trinity Evangelical Divinity

School)와 고든-콘웰 신학교(Gordon-Conwell Seminary), 풀러 신학교(Fuller Theological Seminary)와 신학생회(Theological Students' Fellowship)의 학생들에게도 감사한다. 필자는 이 목회자들과 신학생들이 제기한 여러 가지 질문들을 통해서 많은 자극을 받았다.

또한 한 분씩 차례대로 시간제 연구 조교들로서 필자를 도와 준 로이 맥크로리(Roy McCloughry), 톰 쿠퍼(Tom Cooper), 그리고 마크 래버튼(Mark Labberton)에게 감사한다. 특히 마크는 본서의 원고를 세 차례나 읽고 신학교 교수의 안목으로 유익한 제안들을 해 주었다. 필자의 친구인 딕(Dick)과 로즈마리 버드(Rosemary Bird) 부부께도 감사드린다. 이 분들은 여러 해 동안 필자의 웨일즈의 오두막집과 훅시즈(the Hookses)에 함께 따라가서 필자가 편안한 마음으로 방해받지 않고 집필할 수 있도록 성심을 다하여 환경을 조성해 주셨다. 또한 필자가 서면으로 제기한 질문들에 답장을 보내 주신 무수한 분들께도 감사를 드리고, 특히 레슬리 뉴비긴 주교(Bishop Lesslie Newbigin), 제임스 스튜어트 교수(Professor James Stewart), 말콤 머거리지(Malcolm Muggerridge), 이언 머레이(Iain Murray), 레이스 새뮤얼(Leith Samuel), 올리버 바클리(Oliver Barcleay), 존 리드 주교(Bishop John Reid)와 티모시 더들리스미스 주교(Bishop Timothy Dudley-Smith)께 감사를 드린다.

그리고 오스 기네스, 앤드류 커크, 마이클 보건, 그리고 롭 워너 제씨에게 특별한 감사를 드려야 할 것 같다. 이 분들은 본서의 원고를 읽는 수고를 기울이시고 각자 필요한 논평들을 필자에게 보내주셨다. 마이클 그린도 기관지염으로 고생하는 중에 이 원고를 읽어주셨으니, 감사하는 마음이 더 크다.

존 스토트
1981년 부활절에

제 1 장

설교의 영광: 역사적 스케치

    설교는 기독교에 있어서 필수불가결한 것이다. 설교가 없다면 기독교의 진정성의 필수적인 부분을 잃어버린 것과 마찬가지다. 기독교란 그 본질 자체에 있어서 하나님의 말씀의 종교이기 때문이다. 살아 계신 하나님께서 타락한 인류를 구원하시고자 주도적으로 그들에게 자기 자신을 계시하셨다는 진리를 무시하거나 부인한다면, 혹은 하나님의 자기 계시가 우리가 아는 가장 직접적인 의사소통 수단을 통해서, 즉 말씀들을 통해서 주어졌다는 진리를 무시하거나 부인한다면, 혹은 그의 말씀을 들은 자들이 그것을 다른 이들에게 전할 것을 하나님께서 요구하신다는 것을 무시하거나 부인한다면, 기독교를 아무리 이해하려 한다 해도 성공하지 못할 것이다.

    첫째로, 하나님은 선지자들을 통하여 말씀하셨고, 이스라엘 역사 속에 나타난 그의 행위들의 의미를 그들에게 해석해 주셨으며, 동시에 말로나 글로써 그의 백성들에게 그의 메시지를 전하도록 그들을 가르치셨다. 그리고 둘째로, 그는 정말 귀하게도 "말씀이 육신이 되신" 그의 아들로 말씀하셨고, 또한 직접으로든 사도들을 통해서든 말씀이신 그리스도의 말씀으로 말씀하셨다. 셋째로, 그는 그의 성령을 통하여 말씀하신다. 성령께서는 친히 그리스도와 성경을 증거하시며, 오늘날의 하나님의 백성들에게 그리스도와 성경을 살아 있게 만드신다. 이처럼 말씀하시는 성부와 성자와 성령에 관한 이러한 삼위일체적 진술과, 또한 성경을 뜻하며 성육신하신 그리스도를 뜻하며 또한 현재에 역사하시는 성령의 말씀을 뜻하는 이 하나님의 말씀에 대한 진술이야말로 기독교 신앙의 근본적인 요소인 것이다. 하나님이 말씀을 전하셨기 때문에 우리의 말씀 전하는 일(speech)이 필수적인 요소가 되는 것이다. 우리는 그가 말씀하신 바를 말해야 한다. 그러므로 설교의 의무야말로 중대한 것이다.

더 나아가서 이러한 강조점은 기독교에게만 있는 고유한 것이다. 물론 힌두교의 도사(導師)든 유대교의 랍비들이든, 이슬람교의 물라들(mullas)이든 간에, 각 종교마다 공인된 교사들이 있는 것은 사실이다. 그러나 이 종교와 윤리의 교사들이 공식적인 권위와 개인적인 능력을 지닌 것은 사실이지만, 근본적으로 그들은 고대의 전통을 해석하는 자들에 지나지 않는다. 오로지 기독교의 설교자들만이 하나님께로부터 오는 복된 소식을 전하는 전령들이라 주장하며, 감히 자기 자신들을 실제로 "하나님의 말씀"(oracles of God, 벧전 4:11)을 발설하는 하나님의 사신(使臣)들 혹은 대리자들로 여기는 것이다. 다간(E. G. Dargan)은 그의 열두 권으로 된 『설교사』(History of Preaching)에서 "설교야말로 기독교의 본질적인 부분이요 기독교의 특징을 이루는 요소다"라고 쓰고 있고, 또한 "설교는 고유한 기독교의 제도다"라고 하였다.[1]

설교가 기독교의 중심을 이루는 특징이라는 점은 교회의 파란만장한 기나긴 역사를 통틀어서, 심지어 처음부터 인정되어온 사실이다. 그러므로 설교를 반대하는 이론들을 따져보고 그것들에 대해 어떻게 대처해야 하는가를 생각하기에 앞서서, 오늘날의 논지를 교회사의 맥락 속에 넣고서 바라보는 것이 건전하고 유익한 것 같다. 분명히 말하지만, 대대로 인정받아온 과거의 견해들이, 또 오늘날의 영향력 있는 목소리들이 결코 무오(無誤)한 것은 아니다. 그러나 그럼에도 불구하고 설교의 지대한 중요성과 능력에 대하여 그것들이 이구동성으로 확신하고 있다는 이 인상적인 사실은(이에 대해서는 교회의 다양하고도 폭넓은 여러 전통들에서 그 근거를 제시할 것이다) 그런 반대하는 입장을 바라보는 아주 좋은 안목을 줄 것이요, 또한 우리로 하여금 그것을 아주 자신 있게 바라보도록 만들어 줄 것이다.

예수님, 그리고 사도들과 교부들

가장 먼저 논의를 시작해야 할 것은 예수님 자신이다. "기독교의 창시자 그 자신이 최초의 설교자였다. 그러나 그보다 앞서 선구자가 있었고 그 뒤에는 그의 사도들이 있었는데, 하나님의 말씀을 공적인 연설을 통하여 선포하고 가르치는 것이 기독교의 근본적이고도 영구한 특징이 된 것이 바로 그들의 설교에서였다."[2] 복음서 기자들은 분명 예수를 최초의 순회 설교자요 최고의 순회 설교자로 제시하고 있다. 마가는 그의 공적인 사역을 소개하면서, "예수께서 … 오셔서 … 전파하여"라고 선언하고 있다(막 1:14; 참조. 마 4:17). 그러므로 훗날 하버드의 교목이 될 조지 버트릭(George Buttrick)이 이 세 단어를 1931년 예일 대학교의 라이먼 비처 강좌(Lyman Beecher lectures)의 제목으로 채용한 것은 전적으로 타당한 일이었다 하겠다.

공관복음서 기자들은 예수의 갈릴리 사역을 다음과 같은 말로 정리하고 있다: "예수께서 모든 도시와 마을에 두루 다니사 그들의 회당에서 가르치시며 천국 복음을 전파하시며 모든 병과 모든 약한 것을 고치시니라"(마 9:35; 참조. 4:23; 막 1:39). 사실 이 시기의 그의 사역에 대한 예수 자신의 이해가 그러했다. 나사렛의 회당에서 그는, 이사야 61장의 예언의 성취로 여호와의 영이 그에게 기름을 부어 그 해방의 메시지를 전하게 했다고 주장하셨다. 그렇기 때문에, 그는 반드시 그것을 전해야 한다는 것이었다. 그는 자신이 바로 "이 일을 위해 보내심을 받았노라"고 설명하였던 것이다(눅 4:18, 43; 참조. 막 1:38, "내가 이를 위하여 왔노라"). 설교자와 교사로서 자신을 의식하신 예수의 사역에 대한 요한의 증거도 이와 유사하다. 그는 "랍비"라는 칭호를 받아들이셨고, 또한 빌라도에게는, 자신이 "드러내 놓고 세상에 말하였노라"고 말씀하셨고, 또한 자신이 세상에 오신 것은 "진리에 대하여 증언하려 함이로라"라고 하셨다(요 13:13; 18:20, 37).

오순절 이후 사도들이 설교 사역에 중점을 두었다는 사실이 특히 사도행전 6장에서 나타난다. 그들은 다른 형태의 봉사에 연루되고자 하는 유혹과 싸우면서, "기도하는 일과 말씀 사역"에 힘썼다(4절). 예수께서 그들을 부르신 것이 주로 그 일을 위한 것이었기 때문이다. 주님은 그의 지상 생애 동안 제자들을 보내어 말씀을 전하게 하셨고(막 3:14), 일시적으로 그들의 사역을 "이스라엘 집의 잃어버린 양들"에게로 제한시키셨다(막 10:5-7). 그러나 부활하신 이후 주님은 그들에게 열방으로 나아가 복음을 전하라고 엄숙히 명령하셨다(예컨대, 마 28:19; 눅 24:47). 마가복음의 긴 종지부에 따르면, "제자들이 나가 두루 전파하였다"(16:20). 그들은 성령의 능력으로 그리스도의 죽으심과 부활, 혹은 그의 고난과 영광의 복된 소식들을 선포하였다(벧전 1:12). 사도행전에서는 그들이 그렇게 행하는 모습을 보게 된다. 먼저 베드로가, 그리고 예루살렘의 다른 사도들이 "담대히 하나님의 말씀을 전하였고"(4:31), 그 다음에는 누가의 영웅인 바울이 세 차례의 선교 여행을 통해서 말씀을 전하였고, 누가는 로마의 가택 연금 상태에 있는 그의 마지막 모습을 전하면서 그가 "하나님의 나라를 전파하며 주 예수 그리스도에 관한 모든 것을 담대하게 거침없이 가르치더라"라고 보도한다(28:31).

여기서 누가는 바울의 사역에 대한 바울 자신의 인식을 신실하게 반영하고 있다. 그는 말하기를, 그리스도께서 그를 보내신 것은 세례를 베풀게 하기 위함이 아니라 복음을 전하게 하기 위함이었다고 한다(고전 1:17). 그러므로 바울은 복음을 전해야 할 "필연성"을 느꼈다(고전 9:16). 더욱이 설교야말로 죄인들이 구주에 대해서 듣고 구원을 얻기 위하여 그를 부르게 하도록 하나님께서 정하신 방법이었다. "전파하는 자가 없이 어찌 들으리요?"(롬 10:14). 그리고 그의 생애 말기에 이르러 그는 자신이 싸움을 다 싸웠고 달려갈 길을 마쳤다는 것을 알고서, 그의 젊은 동료 디모데에게 그 사명을 넘겨주었다. 그는 하나님의 앞에서, 또한 그리스도께서 강림하사 심판하시고 다스리실 것을 바라보면서, 그에게 엄숙하게 명령하였다: "너는 말씀을 전파하라 때를 얻든지 못 얻든지 항상 힘쓰라. 범사에 오래 참음과 가르침으로 경책하며 경계하며 권하라"(딤후 4:1-2).

예수님의 사역과 그의 사도들의 사역에서 설교와 가르침이 차지한 위치가 너무나도 두드러졌기 때문에, 그 이후의 초기 교부들에게서도 그와 똑같은 강조점이 나타난다는 것이 전혀 놀랄 일이 아니다.

2세기 초엽의 것으로 여겨지는 『디다케』, 혹은 "열두 사도를 통한 주님의 가르침"은 윤리와 성례와 예수님의 사역과 재림에 관한 교회의 지침서인데, 여기서 다양한 가르침의 사역들을 언급하고 있다. 한편으로는 "감독들과 집사들"을 언급하고, 또 한편으로는 순회하는 "교사들, 사도들과 선지자들"을 언급하는 것이다. 순회하는 교사들을 환영하라고 하면서, 그들의 순전함을 시험하는 실질적인 테스트 방법들을 제시한다. 어떤 교사가 사도의 신앙과 모순된 것을 가르칠 경우, 이틀 이상 머물면서 돈을 요구할 경우, 그리고 자기가 전하는 바를 실천하지 않을 경우, 그 사람은 거짓 선지자라고 한다 (11:1-2; 12:1-5). 그런데 그 사람이 순전하면, 반드시 겸손한 자세로 경청해야 한다고 명하고 있다. "오래 참고 동정하며 정직하고 부드러우며 선하고 또한 언제나 네가 들은 말씀들 앞에 떨지니라." 또한, "내 자녀야, 네게 하나님의 말씀을 말씀해 주는 그 사람을 밤낮으로 기억하고, 그를 주님 처럼 공경할지니라"(3:8, 4:1).[3]

2세기 중엽에 이르러 순교자 유스티누스(Justin Martyr)의 『제일 변증서』(First Apology)가 출간되었다. 그는 황제를 위하여 그 책을 써서 갖가지 오해들에 대해 기독교를 변호하였고, 죽으시고 다시 살아나신 그리스도께서 진리의 화신이요 인류의 구주이시기 때문에 기독교가 참이라고 논증하였다. 그 마지막 부분에서 그는 "그리스도인들의 주간 예배"에 대해 언급하고 있다. 여기서 주목할 사실은 성경을 읽고 설교하는 일이 두드러진다는 점이요 또한 말씀과 성례가 한데 어우러진다는 점이다:

> 그리고 일요일이라 불리는 날에, 도시들이나 나라에 사는 모든 이들이 한 장소에 모여, 시간이 허락하는 대로 사도들의 언행록들(memoirs)이나 선지자들의 글들을 읽고, 읽는 자가 중지한 다음 의장이 말로써 교훈하고 또한 이 선한 일들을 본받을 것을 권고합니다. 그 다음 우리 모두 함께 일어나 기도하며, 또한 기도가 끝나면 앞에서 말씀드린 대로 떡과 포도주와 물을 가져오고, 사회자가 같은 방식으로 자기 능력껏 기도하고 감사를 드리며, 사람들은 아멘으로 화답합니다.[4]

2세기 말에는 라틴 교부인 테르툴리아누스(Tertullian)가 그리스도인들에 대한 그릇된 혐의를 씻고 그들이 부당하게 박해를 받고 있음을 입증하기 위하여 그의 『변증서』(Apology)를 기록하였다. 그는 "기독교 사회의 특이점들"에 대해 다루면서, 그들을 하나로 묶는 사랑과 연합을 강조하였고, 이어서 그들의 모임들을 다음과 같이 묘사하였다:

우리는 우리의 거룩한 글들을 읽기 위해 모이는데 … 거룩한 말씀들로써 우리의 믿음을 양육하고, 우리의 소망을 고무하며, 우리의 신뢰를 더욱 견고하게 하며, 이에 못지않게 하나님의 계명들을 가르침으로써 선한 습관들을 확실히 한다. 또한 같은 장소에서 권면들이 행해지고, 책망과 신성한 징계들이 시행된다 … [5]

테르툴리아누스와 동시대 사람인 헬라 교부요 리옹(Lyon)의 주교인 이레나이우스(Irenaeus)는 장로들(presbyters)이 사도들의 가르침을 견지할 책임이 있음을 강조하였다:

이 사람들 역시, 우리를 위하여 그렇게 놀라운 경륜들을 행하신 한 분 하나님을 믿는 우리의 이러한 믿음을 보존하며, 또한 성경을 우리에게 위험이 없이 해명하되, 하나님을 망령되게 하지도 않고, 족장들을 모욕하지도 않으며, 선지자들을 멸시하지도 않는다.[6]

4세기 초 가이사랴(Caesarea)의 주교였고 교회사의 아버지인 유세비우스(Eusebius)는 기독교의 첫 2백년의 역사를 설교자들과 교사들의 사역을 중심으로 다음과 같이 정리하고 있다:

그들은 자기 집에서 나와 두루 다니면서, 믿음의 말씀을 전혀 듣지 못한 자들에게 설교하며 또한 그들에게 신적인 복음서를 주는 일을 그들의 목표로 삼고 전도자의 일을 수행하였다. 그러나 그들은 낯선 곳에서 믿음의 기초를 세우는 것으로 만족하였고, 다른 사람들을 목회자로 지명하여 갓 들어온 자들을 돌보는 일을 맡겼고, 그리고 나서 하나님의 은혜와 협력을 따라 다른 땅과 다른 나라들로 떠났다.[7]

후기 교부 시대에서는 한 가지 실례만을 들기로 하자. 그 중 가장 주목할 만한 사람은 요한 크리소스토무스(John Chrysostom)인데, 그는 12년 동안 안디옥(Antioch)의 대교회당에서 설교했고, 그 후 398년에는 콘스탄티노플

(Constantinople)의 주교가 된 사람이다. 그는 에베소서 6:13("하나님의 전신 갑주를 취하라 … ")을 강해하면서, 설교의 독특한 중요성에 대한 자신의 확신을 토로하였다. 우리 인간의 몸처럼 그리스도의 몸도 수많은 질병이 생기는데, 우리의 육체적인 건강은 약이나 올바른 식사법이나 적절한 기후와 적당한 수면 등을 통해서 회복할 수 있다고 한다. 그러나 과연 그리스도의 몸은 어떻게 해야 치유되겠는가?

> 치유를 위한 한 가지 유일한 수단이 우리에게 주어져 있습니다 … 그것은 바로 말씀을 가르치는 것입니다. 이것이 최고의 도구요, 이것이 최고의 식사법이요 기후입니다. 약을 쓰는 것 대신 이것이 효험이 있고, 불로 태우고 자르는 것 대신 이것이 유용합니다. 불에 태울 필요가 있든 사지를 절단할 필요가 있든 간에, 이 한 가지 방법은 반드시 사용해야 합니다. 이것이 없으면 다른 모든 것이 소용이 없어지고 마는 것입니다.[8]

그의 설교자로서의 위대함이 알려진 것은 그가 죽은지 한 세기 이상 지난 후에야 비로소 그가 위대한 설교자였다는 것이 인식되게 되었고 그때에 **크리소스토모스**, 즉, "황금 입을 지닌 자"라는 별명이 그에게 붙여졌다. "그는 헬라 교회의 최고의 강단 연설자로 일반적으로 인정받고 있는데, 과연 정당한 일이다. 라틴 교부들 중에서는 그보다 낫거나 그에게 버금가는 자가 없다. 그는 오늘날까지 대도시 설교자들의 하나의 모델로 남아 있다."[9]

그의 설교의 네 가지 주요 특징을 언급해도 좋을 것이다. 첫째로, 그의 설교는 성경적이었다. 그는 성경 각권들을 조직적으로 설교했을 뿐 아니라, 그의 설교들에는 성경 인용문과 성경의 내용을 암시하는 것들이 가득 했다. 둘째로, 그의 성경 해석이 단순명료했다. 그는 알렉산드리아 학파의 기발한 알레고리식 해석과는 대조적으로 "문자적" 주해를 중시하는 안디옥 학파를 따랐다. 셋째로, 그의 도덕적 적용들이 지극히 현실적이었다. 오늘날에 그의 설교들을 읽으면, 제국의 궁궐의 허례허식과 귀족들의 사치, 경기장의 거친 말 경주 등, 사실상 4세기 말의 한 동방의 도시 생활 전반의 모습을 어렵지 않게 상상할 수가 있다. 넷째로, 그는 정죄하기를 두려워하지 않았다. 사실상, "그는 강단의 순교자였다. 그가 유배된 주요 원인이 바로 그의 신실한 설교에 있었기 때문이다."[10]

수도사들과 종교개혁자들

이렇게 간략하게 스케치해 가는 중에, 이제 5백 년 이상 건너뛰어서 중세의 탁발 수도회들(Mendicant Orders)의 설립 당시로 넘어간다. 찰스 스미스(Charles Smyth)의 말처럼, "설교의 시대는 탁발 수도사들의 등장에서 시작되었다… . 우리가 아는 강단의 역사는 설교하는 탁발 수도사들에게서 시작된다. 그들은 날로 증가하는 설교에 대한 대중의 요구를 충족시켰고 또한 자극시켰다. 그들은 설교의 기법을 혁명적으로 변화시켰다. 그들은 그 직분을 높이 받든 것이다."[11] 아시시의 프란체스코(Fancis of Assisi: 1182-1226)는 학식보다는 사랑 어린 봉사로 충만한 사람으로서 "우리의 행동과 가르침이 반드시 나란히 함께 가야 한다"는 것을 강조했으나, 그럼에도 불구하고 그는 "빈곤에 헌신하는 만큼 설교에도 헌신하였다: 프란체스코는 말하기를, '가는 곳마다 설교하지 않으면, 설교하러 어느 곳에 간들 소용이 없다'고 하였다. 그의 사역 초기부터 그것이 그의 모토였다."[12]

그와 동시대 인물인 도미니쿠스(Dominic: 1170-1221)는 설교에 대해 더 크게 강조하였다. 금욕 생활과 복음전도의 열정을 함께 지녔던 그는 복음의 대의를 위하여 특히 이탈리아, 프랑스와 스페인 등지를 두루 다녔고, 그의 "검은 제복의 탁발수사들"(black friars)을 설교자의 회(Order of Preachers)로 조직화시켰다. 한 세기가 지난 후 도미니쿠스 수도회 사람 중 최고의 인물에 속하는 훔베르트 드 로만스(Humbert de Romans: 1277년 사망)는 이렇게 말했다: "그리스도는 미사는 오직 한 차례만 올리셨으나 … 기도와 설교를, 특히 설교를 크게 강조하셨다."[13]

그리고 또 한 세기가 지난 후, 프란체스코 수도회의 위대한 설교자인 시에나의 성 베르나르디노(St Bernardino of Siena: 1380-1444)는 다음과 같이 전혀 예기치 않은 진술을 하고 있다: "미사를 올리는 일과 설교를 듣는 일의 두 가지 중 한 가지만 할 수 있다면, 설교보다는 미사를 빼야 할 것이다 … . 설교를 듣지 않는 것보다는 미사를 올리지 않는 편이 그대의 영혼에 위험이 덜

한 것이다."[14]

프란체스코 수도사들과 도미니쿠스 수도사들의 이처럼 말씀을 수위에 놓는 깜짝 놀랄 만한 가르침에서, 종교개혁의 위대한 선구자요 "새벽별"인 존 위클리프(John Wycliffe: 1329-1384)의 가르침으로 넘어가는 데에는 큰 걸음이 필요없었다. 전 생애 동안 옥스퍼드 대학교에 관여했고, 왕성한 저술가였던 그의 예리한 지성은 점차로 중세의 스콜라신학에서 벗어났고, 그는 성경이 신앙과 생활의 최고의 권위임을 선포하였다. 최초의 완전한 영어 성경 번역을 주도하였고(라틴어 불가타 역에서 번역하였음), 그 스스로 일정 부분 번역에도 참여했던 그는 부지런한 성경적 설교자로서 성경에 근거하여 교황주의와 면죄부와 화체설과 교회의 축재(蓄財)를 공격하였다. 그가 성직자의 가장 중요한 사명을 설교로 본 것은 물론이다:

> 사람이 이 땅에서 누릴 수 있는 최고의 봉사는 바로 하나님의 말씀을 전하는 것이다. 이 봉사는 사제들에게 고유하게 부여되며, 따라서 하나님께서는 그들에게서 그 일을 더 분명하게 요구하시는 것이다 … . 그리고 이 때문에 예수 그리스도께서는 다른 일들은 제쳐두시고 대부분 설교하는 일에 열중하셨으며, 그의 사도들도 그렇게 했다. 그리고 이 점 때문에 하나님께서 그들을 사랑하신 것이다 … . 그러나 교회는 하나님의 말씀을 전하는 일을 통해서 가장 크게 존귀하게 되며, 따라서 이것이말로 사제들이 하나님께 드릴 수 있는 최상의 봉사다 … . 그러므로, 우리의 주교들 스스로가 설교하지 않고 또한 참된 사제들이 설교하는 것을 방해한다면, 그들은 주 예수 그리스도를 죽인 주교들의 죄를 범하는 것이다.[15]

르네상스(Renaissance)는 종교개혁보다 먼저 일어나 종교개혁을 위한 길을 닦아놓았다. 르네상스는 14세기 이탈리아에서 페트라르카(Petrarch) 같은 탁월한 학자들 — 이들의 "인문주의"(humanism)가 그리스와 로마의 고전적인 본문들의 연구에서 표현되었다 — 과 함께 시작되었는데, 그 다음 세기에 그것이 북유럽으로 옮아가면서 거기에 기독교적인 색채가 가미되었다. 에라스무스(Erasmus)와 토머스 모어(Thomas More) 등 "기독교 인문주의자들"이 성경과 교부들의 기독교 고전 연구에 몰두했기 때문이다. 그 결과 그들은 교회 내의 부패에 대해 비판적이었고, 하나님의 말씀에 준하여 개혁을 요청했고, 이러한 개혁을 이루는 데에 설교자들의 주도적인 역할을 인식하였다. 에라스무스는 이렇게 쓰고 있다:

> 사제의 가장 중요한 기능은 가르침인데, 그는 이로써 교훈하고, 훈계하고, 책망하고 위로해야 할 것이다. 평신도도 세례를 베풀 수 있다. 모든 사람들이 다 기도할 수 있다. 사제가 언제나 세례만 주는 것도 아니고, 언제나 사죄만 베푸는 것도 아니나, 가르치는 일은 언제나 해야 한다. 교리를 배우지 못한다면 세례받는 것이 무슨 유익이 있으며, 주의 성찬에 나아가는 것이 무슨 의미인지를 모른다면, 성찬에 나아간들 무슨 유익이 있겠는가?[16]

그러니, "에라스무스가 알을 낳았고, 루터가 그 알을 부화했다"는 옛 격언이 사실인 것으로 보인다. 에라스무스는 성찬이 유효하기 위해서는 말씀을 통한 해석이 필수적이므로 성례보다 말씀이 우위임을 강조한 것이 분명하고, 그의 이러한 입장을 루터가 인정하고 그것을 상세히 설명하였기 때문이다. "종교개혁은 설교를 중심에 두었다. 강단이 제단보다 더 높은 것이었다. 구원이 말씀을 통해서 오며, 말씀이 없이는 성찬의 떡과 잔이 성례의 특질을 상실하며, 말씀이 전해지지 않으면 그 말씀이 메마르게 된다는 것을 루터가 주장하였기 때문이다."[17] 루터는 그의 모든 저작에서 기회가 있을 때마다 하나님의 말씀의 해방시키며 유지시키는 능력을 강조하였다. 그러므로, "교회의 생명이 그 약속의 말씀에서 비롯되며, 또한 이 동일한 말씀에 의해서 교회가 양육받고 보존되는 것이다. 하나님의 약속들이 교회를 만드는 것이지, 교회가 하나님의 약속들을 만들어내는 것이 아니다."[18]

더 나아가서, 진정한 성례는 "세례와 떡"의 두 가지밖에 없다. 왜냐하면 "오로지 이 두 가지에서만 우리가 신적으로 제정된 죄 사함의 표증과 약속을 찾을 수 있기" 때문이다.[19] 그러므로 하나님의 말씀이야말로 우리의 영적 삶에 필수불가결한 것이다. "영혼은 하나님의 말씀 이외에는 모든 것이 없어도 괜찮다 … . 말씀이 있으면 영혼이 풍성하고 아무것도 모자란 것이 없으니, 이 말씀이 생명의 말씀이요, 진리의 말씀이요, 빛의 말씀이요, 평화의 말씀이요, 의의 말씀이요, 구원의 말씀이요, 기쁨의 말씀이요, 자유의 말씀이기 때문이다." 이것은 그 말씀이 그리스도를 중심으로 두기 때문이다. 그러므로 말씀으로부터 그리스도를 전해야 하는 것이다. "설교를 과연 믿는다면, 그리스도를 전하는 것이 곧 영혼을 먹이는 일이요, 영혼을 의롭게 만드는 일이요, 영혼을 자유케 하고 구원하는 일이다."[20]

그리스도인과 교회의 건강이 하나님의 말씀에 달려 있으니, 설교하는 일과 가르치는 일이야말로 "신적인 봉사의 가장 중요한 부분"[21]이요 또한 각 주교와 목회자와 설교자의 "최고의 의무요 또한 유일한 의무요 임무"다.[22] 또한 그 일이 그렇게 중대한 임무인만큼 극도로 힘든 것이다. 루터는 좋은 설교자의 아홉 가지 "특성과 덕목"을 제시하고 있다. 앞의 일곱 가지는 충분히 예견되는 것이다. 설교자가 "조직적으로 가르치고, … 윗트가 있고, … 말을 조리 있게 하고, … 목소리가 좋고 또한 … 기억력이 좋아야" 하는 것은 물론이다. 그 다음은 "그는 언제 끝을 맺어야 할지를 알아야 한다"이며 ― 여기에다 "어떻게 시작할지를 알아야 한다"를 덧붙일 수도 있을 것이다 ― 또한 "자기의 교의에 대해 확신해야 한다"가 이어진다. 그 다음 "여덟째로, 말씀에다 혈과 육과 부귀와 명예를 다 내어 걸어야 한다"와 "아홉째로, 모든 사람에게 조롱과 멸시를 당하기를 스스로 견뎌야 한다"고 한다.[23] 조롱을 당할 위험, 생명과 재물과 명예를 잃을 위험 ― 루터에 따르면 이것이야말로 "좋은 설교자"를 시험하는 궁극적인 테스트였던 것이다.

그런 발언은 그저 학문적인 이론만이 아니었다. 루터 스스로가 그것에 준하여 살았다. 그의 생애에 가장 큰 위기가 닥칠 때에도 그는 똑같이 대처했다. 1521년 교황의 교서로 파문당한 후, 그 해 4월 그는 소환장을 받고서 카를 5세 황제가 주재하는 보름스 의회(Diet of Worms)에 출두하였다. 그는 성경과 명백한 이성의 증거가 자신의 믿음이 그릇되다는 것을 입증해 주지 않는 한 자신의 입장을 철회하지 않겠다고 하였다. 그는 그의 말처럼 "저는 하나님의 말씀을 든든히 붙잡도록 양심에 매인 바 되어 있습니다." 그 후 얼마 동안 학식 있는 재판관들이 그의 주장을 청취하도록 허락을 받았다. 그러나 사실상 그는 그 재판이 시작되기 전에 이미 정죄를 받은 상태였었다. 그 심문은 다음과 같은 그의 최후통첩으로 종결되었다: "이것 때문에 내 육체와 내 생명을 잃어버리는 한이 있어도, 저는 하나님의 참되신 말씀을 이탈할 수가 없습니다." 독일에서 종교개혁이 뿌리를 내리게 된 것은 정치적인 음모나 칼의 힘 때문이 아니라, 바로 이 신적인 말씀의 설교 때문이었다. 훗날 루터는 다음과 같이 술회하였다: "나는 그저 하나님의 말씀을 가르치고 설교하고 기록했을 뿐이고, 그 외에는 아무것도 한 일이 없다. 그리고 나의 필립(멜란히톤)과 나의 암스도르프와 함께 잠자고 함께 비텐베르크에서 맥주를 마시는 동안, 그 말씀이 그 어떠한 군주나 황제도 그렇게 큰 해를 가하지 못했을 만큼 교황주의를 그렇게 크게 약화시킨 것이다. 나는 아무것도 한 일이 없다. 말씀이 모든 일을 다 한 것이다."[24]

칼빈(Calvin)도 비교적 평온한 가운데 제네바에서 기독교 강요를 집필하면서, 그 역시 하나님의 말씀을 드높였다. 그는 참된 교회의 첫째가는 주요 표지가 말씀을 신실하게 전하는 것임을 강조하였다. 그는 "어디든 하나님의 말씀을 순결하게 전하고 들으며, 또한 그리스도께서 제정하신 대로 성례를 시행하는 곳이면 거기에 하나님의 교회가 존재한다는 것을 의심해서는 안 될 것이다"라고 하였다. 사실 이러한 말씀과 성례의 사역은, 곧 복음을 귀에 들게 선포하는 것과 눈에 보이게 선포하는 일이야말로 "교회를 분간하는 하나의 영구한 증표"로 보아야 하는 것이다.[25]

잉글랜드의 종교개혁자들은 칼빈에게서 강력한 영향을 받았다. 그들은 성례의 유효성이 말씀에서 오며, 따라서 말씀이 없이는 유효성이 결핍된다는 것이나, 말씀과 성례가 교회의 필수불가결한 표지라는 것이나, 사제직은 본질적으로 말씀의 사역이라는 그의 가르침을 대부분 그대로 받아들였다. 그리하여 잉글랜드 국교회의 신조 중 제19조는 "그리스도의 가시적인 교회는 하나님의 말씀이 순결하게 전해지며, 성례가 그리스도의 제정에 따라 정당하게 시행되는 신실한(즉, 믿는) 사람들의 회중이다 …"라고 선언하였다. 그리고 주교는 후보자를 사제직에 위임할 때, 그 직분의 상징으로 각 후보자에게 성경을 주는 것은 물론 그에게 "성경을 읽고 배우는 일 … 에 부지런할 것"을 권면하고, 또한 성령의 능력으로 그를 세워 "하나님의 말씀을 전하고 회중에게 거룩한 성례를 시행할" 임무를 맡도록 한 것이다.

잉글랜드의 종교개혁자 중 휴 래티머(Hugh Latimer)만큼 이 신성한 임무를 진지하게 수행한 사람은 없다. 그는 잉글랜드 종교개혁의 대중적인 설교자로서, 1485년 경에 레스터셔(Leicestershire)에서 농민의 아들로 출생하여 1535년 우스터(Worcester)의 주교직에 올랐으나, 절대로 교회 상하 계급 제도를 인정하지 않았고, 그의 검소하고 소박한 풍모를 잃지도 않았다. 오히려, "그는 마음에서 우러나와서 이야기했고, 그의 말은 … 마음에 닿았다."[26]

그는 잉글랜드 사람들이 여전히 영적 어둠 속에 버려진 처지에 있다는 것과 또한 그것이 성직자들이 말씀 사역을 소홀히 한 때문이라는 것이 크게 안타까웠고, 특히 그 일에 주교들의 책임이 크다고 느꼈다. 그들은 "소작료에 화를 내고, 집에서 춤추고 … 여물통에서 우적우적 먹어대며, 영지와 저택에서 흐느적거리는데" 정신이 팔려서 설교할 시간이 도무지 없었던 것이다.[27]

래티머의 가장 잘 알려진 — 그리고 어쩌면 가장 힘 있었던 — 설교는 "쟁기의 설교"(the Sermon of the Plough)였다. 이 설교는 그가 런던 타워(the Tower of London)에 투옥된 상태에서 풀려난 직후인 1548년 1월 18일 성 바울 대성당(St. Paul's Cathedral)에서 행한 것이다. 그 설교의 주제는 "하나님의 말씀이 하나님의 밭에 뿌려진 씨요 설교자는 씨 뿌리는 자"라는 것이었다. 그는 설교를 전개해 가면서, 레스터셔의 그의 아버지의 땅에서 농사를 지은 자신의 경험에서 많은 내용을 이끌어냈다. 그는, 설교자는 쟁기를 잡은 사람과 같아야 한다는 것이었다. 왜냐하면 설교자는 일년 내내 수고해야 하기 때문이라는 것이었다. 그런데 그는 성직자가 그렇게 하기는커녕 오히려 사업과 쾌락에 빠져서 시간을 소비하고 있는 현실에 대해 탄식하였다. 그 결과로, "잘난 체하고 빈둥거리는 동안 설교와 쟁기 잡는 일이 깨끗이 사라졌다"는 것이었다. 그리고 나서 래티머는 다음과 같은 유명한 발언을 통해서 청중의 애를 태웠다:

자, 여러분, 좀 이상한 질문을 드리겠습니다. 잉글랜드 전체에서 과연 누가 휴식도 마다한 채 직무에 열중하는 가장 부지런한 주교요 고위 성직자겠습니까? 저는 말할 수 있습니다. 그게 누구인지 잘 아니까요. 저는 잘 압니다. 하지만 지금 여러분은 제가 그분의 이름을 말해주기를 바라고 제 말을 듣고 있으리라 생각합니다. 잉글랜드 전체에서 다른 누구보다도 부지런한 성직자요 설교자가 한 분 있습니다. 그게 누구인지 아십니까? 예, 바로 마귀입니다. 마귀야말로 다른 누구보다도 가장 부지런한 설교자입니다. 그는 절대로 자기의 주교 관구를 떠나지 않습니다. 자기의 교구를 벗어나지 않습니다. 그가 자리에 없는 것을 절대로 보지 못할 것입니다. 그가 자기 직무에서 벗어나 있는 것을 절대로 볼 수 없습니다. 언제나 원하는 때에 그를 불러도, 그는 언제나 거기에 있습니다. 마귀야말로 온 세상에서 가장 부지런한 설교자입니다. 그는 언제나 쟁기를 갈고 있습니다. 잘난 체하거나 빈둥거리는 일도 그를 방해할 수가 없습니다. 그는 언제나 자기의 일에 열중하고 있습니다. 절대로 게으름피우는 일이 없습니다. 제가 보장합니다 … . 마귀가 상주하고 그의 쟁기를 갈고 있는 곳에서는 책들이 사라지고 양초들이 높이 올라갑니다. 성경이 사라지고 염주가 올라갑니다. 복음의 빛이 사라지고 양초의 빛이 밝혀집니다. 예, 그렇습니다. 대낮처럼 밝혀집니다 … . 사람의 전통과 사람의 법도가 높이 올라가고, 하나님의 전통과 그의 지극히 거룩한 말씀이 내려 앉습니다 … . 사탄이 잡초와 독초들을 심느라 부지런한 만큼, 우리의 성직자들이 선한 교리의 알곡을 심는 일에 부지런하다면 얼마나 좋겠습니까! … 사탄만한 설교자가 잉글랜드에 하나도 없었습니다.

그 설교의 결론은 다음과 같았다:

고위 성직자들은 … 영주들이고, 수고하는 자들이 아닙니다. 그러나 마귀는 부지런히 쟁기를 갈며 수고합니다. 그는 설교하지 않는 고위 성직자가 아닙니다. 교구에서 잘난 체하며 빈둥거리는 자도 아닙니다. 바삐 움직이며 쟁기를 가는 자입니다 … . 그러니, 설교하지 않는 고위 성직자 여러분, 마귀에게서 배우십시오. 부지런히 여러분의 직무를 다하십시오 … . 하나님께도, 선한 사람에게도 배우지 못하겠거든, 마귀에게

서라도 배워서 여러분의 직무를 부지런히 감당해야 할 것입니다.[28]

유럽의 종교개혁에 대해서는 루터와 칼빈을 언급했고, 잉글랜드의 종교개혁에 대해서는 래티머를 언급했다. 그들은 설교자들이었고 또한 설교를 믿은 사람들이었다. 그러나 그들은 널리 퍼져 온 확신과 설교의 주도적인 몇몇 실례에 불과하다. 다간(E. C. Dargan)은 이렇게 논평하고 있다:

> 그 강력한 혁명의 위대한 사건들과 성취들은 주로 설교자들과 설교가 한 것들이었다. 왜냐하면 종교개혁의 가장 훌륭하고도 가장 오래 남은 업적이 하나님의 말씀으로 말미암은 것이요, 그 말씀을 믿었고 사랑했고 가르친 신실한 사람들의 사역을 통해 이루어졌기 때문이다. 또한 역(易)으로, 그 운동의 사건들과 원리들이 설교 그 자체에 대해 강력하게 반응을 보였고, 그것에 새로운 정신과 새로운 힘과 새로운 형태를 부여하였으므로, 종교개혁과 설교는 서로 의존하며 서로 돕고 인도하는 관계에 있는 것으로 간단히 묘사할 수 있을 것이다.[29]

청교도들과 복음주의자들

초기 종교개혁자들은 설교를 가장 중요하게 취급했는데, 이런 자세는 16세기 후반부와 17세기에 청교도들(Puritans)에 의해서 그대로 지속되었다. 그들은 갖가지 명칭들로 묘사되어왔는데, 그 중에는 무례한 것도 있었고, 또 그렇게 무례하지 않은 것도 있었다. 그러나 어버니 모건(Irvonwy Morgan)에 의하면, "그들의 성격을 가장 잘 정리해 주는 명칭은 바로 '경건한 설교자들'이다." 계속해서 그는 그 이유를 다음과 같이 설명한다.

> 청교도를 이해하는 데 본질적인 것은 다른 무엇보다도 그들이 설교자들이었으며, 또한 설교를 듣는 자들이 다른 설교자들과 그들을 분명히 구별할 수 있는 특수한 강조점을 지닌 그런 설교자들이었다는 점이었다 … . 그들을 함께 묶었고, 그들의 수고를 뒷받침했고, 또한 그들에게 끝까지 나아가는 힘을 주었던 것은 바로 그들 자신이 복음을 전하기 위해

부르심을 받았다는 의식이었다. "복음을 전하지 아니하면 내게 화가 있으리로다"가 그들의 영감이요 명분이었다. 청교도 전통은 처음부터 마지막까지 강단을 기준으로 평가해야 한다. 청교도 운동의 지도자 중 하나요 첫 고난자 중의 한 사람인 도미니쿠스 수도회 출신 토머스 샘슨(Thomas Sampson)의 말 … 그들의 표어로 간주할 수 있을 것이다: "주교가 되는 일은 다른 사람더러 하라고 하고, 나는 설교자의 직분을 맡든지 아무것도 안 맡든지 둘 중의 하나를 택하리라."30)

17세기 청교도들 가운데서는 『참된 목자』(The Reformed Pastor: 1656)의 저자인 리차드 백스터(Richard Baxter)는 청교도 전통과 그 자신의 책이 제시하는 이상을 일관성 있게 실례로 보여준 인물로 우뚝 서 있다. 그는 성직자들의 무지와 게으름과 방종에 크게 경종을 느꼈다. 성직자의 그런 추태는 『수치스러운 사악한 사제들의 첫 세기』(The First Century of Scandalous Malignant Priest: 1643)라는 의회 위원회의 보고서가 일백 가지의 충격적인 사례를 제시함으로써 폭로된 바 있었다. 그리하여 백스터는 그의 『참된 목자』를 동료 목사들을 위하여, 특히 우스터셔(Worcestershire)의 목회자 협의회의 회원들을 위하여 집필하였고, 그들과 함께 키더민스터(Kidderminster) 교구에서의 그 자신의 목회 사역을 주도한 원리들을 그들과 함께 나누었다. 그는 이렇게 쓰고 있다: "한 마디로 말해서, 우리는 그들에게 할 수 있는 만큼 하나님의 **말씀**(word)과 **역사들**(works)에 대해 가르쳐야 합니다. 오오, 목사들이 본문으로 삼아 설교할 이 두 권의 책이 얼마나 귀한지요! 얼마나 위대하며, 얼마나 탁월하며, 얼마나 놀랍고 신비스러운지요! 모든 그리스도인들은 그리스도의 제자들이요 학도들이고, 교회는 그리스도의 학교요, 우리는 그의 문지기들이고, 성경은 그의 문법책입니다. 그러니 우리가 날마다 그들에게 가르쳐야 할 것이 바로 이것입니다."31)

백스터의 교육 방법은 두 가지였다. 한편으로 그는 요리문답을 통해 가정들을 가르치는 일을 선구적으로 개척하였다. 그의 교구에는 대략 800여 가정이 있었는데, 그는 최소한 일 년에 한 차례는 그들을 직접 만나 영적 성장을 확인하기를 바랐으므로, 그와 그의 동료는 매주마다 열 다섯 혹은 열 여섯 가정들을 집으로 초청하였다. 한 번에 한 가정씩만 그의 집에 모여서 한 시간 가량 머물렀다. 그는 그들에게 요리문답을 암송하도록 했고, 그것을 이해하도록 도와주었고, 거기에 담긴 진리들을 개인적으로 경험하는지에 대해 질문하였다. 백스터는 이 요리문답 교육에 일 주일에 이틀을 완전히 소비했고, 그것이 그의 임무 중의 핵심 부분 중의 하나였다. 그러나 다른 부분이 "가장 탁월한 것인데, 이는 많은 이들에게 사역을 감당하기 때문"이었다. 그 다른 부분이란 바로 "말씀을 공적으로 설교하는 일"이었다. 그는 이렇게 강조하고 있다: 그 일은 "우리 중 어느 누가 할애하는 것보다 더 큰 기술과 특별히 더 큰 활력과 열심을 요구합니다. 회중의 면전에 서서 살아계신 하나님께로부터 오는 메시지를 우리 구주의 이름으로 전달한다는 것은 결코 작은 문제가 아닙니다."[32]

그러나 17세기에 설교의 중요성을 인식한 사람들이 오로지 청교도밖에 없었다고 생각하면 그것은 전혀 잘못된 것이다. 백스터가 『참된 목자』를 집필하기 불과 4년 전 조지 허버트(George Herbert)는 『성전으로 향하는 사제』(*A Priest to the Temple*) (이는 『시골 목사, 그의 성품과 거룩한 삶의 규칙』[*The Country Parson, his Character and Rule of Holy Life*]이라는 제목이 붙기도 했다)를 집필했다. 물론 그것이 그로부터 20년이 지난 후에야 비로소 출간되긴 했지만 말이다. 이 두 사람이 서로를 잘 알고 있었고 서로 존경하는 사이였다는 증거가 있다. 백스터가 허버트의 시와 경건을 칭송한 것은 분명하나, 그는 앵글로-가톨릭으로 묘사되어오는 인물이었다. 그럼에도 불구하고 허버트는 설교에 대해 본질적으로 "청교도적인" 강조점을 제시하였다. 그의 책 가운데 "목사의 설교"라는 제목을 붙인 제17장은 다음과 같이 시작된다: "시골 목사는 끊임없이 설교했고, 강단이야말로 그의 기쁨이요 그의 보좌였다." 더 나아가서 그 시골 목사는 "책 중의 책이요 생명과 위로의 저장소요 보고(寶庫)인 성경"에서 그의 메시지를 이끌어내며, 그 책에서 양분을 흡수하고 그 책으로 산다. 그의 주된 특징은 위트가 있거나 학식이 있거나 달변이라는 데 있는 것이 아니라 거룩하다는 데 있다. 진리를 전해 주고자 하는 열망이 너무도 진지하여 그는 설교 도중에 "오오 주여, 내 백성을 축복하소서, 그들에게 이 점을 가르쳐 주소서"라는 식으로 하나님께 간구하는 경우가 수없이

많다.³³⁾

그로부터 몇 년 후, 대서양 건너편에서는 아메리카의 청교도인 코튼 매더(Cotton Mather)가 보스턴(Boston)에서 목회 사역에 임하고 있었는데, 그의 영향이 대서양 양쪽에서 다 감지되고 있었다. 하버드(Havard)의 교수로서, 학구적인 신학자요 왕성한 저술가였던 그는 『학도와 설교자』(Student and Preacher)라는 그의 저서에서 "목회자 후보생을 위한 지침"을 제시하였다. 기독교 사역자 전반에 대한, 그리고 특히 설교자들에 대한 그의 견해는 그야말로 뜨거운 호응을 얻었다. 그는 그 책의 서문을 이렇게 시작하고 있다:

> 기독교 목회 사역의 직분을 올바로 이해하면, 그것이야말로 가장 존귀하며 중요한 것이며, 전 세계에서 그 어떤 사람도 지속할 수가 없는 일이다. 하나님의 지혜와 선하심이 어찌하여 이 직분을 불완전하고 죄악된 사람에게 맡기셨는가 하는 것이야말로 놀라운 경이(驚異) 중의 하나요, 또한 그것을 생각하는 것이야말로 영원을 누리는 일이 될 것이다 … . 기독교 설교자의 직분의 위대한 목적과 의도는 사람의 영혼 속에 하나님의 보좌와 통치를 회복하며, 하나님의 아들의 그 놀라운 속성들과 직분들과 은혜를 가장 활기 있는 색채로 드러내며 가장 명확한 언어로 그것을 선포하며, 또한 사람들의 영혼을 그와의 영원한 교제의 상태로 이끌어가는 데 있는 것이다 … . 그 일은 천사도 자신에게 존귀한 영예로 생각하고 흠모할 일이다. 과연, 하늘의 모든 천사가 앞으로 올 천 년 동안 스스로 담당하기를 소원할 그런 직분이 틀림없다. 그 일이 그렇게도 존귀하고 중요하며 유용한 직분이므로, 하나님께서 한 사람에게 그 일을 부여하셔서 평생토록 신실하게 성공적으로 그 일을 감당하게 하시면, 그 사람은 왕의 면류관을 오히려 하찮은 것으로 내려볼 것이요 이 땅의 가장 찬란한 군주에 대해 가엾은 눈물을 흘릴 것이다.³⁴⁾

코튼 매더는 1728년에 사망하였다. 그로부터 10년 후, 조지아(Georgia)에서 2년을 지내는 동안 자기 자신이 아직 회심하지 못했다는 것을 깨닫고 실망이 가득하여 귀국한 존 웨슬리(John Wesley)가 "마음이 뜨거워지는" 체험을 하게 된다. 그는 말하기를, 그때에 그 자신이 "구원을 위해서 그리스도를, 오직 그리스도만을, 신뢰하게 되었고" 그의 죄가 사라졌으며 그리스도께서 죄와 사망의 법에서 그를 구원하셨다는 확신이 생겼다고 하였다. 그리고 나서 그는 즉시 자신이 받은 바 그 값없는 구원을 설교하기 시작했다. 물론 그가 리차드 백스터에게서 영향을 받아 집집마다 방문하는 전도 사역과 회심자들을 요리문답으로 가르치는 일을 권장한 것은 사실이다. 그러나 그 자신의 특징적인 사역은 바로 설교였다. 교회당들과 교회당 마당에서, 마을의 들판에서, 야산과 넓은 개활지에서, 그는 복음을 선포했고 모여드는 수많은 무리들에게 그리스도를 전하였다. 그는 1757년 8월 28일의 일기에서, "나는 정말 설교하는 일로 살고 있다"고 토로하였다. 시종일관 그의 교재는 성경이었다. 성경의 주된 목적이 바로 그리스도를 제시하는 것이요 독자들에게 구원에 대해 일깨우는 것임을 잘 알고 있었기 때문이었다. 그는 『표준 설교』 (Standard Sermons)의 서문에서 이렇게 쓰고 있다:

> 나는 하나님께로부터 와서 하나님께로 돌아가는 영으로, 그 사이의 거대한 간격 위를 운행하는 것뿐이니, 조금만 지나면 더 이상 내가 보이지 않을 것이다. 변함이 없는 영원 속으로 빠져들 것이니 말이다. 내가 알기 원하는 것은 한 가지 ― 하늘에 이르는 길뿐이다 … . 하나님께서 친히 강림하셔서 그 길을 가르쳐 주셨다. 바로 이 목적을 위해서 그가 하늘로부터 임하신 것이다. 그리고 그 길을 한 권의 책에 기록하셨다. 오오, 내게 그 책을 달라! 값이 제아무리 비싸더라도 그 하나님의 책을 내게 달라! 나는 그 책을 가졌다. 여기에 내게 족한 지식이 있다. 나는 한 권의 책의 사람(homo unius libri)이 되리라. 자, 여기 사람들의 바쁜 길들에서 멀리 떨어진 곳에 내가 홀로 앉아 있고, 오직 하나님만이 여기 계시다. 그의 존전에서 내가 그의 책을 펴서 읽으니, 곧 하늘로 가는 길을 찾고자 하는 이 목적을 위한 것이다.[35]

존 웨슬리는 바로 이러한 그의 성경 묵상을 근거로 설교하였고, 그가 발견한 진리들을 다른 사람들과 나누었고, 하늘로 향하며 거룩으로 향하는 길을 가르쳐 준 것이다.

존 웨슬리가 그와 동시대 인물인 조지 휫필드(George Whitefield)보다 대중에게 더 널리 알려지긴 했으나(이는 아마도 웨슬리의 이름을 딴 세계적인 기독교 교단 때문일 것이다), 휫필드가 그보다 더 힘있는 설교자였던 것이 거의 확실하다. 영국과 미국(그는 일곱 번이나 이곳을 방문하였다)에서, 실내에서와 실외에서, 그는 삼십사 년 동안 한 주에 평균 이십 회의 설교를 했다. 달변이었고, 열정적이었으며, 단호하면서도 감정이 풍부했던 그는 생생한 은유들과 가슴이 와닿는 예화와 드라마틱한 제스처들로 설교를 활기 있게 만들었다. 그리하여 그는 청중들로 하여금 넋이 나가게 했고, 그들에게 단도직입적으로 질문을 제기하고, 혹은 하나님과 화목하기를 간청하기도 했다. 그는 그의 메시지의 권위를 완전히 확신하고 있었고, 또한 그의 메시지가 하나님의 말씀으로서 존중을 받도록 하고자 결심하였다. 그의 전기 작가 중 한 사람인 존 폴록(John Pollock)에 의하면, 한 번은 뉴저지(New Jersey)의 어느 집회에서 "설교 시간에 조는 습관에 완전히 젖어버린 한 늙은이가 눈에 띄었다"고 한다. 휫필드는 그 신사가 조는 것을 방해하지 않고 조용히 설교를 시작하였다. 그러다가 그는 의도적으로 다음과 같이 말했다:

'제가 만일 제 자신의 이름으로 여러분에게 와서 이야기한다면, 팔꿈치를 무릎에 대고 머리를 손으로 감싸고 편안하게 잠을 자도 상관 없을 것입니다! … 하지만 저는 지금 만군의 하나님 여호와의 이름으로 여러분 앞에 서 있습니다. 그러니 (그는 손뼉을 치며 발을 크게 굴렀다) 제 말을 반드시 들어야 하고, 또 반드시 듣게 될 것입니다.' 그 늙은이는 깜짝 놀라 정신을 차렸다.[36]

19세기

찰스 시미언(Charles Simeon)은 그와 평생 친구가 될 윌리엄 윌버포스(William Wilberforce)와 똑같이 1759년에 출생하였다. 그의 경력은 휫필드와는 10여년 정도가 겹치며, 웨슬리와는 30년이 겹친다. 케임브리지의 학부생 때에 회심한 후, 그는 그곳에서 복음을 전할 기회를 갖기를 원했다. 대학교 캠퍼스 중심부에 위치한 홀리 트리니티 교회당(Holy Trinity Church)을 지나면서, 그는 혼자 "하나님이 저 교회를 내게 주셔서 저기서 그의 복음을 설교할 수 있다면, 그리하여 대학교 한가운데서 그의 전령(傳令)이 된다면 얼마나 기쁜 일일까"라고 되뇌이곤 했다.[37] 하나님은 그의 기도에 응답하셨고, 1782년 그는 그 교회의 목사보가 되었다. 그러나 처음에는 그야말로 격렬한 반대를 받았다. 교회당 좌석 소유자들이 예배를 보이코트하고 회중석으로 들어가는 문을 잠가서, 십년 이상을 교인들이 서서 예배를 드려야했고, 난폭한 일도 자주 벌어졌다. 그러나 시미언은 끝까지 인내했고, 점차 마을과 학생들의 존경을 얻게 되었다. 그는 53년 동안 홀리 트리니티 교회당의 강단에 서서, 성경을 조직적으로 강해하였고, 그 교회당에 있는 그의 기념비의 문구처럼 타협없이 "십자가에 못 박히신 예수 그리스도 외에는 아무것도 알지 않기로" 작정하였다.

시미언의 이처럼 고결한 설교관은 목사를 사신(使臣: 대사)으로 보는 그의 사고에서 비롯되었다. 그는 1782년 그의 목사 임직식이 있은지 4개월이 지날 무렵 존 벤(John Venn)의 임직식을 기념하여 그에게 보낸 편지에서 다음과 같이 말했다:

> 진정 사랑하는 친구여, 자네에게 진정한 마음으로 축하하고 싶네. 하지만 내가 축하하는 것은, 40파운드 혹은 50파운드의 연봉을 받게 되었다거나, 목사(Reverend)라는 칭호를 얻게 되었다는 것이 아니라, 자네가 세상에서 가장 값어치 있고, 가장 존귀하며, 가장 중요하며, 또한 가장 영광스러운 직분, 즉, 주 예수 그리스도의 사신의 직분에 오르게 되었다는 것이네.[38]

그는 분명 자기 자신의 목회 사역을 이러한 시각에서 바라보았다. 한 번은 그가 "어떻게 들을까 스스로 삼가라"는 예수님의 교훈이 들어 있는 본문(눅 8:18)을 강해하면서, "설교를 어떻게 들을까에 대한 지침"을 제시하였다. 예수께서 이렇게 경계하신 한 가지 이유는 바로 "설교자를 통해서 우리에게 말

씀하시는 분이 바로 하나님 자신이시기 때문"이라고 하였다. 그는 다음과 같이 계속하고 있다:

> 목사들은 하나님의 사신들이요, 그리스도를 대신하여 말하는 자들입니다. 그들이 성경에 기초하여 설교하면, 그들의 말이 하나님의 뜻에 합당한 이상 그것은 하나님의 말씀으로 보아야 합니다. 우리 주님과 그의 사도들이 이 점을 인정하고 계십니다. 그러니 우리는 설교자의 말을 하나님 자신의 말씀으로 받아들여야 마땅한 것입니다. 그러니 그 말씀을 대할 때에 우리가 얼마나 겸손해야 하겠습니까! 그 말씀을 가벼이 여긴다면, 우리에게 어떤 심판이 내리겠습니까![39]

19세기 동안 내내, 율리우스 벨하우젠(Julius Welhausen) 등과 그의 후계자들의 이름과 결부되어 고등 성경 비평이 공격해오고 또한 찰스 다윈(Charles Darwin)의 진화론의 공격이 거세게 일었으나, 영국에서는 강단이 그 고귀한 자리를 계속 지켰다. 당대의 위대한 설교자들의 설교를 듣기 위해 사람들이 몰려들었고, 또한 출간된 그들의 설교들이 큰 호응 아래 읽혀졌던 것이다. 그 당시에는 옥스퍼드(Oxford)의 유니버시티 교회(University Church)의 존 헨리 뉴먼(John Henry Newman: 1801-1890), 성 바울 대성당(St. Paul's Cathedral)의 리든(Canon H. P. Liddon: 1829-1890), 브라이튼(Brighton)의 로버트슨(F. W. Robertson: 1816-1853) 등의 뛰어난 설교자들이 있었고, 또한 런던의 메트로폴리탄 태버너클(Metropolitan Tabernacle)의 찰스 스펄전(Charles Haddon Spurgeon: 1834-1892)은 그 중에서도 가장 탁월한 설교자였다.

빅토리아 시대의 스코틀랜드 사람인 그 유명한 토마스 칼라일(Thomas Carlyle: 1795-1881)이 설교자의 독특한 영향에 대해 정리해 놓은 것을 귀담아 들어보기로 하자. 그의 증언이 더 감동적인 것은 그는 역사가로서 또한 교회와 그 신조들에 대한 노골적인 비판자로서 그런 글을 썼기 때문이다. 그런데 사회에서 지도력을 행사하는 "영웅들" 혹은 "위인들"의 목록 중 "사제"를 네 번째에다 놓았는데, 이는 곧 "설교자"를 뜻하는 것이다. "사제"의 모델로 그는 루터와 녹스(Knox)를 택했다: "이 두 사람이 우리의 최고의 개혁자들이니 그들을 우리의 최고의 사제들로 꼽을 것이다." 칼라일이 그들에게서 흠모한 것은 그들의 고독한 용기였다. 루터는 보름스 의회에서 교회와 국가의 가장 위압적인 권력자들 가운데서도 전혀 굴하지 않았다. 한 쪽에는 "세상의 화려한 권력자들"이 자리하고 있었고, 다른 한 쪽에는 "하나님의 진리를 위해 한 사람이 서 있었으니, 초라한 소인 한스 루터(Hans Luther)의 아들이었다." 그는 그 자리에서 "내가 여기 서 있으니, 달리 어쩔 수가 없나이다. 하나님 나를 도우소서!"라고 하였다. 칼라일이 보기에, 그때야말로 "현대의 인간사에서 가장 위대한 순간"이었다. 사실, 그 다음 세기들에 유럽과 아메리카에서 이루어질 인간 해방의 광대한 역사가 그때에 시작된 것이다. "그 모든 일의 배아(胚芽)가 거기에 자리하고 있었다." "스코틀랜드 사람 중 가장 용감한 사람" 존 녹스(John Knox)가 스코틀랜드에 미친 영향도 그와 비슷했다: "녹스가 그의 나라를 위해 행한 일이 바로 이것이니, 단언컨대 과연 죽음으로부터 부활이라 부를 수 있을 것이다 … . 백성들이 살기 시작한 것이다." 그런 것이 설교로 전해지는 말씀의 능력인 것이다.[40]

빅토리아 시대에 많은 사람들이 강단에 대해 보여준 거의 두려움에 가까운 존경의 자세가 허먼 멜빌(Herman Melville)의 『모비 딕』(Moby Dick: 1851)에서 잘 나타나고 있다. 그는 해군 군목이 남부 매사추세츠주(Massachusetts)의 뉴 베드퍼드(New Beford)에서 행한 설교를 회화적으로 잘 묘사하는데, 이것은 전부 인용할 만한 가치가 있다. 바람이 몹시 부는 12월의 어느 주일, 이스마엘(Ismael)은 남쪽으로 항해하기 위해 포경선을 기다리고 있었다. "무오한 장로교회의 품에서 나서 거기서 자란 선한 그리스도인"[41] 이었던 그는 "포경선 어부들의 작은 예배당"에서 드리는 예배에 참석했다. 그 안에는 "뱃사람들과 그들의 아내들과 과부들 몇 명이 옹기종기 모여 있었고", 추위를 이기기 위해 담요로 감싼 채 조용히 있는 모습과 "세찬 바람이 몰아치는 바깥"의 모습이 아주 대조적이었다. 이윽고 신부가 등장하였는데, 메이플 신부(Father Mapple)라는 늙은 사람이었다. 젊은 시절 포경선에서 작살을 쏘는 일을 했던 그는 바다에 대한 사랑과 뱃사람 특유의 언어를 그대로 간직하고 있었다. 높은 강단에는 계단이 없었고, 대신 배의 사다리가 수직으로 닿아 있었다. 왕년의 뱃사람다운 기술로 강단에 올라선 메이플 신부는 사다리를 잡아 당겨서는 강단 앞에 세우고 자기는 그 속에 완전히 들어가 갇힌 상태가 되었다. 멜빌은 계속해서 앞면이 사다리 벽으로 둘러싸인 강단의 모습을 묘사하면서, 그것이 마치 "뭉툭한 뱃머리 비슷하게" 생겼고, "선수에 장식한 부리 모양을 본뜬 소용돌이 장식 위에 성경이 놓여져 있었다"고 하였다. 그리고는 "그보다 의미 있는 것이 또 어디 있겠는가?"라고 묻는다.

강단이야말로 이 땅에서 가장 앞머리에 속한 부분이고, 나머지는 모두 그 뒤에 온다. 강단이 세상을 인도하는 것이다. 하나님의 진노의 폭풍우를 가장 처음 관측해 내는 것이 강단이며, 강단이야말로 가장 먼저 그것과 마주치는 뱃머리이다. 순풍과 역풍을 주관하시는 하나님께 순풍을 위하여 간구하는 곳도 바로 그곳이다. 그렇다. 세상이라는 배가 항해 중에 있다. 그리고 그 항해는 아직 끝나지 않았다. 그리고 바로 강단이 그 뱃머리인 것이다.[42]

그 다음 장은 "설교"라는 제목이 붙여져 있는데, 거기서 그는 강단의 능력의 한 가지 실례를 충격적으로 보여주고 있다. 메이플 신부는 회중을 "동료 선원"으로 대하고, 그들에게 요나의 이야기를 주제로 설교하였다. 그는, 요나서가 "성경이라는 굵은 닻줄 중 가장 가느다란 가닥"에 속하지만, 거기에는 "두 가닥의 교훈"이 담겨 있는데, 그 하나는 죄악된 인간인 우리 모두에게 주는 교훈이요, 또 하나는 살아 계신 하나님께로 인도하는 안내자인 제게 주는 교훈"이라고 설명했다. 하나님께로부터 도망하는 자들에게는 요나야말로 참된 회개의 모델이었다. 그러나 요나는 복음을 전할 의무를 회피하는 모든 안내자와 설교자에게는 무서운 경고이기도 했다. 곧, "위대한 안내자인 바울의 말씀처럼, 다른 사람들에게 설교하는 동안 자신은 정작 버림을 받고 말" 수도 있다는 것이다.[43]

"강단이 세상을 인도한다." 오늘날 감히 이런 주장을 할 사람은 거의 없을 것이다. 그러나 19세기에는 그 말이 과장으로 들리지 않았을 것이다. 동시에 설교가 특권임을 깨달은 사람들은 깨닫지 못한 자들 때문에 괴로움을 당했다. 이러한 괴로움의 한 가지 실례를 제임스 알렉산더(James W. Alexander)에게서 보게 된다. 그는 1812년 새로이 설립된 프린스턴 신학교의 초대 교수였던 아치볼드 알렉산더(Archibald Alexander)의 아들로서, 그 자신도 1849년부터 1851년까지 교수직을 역임하였다. 그러나 이십 년 동안 그는 목회자로 봉사했었다. 찰스 하지(Charles Hodge)의 말대로 "강단이야말로 그에게 가장 어울리는 영역"이었던 것이다.

> 설교자의 직무의 가치를 반드시 깨달아야 마땅한데, 우리 중에 그것을 깨닫는 사람이 하나도 없는 것은 아닐까 하는 두려움이 있다. 우리의 젊은이들은 설교자의 직무에 임할 때에 큰 싸움을 목전에 둔 사람의 정신으로 자신을 여미지도 않을 뿐더러, 설교할 때에 인간의 가장 강력한 격정들의 샘에 손을 집어넣어서 인간의 감정의 그 깊은 바다를 휘저어 놓아야 하는데도 그럴 각오로 설교를 준비하지도 않는다. 설교에 대한 이러한 자세가 충실한 곳에서는, 심지어 훈련을 잘 받지 못한 설교자조차도 많은 것을 이룬다 … . 강단은 여전히 수많은 무리들에게 영향을 미치는 위대한 수단으로 남아 있다 … . 시대시대마다 위대한 개혁자들은 위대한 설교자들이었던 것이다 … [44]

알렉산더는 뒤에 주장하기를, 설교는 다른 사람들의 삶에만 영향을 미치는 것이 아니라, 또한 설교자 자신에게도 아주 만족감을 주는 것이라고 한다:

> 설교 행위에는 행복이 있다. 설교자에게나 듣는 이들에게 똑같이 지루하게 설교할 수도 있다. 그러나 설교가 효과 있게 행해질 경우에는 지극히 순전하고도 고귀한 감동이 생겨나고, 여기에 행복이 있다. 지성이 분명하게 하늘을 향하여 날아오르고, 상상력이 대담하게 비상하며, 거룩한 열정이 감미롭게 움직이는 것을 강단보다 더 많이 경험할 수 있는 곳은 아무 데도 없다.[45]

설교에 이러한 능력과 이러한 즐거움이 있으니, 세기가 바뀐 직후 에든버러의 알렉산더 화이트(Alexander Whyte)가 낙담해 있는 한 감리교 목사에게 다음과 같이 권면한 것도 별로 놀랄 일이 아니다: "절대로 설교를 포기할 생각을 하지 마시오! 하늘 보좌 주위의 천사들도 그대가 행하고 있는 그 위대한 사역 때문에 그대를 부러워하고 있다오."[46] 그것은 1908년의 일이었다. 한 해 전에는 회중교회의 신학자인 포사이스(P. T. Forsyth)의 『적극적인 설교와 현대 지성』(Positive Preaching and the Modern Mind)이라는 저서가 출간되었는데, 그 책은 다음과 같이 서두를 시작하고 있다: "어쩌면, 지나치게 대담한 시작인 것도 같으나, 나는 기독교의 흥망(興亡)이 설교에 달려 있다고 감히 말하고자 한다."[47]

이십 세기

이십 세기는 행복의 분위기 속에서 시작되었다. 최소한, 많은 것을 누리고 교육을 받은 소수의 서구 사람들은 이 시대가 정치적 안정과 과학적 진보와 물질적 풍요의 시대가 될 것으로 기대하였다. 세계의 지평선에는 어둡게 만드는 구름이 하나도 없었다. 이러한 전반적인 낙관적 분위기에 교회도 편승하였다. 교회는 여전히 존중받는 사회 기관이었고, 강단의 사역자들은 존경과 추앙을 받고 있었다.

이렇게 설교의 유익한 효과들에 대해 무한대로 신뢰하던 이 시기에 필자가 접한 최고의 실례는 찰스 실베스터 혼(Charles Silvester Horne) 목사의 경우다. 그는 1914년 예일 대학교에서 설교학을 주제로 한 비처 기념 강좌(Beecher Lectures)를 인도했는데, 그는 그 강좌를 "설교의 로맨스"(The Romance of Preaching)라 불렀다. 그는 불과 며칠 후 집으로 돌아가는 배에서 사망하였다. 다가오는 전쟁에 대한 우려가 전혀 나타나 있지 않은 것을 보면, 그는 그 강좌를 1913년에 준비한 것이 분명했다. 혼은 회중교회의 목사요 또한 영국의 하원의원이었다. 그는 하원 의회에서는 달변으로, 또한 강단에서는 열정으로 유명했다. 아스퀴스(H. H. Asquith)가 그의 설교를 들으러 자주 교회당에 가곤 했는데, 그의 말에 따르면, "그의 뱃속에는 불이 있다"는 것이었다. 정치가이자 설교자였던 혼은 자신의 개인적인 경험을 통해서 두 가지를 서로 비교할 수 있는 자격이 있는 사람이었다. 그 중에 어떤 것이 더 영향이 큰지에 대해서 그는 의심이 전혀 없었다:

하나님의 사자인 설교자야말로 사회의 진정한 스승입니다. 사회가 그 사람을 뽑아서 통치자로 세운 것이 아니고, 하나님께서 뽑아 세운 것입니다. 사회의 이상을 세우고, 그 이상을 통해서 사회의 삶을 지도하고 다스리게 하기 위해서 말입니다. 아무리 세속화된 사회라 할지라도 그 사회로 하여금 함께 생각하게 만들고 그 사회의 열정을 불러일으키며, 그 신앙을 부흥시키고, 그 열정들을 깨끗이하며, 그 야망들을 정화시키고 그 의지에 확고부동한 힘을 줄 수 있는 그런 사람을 제게 보여주십시오. 어떤 정당이 겉으로 정권을 장악하고 있든, 어떤 우두머리가 표면상의 권좌에 자리를 차지하고 있든, 바로 그 사람(설교자)이야말로 사회의 진정한 스승입니다.[48]

그는 커뮤니케이션의 기술과 사업에 있어서 설교자의 경쟁 상대들을 잘 의식하고 있었다. 그는 극작가, 저널리스트, 사회주의 선동가, 소설가, 정치가, 시인 등을 그런 경쟁 상대들로 거론하였다. 우리는 이 목록에다 텔레비전 작가와 프로듀서를 첨가할 수 있을 것이다. 우리와 마찬가지로 그도 사람들의 귀가 경쟁적인 목소리들에게 포위되어 있다는 것을 잘 알고 있었다. 그러나 그러면서도 그는 도덕적·사회적 영향력을 미치는 순위의 첫 번째 자리를 설교자에게 부여하였다:

역사의 진정한 로맨스(모험 이야기)는 이러한 설교자의 로맨스입니다. 곧, 하나님께 완전히 젖어 있고 영원한 뜻에 대한 비전을 품고 있고 또한 모든 대륙과 언어와 종족이 속하는 그 제국에 대한 의식을 지닌 그런 영혼의 숭고한 이적입니다. 무력의 충돌과 권력의 어리석은 각축 중에서도 이 사람은 평온한 가운데서 진리라는 이름의 칼만을 구하며, 의의 갑옷과 평화의 영을 구하며 우뚝 서 있습니다. 이 사람이야말로 세상이 이길 수 없는 천하무적의 영웅입니다. 세상의 가장 영구한 모든 승리가 바로

그의 것입니다."⁴⁹⁾

그리하여 혼은 이렇게 계속했다: "우리가 아니면 대체 누가 자신의 소명을 자랑스러워 하겠습니까? 다른 어떤 역사를 우리의 역사에 비기겠습니까? 설교자들이 행진하는 모습을 생각해 보십시오! … 그들의 메시지 앞에서 고대의 이방 제국들이 점차로 흔들렸고, 이방의 군주들이 그 앞에 머리를 조아렸습니다."⁵⁰⁾ 그는 "복음의 사람이 자유민들의 시민 생활과 국민 생활을 형성시키는 데에 능력을 발휘한 최고의 실례들"⁵¹⁾로서 특히 사보나롤라, 칼빈, 그리고 녹스를 언급했다.

역시 회중교회 목사로서 설교를 정치보다 더 막강한 힘을 지닌 것으로 보았던 또 한 사람은 존스 박사(Dr. J. D. Jones: 1917년 사망)였다. 그는 근 사십 년 동안 번마우스(Bournemouth)의 리치먼드 힐 회중교회의 목사로 봉직하였다. 어느 정당(政黨)의 지도자로부터 의회의 후보로 출마할 것을 권유받자 그는 고사하면서, 산발랏과 도비야가 예루살렘 성벽 건축을 중지시키려 할 때에 그들에게 느헤미야가 준 답변을 이유로 인용하였다. 느헤미야는 그들에게, "내가 이제 큰 역사를 하니 내려가지 못하겠노라"(느 6:3)라고 답변했던 것이다. 존스는 마지막 단어("내려가다")를 강조했다. 그는 "정치판에 들어가려고 강단을 버린다면 그것은 정말 '내려가는' 일일 것입니다"라고 선언하였다. "의회가 인간의 형편을 더 낫게 하는 데 기여할 수 있는 일을 무시하지는 않지만, 세상의 상처를 궁극적으로 치유하는 일은 법을 제정하는 것으로 되는 것이 아니라 하나님의 구속의 은혜로 말미암아 되는 것이고, 그러니 그 구속의 은혜를 선포하는 일이야말로 사람이 감당할 수 있는 최고의 일입니다."⁵²⁾

20세기 초엽에 유행했던 낙관주의가 먼저는 제1차 세계대전의 발발로, 또한 그 다음에는 참호 속의 진흙더미와 피의 공포로 완전히 무너져내렸다. 유럽이 4년 동안 이처럼 채찍맞은 분위기에 있다가 겨우 회복되자, 이제는 수년 동안의 경제 공황으로 인하여 상황이 더욱 악화되었고, 그리하여 목사들의 발언도 더욱 냉담해졌다. 그러나 이런 가운데서도 강단의 특권과 능력에 대한 신뢰는 보존되었다. 칼 바르트(Karl Barth)와 같은 지각 있는 신학자들은 과거에 가졌던 자유주의적인 낙관론이 전쟁으로 완전히 무너져버리자, 인류의 현실을 새롭게 인식하고 하나님을 믿는 새로운 믿음을 갖게 되었고, 설교가 그 전보다 더욱더 중요한 위치를 차지하게 되었다는 확신을 표명하였다. 바르트는 1928년 다음과 같이 선언하였다:

하나님의 말씀을 전하고 듣는 일보다, 그 진리의 새롭고 규범적인 능력 속에서, 모든 것을 제거하고 모든 것을 조화시키는 진지함으로, 그 진리가 이 시대와 이 시대의 혼란에, 또한 저 너머 **영원**의 찬란함을 향하여 비쳐주는 빛 가운데서, 시간과 영원을 서로를 **통해서** 또한 서로의 **안**에서 드러내 주는 그 살아 계신 하나님의 말씀, 로고스를 전하고 듣는 일보다 더 중요하고, 더 긴급하며, 더 유익하고, 더 결실 있고, 더 이로운 것은 없다는 말은 자명한 이치다.[53]

하나님의 말씀에 대한 신뢰의 회복이, 따라서 말씀하셨고 말씀하시는 ― 이 진리를 어떤 식으로도 정의할 수 있겠지만 ― 살아 계신 하나님에 대한 신뢰의 회복이, 설교의 회복 여부에 달려 있다는 말은 정말 이치에 맞는 말이다. 그렇게도 많은 위대한 설교자들이 개혁주의 전통에서 나온 이유가 바로 여기에 있는 것이다. 또 하나의 실례는 에든버러의 제임스 블랙(James Black)인데, 그는 1923년 스코틀랜드에서 행한 워렉 기념 강좌(Warrack Lectures)와 미국에서 행한 스프런트 기념 강좌(Sprunt Lectures)에서 청중들에게 설교 사역을 진정 진지하게 대할 것을 권면하였다: "우리의 사명은 크고도 지엄한 사명입니다. 그러니 우리가 소유한 모든 은사를 완전히 드려 마땅한 것입니다 … . 그러므로 여러분들에게 부탁합니다. 일찍부터 여러분의 설교 사역을 여러분의 생애의 큰 사명으로 알기를 결심하기를 바랍니다."[54] 그는 또 이렇게도 권면했다: "우리가 맡은 일은 우리의 모든 재능을 쏟아서 철저히 준비해야 할 만큼 너무나 중요한 일입니다 … . 여러분의 일은 영혼들을 보살피고 양육하는 일입니다. 그 일에 여러분의 풍성한 삶의 모든 열정과 열심을 다 쏟으시기를 바랍니다."[55]

더욱더 놀라운 일은 헨슬리 헨슨 주교(Bishop Hensley Henson)처럼 자유주의적인 신학적 견해를 표방하는 인사가 설교를 그렇게 중요시하고 있다는 것이다. 1927년 그의 설교문들과 임직식 권면들이 『잉글랜드의 교회와 목사』(*Church and Parson in England*)라는 제목으로 출간되었는데, 그 책에서 그는 이렇게 탄식하였다: "설교 때문에 얻는 고통에 교회가 슬픔에 젖어 체념한 상태에 빠져 있는 — 뻔뻔스럽게 잠을 자지는 않는다지만 — 모습은 그야말로 장관(壯觀)입니다. 너무 흔해서 탈이지만 말입니다."[56] 강단에 대해 이렇게 비꼬는 것과는 대조적으로 그는 자신의 확신을 이렇게 표명하고 있다: "기독교 목회의 모든 활동들 가운데서 설교야말로 최고의 것입니다. 그러니 우리가 과연 우리의 사명을 존중하고 있느냐 하는 여부는 우리가 과연 설교자의 임무를 제대로 감당하고 있느냐로 알 수 있는 것입니다."[57] 그리하여 그는 동료 목사에게 이렇게 권면하고 있다: "설교자로서의 그대의 임무를 절대로 하찮게 여겨서는 안 됩니다 … . 어떤 의미에서 목회의 모든 활동이 설교 사역으로 집약된다고 말해도 틀림이 없을 것입니다."[58]

디트리히 본회퍼(Dietrich Bonhoeffer)의 생애와 업적에 대해서는 지금도 평가가 이루어지고 있는 중이다. 1945년 플로센부르크(Flossenburg)에서 처형을 당할 때에 보여준 그의 용기에 대해서는 모두들 칭송하지만, 그의 몇 가지 신학적 진술들의 의미가 과연 무엇인지에 대해서는 여전히 학자들 가운데 논란이 되고 있다. 그의 친구 에버하르트 베트게(Eberhard Bethge)처럼 그를 가장 잘 알았던 사람들은, 그가 기독교에 대해 "비종교적"(non-religious) 해석을 행했으나 그것이 결코 교회 공동체의 참된 예배를 없애려는 의도가 있었던 것이 아님을 확신 있게 증거하고 있다. 오히려, 예배는 그리스도의 부르심을 들을 수 있는 기회이기 때문에 필수적인 것이라고 보았다는 것이다.

그를 따르라는 그의 부르심을 듣기 위해서는 그를 만날 수 있는 자리에서 들어야 한다. 즉, 교회에서 말씀과 성례의 사역을 통해서 들어야 한다는 말이다. 교회의 설교와 성례의 시행이야말로 예수 그리스도께서 임재해 계신 곳이다. 예수님의 부르심을 들으려면, 개인에게 주어지는 계시 같은 것은 필요없다. 그저 설교를 듣고 성례에 참여하면 된다. 곧, 십자

가에 못 박히시고 다시 사신 그리스도의 복음을 들으면 되는 것이다.[59]

전쟁 발발 이전에 행한 설교에 대한 그의 한 강좌에서, 본회퍼는 설교의 중대성에 대해 더욱 강하게 강조하였다:

> 세상에 그 모든 말들이 있는 것은 선포되는 말씀을 위한 것이다. 설교에서 새로운 세상의 기초가 놓여진다. 설교에서 본래의 근원적인 말씀이 귀로 들려지는 것이다. 설교에서 발설되는 말씀으로부터는 아무것도 회피할 수 없고, 이 증언의 필수성을 벗어나게 해 주는 것도 아무것도 없다. 심지어 의식이나 예전도 그렇게 해 주지는 못한다 … . 설교자는 그가 성경에 근거하여 선포하는 그 말씀을 통해서 그리스도께서 회중에게 들어가신다는 사실을 확신해야 하는 것이다.[60]

제2차 세계대전이 유럽에서 세속화의 과정을 더욱 가속화시킨 것은 사실이나, 그럼에도 불구하고 설교를 소멸하지는 못했다. 제2차 세계대전 기간과 그 이후 런던에서는 세 분의 탁월한 감리교 설교자들이 강단 사역을 통해서 수많은 무리들에게 영향을 미쳤는데, 시티 템플(City Temple)의 레슬리 웨더헤드(Leslie Weatherhead), 킹스웨이 홀(Kingsway Hall)의 도널드 소퍼(Donald Soper: 그는 또한 타워 힐[Tower Hill]의 마블 아치[Marble Arch]의 야외에서도 설교하였다), 그리고 웨스트민스터 센트럴 홀(Westminster Central Hall)의 윌 섄스터(Will Sanster)가 그들이었다. 언젠가 한 재치 있는 어떤 사람은 이 세 사람들을 그들의 세 가지 "사랑"으로 서로를 가장 잘 구별할 수 있다고 했다. 곧, "섄스터는 주님을 사랑했고, 웨더헤드는 그의 백성을 사랑했고, 소퍼는 논증을 사랑했다"는 것이었다. 세 사람 중 아마 섄스터가 가장 능변의 설교자였던 것으로 보인다. 그는 런던에서 출생한 토박이로 열 다섯의 나이에 학교를 나와서 런던 시내의 한 사무실에서 사환으로 일을 하다가, 불과 열 여덟 살에 그 지역의 감리교 설교자가 되었고, 또한 1950년에는 영국 감리교 연합회(the Methodist Conference in Britain)의 회장으로 선출된 인물이다. 그는 유명한 저서 『설교의 기술』(*The Craft of the Sermon*:

1954)에서 설교자의 임무를 충분히 묘사해 줄 만한 고귀한 말들을 거의 찾지 못할 지경이었다. 서두에 그는 이렇게 쓰고 있다:

> 설교를 위해 부름받았고 … 말씀을 가르치도록 사명을 받았다! 위대하신 왕의 사자(使者)요, 영원한 복음의 증인이니, 이보다 높고 거룩한 일이 또 어디 있으랴! 이 최고의 사명을 위하여 하나님이 그의 독생자를 보내신 것이다. 이 시대의 온갖 실망스런 일들과 혼란 가운데서 제멋대로 행하는 사람들에게 하나님의 뜻을 선포하는 일보다 더 중요한 일을 과연 상상이나 할 수 있겠는가?[61]

개혁 교회들에서 강단이 중심의 위치에 서 있다는 것은 결코 우연도, 사람들의 공격적인 자기중심주의 때문도 아니다. 그것은 의도적인 것이요 헌신에 의한 것이요, 논리적으로 당현한 일이다. 강단은 바로 **하나님의 말씀의 보좌**로 거기에 있는 것이다.[62]

그리고 그 책 거의 마지막 부분에서 그는 자신의 개인적인 확신을, "예수 그리스도의 복된 소식을 전하는 일이야말로 사람이 자신을 드릴 수 있는 최고의 활동이요 가장 거룩한 활동이요, 천사도 부러워할 임무요 또한 천사장들이 하늘의 궁정을 저버리면서까지 맡고 싶어할 만한 임무다"[63]라고 피력하고 있다. 앤드류 블랙우드(Andrew Blackwood)도 그와 비슷하게 말하기를, "설교야말로 이 땅의 일들 가운데 가장 고귀한 일의 지위를 차지해야 마땅하다"라고 하였다.[64]

이렇게 해서 우리는 1960년대나 70년대를 지나 80년대에 이르렀다. 그 동안 설교가 쇠퇴의 길을 걸었고, 오늘날에도 여전히 쇠락한 상태에 있다. 최소한 서구 세계에 있어서는, 설교의 쇠퇴는 바로 교회의 쇠퇴의 징후다. 회의론이 팽배한 시대이니 확신 있는 선포의 회복에 도움이 될 것이 별로 없다. 그러나 설교의 본질적인 중요성을 외치며 설교의 갱신을 외치는 그런 목소리들이 없는 것은 아니다. 사실상 모든 교회들에서 이런 목소리들이 들리고 있다. 그 가운데 로마 가톨릭 교회, 성공회(Anglican Church), 그리고 자유 교회에서 각각 한 가지씩 실례를 들어 보기로 하자.

로마 가톨릭 교회의 몇몇 저술가들은 현대 설교의 수준이 낮은 사실에 대해 굉장히 우려하고 있다. 예수회 소속의 원로 신학자인 칼 라너(Karl Rahner)에 따르면, 이 시대의 절실한 문제점들은 그가 말하는 "설교의 골칫거리"에 관한 것이다. 곧, 기독교의 메시지를 일상적인 세계에 전하지를 못하고 있다는 점이라는 것이다. "많은 사람들이 강단에서 흘러나오는 언어가 자기들에게 아무런 의미가 없기 때문에 교회를 떠나고 있다. 강단의 언어가 그들의 생활과는 아무런 관계가 없고, 그들을 위협하며 도저히 피할 수 없는 많은 문젯거리들을 그저 비켜버리기 때문이다 … . '설교의 골칫거리' 가 점점 더 골칫거리가 되고 있다."[65]

그러나 제2차 바티칸 공의회(the Second Vatican Council)에서 나온 문서들을 읽어본 사람들에게는 그렇지 않을 것이다. 『신적 계시의 교리적 규정』(Dogmatic Constitution on Divine Revelation)의 제6장은 "교회 생활과 성경"이라는 제목이 붙어 있는데, 거기에는 성경을 연구하고 적용해야 할 의무에 대해 강력한 주장들이 들어 있다:

> 가톨릭 교회의 주석가들 … 과 거룩한 신학을 연구하는 기타 학도들은 함께 부지런히 일하고 적절한 수단들을 사용하며, 교회의 가르치는 거룩한 직분을 잘 살피는 가운데, 정력을 다 쏟아서 그 신적인 글들을 탐구하고 해명하는 데에 헌신해야 한다. 가능한 많은 말씀 사역자들이 하나님의 백성들에게 성경의 자양분을 효과적으로 제시하여 그들의 지성을 일깨우며, 그들의 의지를 강건케 하고, 그들의 마음에 하나님을 향한 사랑의 불을 지피도록 그렇게 그 임무를 행하여야 할 것이다 … .[66]
>
> 그러므로, 모든 성직자는 부지런히 읽고 주의 깊게 연구함으로써 성경을 든든히 붙들어야 한다 … . 그들 중에 "속으로는 전혀 하나님의 말씀을 듣지 않으면서 겉으로만 하나님의 말씀을 전하는 공허한 설교자"(아우구스티누스)가 되는 사람이 없도록 하기 위해서는 이러한 성경의 수련이 필요하다. 그들은 하나님의 말씀의 풍성한 것들을 그들에게 맡겨진 신실한 자들과 함께 나누어야 하기 때문이다 … .[67]

그 문서는 계속해서, 그리스도인들 스스로가 성경을 읽어야 할 것을 말한다: "그러므로 이렇게 해서, 성경을 읽고 연구함으로써 '주의 말씀이 퍼져 나가 영광스럽게 되'(살후 3:1)게 하고, 그리하여 교회에게 맡겨진 계시의 보화가 사람들의 마음을 점점 더 가득 채우게 되어야 할 것이다."[68]

"사제들의 사역과 생활에 대한 교령(敎令)"에서도 다시 이 주제로 돌아가서, 로마 교회의 성직자들에게 복음을 전할 것을 명령하고 있다:

> 먼저 믿지 않고서는 아무도 구원받을 수 없으므로, 주교들을 보좌하는 협력 사역자들로서 사제들이 지닌 주된 의무는 모든 이들에게 하나님의 복음을 선포하는 일이다 … . 사제들의 임무는 자기들의 지혜가 아니라 하나님의 말씀을 가르치는 것이요, 또한 모든 사람들을 회심과 거룩에로 시급하게 부르는 것이다 … 그런 설교는 하나님의 말씀을 그저 대충 추상적인 방식으로 제시해서는 안 되며, 반드시 복음의 영속적인 진리를 삶의 구체적인 처지에 적용시켜야 하는 것이다.[69]

주지한 바와 같이, 성공회는 탁월한 은사를 지닌 설교자들이 오랜 동안 이어져왔다. 그러나 최근에 들어서는, 1974년부터 1980년까지 캔터베리 대주교를 지낸 도널드 코건(Donald Coggan)만큼 성공회에서 설교의 회복에 자극을 준 지도자는 없었다. 그는 유능한 설교자로서, 자기 자신을 "말씀 사역자로 있는 즐거운 폭정 아래서"[70] 반 세기를 보내온 것으로 묘사하였다. 그는 영국에 설교자 대학(the College of Preachers: 워싱턴에는 이미 세워져 있었다)을 세우는 일에 주도적인 역할을 담당하였다. 설교에 관한 그의 처녀작인 『은혜를 맡은 청지기들』(*Stewards of Grace*: 1958)에서 그는 설교의 절대적인 필수성에 대해 자신의 확신을 다음과 같이 피력하였다:

> 하나님의 경륜의 기적이 여기 있으니, 곧 하나님의 용서하심과 사람의 죄 사이에 **설교자**가 서 있다는 사실이요, 하나님의 공급하심과 인간의 필요 사이에 **설교자**가 서 있다는 사실이요, 하나님의 진리와 인간의 탐구 사이에 **설교자**가 서 있다는 사실이다! 인간의 죄를 하나님의 용서와, 인

간의 필요를 하나님의 전능하심과, 인간의 탐구를 하나님의 계시와 연결시켜 주는 것이 바로 그의 임무인 것이다 … .[71]

자유 교회의 실례는 마틴 로이드 존스 박사(Dr. Martyn Lloyd-Jones)를 들 수 있다. 그는 1938년부터 1968년까지 런던의 웨스트민스터 채플(Westminster Chapel)에서 지극히 영향력 있는 목회 사역을 감당하였다. 그는 휴가 때를 제외하고는 절대로 주일에 강단을 비우지 않았으나, 그의 메시지는 온 세계 방방곡곡에 퍼졌다. 그의 의학 수업과 청년 시절 내과 의사였다는 사실, 성경의 권위와 성경이 말씀하는 그리스도에 대한 흔들림 없는 확신, 그의 예리한 분석력, 인간의 마음을 꿰뚫어보는 그의 통찰력 등, 이 모든 요인들이 합쳐져서 그를 50년대와 60년대의 영국의 가장 능력 있는 설교자로 만들었다. 그는 필라델피아의 웨스트민스터 신학교에서 행한 강연들을 모은 『설교와 설교자들』(*Preaching and Preachers*: 1971)에서, 그의 가장 강력한 확신들을 함께 나누고 있다. 그 책의 첫 장은 "설교의 수위성(首位性)"이라는 제목이 붙어 있는데, 여기서 그는 이렇게 선언한다: "내게는 설교 사역이야말로 사람이 부름받을 수 있는 일들 가운데 가장 높고 가장 위대하며 가장 영광스러운 일이다. 거기에 한 마디를 덧붙이라면, 나는 조금도 주저함 없이 오늘날 기독교 교회에서 가장 시급한 것이 바로 참된 설교라고 말할 것이다."[72] 그리고 나서 그 책 끝부분에서 "설교의 로맨스"에 대해 쓰고 있다: "그것과 같은 것은 아무것도 없다. 그것이야말로 세상에서 가장 위대한 일이요, 가장 가슴 벅차고, 가장 짜릿하며, 가장 보람이 있고 가장 놀라운 일이다."[73]

설교에 대한 이런 최상급의 표현들로 간략한 역사적 스케치를 마치고자 한다. 이것은 결코 완전한 것이 아니다. 포괄적인 '설교의 역사'도 아니다. 오히려, 이것은 몇몇 증인들을 지극히 주관적으로 선택하여 제시한 것뿐이다. 그러나 이렇게 조감해 보는 것은 두 가지 중요한 가치가 있다.

첫째로, 이 역사적 스케치는 설교의 위대한 중요성을 견지해 온 기독교의 전통이 얼마나 오래되고 폭넓은가를 여실히 보여준다. 이는 예수님과 사도로부터 시작하여 초기 교부들과, 동방의 크리소스토무스와 서방의 아우구스티누스 등 니케아 공의회 이후의 위대한 신학자요 설교자들을 지나, 프란체스코와 도미니쿠스 등 중세의 설교하는 수도사들과, 종교개혁자들과 청교도들, 웨슬리와 휫필드, 그리고 19세기와 20세기의 현대 교회 지도자들에 이르기까지 거의 스무 세기를 포괄하고 있다. 둘째로, 이 오래되고 폭넓은 전통은 일관성을 유지하고 있다. 물론 설교를 소홀히 하고 심지어 욕되게 한 예외의 경우들도 있었으나, 여기서는 생략하였다. 그러나 그런 경우들은 예외에 불과하고 정도에서 이탈해 있는 한심한 경우들이다. 그 장구한 세월 동안 이어져 내려온 기독교의 일치된 사상은 바로 설교의 중요성을 높이는 것이었고, 그렇게 하기 위해서 동일한 논지들과 어휘들을 사용하는 것이었다. 우리는 교회의 이러한 일관된 증언들에서 감동을 받지 않을 수가 없다.

자, 결코 가볍게 무시할 수 없는 이러한 전통이 우리 앞에 있다. 이는 분명 잘 조사하고 평가되어야 할 것이다. 분명히 오늘날 이 전통이 우리 시대의 사회적 변혁으로 인하여 도전받고 있다. 또한 다음 장에서 살펴보겠지만, 이러한 도전들에 대해 모든 것을 열어 놓고 정직하게 대처해야 할 것이다. 자, 이제 교회의 역사를 조감해 보았고 또한 각 시대마다 활약했던 위대한 지도자들의 눈을 통해서 설교의 영광을 조금이나마 보았으니, 덜 편파적으로 그런 도전들을 평가할 수 있게 되었고, 따라서 그런 공격에 위협을 받는 것도 덜 느끼게 될 것이고, 그런 논리들에게서도 덜 현혹되게 될 것이다.

---

1. Dargan, vol. I pp. 12, 552.
2. Dargan, vol. II, p. 7.
3. *The Didache*, in *Ante-Nicene Fathers*, Vol. VII, p. 378.
4. Justin Martyr, Chapter LXVII, in *Ante-Nicene Fathers*, Vol. I, p. 186.
5. Tertullian, Chapter XXXIX, in *Ante-Nicene Fathers*, Vol. III, p. 46.
6. Irenaeus, *Adversus Haereses*, in *Ante-Nicene Fathers*, Vol. I, p. 498.
7. Eusebius, III. 37. 2.
8. Fant and Pinson, Vol. I, pp. 108-9.
9. Schaff, Vol. IX, p. 22.
10. Ibid.

11. Smyth, The Art, p. 13.
12. Fant and Pinson, Vol. I., pp. 174-5.
13. Smyth, op. cit., p. 16.
14. Ibid., pp. 15, 16.
15. *Contra Fratres*, in Fant and Pinson, Vol. I, p. 234.
16. Erasmus's treatise *On Preaching*, in Bainton, *Erasmus*, p. 324.
17. Bainton, *Erasmus*, p. 348. 「에라스무스의 생애」, 크리스챤 다이제스트
18. Luther, *A Prelude on the Babylonian Captivity of the Church*, in Rupp, pp. 85-6. 「루터 저작선」, 크리스챤 다이제스트
19. Ibid.
20. Luther, *Of the Liberty of a Christian Man*, in Rupp, p. 87. 「루터 저작선」, 크리스챤 다이제스트
21. *Luther's Works*, ed. Lehmann, Vol. 53, p. 68.
22. Luther, *Treatise on Good Works*, in *Luther's Works*, ed. Lehmann, Vol. 44, p. 58.
23. *Luther's Table-Talk*, 'Of Preachers and Preaching', para. cccc.
24. Rupp, pp. 96-0.
25. Calvin, IV, I. 9 and 2, 1, pp. 1023, 1041. 「기독교 강요」, 크리스챤 다이제스트
26. Latimer, *Select Sermons*, p. 10의 래티머의 생애를 소개하는 'Brief Account.' 에서.
27. Moorman, p. 183.
28. *Works of Hugh Latimer*, Vol. I. pp. 59-78.
29. Dargan, Vol. I. pp. 366-7.
30. Morgan, I., *Godly Preachers*, pp. 10, 11.
31. Baxter, *Reformed Pastor*, p. 75. 「참된 목자」, 크리스챤 다이제스트
32. Ibid., p. 81.
33. Herbert, pp. 20-4.
34. Mather, pp. iii-v.
35. Wesley, *Sermons*, p. vi.
36. Pollock, *George Whitefield*, p. 248.
37. Carus, p. 41.
38. Ibid., p. 28.
39. Simeon, *Wisdom*, pp. 188-9.
40. Carlyle, Chapter 4, 'The Hero ad Priest', pp. 181-241.

41. Melville, p. 147.
42. Ibid., pp. 128–34.
43. Ibid., pp. 135–43.
44. Alexander, pp. 9–10.
45. Ibid., p. 117.
46. Barbour, p. 307.
47. Forsyth, p. 1.
48. Horne, p. 15.
49. Ibid., p. 19.
50. Ibid., pp. 37–8.
51. Ibid., p. 178.
52. Gammie, p. 169.
53. Barth, pp. 123–4.
54. Black, p. 4.
55. Ibid., pp. 168–9.
56. Henson, *Church and Parson*, p. 143.
57. Ibid., p. 153.
58. Ibid., pp. 168–9.
59. *The Cost of Discipleship*, 1937, in Fant, *Bonhoeffer*, p. 28.
60. Fant, *Bonhoeffer*, p. 130.
61. Sangster, *The Craft*, pp. 14–15.
62. Ibid., p. 7.
63. Ibid., p. 297.
64. Blackwood, p. 13.
65. Rahner, p. 1.
66. Abbott, para. 23.
67. Ibid., para. 25.
68. Ibid., para. 26, pp. 126–8.
69. Ibid., para. 4, pp. 539, 40.
70. Coggan, *On Preaching*, p. 3.
71. Coggan, *Stewards*, p. 18.
72. Lloyd-Jones, *Preaching*, p. 9.
73. Ibid., p. 297.

제 2 장

설교에 대한 현대의 반감

오늘날 교회 안에서 멸망을 외치는 선지자들은 설교의 시대는 끝났다고들 확신 있게 예언하고 있다. 설교는 죽어가는 방식이며, 케케묵은 커뮤니케이션의 수단이요, "버려진 과거로부터 들려오는 메아리"에 불과하다고 하며,[1] 현대의 정보 매체들이 설교를 대체한 것은 물론이고, 현대의 분위기와도 어울리지 않는다는 것이다. 결국 설교는 더 이상 과거에 누렸던 존경이나, 1장에서 언급한 인용문들에서 나타나는 그런 존귀를 더 이상은 누리지 못하게 되었다. 이 교회 저 교회를 떠돌아다니며 당대의 저명한 설교자들의 "설교를 맛보고" 서로 비교해 보는 그런 그릇된 교회 출석 행위들은 이제 사라지고 말았다. 한 때는 설교에 관한 책들이 인기가 있었으나, 이제는 출판하기에도 위험스런 일이 되고 말았다. 어떤 교회들에서는 설교가 5분 정도의 변증으로 바뀌어 버렸고, 또 어떤 교회들에서는 "대화"나 하나의 "사건"(happening)으로 대체되기도 했다. 하워드 윌리엄스 박사(Dr. Howard Williams)의 거침없는 발언에 따르면, "설교는 이제 끝나버렸다."[2]

그러나 도널드 코건 박사의 정반대되는 발언도 이와 똑같이 거침없다. 그는 설교에 대한 이러한 견해는 "아래에 있는 우리 아버지"(루이스[C. S. Lewis]는 마귀를 이렇게 부른다)가 저질러놓은 "그럴 듯한 거짓말"이며, 그는 이 거짓말을 이용하여 전략적으로 승리를 거두어왔다고 한다. 이로써 몇몇 설교자들의 입을 효과적으로 막아놓았을 뿐 아니라, 설교를 계속하는 자들을 혼란시키기까지 했다고 한다. 그들은 "확신의 근거가 땅바닥에 떨어져 버려서, 싸움을 시작하기도 전에 벌써 패배한 자들"이 되어 강단에 나아가고

있다는 것이다.³⁾

본 장에서 필자는 현대에 설교에 대해서 일고 있는 반감의 뿌리를 캐내려고 한다. 설교를 대항하여 제기되고 있는 세 가지 주요 논지들 — 반(反) 권위적 분위기, 인공두뇌학(cybernetics)의 혁명, 그리고 복음에 대한 신뢰의 상실 — 을 살펴보고, 동시에 그것들에 대해 하나의 예비적인 응답을 제시하고자 한다.

반(反)권위적 분위기

분명한 의식을 갖고서 권위에 대해 도전하는 일이 이처럼 뚜렷하게 일어나는 현상은 지금까지의 장구한 인류 역사상 전무한 일이다. 저항과 반역의 현상이 새로운 것이라는 뜻이 아니다. 인간의 타락 이후 인간 본성이 배반적이었고, "하나님의 법에 굴복치 아니할 뿐 아니라 할 수도 없게" 되었다(롬 8:7). 그리고 인간의 처지에 대한 이런 기본적인 사실은 온갖 추한 모습으로 표출되어왔다. 그러나 오늘날에 나타난 새로운 현상은 전세계적인 규모로 반역이 일어나며 또한 철학적인 갖가지 논증들이 그것들을 뒷받침해 준다는 점이다. 이십 세기가 두 차례의 세계대전에서 절정에 이르는 바 전세계적인 혁명에 사로잡혀왔다는 것에는 의심의 여지가 없다. 옛 질서가 무너지고 새로운 질서가 자리잡고 있다. 기존의 모든 권위들(가정, 학교, 대학, 국가, 교회, 성경, 교황, 하나님 등)이 모두 도전을 받고 있는 것이다. 기존의 체제, 즉 난공불락의 특권이나 불가침의 힘을 지니고 있던 것들의 냄새가 나는 것은 무엇이든, 자세히 조사를 받고 반대를 당하고 있다. "급진주의자"란 바로 예전에는 전혀 비판이 없이 인정되던 어떤 "기존의 체제"에 대해 어색하고 황당한 의문들을 제기하는 사람을 가리키는 것이다.

그런 오늘날의 반역 현상 전체를 부정적으로 대하거나 모두 마귀의 짓이라고 도매금으로 정죄해 버린다는 것은 매우 무감각한 태도일 것이다. 개중에는 책임성 있고, 성숙하며 또한 모든 의미에서 기독교적이라 할 만한 것들도 있기 때문이다. 그런 유의 반역은 인류가 하나님의 형상대로 지음 받았다는 기독교적 교의에서 비롯된 것으로, 온갖 형태의 비인간화(非人間化)에 대해 저항하는 것이다. 창조주 하나님을 욕되게 하는 사회적 불의에 대해 항거하며, 인간을 억압으로부터 보호하려 하며, 인간을 해방시켜 하나님이 의도하신 자유를 누리게 하기를 열망하는 것이다. 정치 분야에서는, 좌익이든 우익이든 소수를 차별하고 백성들의 시민적 권리들을 부인하며, 표현의 자유를 금하고, 어기는 자들을 사상만으로 감옥에 가두는 그런 모든 독재 정권에 저항한다. 경제 분야에서는, 가난한 자들의 착취에 저항하며, 소비 시장과 기계에 예속되는 새로운 사회적 노예 상태에 대해 저항한다. 산업 분야에서는, 사용자와 노동조합 사이의 계급 간의 대결에 대해 항거하며, 노동자들의 책임성 있는 참여를 더 넓힐 것을 촉구한다. 교육 분야에서는, 유약한 청소년들을 미리 정해진 모양의 틀 속에 넣어 거기에 맞추는 식의 주입식 교육의 오용(誤用)에 저항하며, 그 대신 어린아이들과 청소년들을 자극하여 그들 개개인의 가능성을 발전시키도록 자극을 주는 그런 교육 과정을 채택할 것을 촉구한다.

반역이 이런 방면에서 이런 식으로 표출될 때에는, 그리스도인들로서는 그것을 반대할 것이 아니라 오히려 장려하는 일에 앞장서야 마땅하다. 하나님을 닮은 인간을 인간화하는 데에서 나타나는 하나님의 영광이 그 목표이기 때문이다. 그러나 변화를 주도하는 자들이 이러한 한계를 넘어서서 민주적 과정 그 자체를 폐기하고, 또한 동의를 통한 모든 형태의 제재를 폐기하고자 하는 결의를 공식적으로 드러내고, 더 이상 진리나 선(善)의 객관적인 표준이 없다고 선언하면, 이때는 우리가 반드시 그들과 결별해야 한다. 그리스도인들은 참된 권위와 거짓 권위를, 즉 우리의 인간성을 말살시키는 폭정과 또한 우리의 순전한 인간적 자유를 찾게 해 주는 합리적이며 자비로운 권위를 서로 구별하기 때문이다.

현재와 같은 분위기가 지배하는 동안에는, 무정부 상태를 위해 무분별하게 힘쓰는 자들이나 참된 자유를 추구하는 자들이나 모두 강단을 권위의 상징으로 보고 그것에 대해 반기를 드는 경향이 있다. 최소한 서구 사회에서는 평등한 교육의 기회가 보장되어 있어서 일반 사람들의 비판 능력들이 예리하게 높아져 있다. 그리하여 각 사람마다 나름대로 자기의 견해와 확신들을 갖고 있고, 그런 자기들의 생각들이 설교자의 생각 못지않게 훌륭하다고 생각하고 있다. '대체 자기가 누구기에 내게 이래라 저래라 법을 강요하는거야?' 물론 드러나게 말하지는 않아도 속으로 그렇게들 생각하는 것이다. 강단의 말씀을 뜻하는 관용어법이 이러한 왜곡된 사고를 잘 반영해 주고 있다. "설교하다"(to preach)라는 단어는 "귀에 거슬리고 지루하며 주제넘는 자세로 권고하다"라는 의미가 되어 버렸고,⁴⁾ "설교의"(sermonic)라는 단어는 누군가에게 윗사람이 돌보아 주는 식으로 장광설을 늘어놓는 것이라는 의미가 되어 버렸다.

권위적인 강단에 대한 이러한 저항의 자세가 20세기에 들어서 아주 보편적으로 퍼져 있는데, 이런 자세는 최소한 18세기의 계몽주의에서 시작되었고, 19세기에 더욱 그 목소리가 커졌다. 이러한 자세의 아주 열렬한 (혹은 유머스러운) 표현으로는, 1857년에 처음 출간된 앤소니 트롤럽(Anthony Trollope)의 소설 『바체스터 타워스』(*Barchester Towers*)를 따라갈 것이 없다. 그 소설의 주인공은 오바디야 슬로프 목사(Rev. Obadiah Slope)인데, 그는 공처가인 바체스터의 프라우디 주교(Bishop Proudie)의 가정 목사(domestic chaplain)다. 트롤럽은 그 목사에 대한 자신의 강렬한 혐오감을 숨기지 않고 그대로 드러낸다:

> 그의 머리카락은 길고 활기없이 불그스름한 빛을 띠고 있고, 언제나 보기 싫게 세 갈래로 갈라져 뭉쳐 있다 … . 그의 얼굴은 머리카락보다 약간 더 빨갛지만 거의 같은 색이고, 쇠고기 — 그렇다, 아주 질이 낮은 쇠고기 — 와 비슷하다 … . 그러나 그의 코는 똑바로 서 있고 모양이 좋아서, 그것이 다른 것들을 다 보상해 주는 것 같다. 물론 마치 붉은 색을 칠한 코르크로 기술 좋게 만들어 놓은 것처럼 물 먹은 스펀지 모양을 하고 있지만 않다면 더 좋았을 뻔했다.⁵⁾

이렇게 슬로프 목사의 외모에 대해 독자들의 혐오감을 불러 일으켜 놓고 난 다음("축축하고 헝클어진 머리카락, 부릅 뜬 것 같은 큰 눈, 그리고 붉은 얼굴을 가진 슬로프 목사"),⁶⁾ 트롤럽은 설교에 대한 적대감을 부추기는 데로 나아간다. 바체스터의 주교는 "높고 메마른 교회"(고교회[高敎會: high church]를 비꼬는 말 – 역자주)에 소속되어 있었지만, 오바디야 슬로프(이 사람은 복음적 신앙을 가진 사람[a low churchman]이다)는 그 교회의 감성 따위는 전혀 아랑곳하지 않고, 대교회당에서 행한 첫 설교에서 그 교회가 가장 애착을 갖고 고수해온 견해들과 관습들에 대해 저주를 퍼부었다. 이것을 빌미로, 트롤럽은 설교와 설교자들에 대해 독설을 퍼붓는다.

문명화된 자유 국가에 사는 인류에게 가해지는 어려움 중에 어쩌면 설교를 들어야 한다는 것보다 더 고통스러운 것은 없을 것이다. 이 세계에서는 청중을 강제로 가만히 앉혀놓고 고통을 주는 권한을 가진 사람은 설교하는 목사밖에는 없다. 그렇게 진부한 말들, 지당한 이야기들, 얼토당토 않은 이야기들을 늘어놓으면서도 마치 감동적인 연설이나 설득력 있는 논리가 그의 입에서 나오는 것처럼 사람들에게 존경받기를 특권으로 누리는 사람도 설교하는 목사 외에는 아무도 없다. 법학 교수나 물리학 교수가 강의실에서 볼품없는 말과 쓸데없는 공허한 이야기를 늘어놓는다고 생각해 보라. 아마 강의실이 텅텅 비고 말 것이다. 변호사가 말을 많이 하면서도 변론을 제대로 하지 못한다면, 변호를 맡을 일이 거의 없을 것이다. 판사의 논고를 강제로라도 들어야 할 사람은 오로지 배심원, 죄수, 혹은 간수들 뿐이다. 국회의원은 기침을 하거나 시간 제한으로 단상에서 끌어내릴 수 있다. 또 시의원들도 발언을 금지시킬 수 있다. 그러나 설교하는 목사를 끌어내릴 수 있는 사람은 아무도 없다. 그 사람은 이 시대의 지리멸렬한 사람이요 … 일요일의 휴식을 방해하는 악몽이요, 우리의 종교를 짓누르며 신(神)의 예배를 염증나게 만드는 부담스런 존재다. 물론 우리가 억지로 교회당에 들어가는 것은 아니다! 하지만 우리는 어쩔 수 없이 교회를 멀리하는 일이 없게 되기를 바란다. 우리가 바라는 것은 공예배의 편안함을 즐기는 것이다, 아니 반드시 즐기고 말 것이다. 정상적인 사람의 능력이 참고 견딜 수 있는 한계를 넘어서는 그런 지리멸렬함이 없이 예배의 편안함을 즐기고 싶고, 보통의 설교를 듣노라면 그 자리에서 빠져나가고 싶은 마음이 간절해지는 것이 상례인데, 이런 마음이 없이 하나님의 집을 나오게 되기를 바라는 것이다.[7]

트롤럽이 설교에 대해 반감을 갖는 것은 그저 그것이 지리멸렬하다는 것 때문만이 아니라, 부적절하게 권위가 시행되기 — 특히 설교자가 젊은 경우에는 — 때문이기도 했다. 옥스퍼드 대학교의 시학(詩學) 교수였던 프란시스 아라빈 목사(Rev. Francis Arabin)가 울라손(Ullathorne)의 성 이월드 교회(St. Ewold's Church)의 교구 목사로 부임했는데, 그는 첫 설교를 하는 동안 극도로 긴장했다. 트롤럽은 "소년과 다를바 없는 아주 어린 사람이 복종하는 자세로 모여 있는 무리들의 머리보다 높이 솟은 연단 위에 올라 감히 설교할 용기를 가질 수 있다"는 사실에 경악을 금치 못했다. 그는 이렇게 덧붙이고 있다: "그 사람들이 그런 새롭고도 끔찍하게 엄숙한 그런 처지에서 말문이 막히지 않는다는 것이 우리로서는 정말 이상한 일이다 …. 설교를 할 줄 모르는 목사가 자기들의 무능함을 그대로 고수하도록 급여를 받는다는 것이 그렇게 큰 축복일 수가 없을 것이다."[8]

그로부터 한 세기 이상 지난 오늘날, 우리는 권위 있는 위치에 서 있는 인물들에 대하여 그와 똑같은 혐오가 있는 것을 의식하고 있다. 그때보다 달라진 것이 있다면, 그런 저항이 훨씬 더 광범위해졌고, 노골적이며 원색적이 되었다는 것이다. 많은 교회들이 중년층과 노년층이 압도적으로 많은데, 이들은 반항의 단계를 넘어서서 비교적 유순한 상태가 되어 있다. 그러나 젊은 이들이 발로 뛰며 그런 케케묵은 제도들을 싹 쓸어버리려고 애쓰는 경우도 많다. 1960년대에 이르러 반(反)권위적인 분위기가 최고조에 달하여 폭발하였다. 캘리포니아 대학교의 버클리 캠퍼스는 언론 자유 운동(Free Speech Movement)의 싸움터가 되었고, 파리에서는 학생들이 노동자들과 합류하여 거리로 몰려나갔다. 그로부터 십여 년의 세월이 흐른 지금에는 최소한 몇몇 정부들과 몇몇 대학교들은 몇 가지 교훈을 얻었다. 검열이 줄고 자유가 늘어난 것이다. 이렇게 되자, 젊은이들의 적대감은 제도권으로부터 이념으로 바뀌었고(부분적으로나마 싸움에서 이겼으므로), 특히 이미 신뢰성을 잃어버린 오래된 기관들이 다른 사람들에 대해 끈질기게 강요해 오고 있는 그런 이념들로 공격 목표가 바뀐 것이다. 록 그룹 롤링 스톤스(Rolling Stones)의 멤버인 찰리 와츠(Charlie Watts)는 이러한 태도를 완벽하게 표현하고 있다: "조직화된 사상은 그 어떠한 형태도 다 반대한다. 교회 같은 조직화된 종교도 … 반대한다. 어떻게 수천만의 사람들을 조직화시켜서 한 가지를 믿게 만들 수 있는지 나는 이해할 수가 없다."[9] 다른 사람들은 한 걸음 더 나아가서 사상 자체를 아예 반대하였다. 결국 70년대는 비이성주의자들의 시기였다고 할 수 있다.

이렇게 해서, 지성이 조직화될 수도 없고, 사상이 사람들에게 강요될 수도 없게 되었다. 아무리 고귀한 기관이라도 우리에게 그 자신의 권위의 무게를 갖고서 어떤 이념을 강요할 권리가 없고, 그 어떠한 이념이라도 그 자체를 우리에게 강요할 수가 없다. 절대적이며 따라서 보편타당한 진리라는 것이 없기 때문이다. 오히려 그 반대로, 모든 것이 상대적이고 주관적이다. 어떤 이념을 믿을 수 있으려면 내게 개인적으로 그 신빙성이 입증되어야 하고, 다른 사람이 그것을 믿으려면 그 사람에게도 그 신빙성이 입증되어야 하는 것이다. 이런 일이 일어나기 전에는, 믿을 수도 없고 믿어서도 안 된다는 것이다.

기독교적인 대응

그렇다면, 오늘날의 이런 반권위적 정신에 대해 설교자들은 어떻게 대응해야 할까? 이에 대한 기독교만의 분명한 비판과 대응책은 과연 무엇일까? 우리 스스로 설교를 포기하는 일을 허용해서는 안 될 것이고, 우리의 믿음과 진술들에 대해 도전이 제기될 때마다 더 큰 목소리로 독단론을 펴는 반대의 우(遇)를 범해서도 안 될 것이다. 이런 극단적인 대응 대신, 역사적 기독교 신앙에 충성을 다하면서도 동시에 회의와 부정의 현대적인 분위기를 인정하고 존중해 주는 일이 과연 가능할까? 필자는 가능하다고 본다. 필자는 우리가 기억하는 것이 지혜로운 몇 가지 진리들과 또한 우리가 배양하는 것이 지혜로운 몇 가지 자세들을 제안하고 싶다.

첫째로, 우리는 기독교가 이해하는 바 **인간의 본성**을 기억할 필요가 있다. 창세기 1, 2장에 의하면, 하나님은 인류를 남자와 여자로 창조하셨고, 그들 모두가 도덕적으로 책임성 있고(명령을 받아들이며), 자유로운(복종을 강요당하지 않고 사랑하는 마음으로 순종하도록 권유를 받는) 존재들이 되게 하셨다. 그러므로 우리는 방종(이는 책임을 부인하는 것이다)도, 종노릇(이는 자유를 부인하는 것이다)도 모두 묵인할 수가 없다. 그리스도인들은 성경과 경험에 근거하여, 무언가 권위와 연결되지 않고서는 인간의 성취가 불가능하다는 것을 잘 알고 있다. 무제한적인 자유는 하나의 환상에 불과하다. 지성은 오직 진리의 권위 아래서만 자유로우며, 의지도 의(義)의 권위 아래서만 자유로운 것이다. 그리스도께서 약속하신 안식은, 그의 멍에를 거부하는 데 있는 것이 아니라 그의 멍에 아래에 있는 것이다(마 11:29, 30). 이와 비슷하게 시민들도 질서 있는 사회 내에서만 자유를 누릴 수 있다. 십대의 자녀들을 둔 부모들도 이 원리가 참이라는 것을 잘 알고 있다. 부모의 권위에 반항하는 사춘기 소년소녀들은 더 큰 자유를 경험하기를 원하고 또한 그들의 자유의 한계를 깨닫기를 원한다. 담장을 힘껏 밀어붙이면서도 그들은 그것이 넘어지지 않기를 간절히 바라는 것이다. 성인들도 사춘기 청소년들과 마찬가지다. 포사이스(P. T. Forsyth)가 말하는 "사람이 동시에 분개하면서도 열망하는 바로 그 권위"[10]가 우리에게 필요한 것이다.

둘째로, 우리는 **계시론**을 기억할 필요가 있다. 우리가 지금 믿고 있는 바를 믿는 이유는 인간이 그것을 만들어냈기 때문이 아니라 하나님이 그것을 계시하셨기 때문이라는 것이 기독교 신앙의 기본 강령이다. 결국 기독교에는 절대로 파괴시킬 수 없는 고유한 하나의 권위가 있는 것이다. 이러한 확신을 갖고 있는 설교자들은 자기들 자신을 이러한 신적 계시를 맡은 자들로, 혹은 사도 바울의 표현처럼 "하나님의 비밀 — 즉, 하나님께서 알려주신 비밀들 — 을 맡은 청지기"(고전 4:1)로 바라보는 것이다. 이런 확신을 갖고 있다고 해서 불쾌한 독단주의 — 고집 세고 융통성 없고 불손한 — 에 빠질 필요는 없다. 오히려 그런 확신을 통해서 고요한 신뢰로써 복음을 하나님께로부터 오는 복된 소식으로 선포할 수 있게 되는 것이다.

에피스코팔 신학교(Episcopal Theological School)에서 설교학을 강의하다가 후에 보스턴의 트리니티 교회(Trinity Church)의 교구 목사가 된 시어도어 파커 페리스(Theodore Parker Ferris)는 1950년 그 해에 처음 시작된 조지 크레익 스튜어트 기념 설교학 강좌(George Craig Stewart Lectures on Preaching)를 담당했고, 그 내용이 후에 『가서 사람들에게 전하라』(*Go Tell the People*)는 제목으로 출간되었다. 그는 그 강좌에서 이 점을 주요 강조점으로 삼았다. 그는, 설교의 목적은 무언가를 선포하고, 드러내고, 밝히는 것이라고 강변하였다. 너무도 많은 설교들이 "명령법"으로 씌어져 있는 반면에, 성경의 신앙은 "주로 무언가를 밝히 나타내는 직설법의 언어로 기록되어 있다"는 것이었다. "성경의 위대한 선포들 몇 가지를 들어보라"고 한 다음 그는 "태초에 하나님이 천지를 창조하시니라," "여호와는 나의 빛이요 나의 구원이시니," "여호와를 앙망하는 자는 새 힘을 얻으리니"(창 1:1; 시 27:1; 사 40:31) 등의 구약 성경의 구절들을 인용하였다. "이 말씀들은 주장이나 권고나 사색이 아닙니다. 이것들은 사람들에게 계시된 것들의 본질에 대한 단순하면서도 단도직입적인 진술들입니다 … . 성경의 신앙의 힘은 이러한 분명한 단언들에서 찾아야 하는 것입니다." 그는 계속해서, "내가 곧 길이요 진리요 생명이니," "하나님께서 그리스도 안에 계시사 세상을 자기와 화목하게 하시며"(요 14:6; 고후 5:19) 등의 신약 성경의 위대한 선언들도 마찬가지라고 했다.[11] 페리스 박사는 결론적으로 이렇게 정리하였다: "설교에 관한 이 책에는 한 가지 주제밖에는 없으니, 바로 설교란 본질상 권면이 아니라 계시라는 것이 그것이다."[12]

셋째로, **권위의 소재**를 기억할 필요가 있다. 앞에서 인용한 페리스의 단언들과, 또한 성경의 그 비슷한 다른 많은 단언들을 생각해 보라. 그것들의 권위는 과연 어디에 있는가? 그 권위는 오직 그것들을 제시하신 하나님께 있는 것이지, 오늘날 그것들을 인용하는 우리에게 있는 것이 절대로 아니다. 본성적으로 사람들에게는 자기들이 소유하지 않은 권위를 스스로 주장하고 행사하려는 무서운 것이 있다. 설교자가 값싼 선동가처럼 거드름을 피우거나 느부갓네살이 바벨론의 자기 왕궁 지붕에서 행했던 것처럼(단 4:28, 29) 자기의 권력과 영광을 자랑하게 되면, 그는 느부갓네살이 당한 것과 똑같은 심판을 받아 마땅할 것이다. 느부갓네살은 미쳐서 왕궁에서 쫓겨나 "소처럼 풀을 먹으며 … 머리털이 독수리 털과 같이 자랐고 손톱은 새 발톱과 같이 되었"는데, 이는 하나님이 "교만하게 행하는 자를 능히 낮추심이라"(단 4:33, 37).

하지만 가령 우리가 설교할 때에, 우리가 근거하는 그 권위가 우리 설교자들 개개인에게 있는 것도, 심지어 우리가 인정받고 담임하고 있는 교회에게 있는 것도 아니고, 오직 우리가 해명하는 바 하나님의 말씀에 있다는 것을 우리가 조심스럽게 입증해 보인다면 어떻게 될까? 그렇다면 사람들이 기꺼이 들으려 할 것이고, 특히 그 권위에 우리들 자신도 복종하며 살기를 바란다는 것을 의심의 여지 없이 보여준다면 더더욱 그럴 것이다. 도널드 코건의 말처럼, "설교를 하려면, 사람이 지고한 권위(Authority) 아래 있는 권위(authority)를 알아야 하는 것이다."[13] 그렇기 때문에, "여호와께서 말씀하시되"라거나(영감된 구약 성경의 선지자의 권위가 우리에게는 없기 때문에) "내가 너희에게 이르노니"(예수 그리스도와 그의 사도들의 권위가 우리에게는 없기 때문에)라는 식으로 선언하지 않는 것이 좋고, 오히려 최소한 대부분의 경우에 "우리"라는 형식을 사용하는 것이 지혜로울 것이다. 그렇게 하면, 우리가 남에게 설교하기 전에 먼저 우리 자신에게 설교한다는 것이 분명해질 것이고, 또한 권위와 겸손이 서로 대타적인 것이 아니라는 것도 확실히 드러날 것이다. 포사이스는 1907년, "세상에게 가장 절실하면서도 설교 시간에 결핍되어 있는 권위는 바로 겸손한 인격 속에 담긴 권위 있는 복음이다"라고 설파하였다.[14]

넷째로, 우리는 **복음의 시의적절성**을 기억해야 한다. 몇몇 설교들을 사람들이 무턱대고 경멸해 버리는 주요 원인은 그 설교들이 자기들이 아는 현실 생활과는 하등의 관계가 없다고 느낀다는 데 있다. 게다가 그런 내용들을 권위적인 자세로 설교한다는 사실이 더더욱 그 설교를 혐오스럽게 만드는 것이다. 그러나 설교의 메시지가 진리로 들리고 인간의 현실에 관계된 것이라는 것이 보여지면, 그 메시지는 그 자체가 권위를 지니게 되고 그 타당성이 곧바로 입증되어 버린다. 그러므로, 우리가 그저 권위를 선언하는 것만으로는 안 된다. 우리가 선포하는 내용의 합리성을 논증하고 그 시의적절성을 증명해야 한다. 그렇게 되면 사람들이 경청할 것이다.

이것이 바로 1963년 이래 워싱턴의 아메리카 설교자 대학(American College of Preachers)의 연구 부장과 학장으로 봉직하고 있는 클레멘트 웰쉬 박사(Dr. Clement Welsh)가 그의 저서 『설교의 새로운 열쇠』(*Preaching in a New Key*: 1974)에서 강조하고 있는 부분이다. 그는 "설교란 하나님 자신이 말씀하신 하나님의 말씀"이라는 칼 바르트의 진술을 받아들일 수 없다고 하면서, 그 이유가 이런 "고상한 교의"는 "성경의 권위에 관한 갖가지 답변되지 않은 질문들의 유령들에 사로잡혀 있으며" 그리하여 "사람의 음성을 하나님의 음성으로 오해하는 데 대한 온갖 염려스러운 의문점들을 제기한다"는 데 있다고 한다.[15] 그리하여 그는 다른 쪽에서부터 시작할 것을 제안한다. 즉, 설교자가 아니라 청중들에게서, 구속(救贖)이 아니라 창조에게서 시작해야 한다는 것이다. 청중들이 창조 세계 속에 살고 있고, 또한 그들이야말로 "세상에서 가장 엄청난 정보 처리자들"로서[16] 인간적인 경험들의 온갖 복잡스러운 것들을 의미 있게 이해하기를 바라기 때문이라는 것이다. 청중이 그렇게 할 수 있도록 돕기 위해서는, 설교자가 "성경 본문에 대해 기울이는 것과 똑같은 주해적인 관심을 창조 세계에게(즉, 인간의 삶의 모든 현상들에게)도 기울여야 한다"[17] 사실상 웰쉬 박사는 "계시와 성경을 강조하는 하나의 설교학적 교의와 변증학과 이성을 강조하는 또 하나의 설교학적 교의를 하나로 결합시킬 것"을 강조한다.[18]

필자는 그가 그 어떠한 "권위의 말씀"에 대해서도 그 위치를 부인하는 것은 아니라고 생각한다. 물론 아주 위험스럽게 이런 정도에 가까이 나아가는 것 같은 때도 있지만 말이다. 오히려 그는 세상의 현실과는 괴리된 채로 그릇된 질문들에 답변하고 회중들의 책임 있는 생각을 무너뜨리는 그런 일종의 명령조의(ex cathedra) 설교를 거부하고 있는 것이다. "새로운 열쇠로" 전해진다면, 즉 인간의 삶의 궁극적인 질문들을 의미 있게 제시한다면, 설사 권위적인 설교들이라도 사람들에게 받아들여질 것이다.[19]

설교의 대화적 성격

다섯째로, 우리는 설교의 대화적 성격을 기억할 필요가 있다. 곧, 진정한 설교는 겉으로는 독백인 것처럼 보여도, 사실은 독백이 아니라는 것이다. "목사의 단조로운 독백"이라는 표현이 가끔 사용되기도 한다. 스코틀랜드의 침례교 신학 대학(Baptist Theological College)의 학장인 화이트 목사(Rev. R. E. O. White)는 그보다도 더 저속한 정의를 인용한다. 곧, "얼간이가 벙어리에게 주절거리는 괴상망칙한 독백"이 그것이다.[20] 그러나 필자는 진정한 설교는 언제나 대화임을 강조하고 싶다. 두 설교자들이 한 가지 이슈에 대해 논쟁하거나 한 사람이 다른 사람을 인터뷰하면서 질문을 던지는 "대화식 설교법"(이는 예배 후나 주간 모임에서는 아주 훌륭한 방식이지만, 공예배에는 맞지 않는 것 같다)이라는 의미가 아니다. 또한, 물론 원고가 없이 하는 즉흥적인 이야기들이 대부분의 서구 교회들의 예배 진행에 활기를 불어넣고 설교자들을 분발하게 만드는 것은 사실이지만, 그렇다고 해서 잡담하는 행위들을 격려하려는 것도 아니다.

그러나 미국의 흑인 교회들의 예배에서는 설교자와 회중이 서로 말로 호흡을 맞추는 대화식 설교가 흔하다. 로스앤젤레스에 소재한 에큐메니컬 흑인 교회 연구소(Ecumenical Center for Black Church Studies)의 초대 소장인 헨리 미첼 박사(Dr. Henry H. Mitchell)는 그의 저서 『흑인 설교』(*Black Preaching*: 1970)와 『설교의 회복』(*The Recovery of Preaching*: 1977)에서 이러한 사실을 생생하게 묘사하고 있다. 『설교의 회복』에는 "대화로서의 설교"라는 제목이 붙은 장이 있다. 거기서 그는 말하기를, 미국의 흑인들은 "백인 신학에 포로가 되지 않고, 서구 세계가 자랑하는 추상적인 논리에 상처를 입지 않고" 그들의 예배에서 순전한 흑인의 자아상을 자유롭게 표출해왔다고 한다. 흑인의 신앙은 "영혼의 신앙"이요 감정과 무아경의 가슴 벅찬 상태를 두려워하지 않는다고 한다.[21] "여러 세기 동안 그들은 아프리카에서 선창(先唱)과 화답(和答)의 형식을 사용해왔고, 따라서 미국의 흑인 기독교 예배에서도 삼 세기 전 처음 시작부터 그것을 사용해왔다."[22] 구체적으로 말하면, "흑인 예배자는 그저 설교자가 전하는 말씀을 듣기만 하는 것이 아니라, 설교 말씀을 말로 되받는다! 때로는 소리를 지르기도 한다. 흑인 예배자가 고함소리가 없을 경우 예배가 실패라고 생각하던 때가 지나갔는지 모르나, 혹시 지나갔다 해도 바로 얼마 전의 일이다."[23] 이런 식으로 귀에 들리게 말로 되받는 행위나, "진짜 사람들의 무질서한 경건성"[24]("아멘!", "그래!", "맞아요!" "아니오!" "예, 그렇습니다!", "그렇고 말고!" 등의 외침들)이 때로는 전통적으로 내려온 문화적인 관습에 지나지 않을 때도 있고, 때로는 "너무 소란스러워서 사실상 그것이 행동을 대신하기도 한다"는 것을 미첼 박사도 인정한다.[25] 그러나 일반적으로 말해서, 그것은 청중이 참여하고 있다는 순전한 표현이요 또한 설교자에게는 큰 힘과 자극을 주는 것이다. 사실, 설교가 흑인 회중의 마음과 지성을 사로잡을 때면, "설교자와 청중 사이에 대화가 이어지는데, 이것이야말로 창조적인 예배의 극치다."[26]

그러나, 다른 맥락에서 보면, 필자가 추천하는 대화적인 설교는 이와는 다르다. 그것은 설교자와 청중 사이에 생겨나야 마땅한 무언(無言)의 대화를 가리키는 것이다. 설교자의 발언이 청중들의 마음에 의문을 불러 일으키고, 이어서 설교자가 그 의문에 답변을 제시한다. 그의 답변이 다시 의문을 제기하고, 그 의문에 대해 다시 답하는 식이다. 설교자에게 필요한 가장 고귀한 은사 중의 하나는 청중들과 그들의 문제점을 민감하게 이해하여 설교의 각 부분마다 그들의 반응을 예상하고 그들에게 응답하는 능력이다. 설교는 어쩌면 체스를 두는 것과 비슷하다. 탁월한 체스 선수는 상대방보다 먼저 몇 수 앞을 내다보고서 상대방이 어떻게 움직이든 언제나 대응할 준비를 갖추고 있는데, 설교는 어쩌면 체스의 이런 점과 비슷하다 할 것이다.

피터 휘딕(Peter Fiddick)이 『가디언 위클리』(*Guardian Weekly*)지에 기고한 "청중이 되는 어려운 기술"에 대한 재미있는 글을 읽은 기억이 난다.[27] 그 글의 제목은 "아무도 자서는 안 된다"(None shall sleep)였다. 그는 콘서트 동안 졸지 않고 깨어 있기가 굉장히 어려웠다는 것을 고백하고 있었다. 그가 대중 앞에서 잠이 들었던 최초의 기억은 그의 나이 일곱 살 때에 슬로우(Slough)의 감리교 중앙 홀(Methodist Central Hall)에서였다고 한다. 그는 설교 시간 내내 졸았고, "그 다음에 이어지는 찬송 순서에서 깨어났다가 다시 잠들었다." 그러나 나중에 그는 "설교자와 정신적으로 논쟁을 벌임으로써 설교 시간에 조는 문제를 해결하는" 방법을 터득했다. 그러나 쇼팽 리사이틀에서는 이 방법이 통하지 않았다. "왜냐하면 왈츠 음악은 논쟁과는 관계없기 때문이었다." 피터 피딕은 아마도 설교자들은 청중들이 자기들과 "정신적인 논쟁"을 벌이고 있다는 것을 알면 굉장히 분개할 것이라고 상상한다. 그러나 분명히 말하지만, 사실은 그 반대로, 우리 설교자들은 굉장히 기뻐해야 마땅하다. 우리는 청중들이 수동적으로 그냥 듣고만 앉아 있는 것을 권장하고픈 마음이 없다. 사람들이 생각하도록 그들을 자극하고 싶고, 우리의 논지에 정신적으로 답변하고 우리와 논쟁을 벌이기를 바란다. 그래서 우리가 그들과 활기 있는 대화가(물론 말은 없지만) 이루어져서, 그들이 도저히 졸 수가 없도록 되어야 하는 것이다.

특히 우리가 다루는 주제가 논쟁적인 것일 경우에는 이것이 매우 중요하다. 우리 자신의 확신들을 표현하는 것이 우리의 자연적인 경향인데, 그럴 경우 우리가 다른 사람들의 — 교회 내의 신자들이든(혹은 반쪽짜리 신자들이든) 혹은 사무실이나 가게에서 만나게 될 불신자들이든 간에 — 생각 속에서 일어나는 문제들을 간과해 버릴 수도 있다. 예를 들어서, "그 영광이 온 땅에 충만하도다"(사 6:3)라는 본문에 대해 설교하면서, 땅이 질서와 풍요와 사랑스러움이 있을 뿐 아니라 지진과 약탈과 기근 등으로 시달리기도 한다는 사실을 무시할 수는 없을 것이다. 또한 악과 고통에 대한 인식을 보여주지 않고서는 "그를 사랑하는 자 … 에게 모든 것이 합력하여 선을 이루게"(롬 8:28)하시는 하나님의 섭리에 대해서도 설교할 수 없을 것이다.

이런 실례를 계속해서 들 수 있다. 회중 속에 있는 독신의 사람들을 잊어버리고 그냥 결혼에 대해서만 설교해서도 안 되며, 슬픔과 비극을 경험하고 있는 사람이 있다는 사실을 잊어버리고 그저 그리스도인의 기쁨을 설교하기만 해서도 안 된다. 기도의 응답에 대한 그리스도의 약속에 대해 설교하면서 어떤 기도들은 응답이 되지 않는다는 것을 기억하지 않을 수가 없으며, 염려하지 말라는 그의 명령에 대해 설교하면서 염려할 만한 충분한 이유들이 사람들에게 있다는 것을 시인하지 않아서도 안 되는 것이다. 사람들의 반론들을 미리 예상하는 것이 역습에 대비하는 것이다.

강사(講士)와 청중 사이나, 혹은 저자와 독자 사이의 대화가 성경에 자주 전개된다. 구약 성경에서 우리는 말라기서에서 그것을 볼 수 있다. "여호와께서 이르시되, '내가 너희를 사랑하였노라' 하나, 너희는 이르기를, '주께서 어떻게 우리를 사랑하셨나이까?' 하는도다"(1:2). 또한, "너희가 말로 여호와를 괴롭게 하고도 이르기를, '우리가 어떻게 여호와를 괴롭혀 드렸나이까?' 하는도다"(2:17). 또한, "사람이 어찌 하나님의 것을 도둑질하겠느냐? 그러나 너희는 나의 것을 도둑질하고도 말하기를, '우리가 어떻게 주의 것을 도둑질하였나이까?' 하는도다"(3:8).

신약 성경에서는 예수께서 친히 그 비슷한 방법을 자주 사용하셨다. 그의 비유 몇 가지는 질문으로 끝을 맺는데, 이 경우에 주께서는 아마도 사람들이 귀에 들리도록 대답하기를 기대하셨을 것이다. 예를 들면, "네 생각에는 이 세 사람 중에 누가 강도 만난 자의 이웃이 되겠느냐?"(눅 10:36). 또한, "그러면 포도원 주인이 올 때에 이 농부들을 어떻게 하겠느냐?"(마 21:40). 혹은, 제자들의 발을 씻으신 후에, 그는 그들에게 "내가 너희에게 행한 것을 너희가 아느냐?"라고 물으셨다(요 13:12).

그러나 이러한 기법의 대가(大家)는 사도 바울이었고, 그 가장 좋은 실례가 그의 로마서에 나타난다. 로마서는 더디오로 하여금 받아 적게 한 것으로, 그 앞부분의 몇 장들을 통틀어서 그는 자신의 논지에 대한 유대인들의 반론들을 계속해서 인식하고 있다. 그들의 반론들을 자기 스스로 제시하고 그것에 대해 답하는 것이 여러 차례 나타나는 것이다. 예를 들어서 다음의 대화를 보라:

> 그런즉 유대인의 나음이 무엇이며, 할례의 유익이 무엇이냐?
> 범사에 많으니, 우선은 그들이 하나님의 말씀을 맡았음이니라.
> 어떤 자들이 믿지 아니하였으면 어찌하리요? 그 믿지 아니함이 하나님의 미쁘심을 폐하겠느냐?
> 그럴 수 없느니라! 사람은 다 거짓되되 오직 하나님은 참되시다 할지어다 … .
> 그러나 우리의 불의가 하나님의 의를 드러나게 하면 무슨 말 하리요? [내가 사람의 말하는 대로 말하노니] 진노를 내리시는 하나님이 불의하시냐?
> 결코 그렇지 아니하니라! 만일 그러하면 하나님께서 어찌 세상을 심판하리요?
> (롬 3:1-6; 참조. 27-31절)

많은 학자들이 지적한 바와 같이, 바울이 스토아 철학의 "비난"(diatribes)을 의도적으로 모방하고 있었는지도 모른다. 스토아 철학에는 "현저한 특징"이 있는데, 제임스 스튜어트(James Stewart) 교수의 말에 따르면, 이는 "수사법적인 질문들, 따로따로 끊어진 단문(短文)들을 선호하는 것, 가상적인 반대자를 사용하는 기법, 도전과 응답을 번갈아 가며 제시하는 것 … 이었다."

28) 이것은 저술가들보다는 설교자들의 기법이지만, 동시에 설교자들인 저자들에게서도 나타난다. 루터의 주석들은 먼저 강의했던 내용들인데, 다음과 같은 즉흥적인 질문들이 심심치 않게 나타난다: "누군가가 이런 말을 하지 않습니까?", "여러분은 그렇게 생각하지 않지요, 그렇지 않습니까?" 반면에 빌리 그레이엄(Billy Graham)은 "하지만 빌리, 당신은 … 라고 물어볼 수도 있지 않소?" 라는 말을 계속 사용하여, 청중 가운데 비그리스도인이 가질 것이라고 예상되는 문제점들을 표현하곤 했다.

과거 교회 선교사회(Church Missionary Society)의 총무를 지낸 맥스 워렌 목사(Canon Max Warren)는 『꽉 찬 캔버스』(*Crowded Canvas*: 1974)라는 제목의 자서전에서 커뮤니케이션을 특별한 능력으로 정의하였다:

> 공산주의자의 "이중적 사고"의 기법을 능가하며 기독교인의 "사중적 사고"를 행하는 것. "사중적 사고"란 내가 이야기해야 할 것을 생각하고, 이어서 내가 말하는 것을 다른 사람이 어떻게 이해할 것인가를 생각하며, 그 다음에는 내가 말해야 할 것을 다시 생각하여, 내가 그것을 말할 때에 내가 생각하는 바를 듣는 사람도 생각하게 되도록 하는 것이다! … "사중적 사고"에는 정신적 고통과 굉장한 정신적 민감성이 요구된다.[29]

물론 고통스럽기는 하지만, 이것이야말로 대화적 설교의 본질에 속하는 것이요, 또한 이것이 권위적인 설교가 주게 될 거부감을 감소시켜줄 것이다.

인공두뇌학의 혁명

"인공두뇌학"(영어의 "cybernatics"는 헬라어 "키베르네테스", "조타수"에서 파생되었다)은 인간적이며 전자적인 커뮤니케이션, 즉 인간의 두뇌와 컴퓨터의 커뮤니케이션의 메카니즘을 연구하는 분야다. 그리고 "인공두뇌학 혁명"이란 복잡한 전자 장비의 발달의 결과로 커뮤니케이션에 나타난 급진적인 변화들을 지칭하는 말이다.

인공두뇌학 혁명의 대제사장격인 사람은 캐나다의 로마 가톨릭교도인 저 유명한 마샬 맥루한(Marshall McLuhan) 교수였는데, 그는 1963년 토론토 대학교에 문화 기술 센터(Center for Culture and Technology)를 세우고 14년 동안 그 센터의 소장을 지내다가 1980년 마지막 날에 세상을 떠난 인물이다. 그의 영향력은 1960년대에 절정에 달했었다. 대중의 광범위한 주목을 끌었던 그의 첫 번째 저작은 1962년에 출간된 『구텐베르크 은하계』(*The Gutenberg Galaxy: The Making of Typographic Man*)였고, 그의 가장 널리 알려진 저작은 1964년에 출간된 『미디어의 이해』(*Understanding Media: The Expensions of Man*)였다. 1970년대에는 그의 인기가 시들었고, 그의 체계 전체가 혹독한, 심지어 적대적이기까지 한, 비판을 받았다. 그는 분명 터무니없이 과장하는 오류를 범했다. 그러나 그럼에도 불구하고, 그의 가장 맹렬한 비판자 중의 한 사람인 조나단 밀러 박사(Dr. Jonathan Miller)는 그의 결론들이 "희한하고," "사리에 맞지 않으며," "일관성이 없고," 심지어 "넌센스"라는 것을 주저하지 않고 밝히면서도, 자신이 처음 그의 책을 읽었을 때 "강력한 흥분"이 있었음을 인정하며, 또한 "그가 너무도 오랜 세월 동안 무시되어온 하나의 주제에 대한 논쟁을 성공적으로 개시하였다"는 사실을 인정하였다.[30]

시끄러운 논쟁이 정리되고 난 지금, 마샬 맥루한의 이름이 커뮤니케이션 이론의 개척자들 중에 포함되리라는 것이 분명해 보인다. 역사는 "지구촌"(the global village), "매체가 메시지다"(the medium is the message), 그리고 "뜨거운" 커뮤니케이션과 "차가운" 커뮤니케이션 등, 그가 우리의 어휘에 덧붙여준 표현들을 잊지 않을 것이니 말이다. 그러므로 그의 이론들을 시대에 뒤진 것으로 치부한다는 것은 어리석은 짓이다. 그 이론들을 파악해야 할 필요가 있는 것이다.

먼저 그의 역사 이해부터 살펴보기로 하자. 그는 원시인들이 오감(五感)을 모두 동시에 균형 있게 사용함으로써 조화로운 삶을 누린 것으로 묘사하였다. 부족의 두령들은 모닥불 주위에 둘러앉아서, 시각, 청각, 촉각, 미각, 후각을 통해서 얻어진 정보들과 인상들을 갖고서 서로 편하게 의사 소통을 했을 것이다. 그러나 두 가지 불운한 발명으로 인하여 이런 전원적인 상황이 완전히 깨어져버렸다. 그 첫째는 표음 문자(phonetic alphabet)였다. 그 이전의 고대의 상형문자(중국)와 그림문자(바빌로니아)는 눈에 보이는 의미를 지넣기 때문에 귀와 눈 사이의 연결을 유지시켰었다. 그러나 표음문자가 등장하자, "의미론적으로 아무 의미도 없는 문자들이 의미론적으로 아무 의미가 없는 소리들과 상응하여 사용되게 되었고", 이로 인하여 "사람의 청각 경험과 시각 경험 사이에 갑자기 간격이 생기게 되었다."[31] 결국, 표음 문자는 눈을 지배적인 감각으로 만들어 놓고 독자의 귀를 하나의 눈으로 바꾸어 놓는 효과를 가져옴으로써 인류의 감각적 균형을 깨뜨려 놓고 말았다는 것이다.

맥루한의 체계에서 두 번째의 불운한 사건은 15세기 요한 구텐베르크(Johann Gutenberg: 1468년 사망)가 이동식 활자를 발명한 일인데, 그의 이야기로는 이 사람이야말로 주요 원흉이다. 인쇄술은 부족 의식(tribalism)의 종말을 가져왔다. 원시 인간 사회의 집단적 통일성을 깨뜨렸고, 각 사람을 하나의 개별적인 존재로 또한 전문인으로 바꾸어 버렸다고 한다. "읽고 쓰는 능력이 … 집단적인 부족의 세계에서 벗어나게 만들고 개인적인 격리의 상태에 빠뜨리기" 때문이라는 것이다.[32] 이제 사람은 세상을 등지고 책을 읽으면서 자기 혼자 한쪽 구석에 앉아 있을 수가 있다. 더욱이 인쇄물을 한 줄 한 줄 따라가며 읽어가는 동안, 사람은 직선적인 논리 속에 스스로 갇혀지며, 그리하여 다중감각적인 학습(multi-sensual learning)의 마법을 잃어버리게 되며, 또한 상상력이 감퇴되어 문자에 의존하는 사람(a literalist)이 되어 버린다고 한다.

그런데 1844년 세 번째 발명 — 곧, 새뮤얼 모르스(Samuel Morse)의 전신[電信]의 발명 — 으로 새 시대, 즉 전자 시대가 밝아옴을 예고했다. 문자와 인쇄술은 인간을 서로에게서 더욱 소외시킨 반면에, "전자 매체는 사회의 모든 기관들 가운데 일종의 유기적인 상호의존성을 조장하는 경향이 있다."[33] 인쇄술에 의해서 개별화되었던 인간이 이제는 점점 더 정교해지는 전자 장비를 통해서 다시 부족화되어 가고 있다고 한다. "전자 통신의 동시성으로 말미암아 … 우리 각자가 세계의 모든 다른 사람과 접촉하게 되고, 또한 그들과 한자리에 있게 된다."[34] 이리하여 온 세계가 하나의 "지구촌"이 되었다는 것이다.[35]

이러한 사회적 혁명에서 텔레비전이 주요 역할을 담당해왔다. 맥루한은 주장하기를, 그것이 표음문자와 인쇄술로 인하여 시작된 해로운 과정을 역전시켰다고 한다. 그것이 인간의 삶에 "차가운" 커뮤니케이션의 이점들을 다시 도입시켰기 때문이라는 것이다. 그는 이렇게 쓰고 있다: "뜨거운 매체는 하나의 감각을 '고선명도'(高鮮明度, 즉 '데이터로 가득 차 있는 상태')로 확장시키는 반면에, '차가운' 매체는 하나의 감각에 많은 정보를 쏟아붓는 것이 아니라 여러 감각들을 함께 동원하여 점차로 정보를 얻도록 만드는 것이다. 여기서 결정적인 차이는 바로 매체가 제공하는 정보량과 거기에 따라 청취자 혹은 시청자 쪽에서 받아들이는 정보량에 있다. 뜨거운 매체는 … 참여도가 낮은 반면에, 차가운 매체는 청중의 참여나 완성도가 높다."[36] 텔레비전과 사람이 발설하는 말은 "차갑다." 왜냐하면 둘 다 듣는 사람의 참여가 요구되기 때문이다. 결과적으로 "텔레비전은 뒤의 배경으로만 있지 않을 것이다. 여러분과 교감할 것이요, 여러분이 그것과 함께 있어야 할 것이다."[37]

그렇다면, 텔레비전이 과연 하나의 커뮤니케이션의 수단으로서 설교에 심각한 경쟁자인가? 거실에 있는 그 상자가 교회의 강단을 대체시켜버렸는가? 마샬 맥루한은 이 질문에 대해서는 답변하지 않았다. 그런 질문을 한 적이 없기 때문이다. 그러나 만일 이런 질문을 받았다면, 그의 답변은 유동적일 수밖에 없었을 것이다. 한편으로는 사람이 입으로 발설하는 말(이것의 주된 원수는 "인쇄술"이다)의 손을 들어주었을 것이다. 왜냐하면 발설되는 말은 차가운 매체요 따라서 "모든 감각들이 드라마틱하게 연루되기" 때문이다.[38] 두 사람이 서로 이야기하고 있을 경우, 그들은 서로에게 들을 뿐 아니라, 서로의 표정과 제스처를 살피고, 어쩌면 서로 접촉하기도 하고 붙잡기도 하며, 상대방의 특징적인 냄새를 맡기도 한다. 이는 설교자와 회중의 관계와도 같다. 대부분 교회들마다 독특한 냄새들을 풍기기도 한다!

그러나 반대로, 전자 기술로 인하여 언어의 미래가 위협을 받고 있다. 왜냐하면 전자 기술에는 말이 필요없기 때문이다. "전기(電氣)는 말로 발설하는 것이 전혀 없는 상태에서 의식의 과정 그 자체를 전세계적인 범위로 확장시키는 것을 지향한다." 맥루한은 그러한 발전을 환영하는 것으로 보인다. 그것을 바벨탑을 무너뜨리는 것으로, 심지어 "보편적인 이해와 통일의 오순절적인 상태"라고까지 추켜세우니 말이다. 그는 "전체적인 우주의 의식"과 "집단적인 조화와 평화의 항구성을 보장할 수 있는 무언(無言)의 상태"를 추

구하는 가운데 언어들이 아예 무시될 것이라고 한다.[39]

　마샬 맥루한이 말(speech)과 무언(speechlessness)의 상대적인 축복들을 꿈꾸었으나, 필자로서는 언어 능력이야말로 인간의 특징적인 재능이요, 놀라우리만큼 막강한 커뮤니케이션 수단으로서, 우리가 지닌 하나님의 형상을 반영하는 것이라고 믿는다. 비둘기들이 구구거릴 수 있고, 나귀들이 히힝대며 울 수 있고, 원숭이들이 끽끽 소리를 내고, 돼지들이 꿀꿀거리지만, 말을 할 수 있는 것은 오로지 인간밖에는 없다. 성경에 의하면, 살아계신 하나님 자신이 말씀하시는 하나님이시다. 그는 말씀을 통해서 우리에게 의사를 전달하시고, 우리도 서로서로 똑같은 방식으로 의사를 소통하게 하시는 것이다. 그러므로 말을 사용하기를 거부한다면, 도저히 가능할 수 없을 정도로 우리가 빈약해지며, 우리의 존엄성이 새나 짐승의 수준으로 떨어지고 말 것이다.

　마샬 맥루한의 전성기 이후, 실리콘 결정체를 강력한 전자 증폭기로 이용하는 트랜지스터의 발명이 또 한 번 컴퓨터 과학을 변화시켰다. 1950년대에 이미 컴퓨터의 원조들이 마치 케케묵은 공룡처럼 보이게 되었고, 불과 1975년에 이르러 트랜지스터화된 컴퓨터나 마이크로 프로세서 등의 최초의 모델이 시장에 나오게 되었다. 새로운 컴퓨터는 휴대용으로 사용할 수 있을 만큼 소형이었을 뿐 아니라, 생산이나 작동 비용이 매우 저렴했으며, 백과사전 한 질을 단 한 개의 컴퓨터 칩 속에 저장할 수 있을 만큼 방대한 메모리를 지녔고, 또한 1초에 백만 조(兆) 번 정도의 변환 능력을 지닌 것들이 곧 등장하게 될 것이었다.

　사회를 관찰하는 학자들은 이러한 컴퓨터 칩의 혁명의 결과들에 대한 평가를 시도하고 있다. 그들은, 최소한 몇 가지 점에서는 세계가 더 안전하게 될 것이라고 예측한다. 전세계적인 신용 카드 시스템을 통하여 돈에 근거한 범죄가 근절될 것이며, 위험 방지 장치들이 자동차들의 충돌을 방지해 줄 것이라는 것이다. 동시에 사람들의 여행이 줄 수도 있을 것이라고 한다. 로봇이 노동을 대신하게 되고, 고용 시간이 감소할 것이고, 사업장들이 분산화될 것이므로, 통근이 점차 감소할 것이라는 것이다; "사무실과 가정이 하나로 합쳐지고, 공공 운송 체제가 점차 사라지고 그 대신 거대한 정보 통신망이

들어설 것이며, 업무용 차량을 팔고 그 대신 최신 비디오 회의 시스템을 갖추게 될 것이다."[40]

컴퓨터 혁명은 주로 정보 처리, 즉, 정보의 저장, 재생, 분류, 전달 등과 관련된 것이다. 그러므로 현대의 모든 형태의 커뮤니케이션이 그것에 영향을 받을 수밖에 없다. 크리스토퍼 에반스(Christopher Evans)의 저서 『막강한 마이크로』(*The Mighty Micro*: 1970)는 한 장의 제목이 "인쇄된 언어의 죽음"(*The Death of Printed Word*)으로 되어 있다.[41] 거기서 그는 책들과 컴퓨터들이 본질적으로 "정보의 저장을 위한 도구들"임을 지적하고 나서, 컴퓨터가 책에 비해서 "훨씬 더 우수하다"고 주장한다. 컴퓨터가 점점 더 작아지고 값이 싸지기 때문일 뿐 아니라, "전자 책들"은 수집하고 분류하고 자료를 제시할 수 있는 "역동성"을 지닐 것이기 때문이라고 한다. 더욱이, 컴퓨터는 시각적으로는 물론(텔레비전을 통해서) 청각적으로도(영어로 "computaspeak"이라 부르는 희한한 종합 언어를 통해서) 자료를 제시하는 능력을 지닌다는 것이다.

2000년에 가서는 세상의 모습이 어떻게 될지 상상하기가 어렵다. 그때쯤이면 다재다능한 마이크로 프로세서들이 오늘날의 간단한 계산기만큼이나 일반화될 것으로 보인다. 기계가 인간의 근육의 능력을 초월했듯이, 실리콘 칩이 인간의 두뇌의 능력을 초월하리라는 사실은 분명 환영해야 할 일이다. 그러나 새로운 전자 통신망이 인격적인 관계들을 점점 불필요하게 만들어감에 따라서 인간 사이의 접촉이 감소될 것이라는 것은 별로 환영할 일이 아니다. 이러한 비인간화된 사회에서는 지교회의 교제가, 교회원들이 서로 만나고, 화면 속에서가 아니라 서로서로 직접 말하고 듣는 그런 교제가 더욱더 중요해질 것이다. 상호 간의 사랑이라는 이 인간적인 면에서, 하나님의 말씀을 전하고 듣는 일도 우리의 인간성을 보존하는 데에 더욱 절실해질 것이라 여겨진다.

텔레비전의 영향

그러면, 이제 텔레비전 상자와 강단 사이의 경쟁 관계로 다시 돌아가보자. 텔레비전은 우리의 모든 생활의 중요한 요인임에 틀림없다. 영국의 경우 98

퍼센트의 가정이 최소한 한 대의 텔레비전을 보유하고 있고, 가정마다 평균 일주일에 30 내지 35시간을 켜놓는 것으로 나타난다. 실제 시청시간은 성인의 경우 일주일에 16 내지 18시간 정도인데, 그렇다면 이는 평생 동안 8년을 내내 텔레비전 화면 앞에 앉아 있는 것이 된다.[42] 미국의 통계 수치는 이보다 더 높다. 1970년과 1971년에 조사한 통계에 따르면, 미국인 성인의 경우 평균 주간 텔레비전 시청 시간은 23.3 시간이었다.[43]

텔레비전의 사회적 영향을 균형 있게 평가한다는 것은 극히 어려운 일이다. 그 긍정적인 유익들이 엄청났다는 것은 의심의 여지 없는 사실이다. 텔레비전은 다른 방식으로는 — 시간이 없거나 권리가 없거나 돈이나 건강이 없는 등의 이유로 — 얻을 수 없는 그런 사건들과 경험들을 함께 나누도록 해 준다. 뿐만 아니라 국가적인 큰 경축 행사나 조의 행사들(결혼식이나 장례식, 혹은 왕의 대관식이나 대통령의 취임식, 혹은 다른 나라의 국가 원수의 방문 등)에 참여할 수도 있다. 또한 개인적으로는 절대로 방문할 수 없는 그런 외진 지역을 여행할 수도 있고, 자연의 경이(驚異)들을 소개받을 수도 있다. 영화나 연극도 감상하고, 스포츠도 관람할 수 있다. 세계의 뉴스들에 보조를 맞출 수 있고, 현재 논란이 되고 있는 정치적 사회적 도덕적 이슈들을 파악하도록 자극을 받을 수가 있다. 이 모든 것은 큰 유익이 아닐 수 없다.

그러나 텔레비전의 영향에는 또 다른 면이 있는데, 이것이 특히 설교하는 일과 설교를 듣는 일과 관련된다. 텔레비전은 사람들이 주의를 집중시키고 응답하면서 무언가를 듣는 일을 더욱 어렵게 만들며, 따라서 설교자들이 회중에게서 적절한 반응을 얻기는커녕 회중의 주목을 유지하기가 더욱 어려워지고 있다. 그 이유는 무엇일까? 텔레비전의 해로운 영향을 다섯 가지로 정리해 보기로 하자.

첫째로, 텔레비전은 사람들을 **육체적으로 게으르게** 만드는 경향이 있다. 손가락으로 스위치만 움직이면 집에서 오락을 즐길 수 있게 되니, 안락한 소파에 앉아서 편히 쉬고, 심지어 예배도 화면 앞에 앉아서 드리지 못할 이유가 어디 있겠는가? 귀찮게 교회에까지 나갈 필요가 어디 있겠는가? 텔레비전에 빠진 사람들은 다른 사람들보다 바깥에 나가기를 더욱 꺼리며, 강요에 대해서도 더욱 분개한다. 미국의 소위 "전자 교회"(electronic church)가 막대한 시청자들을 확보하고 있고, 늙거나 병들어서 가정에 묶여 있는 사람들에게 큰 축복이 되어왔지만, 밖으로 다닐 수 있는 사람들이 과연 그것을 기존의 지교회를 대체시킬 만한 것으로 여길 수 있는지 매우 의심스럽다. 화면을 통한 예배는 능동적인 섬김과 증거는 고사하고 교제와 성례, 회중의 예배에도 개인적으로 충실히 참여하지 못하도록 막아 버리기 때문이다.

둘째로, 텔레비전은 사람들을 **지적으로 무비판적**이 되게 만드는 경향이 있다. 물론 항상 그런 것은 아니고, 대부분의 채널들이 사고를 유발시키기 위한 프로그램들을 갖고 있다. 그러나 필자의 생각으로는 마샬 맥루한이 텔레비전이 요구하는 "참여"의 요소를 과장한 것 같다. 대부분의 사람들이 텔레비전 상자 앞에 주저앉는 것은 하루의 고된 일과가 끝난 후 그저 쉬면서 오락을 즐기기 위함이지, 그 프로그램에 참여하기 위함도 아니고, 생각하기 위함은 더더욱 아니다. 그리하여 "방관자증"(傍觀者症: spectatoritis)이라는 질병이 널리 퍼지고 있다. 보는 것이 없으면 듣지도 못하는 것이다. 텔레비전은 논리보다는 그림을 더 많이 제공하는 것이다.

맥루한도 물론 이것을 알고 있었다. 1968년 리처드 닉슨(Richard Nixon)의 공화당 선거 자문 위원들은 1960년의 미국 대통령 선거에서 그가 패배한 이유가 존 케네디(John F. Kennedy)의 텔레비전 이미지가 더 좋았기 때문이라고 믿고서, 1968년 선거에서는 어떻게 하면 그를 전자 매체에 좋은 이미지로 비치게 할까 하는 문제에 골몰하였다.[44] 즉, 화면에 비치는 그의 이미지를 메마르고 유머도 없는 법률가의 모습에서 온화하고 활기 있는 인간다운 모습으로 바꾸는 일에 골몰했던 것이다. 그리하여 그들은 마샬 맥루한을 자문 위원으로 고용하고, 그의 『미디어의 이해』 중에서 적절한 부분들을 발췌하여 측근들에게 돌려서 읽게 했다. 그는 그들에게 이렇게 썼다: "정책과 이슈들은 당선을 위해서는 아무런 쓸모가 없다 … . 당면한 이슈들에 대한 관점들을 논의하는 것은 이미 지나갔고, 후보의 전체적인 이미지를 어떻게 형성시키느냐 하는 것이 관건이 되었다."[45] 닉슨의 수석 보좌관 중의 한 사람인 윌리엄 개빈(William Gavin)은 "직선적인 논리와 결별하라: 좋은 인상들을 집중적으로 제시하라"를 정책으로 채택할 것을 권유하였다.[46] 그리고 나서 그는 "유권자들로 하여금 그 친구를 좋아하게 만들라. 그러면 싸움의 삼분의 이는 이긴 것이다"라는 말로 자신의 방식을 정리하였다.[47] 이미지가 이슈보다 더 강력하며, 그림이 논리적 주장보다 더 힘이 있다는 것에 대해서는 반대할 이유가 없다. 그러나 그 하나를 다른 하나와 대치시킨다는 것은 인간의 존엄성을 인간의 유약함에게 굴복시키는 것과 다를 바 없다. 그리스도인들은 사람의 비판적 기능들을 무디게 만드는 그 어떠한 것도 묵인해서는 안 되는 것이다.

셋째로, 텔레비전은 사람들을 **감정적으로 둔감하게** 만드는 경향이 있다. 어떤 점에서는 그 정반대일 경우도 있다. 텔레비전은 다른 방식으로는 절대로 목격할 수 없는 그런 장면들을 우리의 가정과 우리의 양심 속에 시각적으로 제공해 주는 좋은 효과를 지녀왔다. 전쟁의 공포, 기근과 빈곤의 처절한 상황, 지진과 홍수와 태풍의 황폐, 난민들의 절박한 처지 등 — 전에는 절대로 생생하게 접할 수 없던 것들이 강제로 우리 앞에 나타나 우리의 주목을 사로잡고 있다. 더 이상 그런 것들에 대해 눈을 감고 있을 수가 없다. 그러나 그럼에도 불구하고 그렇게 할 수도 있고, 또한 실제로 그렇게 하고 있다. 이는 사실 충분히 이해할 만한 일이다. 우리의 감정이 견딜 수 있는 고통과 비극의 분량에는 한계가 있다. 어느 정도 시간이 지나 짐이 너무 무거워지면, 우리는 다른 채널로 돌려버리거나, 텔레비전을 꺼버리거나, 아니면 우리 속의 감정들을 꺼버리고 아무런 느낌도 없이 그냥 쳐다보거나 한다. 감정적으로 자기를 방어하는 데에 능하게 되는 것이다. 이 시점에서는 호소하는 것이 오히려 역작용을 일으키게 된다. 그것들에게 반응을 보일 만한 감정이 남아 있지 않기 때문이다. 필자는 때로, 우리가 "복음에 대해 완악해져 있는" — 판에 박힌 듯이 고정된 복음이 아니라, 감정적인 반응의 메커니즘을 영구하게 손상시켜 놓은 텔레비전 화면에 빠져 버린 — 새로운 세대를 키우고 있는 것이 아닌가 하는 의구심을 갖게 된다.

넷째로, 텔레비전은 사람들을 **심리적으로 혼란스럽게** 만드는 경향이 있다. 텔레비전은 인공적이며 사람이 고안해 낸 영역에 속하기 때문이다. 화면에서 보는 프로그램의 대부분은 실제의 삶 속에서가 아니라 스튜디오에서 촬영한 것들이다. 비판자들을 주춤하게 만드는 맥루한의 재담(才談) 가운데 하나를 빌려서 말하자면, 텔레비전 프로그램들은 영화와 마찬가지로 "the real world"(현실 세계)가 아니라 "the reel world"(필름을 감아놓는 릴의 세계)에 속하는 것이다.[48] 스튜디오 바깥에서 촬영한 프로그램들도 진실성이 상당히 결여되어 있다. 촬영을 마친 다음, 편집되기 때문이기도 하고(예컨대, 뉴스와 다큐멘터리 등), 혹은 생방송이라 할지라도 우리는 대리로 경험하는 것이고 그저 간접적으로밖에는 참여하지 못하기 때문이다. 물론 화면을 통해서 축구 게임을 보면서도 군중들의 환호소리를 들을 수 있지만(물론 스피커를 통해서), 저 회리바람을 느끼거나 저 빈민촌에서 나는 냄새를 느낄 방법이 없는 것이다.

말콤 머거리지(Malcolm Muggeridge)는 『그리스도와 미디어』(Christ and the Media)라는 제목의 1976년도 "런던 현대 기독교 강좌"(London Lecture in Contemporary Christianity)에서 바로 텔레비전의 이러한 비현실성의 요소를 강조했다. 그는 "미디어의 허구성을 그리스도의 실재성과 대조시키고" 있었다.[49] 그러면서 그는 "그리스도의 실재성을 붙들기"를 바라는 자신의 개인적인 소망을 피력하였고, 또한 "옛날 바다에 풍랑이 일고 파도가 높아질 때에 뱃사공들이 자신의 몸을 돛대에 묶어서 파도에 휩쓸리는 것을 막았듯이, 그렇게 그리스도의 실재성에 몸을 붙들어 맬 것을" 다른 이들에게 설득하였다.[50] 이러한 대조는 필자의 마음에 다음과 같은 질문들을 제기한다: 사람들이 얼마나 쉽게 이 세계에서 저 세계로 옮아가는가? 하나님의 말씀을 듣고 예배할 때에, 사람들은 과연 이제 드디어 궁극적인 실체와 접촉하고 있다는 것을 인식하는가? 아니면 텔레비전이 절대로 완전히 벗어나지는 못할 그런 환상의 세계로 그들을 안내해 놓았기 때문에, 마치 꿈 속에서 이리저리 돌아다니듯 그들이 하나의 비현실적인 상황에서 또 다른 비현실적인 상황에로 옮겨가고 있는 것은 아닌가?

다섯째로, 텔레비전은 사람들을 **도덕적으로 무질서하게 만드는** 경향이 있다. 물론 텔레비전 시청자들이 화면에 비치는 성적인 행동이나 폭력적인 행동을 자동적으로 모방한다는 뜻은 아니다. 1977년도의 『스크린의 폭력과 필름 검열』(Screen Violence and Film Censorship)이라는 내무성의 연구 자료는 사회적인 연구 조사가 부적절했음을 고백하면서도, 스크린 폭력 "그 자체가 일상적인 시청자들로 하여금 시청 이전과는 다른 방식으로 행동하도록 강요한다고 보기가 어렵다"고 결론지었다.[51] 『방송의 미래』(The Future of Broadcasting: 1977)에 대한 애넌 보고서(Annan Report)도 이와 비슷한 결론에 이렀으나, 거기에다 텔레비전의 폭력에 대한 진정한 대중의 우려가 있으며, 또한 그런 대중의 우려가 방송인들이 반드시 대답해야 할 만큼 타당성이 있다는 점을 덧붙였다.[52]

필자가 말하고자 하는 도덕적인 "무질서"를 조장하는 텔레비전의 영향은 직접적인 부추김보다는 더욱 교묘하고 교활하다. 우리의 도덕적 판단력이 예리하고 살아 있지 않을 경우 우리 모두에게 생기는 현상은, "정상적인" 것에 대한 우리의 이해가 조금씩 바뀌기 시작한다는 것이다. "모든 사람이 그렇게 하고 있다"는 생각이 생기고, 또한 오늘날 하나님이나 진리와 선의 절대적인 기준들을 믿는 사람들이 전혀 없다는 생각이 스며들어서, 우리의 방어 수준이 계속 낮추어지고, 우리의 가치관이 우리도 모르는 사이에 변화되어 간다. 육체적인 폭력(분노가 치밀어 오를 때에), 성적 문란(자극을 받을 때에), 그리고 무절제한 소비 지출(유혹을 받을 때에) 등이 20세기 말 서구 사회에서 용인되는 규범이라는 식으로 생각하기 시작하는 것이다. 우리는 이렇게 속임을 당해온 것이다.

이런 악습에 가장 약하게 노출되어 있는 사람들은 물론 어린아이들이다. 그런데 텔레비전에 가장 심하게 중독되어 있는 것이 바로 어린아이들이다. 영국의 경우, "어린이 세 명 중 두 명이 하루에 3 내지 5시간 텔레비전을 시청하고 있는 것"(일주일에 21 내지 35시간)으로 나타나고 있다.[53] 미국의 경우에는 취학 전 어린아이들이 가장 큰 텔레비전 시청자 군을 형성하고 있으며, 그들의 주간 평균 시청 시간은 최소한 30.4시간이다.[54] "평균적으로 미국의 어린아이는 17세가 될 때까지 15,000시간을 텔레비전 시청으로 허비하는데, 이는 거의 2년에 해당하는 시간이다."[55]

마리 윈(Marie Winn)은 그녀의 저서 『플러그인 드럭』(The Plug-In Drug: 1977)에서 텔레비전이 미국의 어린아이들에게 미치는 효과들에 대한 연구 조사 결과를 제시하였다. 그녀의 논지는 어린아이들이 입는 피해는 텔레비전 프로그램의 내용 때문이 아니라 텔레비전을 시청하는 경험 그 자체 때문이라는 것이다. 텔레비전 시청 때문에 숙제와, 바깥에서 노는 일이 방해를 받으며, 따라서 언어, 상상력, 지각력, 학습력, 자기 결정과 관계 형성 면에서 어린아이의 발달을 저해한다는 것이다. 그것은 수동성을 조장하고 창조성을 약화시키고, 또한 자연스러운 가정 생활을 방해한다고 한다. 가장 최악의 폐해는, 텔레비전 시청이 소위 "텔레비전 환각 상태"라 불려온 그런 것을 유발시킨다는 점이다. 텔레비전을 "계속 시청하는 자들로 하여금 현실 세계와 비현실 세계 사이의 구별을 흐리게 만들 뿐 아니라, … 그렇게 함으로써 현실의 사건들에 대한 감수성을 무디게 만들기까지 한다."[56]

정리하자면, 육체적인 게으름, 지적인 무기력, 감정적인 고갈, 심리적 혼란과 도덕적 방향성의 상실 등, 텔레비전에 오래 노출되는 데에서 이런 모든 현상들이 증가되고, 또한 가장 피해를 입는 것이 어린아이들이라는 사실이다.

그러면, 현대의 텔레비전의 효과에 대한 이런 부정적인 비판에 대해 어떻게 대처해야 옳은가? 지금 텔레비전을 팔아 버리자거나 텔레비전 수상기를 박살내 버리자거나, 혹은 시계를 거꾸로 돌려서 텔레비전 이전 시대로 돌아가자고 주장하고 싶은 마음은 없다. 그런 식의 처신은 불가능하고 또한 불필요한 것이다. 필자가 묘사한 부정적인 경향들 대부분은 텔레비전 매체 그 자체보다는 특정한 프로그램들의 저속한 수준과 또한 그 프로그램들에 빠져서 무비판적으로 시청하는 데에서 기인하는 것이다. 균형 있게 하나의 매체로서 시청한다면, 텔레비전은 저주보다는 축복이 더 많다. 그렇다면 우리에게 필요한 일은 무엇인가?

첫째로, 그리스도인 부모들은 자녀들의 텔레비전 시청을 더 규제할 필요가 있다. 영국의 경우 어린아이들의 79퍼센트가 "부모들이 하루나 일주일 동안 텔레비전 시청하는 시간에 대해 아무런 통제를 하지 않는다고 말하고 있다."[57] 그러나 이렇게 무분별하게 텔레비전을 시청하게 되면, 차세대들이 "여론 선전"(consensus-propaganda)에 노출되게 되는데, 이를 피터 앱스(Peter Abbs)는 "대중 문화"(mass-culture)라 부른다. 그의 논지는 "사람이야말로 세상에서 가장 모방적인 존재로서 모방을 통해서 배운다"는 것이며(아리스토텔레스), 이미 받아들여진 문화적 가치의 상징물들을 어린아이들이 흡수

한다는 것이요, 또한 우리의 사회에서는 상업적인 엘리트들이 이런 것들을 만들어내고 있다는 것이다.[58]

둘째로, 그리스도인들이 대중 매체의 세계로 침투해 들어가고, 텔레비전 대본 작가, 연출자나 배우들이 될 수 있는 자질들을 갖추기를 모색해야 한다. 기존의 수많은 프로그램들의 질적 수준에 대해 불평하고 있어서는 안 되고, 우리 스스로 기술적으로도 기존의 프로그램에 못지않고 그보다 더욱 건전한 대안을 제시하는 데에 건설적인 노력을 기울여야 할 것이다. 예전 시대에는, 새로운 커뮤니케이션 매체(글, 그림, 음악, 드라마, 인쇄, 영화, 라디오)가 새로이 개발될 때마다, 그리스도인들이 누구보다 앞장 서서 그 가능성을 분별하고서 그것들을 예배와 전도를 위해 사용하고자 하는 노력을 기울였다. 텔레비전에 대해서도 마찬가지여야 한다. 사실, 세계의 몇몇 지역들에서는 이것이 이미 현실이 되고 있다.

셋째로, 설교자들은 회중이 텔레비전에 길들여져 있다는 것을 염두에 두어야 한다. 현대의 많은 텔레비전의 유해한 경향에 대처하고자 하는 희망을 가진다면, 우리는 정말 거대한 임무를 담당해야 한다. 사람들이 설교 듣기를 원한다거나 혹은 정말 들을 수 있는 귀가 있다는 식의 가정은 더 이상 해서는 안 된다. 바쁘게 움직이는 화면의 영상들에 익숙해져 있는데, 어떻게 가벼운 기분 전환도, 다른 볼거리도 없이 시종일관 한 사람이 계속 이야기하는 것에만 주의를 기울이고 있기를 기대할 수 있겠는가? 그런 일은 그들의 능력을 벗어난 것이 아닌가? 그러니 결국 설교가 시작되면, 그냥 스위치를 꺼버리는 것이다. 딸깍 하고 스위치를 끄는 소리까지도 거의 들을 정도다. 그러나 그렇다고 해서 설교를 포기해 버려서는 안 될 것이다. 왜냐하면 (잠시 뒤에서 제시하겠지만) 설교에는 무언가 독특하며 결코 다른 것으로 대치할 수 없는 점이 있기 때문이다. 그러나 회중의 주목을 끌기 위해 싸워야 한다는 것은 분명한 사실이다. 텔레비전 시대에는 무디고, 단조로우며, 볼품 없고, 느릿느릿하고, 지루한 것은 무엇이든 경쟁에 나설 수가 없다. 텔레비전의 도전 앞에서 설교자들에게 진리를 제시할 때에 다양하게, 색깔 있게, 예화를 사용하고, 유머를 쓰고, 박진감 있게 전개하는 방식을 통해서 매혹적으로 해야 할 것이다. 그리고 한 가지 덧붙이자면, 그 어떠한 것도 설교를 대신할 수는 없지만 설교를 보완할 필요가 있다는 것은 너무도 분명한 사실이다.

학습 과정

인간의 학습은 네 가지 방식으로 이루어지는데, 듣기와 토론, 바라보기, 그리고 발견이 그것이다. 이를 청취, 대화, 관찰, 그리고 참여라 불러도 무방할 것이다. 이 가운데 첫 번째 것은 가장 직접적인 것으로, 입에서 귀로, 화자(話者)에서 청취자에게로 행해지는 것이요, 설교도 물론 이것에 포함된다. 그러나 이것이 언제나 가장 효과적인 것은 아니다. "대부분의 사람들은 순전히 말로만 전달되는 개념들을 이해하는 데 어려움을 느낀다. 오히려 귀를 **의심하고**, 그것을 신뢰하지 않는다. 일반적으로 볼 때에, 우리는 사물들이 **눈에 보일 때에**, '우리 스스로 볼' 수 있을 때에 더 안정감을 느낀다."[59] 그러므로 학습 과정의 나머지 세 가지 면들도 각 지교회의 교육 프로그램에서 활용되어야 마땅한 것이다.

헬라어 **디알레게스타이** — 이는 "추론하다" 혹은 "논지를 제시하다"라는 뜻이다 — 는 누가가 바울의 전도 설교를 묘사하면서 매우 자주 사용하는 동사다. 그는 유대인들과 "성경을 가지고 강론하였다"(행 17:2). 아마도 그것은 그가 논지를 제시하고, 누군가가 그것에 대해 의문을 제기하고, 다른 사람들이 그것을 반박하고, 그리고 그가 다시 그들의 의문과 비판들에 대해 답변하는 식의 말로 이루어지는 대화였을 것으로 보인다. **카테케시스**의 경우, 즉 새로운 회심자들을 교훈할 때에도, 그가 이와 유사한 방법을 사용했다는 것도 의심할 필요가 없다. 오늘날 대학교에서 강의 외에도 세미나나 개별 학습(교수와 학생들 간에 긴밀한 접촉을 통해서 이루어짐) 등으로 보충하는 것처럼, 교회에서도 설교 외에 연구와 토의 그룹 등 다양한 방식으로 보충하여야 하는 것이다.

대학교의 강사인 필자의 한 친구는 자신의 교회에서 설교에 관하여 느낀 실망감을 매우 솔직하게 토로하였다. 자기는 "몇 달 동안, 아니 몇 년 동안 머뭇거리며 설교에 대해 반응을 표현할 기회가 오기를 기다려왔다"는 것이었다. 그의 생각으로는, 목사가 설교 주제를 결정하는 일에 교회의 평신도 지도자들이 개입해야 하고 때로 설교의 은사와 훈련을 받았을 경우 그들 스스로도 설교해야 한다는 것이었다. 그러나 그가 주로 지적한 것은 대학교와 교회의 교육 방법이 너무 대조적이라는 것이었다. "대학교의 강의실에서는 즉시 반응하고, 강의를 가로막고, 질문할 기회가 주어지고, 그런 행위가 권장되고 있다. 강의실은 토론의 광장이니까." 그러나 그의 교회에서는 그 비슷한 기회도 전혀 주어지지 않았고, 여하한 반론 제기도 금지되었다는 것이다.

우리는 런던에서 갖가지 형태의 반응을 권장하려고 애써왔다. 새신자를 위한 "초신자 그룹"과 기성 신자들을 위한 "교제 그룹" 이외에 "이름없는 의혹자들"(Agnostics Anonymous)이라는 모임을 통해서 문의자들에게 아무런 방해를 받지 않고 그들의 문제점들과 의심나는 부분들을 제기할 수 있도록 격려하였고, 때로는 예배 후에 "회답"의 기회들을 주기도 했다. 교인들에게 점심 식사를 준비하여 오도록 권유하였다가, 오전 예배에서 당면 문제에 대해 설교한 후, 예배 후에 따로 남아서 그 주제에 대한 토론에 참여하게 한 것이다. 또한 하나의 설교 시리즈를 마친 후에 전체적인 질문 시간을 가지기도 하고, 이따금씩 장시간의 토론회(teach-in)를 갖기도 한다.

어느 설교자는 최근 설교 본문에 기초하여 자신이 제기하는 질문들에 대해 회중의 편에서 응답할 수 있도록 세 차례의 기회를 주었다. 그 본문은 빌립보서 1:12-19이었는데, 거기서 바울은 그의 모범을 따라 그리스도인들이 "더욱 담대히" 복음을 증거한 사실을 말씀하며, 또한 그들이 그리스도를 전하는 여러 가지 상이한 동기들에 대해 말씀하고 있다. 첫째로, 그 설교자는 교인들에게 그리스도를 증거하는 일을 더욱 담대히 하도록 다른 교인들을 격려할 수 있는 방법들이나 혹은 우리 스스로 다른 이들의 담대한 증거를 본받도록 격려받을 수 있는 구체적인 방법들을 기록할 것을 요청했다. 둘째로, 그는 우리의 상황 가운데 우리의 증거를 방해하거나 혹은 도와주는 요인들에 대해 교회당 내에 가까이 앉아 있는 분들과 함께 토의할 것을 요청했다. 그리고 셋째로, 그는 오버헤드 프로젝터로 교회당 벽면에 전도의 여덟 가지 복합적인 동기를 적은 목록을 비추면서, 그것들 중에 어떤 것들이 우리에게 동기를 부여하는지를 조용히 속으로 고백하라고 요청했다. 각 활동에 소요된 시간은 3분 정도였다. 이것은 매우 가치 있는 실험이었다고 생각한다. 싫든 좋든 대화에 참여하도록 만들었고, 매우 실질적인 방법으로 본문의 도전을 대면하지 않을 수 없도록 만든 것이다. 숫자가 적은 교회의 스스럼 없는 분위기에서는, 최소한 가끔씩은 설교가 마쳐지는 즉시 그 설교와 관련된 질문들을 할 수 있도록 권장해도 무방할 것이라 여겨진다.

"관찰"은 광범위한 시각 도구를 소개해 준다. 세례와 성찬의 두 가지 성례도 하나님께서 베풀어주신 시각 도구들이요, 그리스도로 말미암는 구원에 나타나는 하나님의 은혜를 극적으로 보여주는 "눈에 보이는 말씀들"인 것은 물론이다. 어떤 설교자들은 흑판이나 오버헤드 프로젝터를 사용하여 큰 효과를 얻기도 하고, 또 어떤 이들은 영화 필름이나 슬라이드를 활용하기도 한다. 아마 머지않아 비디오 카세트도 널리 이용하게 될 것이다. 어떤 설교나 공부의 진리를 예증해 주는 간단한 드라마 연출도 강력한 효과를 낼 수 있다. 에스겔서의 행동을 통한 비유들에서 그런 방법에 대한 성경적인 전례를 찾을 수 있다. 어떤 교회들은 예배의 한 의식으로 "춤"을 다시 도입하고 있다. 그러나 그런 몸동작은 말 없이 예배에서 이루어지는 표현이므로, 오히려 "마임"(mime: 무언극)이라 부르는 것이 좀 더 정확하다는 생각이다. 마임에는 언제나 음악의 반주가 필요하다. 이보다 더 나은 것은 "춤"이 찬송가나 시편의 가사들과 함께 행해지고 또한 그 가사들을 해석하는 것이다. 드라마(Drama), 춤(Dance), 대화(Dialogue)가 한데 어우러질 때에, 이를 거의 "3-D 예배"라 부를 수도 있을 것이다.

그 다음 하나님께서 친히 의도하시는 두 가지 다른 시각 도구들이 있다. 첫째, 하나님은 목사가 회중에게 시각 도구가 되기를 의도하신다. 바울 사도는 디도에게, "범사에 네 자신이 선한 일의 본을 보이라"(딛 2:7)고 말씀했고, 디모데에게도 "말과 행실과 사랑과 믿음과 정절에 있어서 믿는 자에게 본이 되라"(딤전 4:12)고 말씀하였다. 이 두 본문에서 **투포스**라는 명사가 사용되는데, 이는 "전형", "패턴" 등의 뜻인데, 이는 우리에게 경계가 되거나 격려가 되는 모범을 보여주는 구약 성경의 인물들에 대해서도 사용되는 단어다. 만일 우리 설교자들이 강단 바깥에서 시각적으로 전혀 모순되는 처신을 보인다면, 강단에 서서도 말로 의사를 전달하기를 기대할 수 없는 것이다.

둘째, 하나님께서는 교인이 세상에 대하여 시각 도구가 되기를 의도하신다. 우리가 믿는 복음이 신뢰성 있는 것이 되기를 바라면, 우리가 그것을 몸으로 드러내 보여야 하는 것이다. 불행하게도 개빈 리드(Gavin Reid)가 바로 지적했듯이, "좋든 싫든 교회는 언제나 세상과 무언(無言)으로 교류하고 있으며, 또한 교회가 '이야기하는' 많은 부분이 그 진정한 메시지를 저해하고 있다."[60]

인간의 학습의 네 번째 방식은 발견하고 행하는 것이다. 물론 사람들은 언제나 이런 방식으로 스스로를 가르쳐왔다. 어린아이는 직접 헤엄을 쳐서 헤엄치는 법을 배우고, 자전거를 타는 법도 직접 자전거를 타면서 터득한다. 오랜 옛날부터 견습생 제도(apprenticeship)가 기술을 배우는 최고의 방법으로 인정되어왔다. 그러나 오늘날에는 "참여" — 정치적 결정과 학습 과정에 있어서 — 가 그 어느 때보다 강조되고 있다. 초등학생들에게도, 특히 수학과 과학 과목에서는, 자기들 스스로 프로젝트를 행하도록 격려하며, 자기 스스로 문제들을 해결하는 법을 권장하고 있다. 이것이 바로 "학생 중심의" 교육, 혹은 "발견적인"(heuristic) 학습법이다.

성인(成人)의 경우 최고의 모범은 여행이다. 성지(聖地)를 예로 들어보자. 성지에 대해 강의를 듣거나, 책들을 읽거나, 영화나 슬라이드를 보거나, 여행하고 돌아온 사람들과 대화를 나눌 수도 있을 것이다. 그러나 우리가 실제로 그곳에 가보는 것과는 도저히 비교할 수 없다. 직접 가서 오감(五感)으로 느끼고 겪어보는 것이다. 갈릴리 호수와 굽이굽이 솟아 있는 사마리아의 언덕들을 우리 눈으로 직접 보고, 시장에서 물건들을 파는 시끄러운 소리들과 양 떼와 염소 떼들의 울음소리들을 직접 들으며, 이리저리 꼬인 모습으로 자라 있는 오래 된 감람나무를 직접 만져보고, 요단강의 물에 손을 담가보며, 이스라엘의 포도 주스나, 무화과나 오렌지, 혹은 석류의 달콤한 맛을 맛보며, 들판에 피어 있는 꽃들의 향기를 맡는 것이다. 이렇게 하면 성경 전체가 생생하게 다가온다! 우리 스스로가 그 땅을 "발견하게" 되는 것이다.

이와 동일한 원리가 지교회에서도 시행되어야 한다. 성경적인 설교와 기도나 전도 등의 주제들에 대한 가르침은 교회에서 필수불가결하다. 그러나 그런 실천이 뒤따르는 활동에 있어서는 이론을 파악하는 것만으로는 부족하다. 기도는 실제로 기도를 함으로써만, 특히 기도 모임에 참여함으로써 배울 수가 있다. 그리고 전도도, 경험 있는 그리스도인과 함께 실제로 밖으로 나가 거리 모퉁이에서 복음을 전하거나 혹은 가정들을 방문하여 전도함으로써만 배울 수가 있다. 더욱이 신약 성경이 묘사하고 있는 교회의 참된 의미도, 그리스도의 몸에 속하여 능동적으로 교회원의 역할을 담당함으로써 배우게 되는 것이다. 교제 모임은 개개인이 영접받고 환영받으며 사랑받는 하나의 사건이다. 그런 모임을 통해서 용서와 화목, 교제 등 추상적인 개념들이 구체적인 형체를 갖게 되며, 또한 설교를 통해 전해지는 진리가 생생하게 와닿게 되는 것이다.

자, 이처럼 우리가 학습하는 방식은 풍부하고도 아주 다양한 과정을 거친다. 우리는 언제나 직간접적으로, 의식적으로 무의식적으로, 말과 이미지를 통해서, 듣고 봄으로써, 토의와 발견을 통해서, 수동적인 흡수를 통해서와 능동적인 참여를 통해서 지식과 경험들을 받아들이고 있는 것이다.

그렇다면, 설교를 위해서는 어떠한 특별한 논지를 제시할 수 있을까? 이 점에 대해 한 번 시도해 보기로 하자. "커뮤니케이션 이론"이라는 비교적 신학문의 요소들이 이제는 잘 알려져 있다. 이에 대해서는 데이비드 벌로(David K. Berlo)의 입문서인 『커뮤니케이션의 과정』(*The Process of Communication*: 1960)을 예로 들어 보자. 벌로는 아리스토텔레스가 그의 『수사학』(修辭學: *Rhetoric*)에서 제시한 "화자(話者: speaker), 청취자(audience), 발언(speech)"의 삼 요소에 다음과 같은 것들을 덧붙인다. 첫째, "발원자"(發源者, source: 의사를 전달하기를 원하는 사람)가 있고, 그가 전달해야 할 "메시지"가 있다. 둘째, 그는 상징들(말이나 이미지들)로 그 메시지를 "암호화"시켜야 하며, 셋째, 그 메시지를 전할 "채널" 혹은 매체를 선택해야 한다(말로 하면, 직접 입으로 말할 수도 있고, 글로 쓸 수도 있고, 전화를 사용할 수도 있고, 전파로 내어보낼 수도 있으며, 이미지로 하면, 연필로 그리거나 물감으로 그리거나, 행동으로 보이거나 촬영할 수도 있다). 마지막으로, 커뮤니케이션의 대상자로서 그 "암호화"된 상태로 전달되는 메시지를 해독하거나 해석해야 하는 "수용자"(受容者: receiver)가 있다. 벌로 박사는 이렇게 정리한다: "커뮤니케이션에는 여섯 가지의 기본 요소가 있다. 발원자, 암호화하는 자, 메시지, 채널, 해독자, 그리고 수용자가 그것이다. 발원자는 메시지를 암호화하며, 암호화된 메시지는 어떤 채널을 통해서 전달되며, 수용자가 그 메시지를 해독하고 해석하는 것이다."[61]

발원자와 암호화하는 자가 대개 동일 인물이고, 수령자와 해독자도 대개 동일 인물이므로, 이 모델을 좀 더 단순화시켜서, 발원자(의사 전달자), 메시지(전달되는 내용), 암호와 채널(전달의 수단), 그리고 수용자(의사 전달의 대상)의 네 가지 요소로 정리하는 것이 더 나을 것이다. 필자가 주장하고 싶은 것은, 설교가 다른 모든 수단들과 똑같은 커뮤니케이션의 한 수단이기는 하지만 그럼에도 불구하고 그것은 유일무이한 것(sui generis)이라는 것이다. 커뮤니케이션의 형태 중에 그것을 닮은 것은 하나도 없고, 따라서 설교를 대체시킬 수 있는 것도 없다. 설교에 개입되는 네 가지 요소들도 특별하며, 그것들이 하나로 결합되면 그야말로 유일무이한 것이다. 자, 이 점을 설명해 보기로 하자.

발원자는 대부분 목사다(물론 평신도 설교자일 수도 있지만). 그는 스스로 설교하도록 하나님께로부터 부르심을 받았다고 믿는 자요, 또한 그의 부르심이 교회에서 인정받고 있으며, 교회는 그를 설교 사역을 수행하도록 엄숙하게 구별하여 세웠고, 하나님께서 그에게 성령으로 함께 하심으로 그의 부르심을 확증해 주시기를 기도한다. 그렇다면, 이것은 결코 범상치 않은 "발원자"라 할 것이다. 최소한 이상적인 면에서는, 이 설교하는 사람은 하나님의 부르심을 받은 자요, 사명과 능력을 부여받은 하나님의 종이요, 그리스도의 사신이요, 성령으로 충만한 그리스도의 증인으로 강단에 서는 것이다.

"수용자"는 "지극히 고귀한 찬양을 올리고", "그의 지극히 거룩한 말씀을 듣기" 위하여 주일에 의도적으로 모이는 그리스도인 회중들이다(지금은 전도 설교를 상정하는 것이 아니기 때문에). 그러므로 설교자와 회중 사이에는 그들의 공통적인 믿음에서 비롯되는 깊은 감정이입(感情移入)이 존재한다. 목자는 양 떼를 먹일 사명을 부여받았고, 청지기는 집안을 돌볼 사명을 부여받고 있다. 양 쪽 다 이 사실을 잘 알고 있다. 그들이 모여 있는 것은 부분적으로 이 목적을 위한 것이다. 모일 때에 이미 기대가 그들에게 있다. 그러므로 설교 전에 행하는 강단 기도가 결코 알맹이 없는 형식이 아니다. 오히려 그 기도는 설교자와 회중이 서로를 위해 기도하고, 그들 자신을 하나님의 손에 맡기며, 하나님 앞에서 스스로 겸비하며, 하나님의 음성이 들려지고 그의 영광이 드러나기를 기도하는 필수적인 기회인 것이다.

"메시지"는 하나님 자신의 말씀이다. 사람들이 모여 있는 것은 인간의 말을 듣기 위함이 아니라 하나님과 만나기 위함이기 때문이다. 그들은 베다니의 마리아처럼 예수님의 발 앞에 앉아 그의 가르침을 듣기를 사모한다. 그들은 영적으로 주린 상태에 있다. 그들이 간절히 원하는 빵은 바로 하나님의 말씀인 것이다.

그렇다면, 커뮤니케이션의 암호와 채널은 설교에 있어서 무엇에 해당할까? 암호는 언어이고, 채널은 설교인 것이 분명하다. 그러나 설교에 있어서의 커뮤니케이션은 물리적 의미로나(강단으로부터 회중석에게로 나아가는 것), 인간적인 의미로(한 입이 말하고, 많은 귀들이 듣는 것) 이해해서는 안 되고, 신적인 의미로(하나님이 그의 사역자를 통하여 그의 백성들에게 말씀하시는 것) 이해해야 하는 것이다.

바로 이러한 전체적인 맥락이 설교를 유일무이하게 만드는 것이다. 하나님의 백성이 하나님의 사역자에게서 하나님의 말씀을 듣고자 하나님의 임재 속에 모여 있는 것이기 때문이다.

지극히 정교한 커뮤니케이션 매체로 가득 차 있는 이 시대에서도 설교가 여전히 유일무이하게(sui generis) 존재한다는 필자의 주장이 바로 이런 의미다. 영화나 연극이나, 드라마나, 대화나, 세미나나 강의나, 주일학교나 토의 그룹을 다 합쳐도 이 모든 요소들을 다 갖고 있지 못하다. 설교의 독특성은 하나의 이상이나 분위기에 있는 것이 아니라, 설교라는 실체 자체가 독특한 것이다. 살아계신 하나님이 그의 언약의 맹세에 따라서 예배하는 그의 백성 가운데 임재해 계시며, 또한 그가 말씀과 성례를 통해서 그들에게 자기 자신을 알리실 것을 약속하셨다. 그 어떠한 것도 이것을 대체시킬 수 있는 것은 없다.

다소 화려한 한 세기 전의 언어로 씌어졌지만, 매튜 심프슨(Matthew Simpson)은 설교 사건의 독특성을 다음과 같이 훌륭하게 정리하고 있다. 그는 설교자에 대해 다음과 같이 쓰고 있다:

그의 보좌는 강단이다. 그는 그리스도 대신 그 자리에 선다. 그의 메시지는 하나님의 말씀이며, 그의 주위에는 불멸의 심령들이 있고, 보이지 않는 구주께서 그의 옆에 계시고, 성령께서 회중을 품고 계시며, 천사들이 그 현장을 주시하며, 천국과 지옥이 그 결말을 기다리고 있다. 이 얼마나 놀라운 일이며, 그 책임은 또한 얼마나 크겠는가!⁽⁶²⁾

이렇듯 말씀과 예배는 서로 불가분리의 관계로 엮어져있다. 모든 예배는 하나님의 계시에 대한 지성적이며 사랑 가득한 응답이다. 그의 이름을 찬송하는 것이기 때문이다. 그러므로 설교가 없이는 하나님이 받으시는 예배란 불가능하다. 설교는 주의 이름을 알게 하는 것이요, 예배는 그렇게 알려지는 주의 이름을 찬송하는 것이다. 말씀을 읽고 설교하는 일은 예배와는 질적으로 다른 것을 예배에 집어넣어 놓은 것이 아니라, 실제로 그것이야말로 예배에 없어서는 안 될 것이다. 이 둘은 서로 분리될 수가 없다. 사실 오늘날 예배의 수준이 낮은 경우가 비일비재한 원인이 바로 이 둘의 부자연스러운 결별에 있는 것이다. 하나님을 아는 우리의 지식이 빈약하기 때문에 우리의 예배가 빈약해지는 것이요, 또한 우리의 설교가 빈약하기 때문에 하나님을 아는 우리의 지식이 빈약한 것이다. 그러나 하나님의 말씀이 충실하게 해명되고, 그리하여 회중이 살아계신 하나님의 영광을 조금이나마 바라보기 시작하면, 엄숙한 두려움과 가슴 벅찬 경이(驚異) 가운데서 하나님의 보좌 앞에서 무릎을 꿇고 엎드리게 된다. 이 일을 이루는 것이 바로 설교요, 하나님의 성령의 능력으로 하나님의 말씀을 선포하는 것이다. 설교가 유일무이한 사건이요 결코 다른 것으로 대치될 수 없는 이유가 바로 여기에 있는 것이다.

복음에 대한 확신의 상실

오늘날 교회가 복음에 대한 확신을 상실했다는 사실이야말로 설교를 방해하는 모든 요인들 가운데 가장 기본적인 것이다. "설교하다"(헬라어로 **케루세인**)라는 말은 전령(傳令) 혹은 전달자의 역할을 맡는다는 뜻이요 또한 대중에게 어떤 메시지를 선포한다는 뜻인데 반해서, "전도하다"(헬라어로 **유앙겔리제스타이**)는 복된 소식을 퍼뜨린다는 뜻이다. 이 두 가지 은유들은 우리에게 무언가 말할 것이 주어졌다는 것을 전제로 한다. **케루세인**은 **케뤼그마**(선포 혹은 선언)에 따라 좌우되며, **유앙겔리제스타이**는 **유앙겔리온**(복음)에 따라 좌우되는 것이다. 분명하고 확신 있는 메시지가 없이는 설교가 불가능하다. 그런데 오늘날 교회에 바로 이것이 결핍되어 있는 것이다.

이런 현상이 전혀 새로운 것은 아니다. 교회 역사를 통틀어서, 시계의 추가 믿음의 시대와 의심의 시대 사이를 왔다 갔다 해왔다. 예를 들어서, 1882년 맥밀란 출판사(Macmillan)는 존 펜트랜드 마하피 경(Sir John Pentland Mahaffy)의 『현대 설교의 쇠퇴』(*The Decay of Modern Preaching*)라는 제목으로 된 수필을 출간하였다. 그리고 이십 세기 초 맨체스터(Manchester)의 심프슨 목사(Canon J. G. Simpson)는 영국에 권위 있는 설교가 부재한 현실을 탄식하였다: "위대한 설교자들의 경주가 한동안 사라진 것 같고, 뿐만 아니라 강단의 능력도 쇠퇴하였다 … . 오늘날의 강단에는 분명하고 가슴을 때리는 단호한 메시지가 없다. 어린아이가 설교자의 지루한 이야기에 견디다 지쳐서 '엄마, 저 사람에게 돈을 주고, 빨리 집에 가요'라고 호소한 것도 무리가 아니다."[63]

그런데 이십 세기 말에 접어든 지금에도, 서구 교회에서 기독교 신앙이 부식되는 현상이 계속되고 있음을 본다. 교리와 윤리에 상대성의 원리가 적용되어왔고, 절대적 진리는 이미 사라져버렸다. 다윈(Darwin)은 수많은 사람들에게 종교는 하나의 진화의 단계임을 납득시켰고, 마르크스(Marx)는 종교란 하나의 사회학적 현상이라고 했고, 프로이트(Freud)는 종교란 하나의 노이로제라고 했다. 또한 성경 비평으로 인하여 수많은 사람들이 성경의 권위를 해쳐왔다. 또한 비교종교학이 기독교를 여러 종교들 가운데 하나에 불과한 것으로 전락시키는 경향을 보여왔고, 혼합주의(syncretism)를 조장해왔다. 실존주의 철학은 우리의 역사적 뿌리를 잘라내면서, 순간의 만남과 결단 이외에는 중요한 것이 하나도 없다고 강변하고 있다. 뿐만 아니라 급진적 신학 혹은 세속적 신학이 등장하여, 무한하시며 사랑이 풍성하신 하나님의 인격성도, 예수님의 본성적인 신성도, 모두 퉁명스럽게 부인해 버리고 있다. 이런 일들로 인하여 설교자들이 점점 사기를 잃어버리게 되었고, 개중에는 자기들의 기능이 회중과 더불어 자기들의 의심들을 함께 나누는 것으로 본다고 솔직히 고백하는 설교자들도 있다.

또 어떤 이들은 그리스도인이 세상에 있다고 해서 반드시 섬겨야 할 필요는 없고 그저 침묵하고 있으면 된다는 식의 주장을 늘어놓으며 거짓된 겸손을 가장하기도 한다. 혹은 설사 그리스도인에게 무언가 능동적인 역할이 있다 해도, 그들은 그것을 선포가 아니라 대화를 통해서 이루어지는 것으로 이해한다. 세속적인 사람과 함께 겸손하게 앉아서 그들에게 배울 필요가 있다고 말하는 것이다. 스웨덴의 웁살라(Upsala)에서 열린 세계 교회 협의회(World Council of Churches)의 제4차 총회에서 필자는 제네바 총무단 가운데 한 사람이 그들의 보고서의 "선교" 부분에 "이 대화에서 그리스도께서는 형제를 통해 말씀하시고, 진리에 대한 우리의 왜곡된 이미지를 교정시키신다"라는 문구를 포함시킬 것을 발의하던 모습을 생생하게 기억하고 있다. 언뜻 들으면, 이것이 전혀 해롭지 않은 것으로 보인다. 그러나 자세히 보면, 거기서 "형제"란 바로 그 대화의 비그리스도인 상대를 뜻하는 것을 알아차리게 된다. 만일 이 문장이 채택되었다면, 그것이 그 보고서에서 그리스도께서 말씀하시는 것에 대한 유일한 언급이 되었을 것이고, 전도가 결국 비그리스도인이 그리스도인에게 복음을 선포하는 것으로 뒤바뀌고 말았을 것이다!

이것이 극단적인 경우일 수도 있다. 그러나 이는 우리 주 예수 그리스도의 독특성이나 최종적 권위에 대한 모든 주장을 각하시키는 거짓된 겸손의 유행의 실례를 보여 주는 것이다. 온 교회가 자기 자신에 대해 확신이 없고 그 메시지와 선교에 대해 혼란스러워하는 하나의 정체성의 위기에 사로잡혀 있는 것 같다. 마이클 그린(Michael Green)은 『성육신하신 하나님의 신화』(The Myth of God Incarnate)를 반박하기 위해 자신이 편집한 『성육신하신 하나님의 진리』(The Truth of God Incarnate)의 서문에서 예의 단호함으로 이 점을 잘 정리하고 있다. 그는 그 서문의 제목을 "교회 내의 회의론"이라고 붙였다. 거기서 그는 이렇게 쓰고 있다: "지난 45년 동안 … 우리는 영감된 성경과 성육신하신 그리스도로 충족되는 전통적인 순전한 기독교를 받아들이기를 점점 더 꺼리며, 기독교를 시대 정신에 끼워맞추려는 경향이 점점 커져가는 것을 보아왔다."[64]

자, 먼저 확신이 회복되지 않고서는 설교의 회복할 가능성도 없다. 진리에 대한, 또한 복음의 타당성과 능력에 대한 확신을 되찾아야 하고, 그것에 대해 다시금 열정을 갖기 시작해야 한다. 복음이 과연 하나님께로부터 온 복된 소식인가, 아닌가? 20세기에 두 차례에 걸쳐서 런던의 웨스트민스터 채플(Westminster Chapel)의 목사였던 탁월한 성경 강해자 캠벨 모건(Campbell Morgan)은 이 점에 대해서 분명히 지적했다:

> 설교는 어떤 이론을 선포하는 것도, 의심나는 문제에 대해 토론하는 것도 아니다. 사람은 어떠한 종류의 이론도 선포할 수 있고, 자신의 의심나는 문제들에 대해 얼마든지 토론할 권리가 있다. 그러나 그런 것은 설교가 아니다. 괴테는 말하기를, "네게 무엇이든 확신이 있거든 네 확신의 유익을 내게 달라. 의심은 내것만으로도 족하니, 네 의심일랑 너 혼자 갖고 있으라"라고 하였다. 사색에 맡기고 있으면 그것은 절대로 설교하는 것이 아니다. 물론 그렇게 할 때도 있다. 때때로 사색을 할 수밖에 없을 경우도 있다. 나는 가끔 이렇게 말한다: "지금 이 말은 사색이니 필기(筆記)를 중지하시오." 사색은 설교가 아니다. 부정(否定)을 선언하는 것도 설교가 아니다. 설교는 말씀의 선포요, 진리를 계시된 진리로 선포하는 것이다.[65]

그리스도인의 사기의 회복

그렇다면, 그리스도인의 사기가 회복되기를 어떻게 기대할 수 있겠는가? 우리가 과연 바울이 깊이 생각하여 단호하게 제시한 그의 단언들을 그대로 따라서 할 수가 있겠는가? 과연 로마 제국에까지 들어간 그의 발자취를 따를 수 있겠는가? "헬라인이나 야만인이나 지혜 있는 자나 어리석은 자에게 다 내가 빚진 자라. 그러므로 나는 할 수 있는 대로 로마에 있는 너희에게도 복음 전하기를 원하노라. 내가 복음을 부끄러워하지 아니하노니 이 복음은 모든 믿는 자에게 구원을 주시는 하나님의 능력이 됨이라. 먼저는 유대인에게요 그리고 헬라인에게로다"(롬 1:14-16). 그러나 전도에 대한 현 교회의 태도는 이것과 정확히 반대되는 말로 정리할 수 있을 것이다: "열정도 없고, 의무감도 거의 없고, 당황해하는 빛이 역력하다." 과연 어떻게 하면 이런 상태가 "내가 빚진 자라 … 나는 할 수 있는 대로 … 원하노라 … 내가 … 부끄러워하지 아니하노니"라는 사도적 자세로 바뀔 수 있겠는가?

  첫째로, 확신, 신념, 추정, 고집 등, 겉으로 보기에 비슷한 단어들을 서로 구별할 필요가 있다. 신념이란 무언가를 납득하는 상태요, 확신이란 적절한 증거나 논지에 의해서 어떤 것이 참되다는 것을 확실히 아는 것이다. 추정이란 부적절하거나 확실히 조사되지 않은 전제들에 근거한 가정이다. 고집이란 맹목적이고 완고한 것이다. 고집쟁이는 사실적인 정보에 대해 눈을 감아 버리고, 전혀 상관없이 자기의 의견에만 집착하는 사람이다. 추정과 고집은 진리에 대한 진지한 관심이나 진리의 하나님을 예배하는 일과는 전혀 맞지 않는다. 그러나 그리스도인의 신념과 확신은 최소한 어느 정도는 서로 조화를 이룬다. 확실한 역사적 증거나 혹은 신약 성경 기자들이 "증언"(witness)이라 부르는 그것에 근거하고 있기 때문이다. "알다", "믿다", "납득하다"라는 동사들이 신약 성경 도처에서 사용되고 있다. 믿음과 확신은 예외로서가 아니라 그리스도인의 체험의 기준으로 간주된다. 사실 사도들과 복음서 기자들은 그들이 기록하는 내용의 목적이(예수님에 대한 개인적인 증언을 기록하든, 다른 목격자들의 증언을 기록하든 간에) "너희로 알게 하려 함"이라거나 "너희로 믿게 하려 함"임을 독자들에게 말하는 경우가 비일비재한 것이다(예컨대, 눅 1:1-4; 요 20:31; 요일 5:13). 이 점을 지적할 필요가 있다고 느끼는 것은, 오늘날과 같은 의심의 시대에서는 무언가를 믿는다는 것이 양심에 거리끼는 것으로 여기는 신자들이 있기 때문이다. 그러나 결코 그렇지 않다. "충만한 확신" 혹은 "확실함"을 뜻하는 헬라어 **플레로포리아**가 기도로 하나님께 나아가는 일과 세상을 향하여 그리스도를 선포하는 우리의 일을 묘사하는 데에 사용되고 있는 것이다(히 10:22; 살전 1:5). 그리스도인도 질문을 하고, 의문점들을 생각하고, 무지를 고백하고, 혼란스러움을 느끼기도 한다. 그러나 하나님과 그리스도라는 실체에 대한 깊고도 날로 커가는 확신의 맥락 속에서 그렇게 하는 것이다. 근본적이고도 고질적인 의심의 상태에 있는 것을 마치 정상적인 그리스도인의 특징처럼 여겨서 그런 것을 묵인하는 일이 있어서는 안 될 것이다. 그런 의심은 결코 정상이 아니다. 그것은 오히려 영적으로 병들어 있는 오늘날의 영적 질병의 징후인 것이다.

둘째로, 우리는 도저히 회피할 수 없는 현실적이고도 중요한 의문들을 오늘날의 신학자들이 제기하고 있다는 점을 인식할 필요가 있다. 성경의 문화적인 제한성이 그 가르침의 규범적 본질에 어느 정도나 영향을 미치는가? 이 가르침을 현대의 문화에 맞도록 자유롭게 다시 옷을 입혀서 제시하는 것이 혹시 조작의 죄를 짓는 일은 아닌가? 성경에서와 전통에서 교리들을 작성해 온 언어가 교회에 영구한 구속력을 갖는가, 아니면 우리가 재작성의 작업을 할 수도 있는가? 역사와 믿음, 예수와 그리스도, 성경과 교회의 전통은 서로 어떤 관계가 있는가? 어떻게 하면 예수 그리스도의 복된 소식을 왜곡시키지 않고 세속적인 서구 세계에 지성적으로 제시할 수 있는가? 이런 의문점들은 오늘날 우리 모두가 대면하고 있는 시급한 문제들이다. 신학자들이 제시하고 있는 모든 답변들에 다 동의할 수는 없다 해도, 이 문제들 자체는 논란의 여지가 없는 것이다.

셋째로, 우리는 그리스도인 학자들을 격려하여, 그들로 하여금 논쟁 속에 적극적으로 참여하면서도 동시에 믿음의 공동체에 능동적으로 참여하는 일을 계속하도록 해야 할 것이다. 물론 이것은 매우 미묘한 문제다. 자유로운 탐구와 이미 확정되어 있는 믿음 사이의 올바른 관계를 정리한다는 것이 쉬운 일이 아니다. 그러나 몇몇 그리스도인 학자들의 외로움을 접하고 매우 곤혹스러울 때가 많다. 그들 자신이 교제로부터 이탈했든, 아니면 교회 공동체가 그들이 이탈하도록 허용했든, 어떤 경우든 간에 그들의 소외와 고립은 건전하지 못하고 또 위험한 상태라 아니할 수 없다. 그리스도인 학자들은 그들 자신의 순전함을 유지하기 위하여, 개방적인 자세와 성실한 교회 생활 사이의 긴장을 유지하여야 함은 물론, 그리스도의 몸 된 교회 안에서 서로에게 책임과 책무를 다할 수 있도록 만드는 그런 수단을 수용해야 한다. 그렇게 서로 돌보는 교제가 이루어질 때, 한편으로는 탈락자들이 줄어들고, 다른 한편으로는 신학적 창의성이 더 증가하는 것을 보게 될 것이라고 본다.

넷째로, 진리의 성령께서 은혜를 베푸시기를 기대하고 더욱 끈질기게 기도해야 한다. 성령의 조명하심이 없이는 기독교적 이해가 불가능하며, 성령의 증거하심이 없이는 기독교적 확신도 불가능하다. 그리스도인의 이해와 확신 가운데서 성장하기 위해서는 정직한 역사적 탐구와 신자들의 공동체에 참여하는 것 모두가 필수적이다. 그러나 궁극적으로는 오직 하나님만이 우리에게 하나님에 대해 납득시키실 수 있는 것이다. 종교개혁자들이 계속해서 주장하듯이, 우리에게 가장 절실하게 필요한 것은 바로 성령의 내적 증거 (testimonium internum Spiritus sancti)이다. 시대를 관통하여 내려오는 그리스도인의 체험에 대한 증거도 중요하지만, 그것은 삼차적인 문제다. 사도들의 목격에 대한 증언도 필수적인 것이지만, 이것조차도 이차적인 문제에 지나지 않는다. 최우선적인 증거는 바로 성부 하나님이 성령 하나님을 통하여 성자 하나님에 대해 하시는 증거인 것이다(참조. 요 15:26, 27). 그러나 우리 자신에게 그 증거를 받을 기회를 주어야 한다. 즉, 우리 자신이 성경을 연구하여 그의 객관적인 증거를 받을 기회를 가지며, 또한 성경을 연구하는 동안 하나님 앞에서 우리 자신을 낮추고 그에게 긍휼을 구하여 그가 주시는 주관적인 증거를 받을 기회를 갖는 것이다.

그리스도인들은 살아계신 하나님이 곧 역사의 주(主)이심을 믿는다. 또한 우리들 가운데는 지금이야말로 하나님이 불신앙의 세력들을 뒤로 물리시고 역사의 추를 다시 믿음의 방향으로 움직이게 하실 때라고 믿는 이들도 있다. 이미 하나님께서 그렇게 하고 계시다는 징후들도 있는 것이 사실이다. 이 발언을 뒷받침하기 위해서, 필자는 미국의 사회학자이자 작가인 피터 버거 (Peter Berger)의 저서 『현대를 대면하여』(*Facing up to Modernity*: 1977)의 "기독교 공동체의 권위를 촉구함"이라는 부분을 들고 싶다. 그는 미국 사회와 미국 교회들의 현재의 위기를 『엄숙한 집회의 시끄러운 소음』(*The Noise of Solemn Assemblies*)이라는 그의 저서가 출간되던 1961년의 상황과 비교한다. 그 사이의 16년 동안 과연 무슨 일이 일어났는가?

그는 이렇게 쓰고 있다: "그 당시는 비판자가 마치 위엄있는 자신감으로 무장한 제도권의 건물들의 잠겨진 문을 두드리는 모습이었다. 그러나 오늘날에는 지진으로 인하여 무너져서 활짝 열려 있는 문을 달려들어가는 사람과 비슷하다. 우리가 서 있는 기초가 그동안 뿌리째 흔들려왔고, 우리들 대부분은 이것을 뼛속 깊이 느끼고 있다."[66] 피터 버거는 계속해서, 교회가 사기를 잃어버렸고 또한 "자기 의혹과 자기 모욕"으로 야단법석인 상태가 된 것은 바로 사회를 지배하고 있는 세속 문화에 항복한 데 있다고 주장한다.

그러나 지금 필요한 것은, "현재의 것이든 미래에 올 것이든, '이미 굳어진 것이든' 확실하게 굳히기 위해 아직 애쓰고 있는 것이든, 모든 문화적 영향력을 넘어서는 기독교의 초월성과 권위를 굳게 세우는 일"이다.[67] 기독교 지도자들은 "현대주의라는 금송아지 주위를 돌며 춤추는 행위"를 당장 그만두어야 한다고 한다. "현대인이 교회에게 무어라고 말할까?"라고 묻는 것이 아니라, "교회가 현대인에게 무엇을 말할까?"를 물어야 한다는 것이다.[68] 왜냐하면 현재 "여러 다른 종류의 사람들 사이에서 종교적인 답변을 듣고자 하는 갈망이 널리 퍼지고 또한 더 깊어지고 있기" 때문이다. 이것이 "세속화의 과정을 역전시키는 강력한 계기"일 수도 있을 것이라고 한다.[69] 그러므로, 새로운 믿음의 시대가 밝아오는 것에 대비하여, 교회는 사기가 저하되어 있는 현재의 상황을 벗어 버리고 새로운 "권위의 자세"를 취해야 하며, 또한 그 변함없는 메시지의 담대한 선포를 개시해야 할 것이다.[70] 이것이야말로 정말 감동적인 부름인 것이다.

* * *

지금까지 우리는 오늘날 설교를 가로막는 세 가지 주요 장애거리들을 다루었다. 반권위적 분위기가 사람들로 하여금 듣기를 원치 않게 만들고 있으며, 텔레비전 탐닉이 그들로 하여금 듣지 못하게 만들며, 또한 현대의 의심의 분위기가 많은 설교자들로 하여금 말씀을 선포하기를 주저하게 만들고 또 선포할 수 없게 만들고 있다는 것이다. 그렇기 때문에, 설교자나 회중이나 모두 무기력한 상태에 놓여 있다. 벙어리 설교자가 귀머거리 회중과 합쳐져서 커뮤니케이션을 불가능하게 만드는 끔찍스러운 장벽을 쌓고 있는 것이다. 어떤 설교자들은 이 문제점들 때문에 사기가 완전히 떨어져서 설교를 아예 포기해 버렸고, 나머지 설교자들도 힘겹게 싸우고는 있으나, 의욕을 상실해 버렸다. 사실 우리 모두가 그 부정적인 주장들에 영향을 받아왔다. 물론 우리가 이미 제시하기 시작한 반대 주장들이 있기는 하지만 말이다. 그러나 방어를 위한 최상의 수단은 바로 공격이다. 그러므로 다음 장에서는 공격적인 자세로 전환하여, 교회를 위한 하나님의 목적 속에 설교가 차지하는 필수적이며 영구한 위치에 대해 신학적으로 논지를 제시하고자 한다.

---

1. Welsh, p. 32.
2. H. Williams, *My Word*, pp. 1–17.
3. Coggan, *Stewards*, p. 13.
4. *Chamber's Dictionary*.
5. Trollope, p. 28.
6. Ibid., p. 50.
7. Ibid., pp. 46–7.
8. Ibid., pp. 191–2.
9. *The Guardian Weekly*, 19 October 1967.
10. Forsyth, p. 81.
11. Ferris, pp. 22, 23.
12. Ibid., p. 32.
13. Coggan, *Convictions*, p. 160.
14. Forsyth, p. 136.
15. Welsh, pp. 102–3.
16. Ibid., p. 15.
17. Ibid., pp. 109–10.
18. Ibid., p. 104.
19. Ibid., pp. 114–17.
20. White, R. E. O., *A Guide*, p. 5.
21. Mitchell, *Black Preaching*, pp. 26–43.
22. Mitchell, *The Recovery*, p. 116.
23. Mitchell, *Black Preaching*, p. 44.
24. Mitchell, *The Recovery*, p. 124.
25. Mitchell, *Black Preaching*, p. 106.
26. Ibid., p. 98.
27. 31 October 1970.
28. Stewart, *A Man in Christ*, pp. 57–8.
29. Warren, p. 143.
30. Miller, *McLuhan*, pp. 131–2.

31. McLuihan, *Understanding Media*, p. 93.
32. Ibid., p. 25.
33. Ibid., p. 263.
34. Ibid., p. 264.
35. McLuhan, *Gutenberg*, p. 31.
36. Ibid., p. 31.
37. Ibid., p. 332; 참조. *The Medium*, p. 125.
38. Ibid., p. 87.
39. Ibid., p. 90.
40. Evans, p. 142.
41. Ibid., pp. 103-9.
42. *Broadcasting, Society and the Church*, p. 3.
43. Winn, p. 4.
44. McGinniss, p. 23.
45. Ibid., p. 21.
46. Ibid., p. 221.
47. Ibid., p. 199.
48. McLuhan, *Understanding Media*, p. 303.
49. Muggeridge, *Christ and the Media*, p. 73.
50. Ibid., p. 43.
51. *Screen Violence*, p. 126.
52. *The Future of Broadcasting*, Chapter 16, "Programme Standards"를 보라.
53. *Children and Television*, abbreviated report, p. 1.
54. Winn, p. 4.
55. *The New Internationalist*, No. 76, June 1979.
56. Winn, p. 80.
57. *Children and Television*, abbreviated report, p. 1.
58. *Tract*, No. 22의 "Mass-Culture and Mimesis"라는 글에서.
59. McLuhan, *The Medium*, p. 117.
60. Reid, G., *The Gagging*, p. 108.
61. Berlo, p. 99.
62. Simpson, M., *Lectures*, p. 98.
63. Simpson, J. G., *Preachers*, pp. 222-3.
64. Green, p. 9.

65. Morgan, G. C., *Preaching*, p. 21.
66. Berger, p. 183.
67. Ibid, p. 186.
68. Ibid., p. 189.
69. Ibid., pp. 190-1.
70. Ibid., pp. 192-3.

제 3 장
설교의 신학적 토대[1)]

 들으려 하지도 않고 들을 능력도 없는 것처럼 보이는 세상에서, 우리는 과연 어떻게 하면 설교를 계속해야 한다는 확신을 얻을 수 있으며, 또한 효과적으로 설교를 수행하는 법을 배울 수 있을까? 그 본질적인 비결은 특정한 기법을 마스터하는 것이 아니라, 특정한 확신들에게 마스터 당하는 데 있다. 다시 말하자면, 신학이 방법론보다 더 중요하다는 말이다. 이렇게 문제를 통명스럽게 제시하고는 있지만, 이는 신학교에서 연구하는 하나의 주제로서의 설교학(homiletics)을 멸시하는 것이 아니라, 오히려 설교학이 실천신학 부문에 정당하게 속하는 것이요 따라서 견고한 신학적 토대가 없이는 가르쳐질 수 없다는 점을 확인하는 것이다. 분명히 말하지만, 설교의 원리들을 배워야 하고, 설교의 실천을 개발해야 한다. 하지만, 이런 것에 지나친 신뢰를 두기가 쉬운 법이다. 기법(技法)은 우리를 연설자로 만드는 것밖에는 아무것도 하지 못한다. 그러나 설교자가 되기 위해서는 신학이 우리에게 필요한 것이다. 우리의 신학이 올바르면, 우리가 무엇을 행해야 할지에 대해 필요한 기본적인 모든 통찰을 다 가진 것이요, 또한 그 일을 신실하게 하도록 만들어 주는 모든 자극제들을 다 가진 것이다.
 오늘날의 교회에는 참된 기독교적 설교(뒤에 가서 설명하겠지만 이는 곧 "성경적 설교" 혹은 "강해 설교"를 의미한다)가 극히 드물다. 여러 나라의 생각 있는 젊은이들이 그런 설교를 찾고 있으나, 발견할 수가 없다. 어째서 그런가? 그 주된 이유는 설교의 중요성에 대한 확신의 결핍에 있는 것이 틀림없다. 우리 중에 설교하도록 부름받은 사람들(목사들과 평신도 설교자들 모두)이 설교하는 일을 반드시 해야 할 일로 확신하게 되면 나가서 그 일을 해야 마땅할 것이다. 그런데 우리가 그 일을 행하지 않고 있다면(대개의 경우 실제로 행하지 않고 있다), 그것은 바로 필요한 확신이 우리에게 없다는 것이 될 것이다.

그러므로 본 장에서 필자에게 주어진 임무는 독자들에게 하나님의 영광과 교회의 유익을 위하여 양심적인 성경적 설교가 절대적으로 필수불가결하다는 것을 납득시키는 일이다. 여기서 필자는 설교의 실천을 떠받쳐 주는 다섯 가지 신학적 논지들을 제시하고자 한다. 이는 곧 하나님과 성경, 교회와 목사의 직분, 그리고 강해로서의 설교의 본질에 관한 교리들에 관한 것이다. 이 진리들 가운데 어느 하나만으로도 우리를 납득시키고도 남는다. 그러니 다섯 가지 전부를 제시하는데도 납득이 되지 않는다면 우리는 도저히 변명의 여지가 없는 것이다.

하나님에 대한 확신

설교라는 개념과 설교 행위의 이면에는 신론(神論)이 있고, 하나님의 존재와 활동과 그의 목적에 대한 확신이 있다. 우리가 어떤 하나님을 믿느냐 하는 것이 우리가 어떤 설교를 하느냐를 결정짓는다. 그리스도인은 설교자가 되기를 사모하기 전에 먼저 최소한 아마추어 신학자는 되어 있어야 한다. 하나님에 대한 다음의 세 가지 단언들이 특히 설교와 관계 된다.

첫째로, **하나님은 빛이시다**. "우리가 그에게서 듣고 너희에게 전하는 소식은 이것이니 곧 하나님은 빛이시라 그에게는 어둠이 조금도 없으시다는 것이니라"(요일 1:5). 빛이라는 성경의 상징은 풍부하고도 다양하며, 따라서 하나님은 빛이시라는 진술도 아주 다양하게 해석되어 왔다. 그 말은 하나님이 거룩하심에서 완전하시다는 뜻일 수도 있다. 성경에서는 빛이 순결을 상징하고 어둠이 악을 상징하는 경우가 많기 때문이다. 그러나 사도 요한의 글들에서는 빛이 진리를 의미하는 경우가 더 많다. 예수께서 자신을 "세상의 빛"이라 말씀하셨을 때나(요 8:12), 제자들에게 그들의 빛을 감추어 두지 말고 인간 사회에 비치게 하라고 말씀하셨을 때나(마 5:14-16), 빛이 진리의 상징으로 쓰이는 것이다. 하나님은 빛이시며 어둠이 조금도 없으시다는 요한의 진술은, 하나님은 숨기시는 분이 아니고 열려 있는 분이시며 또한 자기 자신을 알리기를 기뻐하신다는 의미다. 그렇다면, 밝게 비치는 것이 빛의 본질인 것과 마찬가지로 하나님 자신을 계시하시며 알리시는 것이 그의 본성이라고 말해도 무방할 것이다. 물론 하나님이 지혜로운 자와 똑똑한 자들에게서는 자신을 숨기시는 것은 사실이다. 그러나 그것은 오로지 그들이 교만하여 하나님을 알기를 원치 않기 때문이다. 그러나 "어린아이들", 즉 하나님의 자기 계시를 충분히 받아들일 만큼 겸손한 자들에게는 그가 자신을 계시하신다 (마 11:25, 26). 사람들이 하나님을 알지 못하는 주된 이유는, 하나님이 그들에게서 자신을 숨기시기 때문이 아니라, 그들이 하나님께로부터 숨기 때문이다. 자기들의 생각을 다른 이들과 함께 나누기를 매우 좋아하는 사람들을 가리켜서 우리는 "말로 교통하기를 좋아하는"(communicative) 사람이라고 말한다. 이 형용사야말로 하나님께 꼭 합당한 것이 아닐까? 하나님은 우리와 "숨바꼭질" 놀이를 하시는 분도, 그림자 뒤에 숨어서 장난하는 분도 아니시다. 어둠은 사탄의 활동 무대요, 하나님은 빛이신 것이다.

설교자는 누구나 이러한 확신을 통해서 강력한 격려를 받을 필요가 있다. 교회당의 강단의 앞에는 정말로 다양한 상태에 있는 온갖 사람들이 다 모여 있다. 어떤 이들은 하나님과 멀어진 상태에 있고, 어떤 이들은 인간의 삶의 여러 가지 미스테리들로 인해서 혼란스러운 가운데 있고, 혹은 당혹감에 사로잡혀 있기도 하고, 또 어떤 이들은 의심과 불신앙의 캄캄한 어둠 속에 싸여 있기도 하다. 그러니 그들을 향하여 말씀을 전할 때에, 우리는 하나님이 빛이시며 또한 그의 빛을 그들의 어둠 속에 비추기를 원하신다는 사실을 확신하고 있어야만 하는 것이다(참조. 고후 4:4-6).

둘째로, **하나님은 행동하셨다.** 즉, 하나님께서 행위들로 자신을 계시하시는 일을 친히 주도하셨다는 것이다. 우선 그는 창조된 우주에서 그의 권능과 신성을 보여주셨고, 그리하여 하늘과 땅이 그의 영광을 드러내고 있다.[2] 그러나 하나님께서는 창조에서보다는 구속(救贖)에서 자기 자신을 더 많이 계시하셨다. 사람이 그의 창조주를 대적하여 반역했을 때, 하나님께서는 그를 멸하지 않으시고 오히려 구원 계획을 세우셨고, 그 계획이 시행되는 것이 인간 역사의 중심을 이루기 때문이다. 구약 성경은 세 주기(週期)의 하나님의 구원으로 되어 있다고 말할 수 있을 것이다. 하나님은 먼저 아브라함을 우르에서 불러내셨고, 그 다음 종 노릇하는 이스라엘 자손을 애굽에서 불러내셨고, 그 다음에는 바벨론에서 포로들을 불러내신 것이다. 이 하나하나가 모두 해방이었고, 언약을 세우거나 갱신하는 데에로 이어졌고, 여호와께서는 그 언약을 통하여 그들을 그의 백성으로 삼으셨고 스스로 그들의 하나님이심을 맹세하신 것이다.

신약 성경은 또 하나의 구속과 언약에 초점을 맞추면서, 그것을 "더 나은" 언약과 "영원한"[3] 언약으로 묘사한다. 왜냐하면 이 구속과 언약은 하나님의 가장 강력한 역사하심으로 말미암아, 즉 그의 아들 예수 그리스도의 탄생과 죽으심과 부활로 말미암아, 세워진 것이기 때문이다.

그러므로 성경의 하나님은, 오셔서 억눌린 인류를 구원하신 해방의 활동의 하나님이시며, 동시에 자기 자신을 은혜와 자비의 하나님으로 계시하신 그런 하나님이신 것이다.

셋째로, **하나님은 말씀하셨다.** 하나님은 본성적으로 말로 교통하기를 좋아하시는(communicative) 분이실 뿐 아니라, 실제로 말씀으로 그의 백성과 교통하셨다(communicated). 구약의 선지자들에게서 끊임없이 반복되어 나타나는 주장은 바로 "여호와의 말씀"이 그들에게 임했다는 것이다. 그리하여 그들은 이방인들의 우상들이 죽어 있고 벙어리라고 조롱하곤 했다: "입이 있어도 말하지 못하며"(예컨대, 시 115:5). 그들은 이런 말 못하는 우상들과 살아계신 하나님을 대비시켰다. 하나님은 영이셔서 입이 없으신데도 그들은 감히, "여호와의 입이 말씀하셨느니라"라고 말하였던 것이다(참조. 사 40:5; 55:11).

여기서 중요한 것은, 하나님의 말씀이 그의 활동에 관한 것이었다는 사실이다. 그는 자신이 행하고 계신 일을 구태여 말씀으로 설명하신 것이다. 하나님께서 아브라함을 우르에서 불러내셨는가? 그때에 그는 아브라함에게 그의 목적에 대해 말씀하셨고 또한 약속의 언약을 그에게 주셨다. 그가 이스라엘 백성을 애굽의 종살이에서 불러내셨는가? 그때에도 하나님은 모세를 명하셔서 그가 왜 그렇게 하시는지를 — 즉, 아브라함과 이삭과 야곱에게 하신 약속을 이루시기 위함이요, 그들과 맺으신 언약을 확증하시기 위함이요, 그들에게 그의 율법을 주시기 위함이요, 그를 예배하는 법을 교훈하시기 위함이라는 것을 — 그 백성들에게 가르치게 하셨다. 하나님께서 바벨론에 포로로 있는 치욕스런 상태에서 그 백성을 불러내셨는가? 그때에도 그는 선지자들을 일으키사 그의 심판이 그들에게 임한 이유가 무엇이며, 그들을 회복시키시는 조건이 무엇이며, 그 백성이 어떤 사람들이 되기를 바라시는지를 설명하게 하셨다. 하나님께서 그의 아들을 보내사 사람이 되게 하사 이 땅에서 살게 하시고, 섬기게 하시고, 죽게 하시고, 다시 살게 하시고, 다스리게 하시고, 그의 성령을 부으시게 하셨는가? 그때에도 하나님은 사도들을 택하시고 세우사 그의 역사를 보게 하시고, 그의 말씀을 듣게 하시며, 그들이 보고 들은 바를 증거하게 하신 것이다.

현대의 신학은 하나님의 역사적 활동을 지나치게 강조하고, 그가 말씀하셨다는 사실을 부인하는 경향이 있다. 하나님의 자기 계시는 말씀이 아니라 행위로 된 것이요, 명제(命題)가 아니라 인격을 통해 이루어진 것이라고 하며, 사실상 구속 그 자체가 계시라고 주장하는 것이다. 그러나 이러한 것은 성경 자체가 지지하지 않는 그릇된 사고다. 성경은 오히려 하나님이 역사적 행위들을 통해서와 설명적인 말씀들을 통해서 말씀하셨으며, 또한 이 두 가지가 서로 뗄 수 없도록 하나로 묶어져 있음을 분명히 가르치고 있다. 심지어 하나님의 점진적 계시의 절정으로서 육신이 되신 그 말씀조차도, 만일 그가 말씀하신 일이 없고 그의 사도들도 그를 묘사하거나 해석한 일이 없다면, 수수께끼 같은 존재로 남아 있었을 것이다.

그러므로, 우리에게는 살아계시며, 구속하시며, 자기를 계시하시는 하나님에 대한 근본적인 확신이 있는 것이다. 그것이야말로 모든 기독교 설교가 근거하는 토대인 것이다. 이런 하나님을 믿지 않는다면, 절대로 강단에 오르겠다는 생각조차도 하지 말아야 한다. 하나님이 말씀하지 않으셨다면, 우리가 감히 어떻게 말하겠는가? 우리 스스로는 아무것도 말할 것이 없다. 우리가 하나님의 메시지를 지닌 사람이라는 확신이 없이 회중에게 나아가 말씀을 전한다면, 그것이야말로 오만과 어리석음의 극치일 것이다. 하나님이 빛이시라는 것(그러므로 자신을 알리기를 원하신다는 것)과, 하나님이 행동하셨다는 것(그리하여 자신을 알리셨다는 것)과, 또한 하나님이 말씀하셨다는 것(그리하여 그의 행동들의 의미를 설명하셨다는 것)을 확신할 때에 비로소 우리가 말하게 되며 또한 침묵을 지킬 수 없게 되는 것이다.

아모스의 말씀처럼, "사자가 부르짖은즉 누가 두려워하지 아니하겠느냐? 주 여호와께서 말씀하신즉 누가 예언하지 아니하겠느냐?"(암 3:8). 또한 다음과 같은 바울의 진술 이면에도 이와 유사한 논리가 깔려 있다: "기록된 바 '내가 믿었으므로 말하였다' 한 것 같이 우리가 같은 믿음의 마음을 가졌으니 우리도 믿었으므로 또한 말하노라"(고후 4:13, 시 116:10을 인용하고 있음). 여기서 바울이 말씀하는 바 "믿음의 마음"이란 바로 하나님께서 말씀하셨다는 확신을 가리킨다. 이것에 대한 확신이 없으면, 우리의 입을 다물고 말씀을 전하지 않는 편이 더 나을 것이다. 그러나 하나님께서 말씀하셨다는 확신이 생기면, 그때에는 우리도 반드시 말해야 한다. 그렇게 되면, 말하지 않으면 안 된다는 강한 열망이 우리를 사로잡게 되고, 그 어떠한 것도 그 누구도 우리를 잠잠하게 만들 수 없게 되는 것이다.

성경에 대한 확신

우리의 신론(神論)은 자연스럽고도 불가피하게 성경론(聖經論)으로 이어진다. 이 단락을 "성경에 대한 확신"으로 제목을 붙였지만, 사실상 이것은 서로 구별되면서도 서로 연결되는 최소한 세 가지의 신념들로 분석해 들어갈 수 있는 하나의 복합적인 확신이다.

첫째로, **성경은 기록된 하나님의 말씀이다.** 이 정의는 영국 국교회의 39개조 신조의 제20조에서 취한 것인데, 이는 "교회의 권위"라는 제목이 붙여진 것으로 "교회가 기록된 하나님의 말씀에 반(反)하는 것을 제정하는 일은 정당하지 않다"고 선언하고 있다. 물론 뒤에 좀 더 상세하게 이 의미를 해명하는 일이 필요하겠지만, 이 "기록된 하나님의 말씀"이라는 표현은 성경의 정의로서 탁월한 것이다. 이 정의는 첫째로 "하나님이 행동하셨다"는 것을 믿는 것이다. 곧, 그가 구원의 역사적 행위 속에서, 또한 무엇보다도 육신이 되신 말씀 속에서 자신을 계시하셨음을 믿는 것이다. 또한 이는 "하나님이 말씀하셨다"는 것을 믿는 것이다. 곧, 선지자와 사도들을 감동하셔서 그의 행위들을 해석하게 하셨음을 믿는 것이다. 그리고 셋째 단계로 하나님의 활동을 기록하고 설명해주는 하나님의 구두의 말씀(speech)이 기록되었다는 것을 믿는 것이다. 그렇게 말씀이 기록됨으로써 하나님의 구체적인 계시가 보편성을 띨 수 있었고, 또한 이스라엘과 그리스도 안에서 그가 행하시고 말씀하신 것이 모든 시대와 장소를 초월하여 모든 사람들에게 주어질 수 있게 된 것이다. 그러므로, 하나님의 행동, 구두의 말씀, 그리고 글, 이 세 가지가 모두 하나님의 목적에 속하여 있는 것이다.

그러나 "기록된 하나님의 말씀"이라는 성경에 대한 정의는, 하나님의 쓰임을 받아 말씀하고, 또 기록하는 일을 행한 인간 저자들에 대해서는 거의 아무 언급도 하지 않는다. 그래서 앞에서 이에 대해 해명할 필요가 있다고 한 것이다. 하나님께서 말씀하실 때에, 그가 사용하신 정상적인 방법은 공중에서 모든 사람이 듣도록 큰 음성이 나오게 하는 식이 아니었다. 영감(靈感: inspiration)이란 불러주는 대로 받아 적는 식(dictation)이 아니다. 오히려, 하나님은 그의 말씀을 인간의 마음과 인간의 입에 넣어주시되, 그들이 품는 생각과 그들이 하는 말이 동시에 완전하게 그들의 것도 되고 또한 하나님의 것도 되도록 하신 것이다. 영감을 받았다고 해서, 그것이 인간 저자들의 역사적 연구 조사나 지성을 자유롭게 사용한 일과 모순되는 것이 결코 아니었다. 그러므로 우리가 성경이 그 자체에 대해 기록하고 있는 바를 참되게 대하려면, 인간적인 저작권과 신적인 저작권을 동시에 인정하는 것이 필수적인 것이다.

그러나 성경의 이러한 이중적인 저작권을 조심스럽게 진술해야 한다(다시 말하지만, 성경이 그 자체에 대해 이해하고 있는 바를 참되게 대하려면). 곧, 신적인 요인들과 인간적인 요인들을 모두 견지하되, 그 중 하나가 다른 하나를 손상시키는 일이 없도록 해야 한다는 것이다. 한편으로는 신적 영감이 인간의 저작권을 훼손시키지 않았고, 다른 한편으로는 인간의 저작권이 신적 영감을 훼손시키지 않았다는 것이다. 성경은 하나님의 말씀이며 동시에 사람의 말이다. 이는 (물론 정확히 같지는 않지만) 예수 그리스도께서 하나님의 아들이시요 동시에 사람의 아들이신 것과 유사하다 할 것이다. 성경은 기록된 하나님의 말씀이요, 사람의 말을 통한 하나님의 말씀으로서 인간의 입

으로 전해졌고 또한 인간의 손을 통하여 기록된 것이다.[4]

　이제는 우리의 이러한 성경론이 설교 사역과 관련되는 점에 대해 살펴보기로 하자. 모든 그리스도인들은 하나님께서 예수 그리스도 안에서 무언가 유일무이한 일을 행하셨고 또한 말씀하셨음을 믿는다. 이것을 믿지 않는다면, 우리 자신을 그리스도인이라 부를 수 없을 것이다. 그러나 만일 예수 그리스도를 통한 하나님의 이러한 결정적인 행위와 말씀이 오랜 과거라는 안개 속에 완전히 사라져버렸다면, 그 결정적인 행위와 말씀이 무슨 의미가 있었겠는가? 예수를 통한 하나님의 마지막 행위와 말씀은 모든 시대의 모든 사람들을 위하여 의도된 것이므로, 하나님께서는 그 행위와 말씀을 신빙성 있는 기록으로 남겨 보존되도록 하신 것이다. 그렇게 하지 않으셨다면, 하나님 자신의 목적이 무효가 되고 말았을 것이다. 그리하여, 그 행위와 말씀이 있은지 2000여 년이 지난 오늘날에도 우리가 예수 그리스도를 접할 수 있게 되었고, 그에게 나아가고 그를 알 수 있게 된 것이다.

　그러나 그리스도는 오직 성경을 통해서만 접할 수 있다. 성령께서 성경 속에서 그리스도를 증거하실 때에 우리가 그에게 나아가고 그를 알 수 있는 것이다. 물론 타키투스(Tacitus)가 그의 유명한 『연대기』(Annals)에서 지나가면서 예수를 언급하기도 했고, 또한 이보다 의문의 여지가 많기는 하나 수에토니우스(Suetonius)와 요세푸스(Josephus)의 저작들에서도 예수를 암시하는 내용들이 나타나고 있는 것은 사실이다. 또한 기독교 교회의 끊어지지 않은 전통이 그 창시자이신 예수 그리스도의 역동적인 실체를 웅변적으로 증거하고 있는 것도 사실이다. 뿐만 아니라, 예수와 동시대의 그리스도인들이 그들 자신의 체험에 근거하여 예수에 대해 동시대적인 증언을 하고 있는 것도 사실이다.

　그러나 예수의 탄생과 생애, 말씀과 행위들, 죽으심과 부활 등에 대해 충만한 사실들과 또한 그 사실들에 대한 하나님 자신의 권위 있는 해명을 알기 위해서는 오직 성경으로 들어가야만 하는 것이다. 즉, 하나님께서 친히 하신 말씀을 듣기를 원하면, 하나님께서 그리스도 안에서, 또한 그리스도에 대한 성경의 증거 안에서 말씀하셨다는 사실을 기억해야 하는 것이다.

　설교자들로서 우리의 책임이 여기서 제기되기 시작한다. 설교는 예수님에 대한 우리의 20세기의 증언을 제시하는 것이 주가 아니다(오늘날 대부분의 서구의 설교는 지나치게 주관적인 경향이 있다). 오히려 설교의 주된 임무는 1세기의 사도적 증인들을 통한 하나님 자신의 그리스도에 대한 증언이 유일한 권위 있는 증언이라는 사실을 20세기 사람들에게 신실하게 전달해 주는 것(또한 우리 자신의 체험으로 이를 승인하는 것)이다. 이런 점에서 성경은 유일무이한 책이다. 그것은 "기록된 하나님의 말씀"이다. 왜냐하면 하나님의 구속의 역사에 대한 하나님 자신의 해석을 오직 거기에서만 발견할 수 있기 때문이다. 물론 신약 성경 문서들은 1세기 그리스도인의 공동체들이라는 환경 속에서 기록된 것이 사실이다. 이 공동체들은 전통을 보존하기도 했고 또한 어느 정도 그 전통을 형성시키기도 했다. 인간적으로 말하자면, 주로 전도와 교육과 예배 등을 위하여 그들에게 필요했던 것들을 보존하도록 결정한 것이다. 또한 신약 성경 저자들 각자가 신학자로서 자신의 특정한 신학적 목적에 따라서 자료를 선택하고 제시하였다는 것이 점점 더 인정을 받고 있다.

그러나 교회도 성경 저자들도 그들의 메시지를 만들어내거나 왜곡시키지 않았다. 또한 성경 메시지의 권위가 그들에게서나 그들의 믿음에게서 비롯되는 것도 아니다. 사도들이나 복음서 기자들 가운데 교회나 교회들의 이름으로 글을 쓴 사람이 하나도 없기 때문이다. 오히려 그와 반대로, 그들은 예수 그리스도의 이름과 그의 권위로 교회들을 상대했다. 그리고 신약 성경의 정경(正經: canon)을 고정시키게 되는 때가 이르렀을 때에도, 교회가 그 속에 포함된 책들에 권위를 부여한 것이 아니라, 그 책들이 사도들의 가르침을 포함하고 있어서 이미 소유하여온 권위를 교회가 시인한 것뿐이다.

만일 설교자의 성경관이 부적절하다면, 그는 강단에서 성경을 정당하게 다룰 수도 없을 것이 분명하다. 또한 거꾸로 말하면, 교회에서 최고의 성경관을 견지하는 복음적 그리스도인들은 가장 양심적인 설교자들이 되어야 마땅할 것이다. 복음적 그리스도인이면서도 그런 양심적인 설교자들이 아니라면, 우리는 부끄러움으로 고개를 숙여야 마땅할 것이다.

만일 성경이 주로 인간적인 사상들을 모아놓은 것으로 초기 기독교 공동체들의 신앙을 반영하는 것이고 이따금씩 신적 영감의 섬광이 거기서 번뜩이는 정도라면, 성경에 대해 그저 아무렇게나 대한다 해도 얼마든지 용납될 수 있을 것이다. 그러나 만일 성경에서 우리가 살아계신 하나님 자신의 말씀들을, "사람의 지혜가 가르친 말"이 아니라 "오직 성령께서 가르치신" 말씀들을(고전 2:13), 사람의 말을 통한 하나님의 말씀들을, 하나님의 독생자에 대한 하나님 자신의 증거를, 대하는 것이라면, 그 말씀들을 연구하고 해명하는 데에 아무리 수고를 들인다 해도 결코 다함이 없을 것이다.

더 나아가서, 우리의 설교에서 하나님의 구원하시는 역사하심과 그의 기록된 말씀을 함께 다루는 것이 필요하다. 어떤 설교자들은 하나님의 "권능의 역사들"에 대해서 말하기를 좋아하고 또한 그것들을 믿는 것 같이 보이면서도, 그 권능의 역사들에 대하여 성경에서 하나님께서 친히 말씀하신 내용이 아니라 그 역사들에 대한 자기 자신의 해석을 전하는 경향이 있다. 또 어떤 설교자들은 하나님의 말씀을 강해하는 일에 신실하게 임하면서도 지리멸렬하고 학문적인 자세로 일관하는데, 이들은 성경의 핵심이 하나님이 말씀하신 내용이 아니라 그가 예수 그리스도를 통하여 우리의 구원을 위해 행하신 일에 있다는 사실을 잊고 있는 것이다. 전자에 속한 설교자들은 구원의 복된 소식을 선포하여 스스로 "하나님의 사자(使者)들"의 소임을 다하려 하나, 하나님의 계시를 맡은 청지기로서의 소임에는 실패하고 있는 것이다. 그리고 후자에 속한 설교자들은 하나님의 말씀을 수호하고 나누어 주는 일에 의무를 다하여 "하나님의 청지기"가 되고자 애쓰지만, 사자의 소임에 수반되는 열정은 상실해 버린 것이다. 그러나 참된 설교자는 하나님의 비밀을 맡은 신실한 청지기요(고전 4:1, 2) 동시에 하나님의 복된 소식을 전하는 열정적인 사자인 것이다.

어떤 일이 결말이 났음을 가리키는 표현으로 "할 말을 다 했고 할 일을 다 했다"는 말을 사용하는 경우가 가끔 있다. 그리스도인들은 하나님께서 하실 말씀을 다 하셨고 하실 일을 다 하셨다고 믿는다. 하나님께서 예수 그리스도를 통하여 다 말씀하셨고 다 행하셨기 때문이다. 더욱이 하나님은 그 일을 단 한 번(hapax) 유일회적(唯一回的)으로 말씀하시고 행하셨다. 그리스도 안에서 그의 계시와 구속이 완전한 것이다. 그러므로 우리의 임무는 목소리를 높여 그것을 다른 이들에게 알리는 것이요, 또한 우리 스스로도 그것을 깨닫고 체험하는 데에 더 깊이 들어가는 것이다.

성경에 대한 우리의 두 번째 확신은 하나님은 과거에 말씀하신 것을 통하여 지금도 여전히 말씀하신다는 것이다. 만일 우리가 "성경은 기록된 하나님의 말씀이다"라는 진술로 만족하고 거기서 그쳐버린다면, 우리의 하나님이 죽지는 않으셨다 할지라도 죽은 것과 다를 바 없지 않느냐는 비판을 면치 못하게 될 것이다. 왜냐하면 하나님께로부터 들을 수 있는 말씀이라는 것이 오로지 머나먼 과거로부터 오는 희미한 메아리를 담고 있고 도서관의 곰팡이 냄새가 물씬 나는 그런 책에서 나오는 것밖에 없을 것이라는 식의 인상을 주기 때문이다. 그러나 그렇지 않다. 이것이 우리가 믿는 전부가 아니다. 성경은 하나님의 말씀들이 보존되어 있는 고대의 문서들을 모아놓은 것을 훨씬 넘어서는 것이다. 성경은 하나님의 말씀이 고대의 유물이나 화석처럼 유리벽 속에 전시되어 있는 일종의 박물관 같은 것이 아니다. 그 반대로, 성경은 살아계신 하나님께로부터 살아 있는 사람들에게 전해지는 살아 있는 말씀이요, 시대를 초월하여 모든 시대에 그 시대의 말씀으로 전해지는 메시지인 것이다.

사도들은 구약의 말씀들에 대하여 이 점을 분명하게 깨달았고 믿었다. 그들은 구약 성경을 인용할 때에 게그랍타이 갈("이는 기록되었으되")이나 레게이 갈("이는 말씀하였으되")이라는 관용적인 문구 중 어느 하나를 사용하여 소개한다. 이 두 문구 사이의 차이는 하나는 완료 시제요 다른 하나는 계속적인 의미를 지닌 현재 시제이며, 따라서 하나는 과거의 사건이요 다른 하나는 현재의 활동이라는 점만이 아니라, 하나는 글로 써놓은 것이요 다른 하나는 말로 이야기한 것이라는 점이다. 두 문구 모두 하나님이 말씀하셨음을 상정한다. 그러나 한 문구(게그랍타이 갈)는 하나님이 말씀하신 내용이 글로 씌어져서 영구한 기록으로 남아 있음을 상정하며, 다른 문구(레게이 갈)는 하나님이 과거에 말씀하셨던 것을 계속해서 말씀하신다는 것을 상정하는 것이다.

예를 들어서 "기록된 바(게그랍타이 갈) 아브라함에게 두 아들이 있으니"로 시작하는 갈라디아서 4:22의 바울의 진술을 살펴보자. 그런데 그 앞 절에서 바울은 "율법을 듣지 못하느냐?"(한글 개역 개정판은 "듣지 못하였느냐"로 번역함 — 역자주)라고 물었고, 또한 30절에서는 "성경이 무엇을 말하느냐?"라고 묻는다. 이는 정말 범상치 않은 표현들이다. 왜냐하면 "율법"과 "성경"이 고대의 책들이기 때문이다. 옛날의 책이 우리가 "들을" 수 있도록 그렇게 "말한다"는 식의 말이 대체 어떻게 가능하단 말인가? 오로지 한 가지 방법밖에는 없다. 곧, 하나님께서 친히 그 책을 통해서 말씀하시고 우리가 그의 음성을 듣게 되는 것밖에는 없는 것이다.

히브리서 3장과 4장에서도 하나님의 음성에 대한 이러한 개념이 강조되고 있다. 여기서 히브리서 기자는 시편 95편을 인용하고 있다: "오늘 너희가 그의 음성을 듣거든 … 너희 마음을 완고하게 하지 말라." 그런데 그는 "성령이 이르시는 바와 같이"(한글 개역 개정판은 "이르신 바와 같이"로 번역함 — 역자주)라는 문구로 인용문을 소개하고 있다. 이렇게 해서 그는 성령께서는 수 세기 전에 시편이 기록될 때에 그의 백성들에게 듣게 하셨듯이, "오늘"에도 그렇게 그의 백성들에게 음성을 듣게 하고 계신다는 것을 암시하는 것이다. 사실 여기서 하나님께서 말씀하시는 네 가지 연속적인 단계들을 추적해 낼 수 있다. 그 첫째는 하나님이 말씀하셨는데도 이스라엘이 마음을 완고하게 했던 광야에서의 시험 기간이었다. 그 다음은 시편 95편에서 이스라엘의 과거의 어리석음을 되풀이 하지 말라고 그 당시의 백성에게 권면하는 것이다. 셋째는 1세기의 히브리 그리스도인들에게 동일한 진리를 적용시킨 것이요, 넷째는 오늘날 히브리서를 읽을 때에 우리에게 오는 호소가 그것이다. 하나님의 말씀은 이렇게 해서 어느 시대에나 그 시대의 말씀이 된다. 시대의 변천과 함께 움직여서 새로운 세대에게 언제나 새롭게 계속 말씀하는 것이다.

이 원리가 구약 성경에는 물론 신약 성경에도 적용된다는 점을 보여 주기 위해서 한 가지 실례를 더 들 수도 있다. 요한계시록 2장과 3장에 기록된 아시아의 교회들에게 보낸 일곱 편지들이 한결같이 승천하신 주 예수님의 동일한 권고로 끝을 맺고 있다: "귀 있는 자는 성령이 교회들에게 하시는 말씀을 들을지어다." 이는 주목할 만한 말씀이다. 각 교회들마다 자기에게 해당되는 편지를 공공 집회에서 읽게 될 것이었고, 각 교회마다 요한이 수 주 전,

혹은 수 개월 전에 밧모 섬에서 그 편지를 썼었다는 것을 알게 될 것이었다. 그런데 각 편지마다 성령께서 교회들에게 말씀하고 계신다는 똑같은 진술로 끝을 맺었다. 이는 곧 각 교회마다 전해진 내용이 모든 "교회들"에게 전반적으로 적용되는 것이었으며, 요한이 썼던 내용이 성령께로부터 온 것이며, 또한 요한이 얼마 전에 글로 썼던 내용을 들을 귀를 가진 각 개교회의 그리스도인들에게 성령께서 여전히 살아 있는 음성으로 말씀하고 계셨다는 것을 보여주는 것이다.

"하나님은 과거에 말씀하신 것을 통하여 지금도 여전히 말씀하신다"는 진리를 깨닫게 되면, 두 가지 상반되는 오류들을 잘 막을 수 있게 될 것이다. 첫 번째 오류는 그 옛날에는 하나님의 음성이 들려졌으나 오늘날에는 침묵하고 있다는 신앙이다. 두 번째 오류는 하나님이 오늘날 말씀하고 계시지만, 이 말씀은 성경과는 거의 혹은 전혀 관계가 없다는 주장이다. 첫 번째 오류는 기독교를 골동품으로 보는 정서(Christian antiquarianism)로 이어지며, 두 번째 오류는 기독교적 실존주의(Christian existentialism)로 이어진다. 안정된 진리는 하나님께서 말씀하셨다는 확신과 하나님이 말씀하신다는 확신을 연결짓는 데에서 찾을 수 있다. 곧, 그의 두 가지 메시지들이 서로 밀접하게 연관되어 있다는 것이다. 하나님은 과거에 말씀하신 것을 **통하여** 지금 말씀하고 계시기 때문이다. 하나님께서 그의 말씀을 살아 있게 만드시며, 우리와 관계되는 오늘의 말씀으로 만드시는 것이요, 그때에 우리는 엠마오로 가는 길로 돌아가 그리스도께서 성경을 우리에게 해명하시는 것을 듣게 되고, 또한 우리의 마음이 뜨거워지는 것이다. 이 진리를 달리 표현하자면, 하나님의 말씀과 하나님의 성령을 함께 있게 해야 한다고 말할 수 있을 것이다. 성령을 떠나서는 말씀은 죽은 것이요, 말씀을 떠난 성령이란 생각할 수조차 없기 때문이다.

이 문제를 잘 정리하는 것으로 전에 제임스 패커(James I. Packer) 박사에게서 들은 말을 인용하는 것보다 나은 것은 없는 것 같다. 그는 이렇게 말했다: "한 세대 동안 성경론을 연구해왔으나, 가장 만족스러운 모델은 '성경이란 하나님이 설교하시는 것이다'(The Bible is God preaching)라고 묘사하는 것이다."

설교자들이 성경에 대해서 가져야 할 세 번째 확신은 **하나님의 말씀이 능력이 있다**는 것이다. 하나님이 말씀하셨고, 또한 하나님이 과거에 하신 말씀을 통해서 지금도 계속 말씀하고 계시지만, 하나님은 말씀하시면서 행동하시는 분이시다. 그의 말씀은 그저 그의 행동을 설명하는 것으로 그치는 것이 아니다. 그 자체가 능동적으로 역사하는 것이다. 하나님은 그의 말씀을 통해서 그의 목적을 이루신다. 그가 내어 보내시는 모든 말씀이 그대로 이루어지는 것이다(사 55:11).

오늘날 모든 말들에 대한 비판적 각성이 널리 퍼져 있기 때문에, 하나님의 말씀의 능력을 확신하는 것은 특별히 중요한 일이다. 매일같이 수없이 많은 말들이 발설되고 또 글로 기록되고 있지만, 그 효과는 별로 없는 것 같다. 교회가 최악의 거슬리는 존재의 하나로 여겨지고 있고, 어떤 이들은 교회를 쓸데없는 잡담을 파는 가게 정도로밖에 여기지 않는다. 더욱이, 교회가 말은 너무 많이 하면서도 행하는 것은 너무 적다는 비판도 제기되고 있다. 입은 크고, 손은 짧다고 한다. 이제 말을 중지하고 행동을 시작해야 할 때가 왔다고 한다. 입만 살아 있는 목사는 강단에서 내려와서 소매을 걷어붙이고 무언가 변화를 이룰 생산적인 일을 해야 한다는 주장들이 제기되고 있는 것이다.

이런 비판들은 그냥 무시해버리기에는 너무나 많은 진실이 그 속에 담겨 있다. 사실 교회는 행동보다는 말로 더 유명하며, 우리들 중에는 힘 없는 자들을 보호하고 사회 정의를 추구하는 문제에 있어서 성경을 따르기를 소홀히 했음을 고백하지 않을 수 없는 사람도 있다. 그러나 말과 행동이 마치 양자 택일을 해야 할 것인 것처럼 그 둘을 서로 대립시켜서는 안 된다. 예수께서는 "두루 다니시며 선한 일을 행하시고"(행 10:38) "가르치시며 … 전파하셨다"(마 4:23; 9:35). 그는 그의 사역에서 말씀과 행위들을 하나로 엮으셨으며, 둘 중의 하나를 선택하지 않으셨다. 그러니 우리도 그렇게 해서는 안 된다. 더욱이 이런 말씀에 대한 불신은 어디에서 온 것인가? 말씀은 결코 무기력한 것이 아니다. 마귀도 정치적 선전과 상업적 착취에 끊임없이 말을 사용하고 있다. 마귀가 하는 거짓말이 능력 있는 것이라면, 하나님의 진리야 그보다 얼마나 더 능력 있겠는가? 제임스 스토커(James Stalker)는 다음과 같이 말하고 있다:

말은 모든 무기들 가운데 가장 유약한 것처럼 보인다. 말이 대체 무엇인가? 그것은 그저 공기를 불어낼 때에 일순간 대기가 진동하고는 이내 사라지고 마는 것에 불과하다 … . (그러나) 그저 공기에 지나지 않은 무기이지만, 말은 무사(武士)의 칼보다도 더 강한 것이다.[5]

루터도 이 사실을 믿었다. 1529년 경에 지은 그의 유명한 찬송 "내 주는 강한 성이요"(Ein' Feste Burg)에서 그는 마귀의 용맹을 언급하면서, 거기에다 "한 마디 작은 말씀이 저를 넘어뜨리리라"라는 가사를 첨가시켰다. 토마스 칼라일이 그 찬송을 영어로 번역하였는데, 그 첫 부분은 A Safe stronghold our God is still(우리 하나님은 여전히 안전한 요새이시니)로 시작한다. 그 해당 부분은 다음과 같다.

> 이 세상 도처에 마귀들이 가득하여
> 우리를 삼키려고 노리고 있으나,
> 마음에 두려워하지 말지니,
> 그들이 우리를 이기지 못하리라.
> 악의 왕 마귀가
> 항상 무섭게 노려보나,
> 조금도 우리를 해치지 못하니,
> 왜냐고? 그의 최후가 정해져 있고,
> 한 마디 말씀이 그를 속히 제거해 버리리니.

진리의 말씀의 능력을 똑같이 신뢰했던 오늘날의 인물 중에서는 알렉산더 솔제니친(Alexander Solzhenitsyn)을 들 수 있다. 1970년 노벨상 수상식에서 행한 그의 연설이 『한 마디 진리의 말씀』(One Word of Truth)이라는 제목으로 출간되었다. 거기서 그는 이렇게 묻는다:

> 수십 번 파멸의 끝에 서 있는 이 잔인하고도 역동적이고 폭발적인 세계 속에서, 과연 작가의 위치는 무엇이며 역할은 무엇입니까? 우리 작가

들은 쏘아올릴 로케트 포탄도 없고, 지극히 하찮은 공격 보조 차량조차
도 굴리지 못하고, 물질적인 힘만을 존중하는 사람들에게 완전히 멸시
를 당하고 있습니다 … .[6]

"노골적인 폭력의 무자비한 공격을 당하며" 특히 폭력이 "거짓말과 결합
되어 있고" 또한 "거짓말이 오로지 폭력으로만 유지될 수 있는" 이런 상황에
서 작가들은 무엇을 할 수 있을까?[7] 물론 용기 있는 사람은 그 거짓말에 참여
하기를 거부할 것이다. 그러나, 솔제니친은 이렇게 계속 말하고 있다:

작가들과 예술가들은 그 이상의 일을 할 수 있습니다. 거짓말을 극복
할 수 있습니다 … . 우리에게 무기가 없다고 해서 그것을 빌미로 변명만
하고 있어서는 안 됩니다 … . 나아가 싸움터로 들어가야 합니다 … . **한
마디 진리의 말씀이 온 세상보다 무게가 더 나가는 법입니다**. 그리고 제
자신의 활동과 전 세계 작가들에게 주는 저의 호소는 바로 질량과 에너
지 보존의 법칙이 깨어져버리는 그 환상적인 사실에 근거하는 것입니
다.[8]

그러나 우리의 말이 언제나 주목을 받는다는 뜻은 아니다. 그 말이 효과가
없을 경우도 많다. 귀머거리의 귀에 떨어져 그냥 무시되기도 한다. 그러나
하나님의 말씀은 다르다. 그의 말씀에는 말과 행동이 함께 연합되어 있기 때
문이다. 그는 그의 말씀으로 우주를 창조하셨다: "그가 말씀하시매 이루었으
며, 명하시매 견고히 섰도다"(시 33:9). 그리고 그 동일한 권위의 말씀을 통하
여 그는 지금도 새로이 창조하시고 구원하신다. 그리스도의 복음이 모든 믿
는 자들에게 구원을 주시는 하나님의 능력이다. 왜냐하면 하나님께서는 **케
뤼그마**를 통하여, 즉 선포된 메시지를 통하여, 믿는 자들을 구원하시기를 기
뻐하시기 때문이다(롬 1:16; 고전 1:21. 참조. 살전 2:13). 성경은 수많은 직유
법적인 표현들을 사용하여 하나님의 말씀이 시행하는 강력한 영향력을 예증
하고 있다. "하나님의 말씀은 살아 있고 활력이 있어 좌우에 날선 어떤 검보
다도 예리하여 혼과 영과 및 관절과 골수를 찔러 쪼개기까지 하며 또 마음의

생각과 뜻을 판단하나니"(히 4:12). 그 말씀은 망치와도 같아서 돌 같은 마음을 부술 수 있고, 불과도 같아서 쓰레기 같은 마음을 태워버릴 수 있다. 그 말씀은 캄캄한 밤중의 등불처럼 우리의 길을 밝혀주며, 거울처럼 우리의 모습과 우리가 취해야 할 모습을 보여 준다. 또한 그 말씀을 싹을 돋게 하는 씨로, 자라게 하는 젖으로, 힘을 돋우는 밀로, 단 맛을 주는 꿀로, 또한 말할 수 없이 풍요하게 해주는 금으로 비유하기도 하는 것이다.[9]

하나님의 말씀의 능력을 체험을 통해서 알았던 설교자 중에 존 웨슬리(John Wesley)가 있다. 그의 일기는 그 능력에 대한 이야기로 가득 차 있고, 특히 적대감을 가진 군중들을 누르고 그들로 하여금 죄를 깨닫게 한 그런 능력에 대한 이야기도 비일비재하다. 웨슬리의 회심 후 5년이 지난 1743년 9월 10일, 그는 콘월(Cornwall)의 센 저스트 교회(St. Just) 근처의 옥외에서 굉장히 많은 무리들 앞에서 설교하였다: "나는 사랑이 가득하여 외쳤다, '오 이스라엘의 집이여, 어째서 죽으려 하시오?' 사람들은 떨었고 조용해졌다. 콘월에서의 그 일 이전에는 그런 시간을 경험한 적이 없었다." 1749년 10월 18일, 그는 랭커셔(Lancashire)의 볼튼(Bolton)에서 격렬한 반대를 당했다. 폭도들이 집을 에워싸고 창문 너머로 돌들을 던지더니, 결국 문을 박차고 안으로 들이닥쳤다.

> 이제 때가 왔다고 믿고서, 나는 그들 중 가장 건장한 자에게로 걸어내려갔다. 그들은 이제 아래층의 방들을 가득 메우고 있었다. 나는 의자를 달라고 했다. 바람은 잠잠해졌고, 모두가 조용하고 고요했다. 내 마음은 사랑으로 가득 찼고, 내 눈은 눈물로 가득 했고, 내 입은 논증으로 가득 했다. 그들은 깜짝 놀랐고, 부끄러워 했고, 마음이 녹아 내렸고, 내 말을 모두 받아들였다. 이 얼마나 엄청난 변화였던가!

그로부터 20년이 지난 후에도 웨슬리의 설교에는 동일한 능력이 여전히 함께하고 있었다. 1770년 5월 18일 그는, "저녁 시간에 나는 던바(Dunbar)에서 말씀을 전했는데, 하나님께서 돌같이 굳은 몇 사람의 심령을 깨뜨리신 것 같다"고 적고 있다. 1777년 6월 1일에는 맨(Man) 섬의 한 교회당 마당에서 설교하였는데, "하나님의 말씀이 능력이 있었다"고 한다. 1778년 11월 28일에는 런던의 올드 스트릿(Old Street)의 센 루크 교회당(St. Luke's Church)에서 설교했는데, "온 청중이 하나님에 대한 두려움에 휩싸인 것 같았다"고 한다. 그로부터 10년 이상이 지나, 웨슬리가 85세가 되었을 때에도, 콘월의 팔마우스(Falmouth)에서 "하나님이 사람들의 마음을 놀랍게 움직이셨으며"(1789년 8월 17일), 레드러스(Redruth)에서는 "굉장한 무리가" 운집하였고, "말씀이 각 심령들 속에 깊이 잠기는 것 같았다"고 적고 있다(1789년 8월 22일).

이런 경험이 18세기에만, 혹은 존 웨슬리에게만 특별히 나타난 것이라고 생각해서는 안 될 것이다. 오늘날 전 세계에서 가장 유명하고, 가장 여행을 많이 한 전도자인 빌리 그레이엄(Billy Graham)도 그와 유사한 진술을 하고 있다. 1976년 12월에 나이로비(Nairobi)에서 열린 범 아프리카 기독교 지도자 대회(Pan African Christian Leadership Assembly)에서 필자는 그가 다음과 같이 말하는 것을 들었다: "저는 각 대륙에서, 그리고 세계의 거의 모든 나라에서 복음을 전하는 특권을 누렸습니다. 그런데 예수 그리스도의 단순한 복음의 메시지를 권위 있게 제시했더니, 그가 그 메시지를 취하셔서 인간의 마음들 속에 초자연적으로 몰아 넣으셨습니다."

여기서 이렇게 말을 가로막는 사람이 있을 수도 있을 것이다: "루터와 웨슬리와 빌리 그레이엄을 인용했으니, 다 좋다. 그분들의 말이 능력이 있었다는 것은 의심의 여지 없는 사실이다. 그러나 그들은 예외적인 특별한 은사를 부여받은 예외적인 사람들이 아니었던가? 그런데 나는 어떠한가? 나는 마음을 다해 주일마다 설교하고 있지만 좋은 씨가 길가에 떨어져 발에 밟히는 것뿐이니, 내 입에서 하나님의 말씀이 나갈 때에는 어째서 그만한 능력이 없단 말인가?" 이런 발언들에 대해서는 그 말이 맞다고 대답할 것이다. 물론 각 시대마다 하나님께서는 특별한 사람들을 일으키사 그들에게 특별한 은사들과 특별한 능력을 부여하시는 것은 사실이다. 루터나 웨슬리를 질투한다면 그것을 잘못이며, 빌리 그레이엄의 전도의 은사를 우리 모두가 지니리라고 상상한다면 그것은 어리석은 일일 것이다.

그러나 그럼에도 불구하고 성경은 최소한 이따금씩은 말씀을 전하는 우리의 설교가 효과가 있을 것으로 기대하는 일을 정당한 것으로 가르치고 있다. 위에서 간접적으로 언급했던 씨 뿌리는 자의 비유를 예로 들어보자. 한편으로 보면, 예수께서는 우리의 씨 뿌리는 일이 언제나 반드시 열매를 맺기를 기대해서는 안 된다는 것을 가르치셨다. 어떤 씨는 단단한 돌밭에 떨어지기도 하며, 그리하여 새들과 가시들과 태양의 열기가 씨를 말라 죽게 한다는 것을 기억해야 할 것이다. 그러므로 너무 실망해서는 안 된다. 그러나 또 한편에서 보면, 예수께서는 좋은 밭과 생산적인 밭이 있고 거기에 씨가 뿌려질 때에 많은 열매를 맺으리라는 것을 기대할 것을 가르치신 것이기도 하다. 씨에 생명과 능력이 있다. 그리고 성령께서 밭과 물과 씨를 예비하실 때에 성장과 열매를 맺는 역사가 나타날 것이다.

포사이스는 복음이 그저 하나의 진술이나 교리나 약속에 불과한 것이 아니라고 말했는데, 이것이 바로 그의 말의 뜻이다. 복음은 그런 것을 넘어서는 것이다. "그것은 행동이요 능력이다. 그것은 구속하시는 하나님의 **행동**이다 … . 참된 설교는 진정한 행위다 … . 설교자가 설교문을 읽어내려가는 것만이 아니라 복음을 선포할 때에 그의 입에서 나오는 말은 축복 혹은 심판으로 가득 찬 하나의 효과적인 행위인 것이다."[10] 이는 그 설교자의 말이 그리스도의 역사적 구속의 활동을 지금 여기로 가져와 역사하게 하기 때문이다.

어쩌면 오늘날의 저자들 가운데 이러한 말씀의 능력에 대한 믿음을 가장 웅변적으로 표현한 사람은 스웨덴의 룬트 대학교(the University of Lund)의 신학 교수요 루터교회에 속한 구스타프 빙그렌(Gustaf Wingren)일 것이다. 그는 자신의 저서인 『살아 있는 말씀』(*The Living Word*)에서, 성경 전체의 주제는 싸움, 즉 하나님과 사탄 사이의 대결이요, 그리고 사람들을 자유케 하는 것이 복음이라고 주장한다. 그리스도의 승리와 마지막 완성 사이에는 "기다림의 텅빈 공간이 있고, 바로 이 간격 속에서, 이 텅빈 공간 속에서, 설교가 그 음성을 발하는 것이다."[11] 또한 "부활과 파루시아(즉, 그리스도의 재림) 사이의 시간은 설교를 위한 시간이다"라고도 한다.[12] 설교가 살아계신 그리스도께 발과 입이 되어드리는 것이다: "그리스도께서 우리에게 나아오실 때에 그가 걸어오시도록 발이 되어드리는 것이 바로 말씀이다 … . 설교의 목적은 오직 한 가지, 곧 듣기 위하여 모여 있는 자들에게 그리스도께서 나아오시도록 하는 것뿐이다."¹³⁾ 또한 "설교는 그저 과거의 그리스도에 대해 말하는 것이 아니라. 현재의 그리스도께서 사용하셔서 오늘 우리에게 생명을 주시는 입인 것이다."¹⁴⁾ 빙그렌 교수는 인간을 죄와 죄책과 사망에게 속박되어 "패배했고," "정복당한" 상태에 있는 것으로 본다. 그리고 설교를 인간을 해방시키는 수단으로 본다. "설교는 그 직분의 본질상 하나님과 마귀의 싸움의 현장이 그 바른 위치다."¹⁵⁾ "설교자의 말씀이야말로 사람이 갇혀 있는 그 감옥에 대한 공격이다."¹⁶⁾ 그것이 감옥을 열어젖히고 사람을 자유케 하는 것이다.

하나님과 사람에 대한 이러한 확신이, 감옥에 갇힌 사람과 그의 말씀으로 해방시키시는 하나님에 대한 이런 확신이, 설교 사역을 변화시킨다. 능력 있는 말씀을 우리의 손과 마음과 입에 담고 강단을 오를 때에, 결과를 기대하며, 회심의 역사들을 바라보는 것이다. 스펄전은 목회자들에게 주는 강연에서 다음과 같이 말씀하고 있다:

> 회심의 역사가 하나도 일어나지 않을 때에 오히려 깜짝 놀라고 의외로 여기고 마음이 상하게 되도록 그렇게 기도하고 그렇게 설교하십시오. 마지막 나팔을 불고 죽은 자들이 깨어나기를 기다리는 천사의 심정으로 그렇게 청중들의 구원을 기다리십시오! 여러분의 교리를 믿으십시오! 여러분의 구주를 믿으십시오! 여러분 속에 거하시는 성령을 믿으십시오! 그렇게 하면 여러분의 마음의 소원이 이루어질 것이요, 또한 하나님이 영광을 받으실 것입니다.¹⁷⁾

한 순회 설교자에 대한 재미있는 이야기가 있다. 그 설교자는 공항에서 보안 검사를 통과할 때에 보안 요원에게 소지품을 일일이 검사받고 있었다(그 당시는 전자 스캐닝 장비가 없었다). 그런데 그 보안 요원은 소지품 가운데 그 설교자의 성경이 들어 있는 검은 상자를 보고는, 그 내용물이 궁금하여 의심어린 목소리로 물었다: "이 상자 속에 들어 있는 것이 무엇입니까?" 그러자 그 설교자는 깜짝 놀랄 대답을 했다고 한다. 곧, "다이너마이트요!"라고 했다는 것이다. 불행하게도 역사는 그 다음에 어떤 일이 벌어졌는지에 대해서는 말해 주지 않는다. 하지만, 하나님의 말씀의 폭발적인 능력을 — 그 말씀이 마술 주문과 같기 때문이 아니라 과거에 그 말씀을 하셨던 하나님께서 그 말씀을 다시 하시기 때문에 — 믿는 믿음만으로도 말씀을 전하는 이 특권을 누리는 사역에 부르심을 받는 모든 사람들을 능력 있는 효과적인 설교자로 만들기에 충족한 것이다.

교회에 대한 확신

우리는 물론 교회에 대하여 무수한 확신들을 갖고 있다. 그러나 그 중에서 필자는 한 가지만을 염두에 두고자 한다. 그것은 바로 교회가 하나님의 말씀으로 말미암아 생겨난 하나님의 창조물이라는 것이다. 더 나아가서, 하나님의 새 창조물(교회)이나 하나님의 옛 창조물(우주)이나 모두 똑같이 하나님의 말씀에 의존한다. 하나님께서 그의 말씀으로 그것을 존재하게 하셨을 뿐 아니라, 그 동일한 말씀을 통해서 그것을 유지하시고 지탱시키시며, 지도하시고 거룩하게 하시며, 개혁하시고 새롭게 하시는 것이다. 하나님의 말씀이 바로 그리스도께서 교회를 다스리시는 홀(笏: sceptre)이며 또한 교회를 양육하시는 양식인 것이다.

이렇게 교회가 말씀에 의존한다는 것은 누구나 다 쉽게 받아들일 수 있는 교리가 아니다. 예를 들어서, 옛날 로마 가톨릭 교회의 논쟁가들은 "교회가 성경을 기록하였고" 그러므로 교회가 성경에 대해 권위를 지녔음을 주장하였다. 오늘날도 이런 다소 단순한 논지를 가끔씩 듣기도 한다. 물론 신구약 성경 모두가 믿음을 가진 공동체의 맥락 속에서 기록되었고, 또한 신약 성경의 골자가 이미 살펴본 바와 같이 하나님의 섭리로 어느 정도 지교회 교인들의 필요에 의해서 결정되었다는 것은 사실이다. 결과적으로 성경은 그것이 나온 그 환경과 분리될 수도 없고, 또한 그 환경을 떠나서는 이해할 수가 없다. 그러나 그럼에도 불구하고 개신교도들이 언제나 강조해온 것처럼, "교회가 성경을 기록했다"는 발언은 부정확한 것이요 그릇되게 오도하는 것이다. 진실은 그와 거의 반대되는 것에 있다. 즉, "하나님의 말씀이 교회를 창조했다"는 것이 그것이다. 하나님의 말씀이 아브라함에게 임하여 그를 불러내시고 그와 언약을 맺으셨을 때에 하나님의 백성이 존재하게 되었다고 말할 수 있기 때문이다. 이와 비슷하게, 하나님의 백성이 성령으로 충만한 그리스도의 몸이 된 것도 오순절 날 사도들이 성령의 권능에 힘입어 하나님의 말씀을 선포한 데에서 비롯된 것이다.

하나님의 백성이 하나님의 말씀에 의존한다는 것은 어렵지 않게 입증할 수가 있다. 성경을 통틀어서 하나님이 그의 백성들에게 말씀하시며, 그의 도를 가르치시고, 하나님 자신을 위하여 또한 그들을 위하여 그의 메시지를 듣고 따를 것을 호소하고 계시기 때문이다. "사람이 떡으로만 사는 것이 아니요 여호와의 입에서 나오는 모든 말씀으로 사는 것"(신 8:3, 예수께서 마 4:4에서 인용하심)이 사실이라면, 교회 역시 그 말씀으로 사는 것이 사실이다. 하나님의 백성은 오직 그의 말씀을 믿고 순종함으로써만 살고 번성하는 것이다.

그리하여 구약 성경은 하나님께서 그의 백성들에게 그의 말씀을 들으라고 권고하시는 말씀으로 가득하다. 아담의 타락은 창조주의 말씀이 아니라 뱀의 음성을 들은 어리석음 때문에 일어난 것이다. 아브라함과 언약을 세우실 때 하나님은 아브라함을 의롭다 하셨는데 이는 그가 그의 약속을 믿었기 때문이었고(창 15:1-6), 후에 다시 그를 향한 축복을 반복하시는데 "이는 네가 나의 말을 준행하였"기 때문이었다(창 22:15-18). 하나님께서는 아브라함과 이삭과 야곱에게 하신 약속대로 이스라엘과의 언약을 확인하시고, 그들을 모든 민족들 가운데 그의 특별한 소유로 만드실 것을 맹세하셨는데, 이때에 그가 제시하신 조건은 "너희가 내 말을 잘 듣고 내 언약을 지키면"이라는 것이었다(출 2:24; 19:3-6). 그리하여 그 언약이 희생 제사를 통하여 비준되고, 모세가 "여호와의 모든 말씀과 그의 모든 율례"를 백성들이 듣도록 전한 후에, 그 백성들이 한 목소리로 "여호와께서 말씀하신 모든 것을 우리가 준행하리이다"라고 응답하였다(출 24:3).

그리고 사십 년 동안 광야에서 방황하는 동안 비극적인 불순종의 역사가 있은 후에("그들은 그가 행하신 일을 곧 잊어버리며" "여호와의 음성을 듣지 아니하였도다" — 시 107:13, 25), 새로운 세대가 약속한 땅에 들어가기 전에 그들을 위하여 언약이 갱신되고 율법이 반복되어 제시되었다. 그리고 신명기에서는 "이스라엘아 들으라"라는 말씀이 계속 반복되어 나타나는데, 그 책의 메시지는 다음과 같은 말씀으로 정리할 수 있다: "이스라엘아 이제 내가 너희에게 가르치는 규례와 법도를 듣고 준행하라 그리하면 너희가 살 것이요, 너희 조상의 하나님 여호와께서 너희에게 주시는 땅에 들어가서 그것을 얻게 되리라." … "그리하면 네가 크게 번성하리라."[18]

이스라엘 자손이 그 땅에 정착하고 왕정 시대가 시작된 후에도, 그 백성들의 믿음과 순종에 대해서는 하나님이 복을 주시고 불신앙과 불순종에 대해서는 하나님이 심판을 내리신다는 동일한 주제가 선지자들의 글들과 지혜서들에서 계속 나타났다. 몇 가지 실례만 들어도 이 점이 잘 드러날 것이다:

> 내 백성이여 들으라, 내가 네게 증언하리라! 이스라엘이여 내게 듣기를 원하노라! … 내 백성이 내 소리를 듣지 아니하며 이스라엘이 나를 원하지 아니하였도다(시 81:8, 11).

잠언에서는 지혜를 인격화하여, 그것이 거리에서와 시장터에서 크게 외치는 것으로 묘사한다:

> 사람들아 내가 너희를 부르며 내가 인자들에게 소리를 높이노라. 어리석은 자들아 너희는 명철할지니라. 미련한 자들아 너희는 마음이 밝을지니라 … . 너희가 은을 받지 말고 나의 훈계를 받으며 정금보다 지식을 얻으라. 대저 지혜는 진주보다 나으므로 원하는 모든 것을 이에 비교할 수 없음이니라 … . 아들들아 이제 내게 들으라. 내 도를 지키는 자가 복이 있느니라 … . 누구든지 내게 들으며 날마다 내 문 곁에서 기다리며 문설주 옆에서 기다리는 자는 복이 있나니, 대저 나를 얻는 자는 생명을 얻고 여호와께 은총을 얻을 것임이니라. 그러나 나를 잃는 자는 자기의 영혼을 해하는 자라. 나를 미워하는 자는 사망을 사랑하느니라.[19]

여호와의 말씀을 받은 선지자들도 같은 맥락에서 이스라엘 백성에게 그 말씀을 들으라고 촉구하였다. 예를 들어서 이사야 선지자는 거룩한 예루살렘 성을 소돔과 고모라와 같은 것으로 말씀하여 그 백성들에게 충격을 주었

다: "너희 소돔의 관원들아 여호와의 말씀을 들을지어다! 너희 고모라의 백성아 우리 하나님의 법에 귀를 기울일지어다 … 너희가 즐겨 순종하면 땅의 아름다운 소산을 먹을 것이요 너희가 거절하여 배반하면 칼에 삼켜지리라. 여호와의 입의 말씀이니라." 또한 뒤에 가서는, "네가 나의 명령에 주의하였더라면 네 평강이 강과 같았겠고 네 공의가 바다 물결 같았을 것이며"라고 말씀한다. 그러나 "악인에게는 평강이 없다"고 하였다.[20]

예레미야 선지자는 이보다 더 선명하다. 그는 요시야왕과 가까웠는데, 그의 치세 동안 성전에서 율법 책이 발견되었다. 선지자 예레미야와 요시야 왕은 함께 민족적인 회개와 헌신을 촉구하였다. 그러나 백성들의 반응은 피상적이었고 순간적인 것에 불과했다. 예레미야의 입을 통해서 발설된 하나님의 탄식은 그야말로 직설적인 것이었다:

> 오직 내가 이것을 그들에게 명령하여 이르기를, "너희는 내 목소리를 들으라 그리하면 나는 너희 하나님이 되겠고 너희는 내 백성이 되리라. 너희는 내가 명령한 모든 길로 걸어가라 그리하면 복을 받으리라" 하였으나, 그들이 순종하지 아니하며 귀를 기울이지도 아니하고 자신들의 악한 마음의 꾀와 완악한 대로 행하여 그 등을 내게로 돌리고 그 얼굴을 향하지 아니하였으며, 너희 조상들이 애굽 땅에서 나온 날부터 오늘까지 내가 내 종 선지자들을 너희에게 보내되 끊임없이 보내었으나, 너희가 나에게 순종하지 아니하며 귀를 기울이지 아니하고 목을 굳게 하여 너희 조상들보다 악을 더 행하였느니라.[21]

그리하여 하나님의 심판이 그들에게 임하여 예루살렘이 포위를 당하고 함락되었고, 성전이 무너졌고, 또한 그 백성들이 바벨론으로 포로로 끌려갔다. 역대기 기자가 쓴 그 민족의 처지에 대한 문구에서도 선지자들의 그러한 언어가 그대로 나타난다:

> 그 조상들의 하나님 여호와께서 그의 백성과 그 거하시는 곳을 아끼사 부지런히 그의 사신들을 그 백성에게 보내어 이르셨으나, 그의 백성이

하나님의 사신들을 비웃고 그의 말씀을 멸시하며 그의 선지자를 욕하여 여호와의 진노를 그의 백성에게 미치게 하여 회복할 수 없게 하였다."[22]

구약 성경 전체를 이렇게 간단히 살펴봄으로써 분명히 드러나지만, 하나님께서는 그의 백성의 복지를 그들이 그의 음성을 듣고 그의 약속들을 믿고 그의 계명들을 순종하는 것과 연계시키신 것이다.

하나님의 말씀을 대언하는 자들이 선지자가 아니라 사도들이라는 점이 다르기는 하지만, 신약 성경에서도 이 점이 비슷하게 나타난다. 그들 역시 하나님의 말씀을 맡은 자들이라 주장한다(예컨대, 살전 2:13). 그들은 그리스도께 지명을 받았고 그의 권위를 부여받아서 그의 이름으로 담대하게 말씀하며, 또한 교회들이 그들의 교훈을 믿고 그들의 명령들에 순종할 것을 기대하는 것을 본다(예컨대, 살후 3장). 그러므로, 높이 오르신 그리스도께서는 일곱 교회들에게 보내신 그의 편지들을 통해서 말씀하신 것과 똑같이, 사도들의 글들을 통하여 그의 교회에게 말씀하신다. 교회들을 교훈하시고, 가르치시고, 책망하시고, 격려하시고, 그들에게 약속과 경고를 주시고, 그가 오시기까지 듣고 믿고 순종하고 견고히 붙들 것을 호소하시는 것이다. 이렇듯 하나님의 백성의 건전함이 하나님의 말씀을 주의하여 듣는지의 여부에 달려 있는 것이 성경 전체를 통해서 분명한 것이다.

오늘날의 설교자들은 선지자도, 사도도 아니다. 우리는 직접적인 계시를 새로이 받는 자들이 아니기 때문이다. 우리에게는 하나님의 말씀이 과거 그들에게 임했던 것과 똑같은 식으로는 임하지 않는다. 오히려 우리가 그 말씀에게로 나아가야 한다. 그러나 그렇다 할지라도 우리가 신실하게 성경을 해명하면, 우리의 손에 들려 있고 우리의 입술에서 나오는 것이 그의 말씀이며, 또한 성령께서 그 말씀을 우리의 청중들의 마음속에 살아 있고 힘 있는 말씀이 되게 하실 수 있는 것이다. 더 나아가서, 하나님의 말씀과 하나님의 백성 사이에서 끊어지지 않는 끈이 있음을 기억하게 되면, 우리의 책임이 더욱 무거움을 느끼게 될 것이다. 귀머거리 교회는 죽은 교회다. 이것은 언제나 변함 없는 원리다. 하나님께서는 그의 말씀으로 그의 백성을 소생시키시고, 먹이시고, 감동하시고, 인도하신다. 성경을 참되게 체계적으로 해명할 때마다 하나님께서는 그것을 사용하셔서 그의 백성들에게, 그것이 없이는 멸망할 수밖에 없는 그런 비전을 주신다. 그러면 그들은 먼저 하나님께서 원하시는 그들의 모습을, 즉 세상에 있는 하나님의 새로운 공동체를 보기 시작한다. 그리고 그 다음에는 하나님의 목적을 이루게 하기 위하여 그리스도 안에서 그들에게 주신 것들을 계속 깨닫게 된다. 그렇기 때문에 오직 겸손하게 순종하며 하나님의 음성을 들어야만 비로소 교회가 자라 성숙하게 되고, 세상을 섬기며 주님을 영화롭게 할 수 있는 것이다.

하나님의 말씀이 이렇듯 교회의 건강을 위하여 필수불가결한 요소임을 이렇게 강조하지만, 동시에 복음의 성례들도 — 특히 성찬을 — 잊어서는 안 된다. 아우구스티누스는 성례를 "눈에 보이는 말씀"(verba visibilia)라고 불렀는데, 이것이 성례의 기능과 가치를 깨닫는 필수적인 실마리를 제공한다. 성례들도 역시 말씀한다. 말씀과 성례가 그리스도를 증거하며, 둘 다 그리스도 안의 구원을 약속하며, 둘 다 그리스도를 믿는 우리의 믿음을 일깨우며, 둘 다 우리의 마음을 그리스도로 먹이게 할 수 있는 것이다. 말씀과 성례의 주요한 차이는 말씀의 메시지는 귀를 대상으로 한 것이요, 성례의 메시지는 눈을 대상으로 한 것이라는 점이다. 그러므로 성례는 그것들을 해석해 줄 말씀이 필요하다. 말씀과 성례의 사역은 하나의 사역이다. 말씀이 하나님의 약속들을 선포하고 성례가 그것을 극화(劇化)시키는 것이다. 그러나 말씀이 주를 이룬다. 왜냐하면 그것이 없이는 표징의 의미가, 실제로 사라지지는 않는다 해도, 어두워지기 때문이다.

교회와 말씀이, 기독교 공동체의 상태와 기독교 설교의 질(質)이, 서로 불가분의 관계가 있다는 사실은 역사적으로 입증되는 사실이다. 로이드 존스(D. M. Lloyd-Jones) 박사는 이렇게 질문하고 있다: "교회사를 조감해 보면, 교회가 부패한 시기는 언제나 설교가 쇠퇴해 있던 시기였다는 것이 분명하지 않은가? … 종교개혁이나 혹은 부흥의 여명을 알려준 것은 과연 무엇이었는가? 그것은 바로 설교의 갱신이었다."[23]

기원 후 70년부터 1900년까지의 설교 역사를 포괄적으로 다룬 다간(E. C. Dargan) 박사의 두 권으로 된 『설교사』(History of Preaching)가 이러한 견해를 충실히 확인해 준다. 그는 다음과 같이 쓰고 있다:

교회들에서 영적인 생명과 활기가 쇠퇴하는 현상은 대개 활기 없고 형식적이며 열매 없는 설교와 더불어 일어나는데, 그런 설교는 부분적으로는 그 현상의 원인이기도 하고, 부분적으로는 그 현상의 결과이기도 하다. 한편 기독교 역사상 위대한 부흥들은 거의 언제나 강단 사역과 연관되며, 또한 부흥이 전개되는 동안 설교의 수준이 높아졌고 또한 높은 수준의 설교가 행해졌다.[24]

오늘날 세계 교회를 전체적으로 일반화시켜서 묘사한다는 것은 불가능한 일일 것이다. 왜냐하면 나라마다, 문화마다, 교회의 사정이 크게 다르기 때문이다. 유럽의 세속화(또한 유럽과 밀접한 연관을 지닌 서구 세계의 각 지역들의 세속화)가 지난 두 세기 동안 꾸준히 지속되어왔는데, 지금에 와서는 그런 조류가 역전될 수도 있다는 몇 가지 징후들이 나타나고 있다. 미국에는 깜짝 놀랄 만한 종교적 붐이 일어나고 있는데, 이런 현상은 범죄와 폭력, 낙태, 이혼 등의 걱정스러운 통계 수치와 쉽게 조화시킬 수 없는 것으로, 우호적인 관찰자들로 하여금 고개를 갸우뚱하게 만드는 것이다. 대부분의 공산국가들과 주로 이슬람 문화권의 몇몇 나라들에서는 교회가 적극적인 반대와 박해는 받지 않더라도 매우 방해를 받고 있다. 그리고 아시아, 아프리카, 중남미의 개발도상국들에서는, 교회의 성장률이 급속히 증가하고 있어서, 그대로 지속될 경우 교회의 국제적인 주도권이 제삼세계의 손으로 넘어갈 전망이다. 아니, 어쩌면 이미 넘어갔는지도 모른다. 그러나 이 지도자 자신들은 그들의 교회에 활력과 열정적인 열심이 있지만 동시에 그들의 교회들이 깊이가 없고 불안정하다는 것을 고백하고 있다.

이처럼 교회가 전반적으로 근거를 상실해 가고 있는 이런 다채로운 상황 속에서, 과연 교회의 연약함에 대한 한 가지 단일한 원인을 집어낸다는 것이 가능하겠는가? 많은 이들이 "아니라"고 대답할 것이다. 갖가지 원인들이 있는 것은 물론이다. 그러나 필자는 개인적으로, 여러 지역에서 교회가 쇠퇴하고 있고 또 어떤 지역에서는 성숙하지 못한 상태에 있는 주된 이유는 바로 아모스 선지자가 말씀한 "여호와의 말씀을 듣지 못한 기갈"(암 8:11)에 있다고 주저하지 않고 말하고 싶다. 그리스도인의 삶의 수준이 낮은 것은 다른 어떤 요인보다도 기독교 설교의 수준이 낮은 데 그 원인이 있는 것이다. 우리가 자주 인정하는 사실이지만, 교회의 회중은 바로 강단을 그대로 반영하는 것이다. 강단보다 회중이 더 수준이 높은 경우는 거의 없는 것이다.

1979년 마지막 날 『타임』(Time)지는 "미국의 설교: 죽어가고 있는가?" (American Preaching: A Dying Art?)라는 기사를 실었다. 그 기사의 편집자는 이렇게 쓰고 있다: "오늘날 여러 대규모 개신교 교단들이 미래에 대해 불안해하고 있는 것이 분명한데, 그 주된 원인은 말씀이 냉랭해졌다는 데 있다." 그러나 로마 가톨릭 교회에서는 설교가 결코 중요했던 적이 없고, "오히려 성찬 이전에 먹는 일종의 전채(前菜: hors d'oeuvre)와도 같은 것"이었다. 그러나 두 세기 전 "조나단 에드워즈가 설교했을 때에는 뉴잉글랜드 전체가 두려워 떨었다."

그러므로 교회가 다시 활기를 되찾으려면, 신실하고 능력 있고 성경적인 설교의 회복보다 더 시급한 것은 없는 것이다. 하나님께서는 지금도 그의 백성들에게 "오늘 너희가 나의 음성 듣기를 원하노라"(참조. 시 95:7)라고 말씀하시며, 또한 설교자들에게는 "오오 너희가 그 말씀을 선포하기를 원하노라"라고 말씀하고 계시는 것이다.

목사직에 대한 확신

현대 교회에는 전문적인 기독교 목회 사역의 본질과 기능들에 대해 확신이 없는 상태가 팽배해 있다. 우선, 서구 국가들에서 성직자가 한 때 누렸던 사회적 특권이 이제는 크게 감소된 상태다. 또한, 교회가 시작해 놓은 자선사업의 상당 부분을 국가가 인수하였기 때문에(예컨대, 병원, 교육, 사회 복지 분야에서), 전에는 목사 안수를 받으려 했을 사람들이 이제는 소위 "세속 도시"에서도 얼마든지 봉사할 수 있는 길을 찾게 된 것이다. 또한 주로 성령 은사 운동의 결과로 신약 성경의 그리스도의 몸이라는 신약 성경의 교리가 회복되었고, 그 결과로 교회의 각 회원이 은사를 갖고 또한 사역을 갖게 되었다. 그리하여 어떤 이들은, 과연 전문 목회 사역이 계속 필요한가? 성직자는 이미 불필요한 존재가 아닌가? 라는 등등의 질문을 제기하고 있다. 이러한 몇 가지 경향들이 작용하여 오늘날 목사들이 사기를 잃어버린 결과가 나온 것이다.

이런 상황에서, 예수 그리스도께서 여전히 그의 교회에 감독자들을 주시며 그들이 교회의 구조의 영구한 특징을 이루기를 의도하신다는 신약 성경의 가르침을 재천명하는 것이 무엇보다 시급한 일이다. "미쁘다 이 말이여, 곧 사람이 감독의 직분을 얻으려면 선한 일을 사모하는 것이라 함이로다"(딤전 3:1).

더 나아가서, 이 감독자들을 위하여 "목사"(pastor: 혹은, 목회자)라는 신약 성경의 호칭을 회복시키는 것이 이 진리를 다시 세우는 데 도움이 될 것이다. 영어의 "minister"(목사: "사역자"라는 의미임)는 의미를 오도시키는 용어다. 왜냐하면 그것은 구체적인 명칭이 아니라 전체를 지칭하는 것이므로 언제나 거기에 형용사를 붙여서 어떤 종류의 "ministry"(사역)을 의미하는지를 지정해 주어야 하기 때문이다. 영어의 "priest"(사제, 司祭)는 의미가 애매 모호하다. 영어의 어원을 아는 사람은 "priest"가 "장로(사제)"를 뜻하는 "presbyter"의 준말이라는 것을 알아차릴 것이다. 그러나 그 단어는 또한 "제사장"을 뜻하는 헬라어 **히에레우스**의 영어 번역어이기도 한데, 신약 성경에서는 한 번도 이 단어로 기독교 사역자들을 지칭하지 않는다. 성직자를 "사제들"(이는 로마 가톨릭 교회, 루터파 교회, 영국 국교회 등에서 흔히 사용한다)이라 부르는 것은, 그들의 사역이 주로 하나님을 향한 것인 것처럼 그릇된 인상을 준다. 신약 성경은 그들의 사역이 주로 교회를 향한 것으로 그리고 있는 것이다. 그러므로 "목사"(pastor)라 부르는 것이 가장 정확하다 할 것이다. 그 단어가 "목자"를 의미하는데, 양 떼나 목자들은 20세기의 복잡한 도시와는 전혀 관계가 없다는 식의 반론이 제기되지만, 주 예수께서 친히 자신을 가리켜 "선한 목자"로 부르셨다는 사실과, 또한 도시에 거주하는 그리스도인들이 언제나 그를 목자로 생각할 것이며 또한 주님의 목자적인 사역(친밀한 지식, 희생, 지도력, 보호와 보살핌 등의 모든 특징과 더불어)이 모든 목사들에게 영구한 모델로 남아 있다는 사실을 생각하면 그런 반론은 쉽게 반박할 수가 있다.

종교개혁 이전 잉글랜드에서는(로마 가톨릭 교회에서는 지금도 여전히) 임직받는 직분자의 사역이 성직(聖職)이라는 사고가 지배적이었다. 임직례를 베푸는 주교는 후보자에게 사제의 제복을 수여하면서 "성직의 예복을 받으라"라고 말하고, 또한 성반(聖盤)과 성배(聖杯)를 주면서 "하나님께 제사를 드리고 산 자와 죽은 자를 위하여 미사를 올릴 권한을 받으라"고 하였다. 이러한 직분의 상징물들을 수여하는 행위는 잉글랜드의 종교개혁자들에 의해서 굉장히 변경되었다. 1550년의 최초의 임직식 교범은 임직자에게 성반과 성배에다 성경을 수여하며 또한 "하나님의 말씀을 선포하고 성례를 시행할" 권위를 주도록 지정하였다. 그로부터 불과 2년만인 1552년에는 성반과 성배를 수여하는 것이 중지되었고, 임직자에게 오로지 성경만을 수여하도록 하였다. 영국 국교회의 임직식 순서는 그 후로부터 오늘날까지 거의 변경이 없이 그대로 시행되어오고 있다.

이러한 상징의 변화는 목사의 사역에 대한 이해의 변화를 나타내는 것이었다. 목사의 사역의 본질을 제사장적인 것이 아니라 목회적인 것으로 보게 된 것이다. 목사의 사역은 예나 지금이나 말씀의 사역이다. 양 떼를 "돌보는" 목자의 주된 책무는 그들을 "먹이는" 것이기 때문이다. 하나님께서는 이스라엘의 목자들이 양 떼들을 먹이지 않고 자기들 자신의 배만 불리는 것은 책망하셨으나, 신적인 목자는 그의 양 떼들을 "푸른 초장에 눕게" 하신다(겔 34:1-3; 시 23:1-2).

이러한 구약 성경의 비유적인 가르침에 근거하여, 예수께서는 자신이 친히 그의 양들을 지키시므로 그 양들이 "들어가며 나오며 꼴을 얻을 것"임을 약속하셨고(요 10:9), 뿐만 아니라 베드로에게 다시 사명을 부여하시면서 그에게 "내 어린 양을 먹이라", "내 양을 치라"고 거듭 교훈하셨다(요 21:15, 17). 사도들은 이 명령을 절대로 잊지 않았다. 베드로는 훗날 친히 "너희 중에 있는 하나님의 양 무리를 치라"(벧전 5:2)고 교훈하였고, 바울은 에베소 교회의 장로들에게 교훈하면서, "여러분은 자기를 위하여 또는 온 양 떼를 위하여 삼가라. 성령이 그들 가운데 여러분을 감독자로 삼고 하나님이 자기 피로 사신 교회를 보살피게 하셨느니라"(행 20:28)고 말씀하였다. 장로들은 목자장께서 그의 생명의 피로 값주고 사신 그의 양 떼들을 목자로서 보살피는 임무를 자기들에게 위임하셨다는 그 특권의 사실을 확실히 깨달았을 것이다.

물론 하나님의 양 떼를 먹인다는 것은 교회를 가르친다는 것을 은유적으로 표현한 것이다. 그러므로 목사는 본질적으로 가르치는 자다. 사실 그리스도께서는 진리의 성령의 대권을 가로채어 회중으로 하여금 자기를 의지하게 만드는 식으로 권위주의적인 방식을 취하여 가르치는 것은 엄격하게 금지하셨다(마 23:8). 또한 "그들이 다 나를 알리라"(렘 31:34)라는 하나님의 새 언약의 약속에 따라서 이제 성령께서 모든 신자들에게 베풀어져서 모두가 "거룩하신 자에게서 기름 부음을 받았고"(살전 4:9) 또한 "하나님의 가르치심을 받았"으므로, 결국에는 인간의 교사들이 필요없게 된 것도 사실이다(요일 2:20-27). 뿐만 아니라, 모든 교회원들이 그리스도의 말씀이 그들 가운데 풍성하게 거하여 그들이 "모든 지혜로 피차 가르치고 권면하"게 되도록 해야 할 책임을 지고 있는 것도 사실이다(골 3:16). 그러나 그렇다 할지라도, 전문인들, 즉 설교와 가르침의 사역에 헌신하는 목사들을 키우고 불러 세우는 일이 여전히 필요한 것이다. 승천하신 주께서 그의 교회에게 베푸시는 여러 가지 영적인 선물들 가운데 "목사와 교사"(엡 4:11)가 들어 있는 것이다.

칼빈은 『기독교 강요』에서 이렇게 쓰고 있다: "우리가 알거니와 하나님께서는 한순간에 그 백성을 온전하게 만드실 수 있으면서도, 그들이 오로지 교회의 교육 아래에서 장성한 자들로 자라기를 바라신다. 그는 그 일을 위하여, 하늘의 교리를 선포하는 일을 목사들에게 맡기신 것이다." 칼빈은 계속해서 이러한 하나님의 방법을 거부하는 어리석음과 오만함이 있어서는 안 될 것을 독자들에게 경계시킨다: "많은 사람들이 교만이나 혐오, 혹은 경쟁심 등으로 인하여 사사로이 말씀을 읽고 묵상하는 것으로 충분한 유익을 얻을 수 있다는 확신을 갖는 것을 본다. 그리하여 그들은 공적인 집회들을 소홀히 하며 설교를 쓸데없는 것으로 간주하는 것이다 … . 이런 처사는 가르침 속에서 우리에게 비치는 하나님의 얼굴을 소멸시켜 버리는 것과 마찬가지인 것이다."[25] "현세의 생명을 유지하고 이어가는 데에 태양의 빛과 열기, 그리고 음식과 음료가 필수적인 요인이 되듯이, 이 땅의 교회를 보존하는 데에는 사도적 임무와 목회의 임무가 필수적인 것이다."[26]

칼빈이 제네바에서 가르치고 있던 바를 잉글랜드의 개혁자들도 깨닫게 되었다. 그들에게는 목사들이 하나님의 순전한 말씀을 선포하고 사람들이 그것을 듣는 것보다 더 중요한 것이 없는 것 같았다. 솔즈베리(Salisbury)의 주교 존 주엘(John Jewel)의 말을 들어보자:

> 선한 형제 여러분, 선포되는 하나님의 말씀 듣기를 가벼이 여기지 마십시오. 여러분의 영혼을 사랑하고 아끼는 만큼, 부지런히 나아가 설교 말씀을 들으십시오. 그것이 사람의 마음이 감동을 받고 하나님의 비밀들이 드러나는 정상적인 수단이니 말입니다. 설교자는 그렇게 약할 수 없을지라도, 하나님의 말씀은 언제나 변함없이 능력 있고 힘이 있기 때문입니다.[27]

이와 반대로, 불성실한 설교자들만큼 교회에 해악을 끼치는 존재는 없다. 토머스 비컨(Thomas Becon)은 그의 저서 『성경의 요구』(*The Demands of Holy Scripture*)의 서문에서 다음과 같이 단호하게 선언하였다:

> 기독교 세계에서 진지하고도 신실하게 끊임없이 하나님의 말씀을 전하는 설교자보다 더 값진 보배가 있을 수 없듯이, 하나님의 말씀의 알곡을 먹이지 않고 사람의 하찮은 전통의 쓴 쑥을 먹이는 눈먼 인도자들, 벙어리 개들, 악한 이리들, 외식적인 삯군들, 교황주의의 선지자들의 군림을 당하는 것보다 더 큰 재앙은 있을 수가 없다.[28]

20세기에 들어서 목사직에 대한 이런 근본적인 이해를 새뮤엘 볼베다(Samuel Volbeda)만큼 강력하게 표현한 사람은 없을 것이다. 그가 그랜드 래피즈의 칼빈 신학교에서 행한 설교학 강의들이 그의 사후에 편집되어 『목사의 설교의 재능』(*The Pastoral Genius of Preaching*)이라는 제목으로 출간되었다. 그는 먼저 설교를 "말로 전해지는 것이 아니라 글로 기록된 하나님의 말씀을 입의 말로 선포하는 것"[29]으로 정의한 다음, "기록된 하나님의 말씀은 그 메시지나 정신이나 목적이 처음부터 끝까지 목회적이다"라고 단언한다. 그러므로 참된 설교자는 절대로 "하나님의 기록된 말씀의 메시지를 완벽하게 기계적으로 재생하는 … 관(管)이나 나팔로 그쳐서는 안 된다." 오히려 그는 "자신이 설교해야 할 그 목회적인 성경(聖經)과, 마음으로 정신으로 **완전한 조화를 이루는**" 그런 목회자여야 한다고 한다.[30] 더 나아가서 선한 목자가 양 떼를 돌보는 일은, 먹이는 일, 인도하는 일(양 떼들이 곁길로 가기가 쉽기 때문에), 보호하는 일(이리들의 공격을 막음), 고치는 일(상처를 싸매는 일) 등의 네 가지로 구분된다고 한다.[31] 이 네 가지 활동 전부가 말씀 사역에 속하는 것이다.

그러나, 이처럼 목사를 근본적으로 교사로 보는 것이 개혁주의 그리스도인 혹은 복음주의 그리스도인들만의 특이한 사고처럼 생각해서는 안 된다. 로마 가톨릭 교회 쪽으로 기우는 많은 이들도 이 점을 똑같이 인정하고 있다. 예를 들어서 마이클 램지(Michael Ramsey)가 캔터베리 대주교로 있을 당시 어느 목사의 임직식에서 행한 권면의 한 부분을 인용하기로 하자:

첫째로, 사제는 교사요 설교자입니다. 그러니만큼 그는 **신학의 사람**(man of theology)입니다. 헌신적인 신학도가 될 것을 서약하는 것이니, 그의 연구는 그 범위가 방대할 필요는 없으나 그 성실함이 깊어야 할 것이요, 이는 박식한 사람이 되기 위해서가 아니라, 단순해지기 위함입니다. 연구가 얄팍한 자들이 스스로 혼동하여 혼동을 일으키는 법입니다.[32]

이렇게 "목회 사역"을 "가르치는 사역"으로 보는 문제를 다루면서, 구태여 "임직"(혹은 안수)의 유무에 대한 논쟁이나 혹은 목사와 평신도를 구별하는 문제에 대한 논쟁에 끌려 들어갈 필요는 없다고 생각한다. 여기서는 다만, 하나님께서는 각 지교회마다 **에피스코페** 즉 목회적 감독의 유익을 얻기를 바라고 계시며, 이러한 교회에 대한 감독이 팀에 의해서 시행되어야 하며(신약 성경에서는 "장로들"이라는 단어가 거의 언제나 복수형으로 나타난다. 참조. 행 14:23; 20:17; 딤전 4:14; 딛 1:5), 또한 파트 타임 사역자와 풀 타임 사역자, 목사와 평신도, 유급 사역자와 자원 사역자들이 그러한 팀에 포함되어야 한다 — 필자는, 물론 신약 성경은 남녀의 역할이 동일하지 않을 것임을 시사하지만, 여자도 남자와 마찬가지로 그 팀에 포함되어야 한다고 본다 — 는 것을 지적하는 것으로 족할 것이다. 성경은 물론 경험으로도 알 수 있거니와, 팀의 개념은 굉장한 가치가 있다. 우리가 서로의 강점을 활용하고 서로의 약점을 보완할 수 있기 때문이다. 더욱이 은사를 지닌 평신도들도 그 팀에 합류하여 그들의 은사에 따라서 자원으로 사역을 시행할 수 있도록 권장해야 한다. 그 중의 하나가 설교이며, 교회에는 더 많은 평신도 설교자들이 필요하다. 그러나 그럼에도 불구하고 목사의 정규적인 설교와 가르치는 사역은 지극히 필수적인 것이다. 그 사역에는 많은 시간의 연구와 수고가 요구된다. 그러므로 어떤 규모의 교회에든 목회 팀에 말씀 사역에 전무하는 풀타임 지도자가 최소한 한 명은 있어야 한다. 이것이 없으면, 회중이 궁핍한 상태에 빠지고 마는 것이다.

양 떼를 먹이는 일, 혹은 교회를 가르치는 임무는 목회 팀을 통해서 여러 가지 다양한 맥락에서 이루어질 수 있다. 선한 목자이신 주님께서도 친히 무리들에게 설교하셨고, 개인들과 시간을 보내셨고, 또한 열두 제자들을 훈련시키셨다. 주님의 사역을 모델로 삼는 목회 사역이라면 회중에게 설교하며, 개개인들을 상담하며, 그룹들을 훈련시키는 일이 거기에 포함될 것이다. 그렇다면, 설교와 가르침 사이에 과연 차이가 있는가? 이 두 단어들은 분명 서로 혼용되지 않는 것들이며, 그리하여 도드(C. H. Dodd)는, 신약 성경에서 **케뤼그마**(설교)는 성경에 따라서 종말론적인 배경 속에서 예수님의 죽으심과 부활을 선포하는 것으로서 거기에는 회개와 믿음을 촉구하는 것이 수반되며, 반면에 **디다케**(가르침)는 회심자들에게 주어지는 교훈 ― 주로 윤리적인 성격을 띤다 ― 이라는 논지를 대중화시켰다.

이렇게 둘을 구분하는 것은 매우 중요한데, 사실 지금까지 너무 지나치게 구분해온 것 같은 감이 든다. 예수님의 공생애 사역에서도 "그들의 회당에서 가르치심"과 "천국 복음을 전파하심"이 분명하게 구분되지 않으며(마 4:23; 9:35), 사도 바울 역시 자기 자신을 복음을 "전파하는 자"(설교자)와 "교사"로 묘사하며(딤전 2:7; 딤후 1:11), 또한 누가가 사도행전에서 그를 마지막으로 묘사하면서, "하나님의 나라를 전파하며 주 예수 그리스도에 관한 모든 것을 … 가르치더라"라고 하는 것을 보게 된다(행 28:31). 그의 전파하는 일은 목적상 전도의 성격이 강하고, 그의 가르치는 일은 조직적인 성격이 더 강한 것은 사실이지만, 그 두 가지가 내용상 완전히 구별되는 것이었는지는 분명치 않다. 아마도 그 둘의 내용이 서로 상당 부분 중복되었을 것이다.

그런데, "전파하다"(케뤼소, "전하다")는 신약 성경에서 전적으로 전도의 성격을 띠는 것이었고, 따라서 현대에 행해지고 있는 설교(교회 내의 그리스도인 회중에게 행해지는)는 신약 성경에 나타나지도 않고 심지어 생각조차 되지 않는다는 식의 논의가 가끔씩 제기되어왔다. 그러나 그렇지 않다. 하나님의 말씀이 해명되는 것을 듣기 위하여 하나님의 백성이 모이는 행위는 구약 성경에까지 거슬러 올라가며, 유대인의 회당에서도 계속되었고, 그 이후 사도들이 이를 취하여 그리스도인의 것으로 만들었다. 모세도 제사장들에게 율법을 주고서 백성을 모이도록 하여 그들에게 읽으라고 지시하였는데, 그들은 아마도 읽어가면서 설명하고 적용했을 것이다(신 31:9-13; 참조. 말 2:7-9). 제사장이요 학사인 에스라는 "회중 앞에 율법책을 가져와 낭독하였다." 그리고 레위 제사장들도 이 사역에 함께 하였다: "[그들이] 하나님의 율법책을 낭독하고 그 뜻을 해석하여 백성에게 그 낭독하는 것을 다 깨닫게 하니"(느 8:1-8).

훗날의 회당의 예배에는 율법과 선지자의 글들의 일부를 읽고 그 다음에 누군가가 설교하는 일이 포함되었다. 예수께서도 나사렛의 회당에 들어가셨을 때에 먼저 이사야 61장의 한 부분을 읽으시고 이어서 그 자신이 이 성경의 성취이심을 가르치셨고, 다른 "은혜로운 말"을 하시자 듣는 이들이 다 놀랍게 여겼다(눅 4:16-22). 이와 비슷하게, 바울도 비시디아 안디옥에서 "율법과 선지자의 글을 읽은 후에" "백성을 권할 말"을 해 달라는 회당장들의 청을 받아들여서 그대로 행하였다(행 13:14-43).

그러므로 신자들이 회당을 떠나거나 거기서 쫓겨나서 그들만의 분명히 구별된 그리스도인의 집회를 시작했을 때에도, 물론 율법과 선지자의 글들의 한 부분을 읽는 것에다 사도들의 편지 가운데 하나를 읽는 일이 덧붙여지긴 했으나(참조. 골 4:16; 살전 5:27; 살후 3:14), 성경 본문을 읽고 성경을 해석하는 동일한 패턴이 그대로 유지되었는데, 이는 결코 놀랄 일이 아니다. 누가는 그런 집회의 모습을 단 한 차례 제시하고 있다. 그것은 그리스도인들이 "안식 후 첫날에" 모인 드로아의 그 유명한 모임이었다. 그들의 예배 모임에는 떡을 떼는 일과 바울의 설교가 포함되었는데, 바울은 그때에 밤중까지 설교를 계속하였고, 불의의 사고가 일어나게 된다(행 20:7 이하). 물론 이것이 신약 성경에 기록된 그리스도인의 예배 모임으로서 유일하게 설교가 포함되어 있는 경우이지만, 이것을 예외적인 것으로 볼 이유는 하나도 없다. 오히려 그 반대로, 바울은 디모데에게 공적인 기도를 시행하는 문제에 대해서 뿐 아니라(딤전 2:1 이하) 설교에 대해서도 구체적으로 교훈하고 있다: "내가 이를 때까지 [공적으로 성경을] 읽는 것과 권하는 것과 가르치는 것에 전념하라"(딤전 4:13). 이는 성경을 읽은 후에, 그에 합당한 **파라클레시스**(권하는 것)와 **디다스칼리아**(가르치는 것)가 있었음을 분명히 암시하는 것이다.

그러나 그렇다고 해서 거기에 전도의 요소가 없었다고 말할 수는 없다. 왜냐하면 회당 주변에 "하나님을 경외하는 자들"(godfearers: 유대교로 개종한 이방인들을 뜻함 — 역자주)이 있었던 것처럼, 교회의 집회에도 아직 믿음이 없는 사람들도 얼마든지 있을 수 있었고, 게다가 세례받기 위해 교육 중에 있는 신자들도 있었을 것이고, 심지어 때로는 이교도들이 방문하기도 했었을 것이기 때문이다(참조. 고전 14:23). 그러나 그 가운데서도 신실한 자들을 가르치는 일이 강조되었을 것이다. 이렇듯 목사가 양 떼를 먹일 책임을 지고 있었기 때문에, 장로 혹은 감독의 자격 요건 중에 사도들의 믿음에 충실한 것("능히 바른 교훈으로 권면하고, 거슬러 말하는 자들을 책망"할 수 있도록, 딛 1:9)과 또한 가르치는 은사가 함께 열거되어 있는 것이다(딤전 3:2).

만일 오늘날의 목사들이 설교와 가르침이 우선이라는 신약 성경의 강조를 진지하게 대한다면, 그들 자신이 그 일을 지극히 충실하게 행할 뿐 아니라 그로 인하여 교회에 매우 건전한 영향을 가져오게 될 것이 분명하다. 그런데 참 비극적인 사실은, 목사들 가운데 본질적으로 행정가들이요, 서재(書齋)보다는 사무실을, 성경보다는 전화를 그들의 사역의 상징물로 삼아야 옳을 사람들이 많다는 점이다. 1977년 8월, 당시 캔터베리 대주교였던 도널드 코건(Donald Coggan)은 토론토의 위클리프 대학(Wycliffe College)의 설립 백 주년 기념 감사 예배에서 설교하는 중에 회중들에게 주교가 목사 임직식에서 임직자 한 사람 한 사람에게 성경을 수여한다는 점을 상기시켰다: "목사는 … 조직가나 재정가나 혹은 접대인으로 나아가는 것이 아닙니다. 그는 주께로부터 교회를 위임받은 사람으로서 나아가는 것이고, 그렇기 때문에 그의 손에 들고 있는 성경에 위엄 있게 기록되어 있고 또한 성육신하신 말씀 속에 있는 바 기독교 계시의 보고(寶庫)가 그에게 맡겨지는 것입니다." 코건 박사는 계속해서 말하기를, 다음 한 세기 동안 위클리프 대학으로부터 성경 자체를 연구하고 그것을 먹이고 그것을 깊이 탐구할 뿐 아니라 "자신의 모든 것을 성경의 해명과 적용에 다 쏟아붓는" 그런 사람들이 끊임없이 배출되기를 바란다고 하였다.

우리가 사도들이 행한 것처럼(행 6:4) "기도하는 일과 말씀 사역"을 최우선으로 삼고자 하면, 우리들 대부분이 우리의 프로그램과 시간표를 근본적으로 뜯어고쳐야 할 것이고, 그 외의 다른 책무들 가운데 상당 부분을 평신도 지도자들에게 이양하여야 할 것이다. 그러나 그렇게 하는 것이야말로 목사직의 근본적인 본질에 대한 참된 신약 성경의 확신을 올바로 표현하는 것이 될 것이다.

설교에 대한 확신

목사들이 설교자요 교사라면, 그들은 대체 어떤 유의 설교를 해야 하겠는가? 설교학 교과서들은 선택할 종류들의 목록을 길게 제시하는 경향이 있다. 설교의 형태를 가장 철저하게 분류한 것으로는 아마도 생스터(W. E. Sangster)가 그의 유명한 책 『설교의 기교』(The Craft of the Sermon)에서 제시한 것이라 생각된다. 그는 설교의 유형을 크게 세 가지로 구분하고 각 장마다 하나씩 할애하여 설명해 가면서, "설교의 다양한 유형의 범위는 거의 무한하다"고 덧붙인다.[33] 첫 번째 유형은 "주제에 따르는 것"으로 정의하며(예컨대, 성경적 설교, 윤리 설교, 경건 설교, 교리 설교, 전도 설교 등), 두 번째 유형은 "구조적 형태에 따르는 것"으로 정의하고(예컨대, 직접적 강해 설교, 점진적 논증 설교, 초점식 설교 등), 세 번째 유형은 "심리적 방법론에 따르는 것"으로 정의한다(즉, 설교자가 자기 자신을 누구의 입장에 놓느냐에 따라 달라진다. 예컨대 교사나 변호사나 혼동 중에 있는 사람으로나 혹은 마귀의 수족 등의 입장에 놓고 설교할 수 있다).

생스터보다 철저하지 않은 다른 사람들은 이보다 더 단순한 분류로 만족해왔다. 그들은 주제 설교와 본문 설교로 구분한다. 전도 설교나 변증 설교나 예언적 설교도 있고, 또한 교리 설교, 혹은 경건 설교, 혹은 윤리 설교나 권면 설교도 있는데, 그 중간 쯤 어느 곳에 "주해 설교" 혹은 "강해(講解) 설교"가 포함된다. 필자로서는 강해 설교를 여러 가지 설교의 유형 중 하나로 보는 것을 묵과할 수가 없다(때로는 그런 것에 혐오감을 느끼기까지 한다). 필자가 주장하고 싶은 것은 참된 기독교 설교라면 모두가 강해 설교라는 것이다. 물론 "강해 설교"가 성경의 긴 본문을 한 절씩 설명해 가는 것을 뜻한다면, 그것은 설교의 한 가지 유형에 해당할 것이다. 그러나 이것은 "강해 설교"라는 말을 잘못 오용하는 것이다. 정당하게 말하자면, "강해"란 훨씬 더 넓은 의미를 갖고 있다. 그 말은 설교의 스타일(계속 이어지는 본문 주해)보다는 그 내용(성경적 진리)을 지칭하는 것이다. 성경을 강해한다는 것은 성경의 본문을 끌어내어 볼 수 있게 드러내는 것을 뜻한다. 강해자는 닫혀 있는 것으로 보이는 내용을 환히 열어 주며, 희미한 것을 분명히 해 주며, 매듭지어 있는 것을 풀어 주며, 단단히 포장되어 있는 것을 뜯어서 펼치는 것이다.

강해(exposition)의 반대는 본문에 없는 것을 억지로 본문에 집어넣어 해석하는 억지 해석(imposition)이다. 그러나 그 문제의 "본문"은 한 절도 될 수 있고, 한 문장도 될 수 있고, 심지어 한 단어도 될 수 있다. 또한 한 단락이나 한 장, 혹은 성경의 책 한 권 전체가 될 수도 있다. 설교의 내용이 성경적인 한 본문의 크기는 문제가 되지 않는다. 문제는 우리가 그 본문을 어떻게 다루느냐 하는 것이다. 본문이 길든 짧든, 강해자로서의 우리의 책무는 본문이 그 메시지를 분명하게, 평이하게, 정확하게, 당위성 있게, 첨삭(添削)이나 허위가 없이 말씀하게끔 그 본문을 활짝 열어 놓는 것이다. 강해 설교에서 성경 본문은 주로 다른 주제에 대한 설교를 도입하는 전통적인 서론도 아니요, 잡다한 생각들의 쓰레기 주머니를 걸어놓는 편리한 나뭇가지도 아니다. 그것은 말씀하는 내용을 지배하고 통제하는 주인(主人)과도 같은 것이다.

그러면 이 강해 설교의 몇 가지 유익한 점들을 주목하기로 하자.

첫째로, **강해 설교는 우리에게 한계를 부여한다**. 우리로 하여금 성경 본문으로 제한하도록 만든다는 것이다. 강해 설교란 바로 성경적 설교이기 때문이다. 우리는 세속의 문헌이나 정치적 연설 혹은 종교적인 책의 한 구절을 해명하는 것이 아니고, 우리 자신의 생각들을 해명하는 것은 더더욱 아니다. 아니다! 우리의 본문은 변함 없이 언제나 하나님의 말씀에서 취한 것이다. 강해자의 가장 첫째가는 자격 요건은 바로 우리가 거룩한 진리의 "보고(寶庫)"를 위임맡은 자들이요, 복음을 위탁받은 자들이요, "하나님의 비밀을 맡은 청지기들"임을 인식하는 데 있다.[34] 도널드 코건은 설교에 관한 그의 첫 번째 저서에서 이 점에 대해 다음과 같이 말하였다:

> 기독교 설교자에게는 그에게 정해진 경계선이 있다. 강단에 올라서면, 그는 전적으로 자유로운 사람이 아니다. 어떤 점에서는 그에 대하여, 전능하신 하나님께서 절대로 넘어서서는 안 될 경계선을 정해 놓으셨다고 말할 수 있을 것이다. 그는 자기의 메시지를 만들어내거나 선택할 자유가 없다. 그의 메시지는 그에게 맡겨진 것이요, 그는 바로 그것을 선포하고, 강해하고, 청중들에게 제시해야 하는 것이다 … . 복음의 그 장엄한 통치 아래 있다는 것은 그야말로 위대한 일이 아닐 수 없다![35]

둘째로, **강해 설교는 순전함을 요구한다.** 모두가 이 점을 인정하는 것은 아니다. 성경은 원하기만 하면 아무렇게든 해석할 수 있다고들 흔히 이야기하는데, 설교자에게 순전함이 결핍되었을 때에만 이 말이 사실이다. 서머싯 몸(Sommerset Maugham)은 그의 소설 『달과 육펜스』(*The Moon and Sixpence*)에서 로버트 스트릭랜드 목사가 작고한 그의 아버지의 전기를 썼는데, 그것은 역사라기보다는 신화에 가까웠다는 이야기를 하고 있다. 사실 그의 아버지는 미술에 대한 괴이한 귀신적인 집착에 사로잡혀서 아내도, 가정도, 직장도 다 버렸다. 그러나 아들이 쓴 전기에 묘사된 그의 모습은 훌륭한 남편이요 아버지이며, 친절하고 근면하며 도덕적인 사람이었다. 이처럼 어처구니없이 진실을 왜곡시킨 사실에 대하여 몸은 이렇게 논평한다: "현대의 목사들은, 주해(註解)라고 부르지만 실상 사실을 마음대로 설명해 치우는 굉장히 편리한 기술로 여겨지는 그런 학문을 연구하는 데에 일가견이 있는 자들이다." 그는 그리고 나서 적지 않게 빈정거리면서, 로버트 스트릭랜드 목사는 그의 교묘한 해석 덕분에 "후에 때가 되면 분명히 교회의 최고위직에 오를

것이다. 그의 근육질의 장딴지가 주교의 각반(脚絆)을 차고 있는 것이 벌써 보인다"라고 한다.[36]

서머싯 몸이 그런 식으로 풍자한 "주해"(exegesis)란 사실 철저하게 엄격한 분야이며 또한 그래야 마땅하다. 그 단어에 "문법적 역사적"이라는 다소 긴 형용사가 붙여지는데, 이는 주해가 본문의 역사적 기원과 그 문법적 구조에 맞도록 그 본문을 해석하는 것을 뜻하기 때문이다. 16세기의 종교개혁자들은 중세 시대의 공상적인 알레고리식의 해석으로부터 성경적 해석을 구출해 냄으로써 이 방법을 회복시킨 공로를 인정받아야 마땅할 것이다. 그들이 말한 본문의 "문자적" 의미란 본문의 "알레고리식" 의미와 대조를 이루는 것이었다. 그들은 성경 구절들 가운데 의도적으로 시적(詩的)인 스타일을 지니며 비유적인 의미를 지니는 것들이 있다는 것을 부인한 것이 아니다. 그들은 성경을 연구하는 자가 반드시 추구해야 할 것은 바로 교묘한 것이 없는 본문의 평이하며, 자연스럽고, 명백한 의미임을 강조하였다. 성경 저자가 의도한 본문 말씀의 의미는 과연 무엇이었을까? 바로 그것이 문제였다. 더욱이 이 질문은 인내로 답변할 수 있고, 또한 확신 있게 대답할 수 있는 것이다. 우리는 성경의 각 저자가 은밀한 목적을 갖고 있고 아니면 교묘하게 추적해서 벗겨내야 하는 신비로운 의미를 갖고 있는 것으로 의심하는 현대의 문학 비평의 냉소적인 분위기에 오염되어서는 안 된다. 그렇지 않다. 성경 저자들은 사기꾼들이 아니라 정직한 사람들이었고, 그들은 "끝없이 마음대로 해석할 수 있도록" 글을 써 놓은 것이 아니라, 사람들로 하여금 명확하게 이해할 수 있게 하려는 의도를 갖고 글을 써 놓은 것이다.

종교개혁자들은 또한 "신앙의 유비"(the analogy of faith)에 대해 많이 가르쳤는데, 이는 성경이 하나님께서 주신 통일성을 소유하고 있으며, 따라서 성경이 성경 자체를 해석하도록 되어야 하고, 한 구절이 다른 구절에 빛을 던져주도록 되어야 하며, 또한 교회는 "성경의 어느 곳을 다른 곳과 모순이 되도록 해석할 자유가 없다"(성공회 39개 신조 중 제20조)는 그들의 믿음을 뜻하는 것이다. 그들은 성경에 형식의 다양성이 있음을 부인하지 않았으나, 몇몇 현대의 학자들처럼 성경의 통일성을 해칠 정도로 그 다양성을 강조하지는 않았다. 현대 학자들과는 대조적으로, 그들은 성경을 서로 조화시키는 일(harmonization: 이는 "조작"[manipulation]과는 분명 다른 것이다)이야말로 책임 있는 그리스도인의 임무라고 보았다.

칼빈은 사망하기 한 달 전인 1564년 4월 말, 제네바의 목사들에게 작별을 고했다. 칼빈이 그들에게 한 말을 모든 설교자가 다 말할 수 있다면 얼마나 좋겠는가:

저는 제가 아는 한 성경의 단 한 구절도 혼잡케 하지도, 왜곡시키지도 않았습니다. 그리고 혹시 제가 난해한 뜻으로 해석했을 때도 있겠습니다만, 만일 제가 난해해지기를 연구했더라면 그때에 본문 전체를 발로 짓밟아버리고 말았을 것이나, 저는 언제나 단순명료해지기를 연구했습니다 … .37)

그로부터 250년이 지난 후 또 다른 성경 강해자가 그와 동일한 주장을 했는데, 바로 케임브리지의 찰스 시미언(Charles Simeon)이 그 사람이었다. 언젠가 학기 중 두 주일에 한 번씩 금요일 저녁에 모인 그의 유명한 설교 파티 석상에서, 그는 그의 학생 손님들에게 다음과 같이 말하였다고 한다: "어느 본문이든 간에 원문과 주위의 문맥에서 참되고 충실하며 주된 의미를 확실히 알기를 지극히 사모하십시오."38) 그 자신도 이 말대로 행하기에 최선을 다 하였다. 그는 자신의 설교 개요들을 모아서 『설교 시간』(Horae Homileticae)이라는 제목으로 문집을 출간했는데, 그 서문에서 말하기를, "저자는 편견이나 선입관이 없이 각 본문마다 그 정당한 의미와 그 자연스런 뜻과 그 적법한 적용을 제시하고자 최선의 노력을 다하였다"39)고 하였다. 그리고 출판사에 보내는 편지에서는 다음과 같이 쓰고 있다: "제 의도는 성경에 있는 것을 끄집어내는 것이지, 제 생각에 거기에 있을 것이라고 생각되는 것을 억지로 집어 넣는 것이 아닙니다. 제가 크게 마음을 두는 것은, 제가 다루고 있는 구절에서 성령의 뜻이라고 믿어지는 것 이외에는 그 이상도 그 이하도 절대로 말하지 않겠다는 것입니다."

시미언이 신학의 모든 체제들과 체계들을 불신하게 된 것은, 바로 성경 위에 서서 성경을 스스로 판단하려 하지 않고 성경의 권위 아래 겸손히 앉아 있으려는 이러한 단호한 결단 때문이었다.

> 저자는 … (자기의) 신학을 체계화하려는 자들을 따르지 않는다. 저자는 그의 신앙관을 오직 성경에서 이끌어내고자 노력하였고, 빈틈없이 충실하게 성경을 고수하고자 하는 것이 또한 저자의 소원이다. 저자는 하나님의 말씀의 어느 부분을 비틀어서 특정한 견해를 지지하도록 만들려 하지도 않았고, 그 모든 부분을 그 위대하신 저자께서 전하고자 계획하셨다는 의미로 이해하고자 하였다.[40]

그의 생각으로는 그 당시 분파주의적인 칼빈주의자들과 아르미니우스주의자들은 그런 주장을 할 수 없었다. 오히려 시미언이 악의없이 유머스럽게 썼듯이, "두 체계의 단호한 신봉자들 중에는, 만일 바울을 수행하고 있는데 그가 다른 서신서들을 쓰고 있었더라면 그에게 이런저런 표현들을 달리 바꾸는 것이 좋겠다고 이야기하지 않았을 사람이 하나도 없다." 시미언 자신으로 말하면, 영감된 성경 본문에 대해 그런 식으로 우월한 자세를 취하는 것은 말도 되지 않는 것이었다. 그는 "거룩한 사도들의 발 앞에 배우는 자로서 앉아 있는 것"으로 전적으로 만족했고, 또한 "이렇게 저렇게 말씀해야 한다는 식으로 성경 기자들을 가르치고픈 야망이 전혀 없었던 것"이다.[41]

셋째로, **강해 설교는** 우리가 어떠한 값을 치르고라도 피해야 할 **함정들을** 제시해 준다. 성경 본문에 충실하고자 하는 것이 강해자의 결의이므로, 망각(forgetfulness)과 불충성(disloyalty)이 두 가지 큰 함정이라 할 수 있을 것이다. 잊어버리기를 잘 하는 강해자는 본문을 잊어버리고 곁길로 빠져서 자기 자신의 허무맹랑한 생각을 따라간다. 불충성한 강해자는 본문에 충실한 것처럼 보이지만, 본문을 잡아당기고 펴서 그 본래의 자연스런 의미와는 전혀 다른 것으로 만들어버리는 것이다.

20세기의 위대한 성경 강해자 중 한 사람인 캠벨 모건(G. Campbell Morgan)은 반드시 성경 본문을 갖고서 그것을 상세히 설명하는 일이 필수적임을 강조하였다. 그런데 그의 말에 따르면, 옥스퍼드의 베일리얼 칼리지(Balliol College)의 학장인 벤자민 조웨트(Benjamin Jowett) 박사는 "자기는 먼저 설교문을 작성한 다음 거기에 맞는 성경 본문을 택하는 습관이 있노라고 공언했다"고 한다. 캠벨 모건은 계속 말하기를, "내가 자유롭게 말할 수 있는 것은 … 그의 설교문들을 연구해 보면 이런 그의 말이 정확하다는 것이 드러나며, 그 방법이 얼마나 위험스러운가도 알게 될 것이라는 것이다"라고 하였다. 그러나 그보다 더 무심한 설교자는 "자기의 본문을 제시한 다음, '그것이 지금 제가 설교하고자 하는 제 본문입니다. 어쩌면 제 본문과 저를 다시 만나게 될 수도 있을 것이고, 어쩌면 다시 만나지 못할 수도 있겠지요' 라고 말한다"고 하였다.[42]

설교의 본문에 대한 이런 식의 교만한 무관심에도 최소한 그런 것이 솔직하게 인정받는다는 이점은 있다 할 것이다. 그러나 이보다 더 나쁜 것은 실상 성경 본문을 자기 멋대로 이용하고 있으면서도 겉으로는 본문을 강해하는 척하는 것이다. 신약 성경 기자들도 이러한 악행에 대해 생생한 표현들을 써서 우리에게 경고하고 있다. 거짓 교사들이 마치 표적을 맞추지 못한 궁수(弓手)들처럼 진리에서 "벗어난다"고도 하고, 마치 속임수로 물건을 파는 장사꾼처럼 하나님의 말씀을 "혼잡케 한다"고도 하며, 복음의 내용을 바꾸어 "변하게 하며" 성경을 "억지로 풀어" 알아볼 수 없는 형태로 만들어 버린다고 그들을 정죄하고 있는 것이다. 이런 모든 범죄들과는 대조적으로, 바울 자신은 부끄럽고 부정한 것들을 버렸고, 하나님의 말씀을 변하게 하는 것을 철저히 거부하였으며, "순전함으로 하나님께 받은 것같이 … 말한다"고 엄숙히 선언하고 있다.[43]

그런데, 악의를 갖고서 성경을 마구 조작하여 자기들이 원하는 의미를 갖다붙이는 자들이 끊임없이 있어서 교회에 치욕거리가 되었다. 로잔(Lausanne)의 비네(A. Vinet) 교수는 19세기 중엽에 말하기를, "성경의 한 구절이, 전혀 성경적이 아닌 사고들을 보증하는 증명서로 사용된 경우가 수없이 많았다"고 하였다.[44] 때로는 적절한 본문을 찾다가 본의 아니게 그런 실수를 한 경우도 있는데 이런 경우는 비교적 해가 덜하다. 예를 들면, 런던의 성 바울 대성당(St. Paul's Cathedral)의 수석 사제였던 매튜스(W. R. Matthews) 박사는 제2차 세계대전이 종전되었을 때에 승리로부터 재건(再建)에로 나아가야 할 필요성에 대해 설교하고자 하여 "우리는 이기는 자들보다 더한 자들이라"(롬 8:37, 한글 개역 개정판은 "우리가 넉넉히 이기느니라"로 번역함 — 역자주)를 본문으로 설교하였고, 어떤 이름모를 설교자는 인생의 덧없음에 대해 설교하고자 하여 구약 성경에 흔히 나타나는 "일어났다"(그 설교자는 이를 영어의 문자적인 의미에 따라 "지나가기 위해 왔다"[it came to pass]는 뜻으로 본 것이다 — 역자주)라는 표현에 초점을 맞추었다고 한다.[45] 그러나 때로는 설교자가 신학적인 자기의 장기(長技)를 나타내려다가 성경을 잘못 사용하기도 한다. 캠벨 모건은 세례에 대해 매우 확고한 견해를 지닌 한 침례교 설교자의 일화를 소개하는데, 그는 세례 문제를 그냥 내버려둘 수가 없었다고 한다. 어느 날 아침 그는 "아담아 네가 어디 있느냐?"를 자신의 설교 본문으로 공포하였다. 그런 다음 그는 이렇게 말을 이어갔다는 것이다: "세 가지 점에 대해 살펴보려고 합니다. 첫째는 아담이 어디에 있었느냐 하는 것이고, 둘째는 그가 그 있는 곳에서 어떻게 해서 취해졌는가 하는 것이고, 마지막 셋째로, 세례에 대한 몇 가지 사실들입니다."[46]

옥스퍼드 운동(the Oxford Movement)에 속한 소위 "퓨지주의자들"(E. B. Pusey를 추종하는 자들 — 역자주)은 좀 더 의도적이었다. 그들은 마태복음 18:17을 그들의 고교회관(高敎會觀)을 뒷받침하는 편리한 본문으로 간주하였다. 본문은 "만일 교회의 말도 듣지 않거든 이방인과 세리와 같이 여기라"로 되어 있다. 그들은 "교회의 말을 들으라"는 주제에 대해 어찌나 자주 설교했든지, 훼이틀리 대주교(Archbishop Whately)가 참다 못하여 "누구든지 교회의 말을 듣기를 거부하거든 그를 …"이라는 주제에 대한 설교로 답변할 정도였다.[47] 이렇게 몇 개의 단어를 문맥에서는 말할 것도 없고 본문에서 떼어내어 비트는 행위는, 구약 성경을 처음부터 끝까지 싫어한 어떤 설교자가 "모든 율법과 선지자를 매달아라"라는 말씀에 근거하여 구약 성경을 통렬하게 비방했다는 이야기에서 그 절정을 볼 수 있다.

데일(R. W. Dale)은 설교자들이 그런 식으로 원칙이 없이 본문을 왜곡시키는 행위들을 생각하다가 마술사들의 행위가 생각이 나서, 1878년 예일 대학 강좌(Yale Lectures)에서 다음과 같이 말하였다:

저는 언제나, 손바닥에 1파운드 금화를 넣고 비벼서 카나리아가 되게 하고, 물이 가득 들어 있고 그 속에 금붕어가 한 마리씩 헤엄치고 있는 유리 병 여섯 개를 외투 소매에서 꺼내어 대중을 즐겁게 해 주는 그 재간 좋은 신사들의 속임수들을 생각하게 됩니다. 그러나 저로서는 좋은 설교자의 설교를 듣고 싶습니다. 그리고 재치 있는 마술사들의 속임수에 세상이 다 즐거워한다 해도 저는 반대하고 싶지 않습니다. 하지만 마술과 설교가 제발 계속해서 서로 다른 것이었으면 좋겠습니다. 주일 오전에 마술을 부리고, 교회에서 마술을 부리고, 성경 본문을 갖고 마술을 부리는 것은 전혀 제 취향에는 맞지 않습니다.[48]

수고를 아끼지 않는 그런 강해자가 되겠다는 결의가 있어야만 이런 함정들을 피할 수 있게 되는 것이다.

넷째로, **강해 설교는 설교하는 일에 대해 자신감을 준다.** 만일 우리 자신의 생각들이나 다른 어떤 인간의 생각들을 설명하는 것이라면, 우리는 주저주저하며 자신이 없는 태도를 보이게 될 것이다. 그러나 만일 하나님의 말씀을 순전하고도 정직하게 해명하는 것이라면, 매우 담대할 수가 있다. 베드로는 말씀하기를, 누구든지 말하려면 "하나님의 말씀을 하는 것 같이 하라"고 한다(벧전 4:1). 이는 우리가 우리 자신의 말을 하나님께로부터 오는 말씀으로 여기기 때문이 아니라, 옛날의 유대인처럼 우리가 "하나님의 말씀을 맡았"기 때문이며(롬 4:2), 또한 우리의 주된 관심사가 그 말씀을 철저하게 신실하게 다룸으로써 바로 하나님께서 그 말씀들을 통해서 말씀하시는 것이 되게 하겠다는 데 있기 때문이다.

구스타프 빙그렌 교수는 이 점을 다음과 같이 훌륭하게 표현하고 있다:

> 강해자는 말씀이 나아갈 수 있도록 본문 그 자체를 위하여 입과 입술만 제공해 주는 것 뿐이다 … . 진정 위대한 설교자들 … 은, 사실상 성경의 종들에 지나지 않는다. 그들이 잠시 말을 할 때에 … 그 말씀 … 이 본문 그 자체 속에서 빛을 발하며 그 말씀이 들려지는 것이요, 그 말씀의 음성 그 자체를 듣게 해 주는 것이다 … . 본문 그 자체가 음성이요, 하나님의 말씀(speech)이며, 설교자는 입과 입술이요, 또한 회중은 그 음성을 듣는

귀이다 … . 설교가 필요한 것은 오직 말씀이 나아갈 수 있도록 — 세상 속으로 나아가고, 원수의 장벽들을 무너뜨리고 그 속에 잡힌 포로들에게로 나아갈 수 있도록 — 하기 위한 것일 뿐이다.[49]

* * *

이것이 설교 사역을 위한 신학적 기초다. 하나님이 빛이시며, 하나님이 행동하셨고, 하나님이 말씀하셨고, 또한 하나님이 그의 행동과 말씀을 글로 보존되게 하셨다. 이 기록된 말씀을 통해서 그는 계속해서 살아 있는 음성으로 능력 있게 말씀하고 계신다. 그러므로 교회는 주의를 기울여 그의 말씀을 들어야 한다. 교회의 건강과 성숙함이 그 일에 달려 있기 때문이다. 그러므로 목사들은 그 말씀을 강해해야 한다. 바로 이 일을 위하여 그들이 부름받은 것이다. 그들이 순전하게 그 일을 감당할 때마다 하나님의 음성이 들려지며, 교회가 죄를 깨닫고 낮아지며, 회복되고 힘을 얻으며, 하나님의 영광을 위하여 쓰임받는 도구로 변화되는 것이다.

우리의 흔들리는 확신들을 더욱 강건케 하기 위해서는 하나님과 성경, 교회와 목사직, 그리고 성경 강해에 대한 이러한 진리들이 필요하다. 그러한 진리들이 확고히 설 때에 설교에 대한 현재의 반론들이 우리를 가로막지 못할 것이다. 그 반대로, 우리의 사역에 새로운 열심과 결단이 생길 것이다. 그 어떤 것도 우리의 가장 우선적인 임무로부터 벗어나도록 우리를 산란하게 하지 못할 것이다.

---

1. 본 장의 자료 중 일부는 고(故) 윌버 스미스 박사(Dr. Wilbur Smith)를 추모한 글에 이미 실린 것이다. 참조. *Evangelical Roots*, ed. Kenneth S. Kantzer (Nelson, 1978).

2. 참조. 시 19:1; 사 6:3; 롬 1:19, 20.

3. 히 7:19, 22; 8:6; 9:12, 14, 15, 23; 13:20에 나타나는 "더 나은"과 "영원한" 등의 형용사의 용법을 보라. 그리고 고후 3:4-11에 나타나는 "더 영광된"이라는 표현을

보라.

4. 필자는 성경의 이중적인 저작권의 — 특히 인간의 문화들과 관련되는 — 함축된 의미들을 1979년에 필자가 행한 올리비어 베긴 기념 강좌(Olivier Beguin Lecture)에서 상세히 다룬 바 있다. 그 강좌의 내용은 호주와 미국의 Bible Society(성서공회)와 미국의 Inter-Vasity Press에 의하여 출간되었다.

5. Stalker, p. 93.
6. Solzhenitsyn, p. 22.
7. Ibid., p. 26.
8. Ibid., p. 27.
9. 렘 23:29; 시 119:105; 약 1:18, 22-25; 벧전 1:23-2:3; 시 19:10.
10. Forsyth, pp. 3, 15, 56.
11. Wingren, p. 45.
12. Ibid., p. 146.
13. Ibid., pp. 207-8.
14. Ibid., p. 108.
15. Ibid., p. 95.
16. Ibid., p. 124.
17. Spurgeon, *All-Round Ministry*, p. 187. 「스펄전 목회론」, 크리스챤 다이제스트
18. 예컨대, 신 4:1, 30; 5:1; 6:1-3; 11:26-28; 12:28; 15:5; 28:1.
19. 잠 8:1-36; 참조. 1:20-33.
20. 사 1:2, 10, 19, 20; 42:18-25; 43:8; 48:17-19, 22.
21. 렘 7:23-26, 참조. 25:3-7; 32:33; 35:12-16; 44:1-6.
22. 대하 36:15, 16.
23. Lloyd-Jones, *Preaching*, p. 24.
24. Dargan, Vol. I, p. 13.
25. Calvin, IV. 1. 5.
26. Ibid., IV. 3. 2.
27. *Works*, Vol. II., p. 1034.
28. *Works*, Vol. III., p. 598.
29. Volbeda, p. 24.
30. Ibid., p. 26.
31. Ibid., pp. 79-85.
32. Ramsey, M., *The Christian Priest*, p. 7.

33. Sangster, *The Craft*, p. 92.
34. 딤전 6:20; 딤후 1:12-14; 살전 2:4; 고전 4:1, 2.
35. Coggan, *Stewards*, pp. 46, 48.
36. Maugham, p. 8.
37. Cadier, pp. 173-5.
38. Smyth, *The Art*, p. 176.
39. Simeon, *Horae*, p. 12.
40. Ibid., pp. 4-5, Vol. I, preface.
41. Ibid., p. 6.
42. Morgan, G. C., Preaching, pp. 40, 42.
43. 딤후 2:18; 고후 2:17; 갈 1:7; 벧후 3:16; 고전 4:2.
44. Vinet, p. 76.
45. McWilliam, p. 39.
46. Jones p. 288.
47. 맨리 목사(Rev. G. T. Manley)가 1935년 이슬링턴 성직자 대회(Islington Clerical Conference)에서 인용하였음. *Authority and the Christian Faith*, Thynne, 1935, p. 50을 보라.
48. Dale, p. 127.
49. Wingren, pp. 201-3.

제 4 장
설교의 가교 역할

　설교란 정확히 무엇인가? 지금까지 필자는 설교에 대한 현대의 반론 몇 가지를 살펴보았고, 설교에 대한 신학적인 변증을 제시하였다. 그러나 아직 설교에 대한 정의는 시도하지 않았다. 다만 진정으로 기독교적인 설교가 되기 위해서는 반드시 강해 설교여야 한다는 점을 강조한 것이 전부다. 그러나 "설교란 강해다"라고만 말하는 것은 완전히 만족스러운 진술이 될 수 없을 것이다. 그렇게 되면 설교란 그저 성경 문서들에 대한 해석 이상 아무것도 아닌 것이 되고 현대적 적용에 대한 관심은 전혀 필요없게 되어버릴 것이기 때문이다.

　성경은 갖가지 다양한 표상들을 사용하여 기독교 설교자가 과연 어떤 사람인지를 보여주고 있다. 그 중에 가장 흔히 나타나는 것은, 첫째로, 사자(使者) 혹은 전령(傳令: **케륌스**)인데, 이는 어떤 좋은 소식을 담은 메시지를 받아 그것을 공포할 임무를 맡은 자를 뜻한다. 이 사람은 시장터나 기타 공공 장소에서 아무런 거리낌이 없이 목소리를 높여서 그 메시지를 전하는 것이다. "우리는 십자가에 못 박힌 그리스도를 전하니"와 "우리는 그리스도 예수의 주 되신 것 …을 전파하니"라는 바울의 표현이 그의 전도 설교를 가장 직접적으로 묘사해 주는 것이다.[1]

　둘째로, 설교자를 씨 뿌리는 자(**스페이론**)로 묘사한다. 예수님의 씨 뿌리는 자의 비유에서 나타나는 것처럼, 마치 농부가 밭으로 가듯이 그는 세상으로 나아간다. 그리고 거기서 하나님의 말씀이라는 보배로운 씨를 뿌리면서, 그 중에 좋은 땅에 떨어져 후에 좋은 열매를 맺게 되기를 기대하고 또한 그 일을 위해 기도하는 것이다(참조. 눅 8:4 이하).

셋째로, 설교자는 사신(使臣: **프레스부스**)다. 그는 외국에서 — 심지어 적국에서도 — 사절(使節)로서 섬기도록 명령을 받은 사람이며, 거기서 자기 나라의 군주나 정부를 대표하여 그들의 대의를 전하는 책무를 진다.[2]

넷째로, 설교자는 청지기 혹은 가정부(**오이코노모스**)다. 하나님의 가족을 책임 맡고 그들에게 필요한 것들 — "하나님의 비밀", 즉 하나님께서 계시하신 비밀한 것들 — 을 공급해 줄 임무를 부여받은 것이 그의 특권이다. 그러므로 그는 무엇보다 하나님의 가족들에게 그것들을 신실하게 공급해 주어야 한다.[3]

다섯째로, 설교자는 이미 살펴본 대로 목사(pastor) 혹은 목자(**포이멘**)다. 목자장께서 그의 휘하의 목자들에게 그를 대신하여 양 떼를 보살피는 임무를 주셨으므로, 그들은 그 양 떼들을 이리들(거짓 교사들)에게서 보호하고 또한 그들을 푸른 초장(건전한 가르침)으로 인도할 책임이 있는 것이다.[4]

설교자를 묘사하는 여섯 번째 은유적인 표현은 "부끄러울 것이 없는 일꾼으로 인정된 자"(딤후 2:15)라는 것이다. 그런데, 하나님 보시기에 "인정된 자"가 되고 "부끄러울 것이 없이" 되려면, 과연 어떤 일꾼이 되어야 할까? 그는 "진리의 말씀"을 능숙하게 다룰 줄 알아야 한다. 헬라어 동사 **오르소토메오**(한글 개역 개정판은 이 동사를 "옳게 분별하며"로 번역함 — 역자주)를 영어 흠정역(AV)은 "rightly dividing"(올바로 나눈다)으로 번역하고 있으나, 이것은 잘못된 것이다. 현대의 영어 역본들은 말씀을 "rightly handling"(올바로 다룬다, RSV성경), "handling it correctly"(옳게 다룬다, NIV성경) 등으로 번역하나, 이것들은 너무나 의미가 모호하다. 그 단어는 그보다 더 명확한 의미를 갖고 있다. 곧, "똑바로 자르다"(cut straight)라는 것이다. 그러므로 이 단어가 나타내고자 하는 것은 밭을 가는 농부나 길을 닦는 일꾼의 모습인 것이다. NEB성경은 이 가운데 전자를 취하여, 설교자를 "밭고랑을 똑바로 내는" 식으로 선포하는 것으로 묘사한다. 그러나 후자의 것이 더 개연성이 높은 것 같아 보인다. 왜냐하면 그 단어는 성경에서 두 곳에서 더 나타나고 있는데(잠 3:6; 11:5의 칠십인역), 그 두 곳에서는 "분명 '똑바르게 길을 내다'나 혹은 길을 가는 사람이 곧바로 목적지까지 갈 수 있도록 '들(즉, 수풀이

우거져 있는 등 지나가기 힘든 곳)을 가로질러서 직선으로 길을 내다'를 의미하는 것이 분명하다"(AG). 진리를 이렇게 "똑바르게" 가르치는 것은 진리에 관하여 그릇되어 있는 거짓 교사들(18절)과는 분명한 대조를 이루며, 그리하여 우리의 청중들이 쉽게 깨닫고 따르도록 신실하고도 단순하게 진리를 강해해야 할 필요가 있음을 강조하는 것이다.

설교자에 대한 이런 여섯 가지 표상들에서 두드러지게 나타나는 점은, 이것들이 한결같이 설교자의 메시지가 "받는 것"이라는 점을 강조한다는 것이다. 설교자들이 메시지를 만들어내는 것이 아니다. 메시지는 설교자들에게 맡겨진 것이다. 그러므로, 좋은 소식들이 전령에게 주어져서 그가 나가서 그것을 공포하는 것이요, 농부에게는 좋은 씨를 주어서 뿌리게 하는 것이요, 청지기에게는 좋은 양식을 주어 나누어주게 하는 것이요, 또한 풀을 뜯을 수 있는 푸른 초장이 있어서 목자가 양 떼들을 그리로 데리고 가는 것이다. 또한 비슷하게, 사신은 자신의 정책이 아니라 자기 나라의 정책을 추구하는 것이며, 일꾼은 자기의 말이 아닌 "진리의 말씀"을 위하여 똑바로 길을 내는 것이다. 신약의 모든 은유적 표현들에서 설교자를 다른 누군가의 권위 아래 있는 종으로, 다른 누군가의 말을 전하는 전달자로 묘사한다는 사실은 정말 의미심장한 것이다.

설교자가 주어진 메시지를 실존적인 상황에 적용시키는 — 혹은 현대적인 용어를 써서 말하자면, 하나님의 말씀을 "상황화"(狀況化: contextualize)하는 — 문제에 대해서는, 설교자의 임무를 묘사하는 이런 표상들에서 덜 분명하게 나타나고 있다. 그렇다고 이런 점이 전혀 나타나지 않는 것은 아니다. 사자는 그의 메시지를 듣는 자들에 대해 무관심할 수가 없고, 사신이 자기의 요청을 듣는 그 나라의 사람들에 대해 무관심할 수가 없고, 청지기가 자신이 책임을 맡은 가족에 대해 무관심할 수가 없다. 또한 목자는 자기 양 떼들에게 적합한 초장을 찾아가며, 길을 닦는 사람은 수풀을 헤치고 곧바로 닦아놓은 그 길을 걸어갈 여행자들에 대해 관심을 갖기 마련인 것이다. 어쩌면 이런 점에서 가장 시사하는 바가 많은 것이 씨 뿌리는 자일 것이다. 이것은 사실상 가장 인격성이 덜하게 보이지만("씨"는 사람이 아니므로), 씨가 떨어지는 여러 가지 밭들이 말씀을 듣는 여러 사람들을 나타내며, 또한 양심적인 농부는 좋은 씨를 뿌리는 일에도 관심을 쏟으나 동시에 좋은 밭에 그 씨를 뿌리는 일에도 관심을 쏟는 법이다.

문화적 간격의 연결

설교가 해석만이 아니라 전달이기도 하며, 본문의 주해만이 아니라 하나님께서 주신 메시지를 그것을 들어야 할 살아 있는 사람들에게 전달하는 것이기도 하기 때문에, 여기서 필자는 설교의 필수적인 본질을 예증해 주는 다른 은유적 표현을 제시하고자 한다. 그것은 성경에서 사용되지 않으므로 그런 점에서는 비성경적이라 하겠다. 그러나 거기에는 근본적으로 성경적인 임무가 담겨 있다고 말하고 싶다. 곧, 다리를 놓는 것(bridge-building)이 그것이다.

다리는 강이나 계곡 등으로 서로 끊어져 있는 두 장소를 서로 연결시켜서 왕래를 가능하게 만들어 주는 수단이다. 그렇다면 계곡이나 갈라진 틈이란 무엇을 뜻하는가? 그리고 그것을 연결시키는 다리는 또 무엇을 뜻하는가? 틈이란 성경의 세계와 현대의 세계 사이의 깊은 간격을 뜻한다. 1955년에 출간된 한 유명한 글에서, 스노우 경(Lord Snow)은 과학과 예술의 "두 문화"에 대해 논하면서, 문학인들과 과학인들이 점점 더 서로 괴리되고 있는 현실을 탄식하였다. 그들 사이에 "상호 간의 몰이해(沒理解)라는 큰 간격"이 있다는 것이었다. 그런데 같은 시대에 속한 두 가지 문화 사이의 간격이 그렇게 크고 넓다면, 그 두 문화와 고대 세계와의 간격은 그보다 더 크고 넓은 것이다. 바로 2천 년이라는 긴 세월 동안(구약 성경의 경우는 그보다 더 오랜 세월 동안) 변화를 거듭해 온 문화의 넓고도 깊은 간격을 가로질러서 다리를 놓아야 하는 것이 바로 기독교 설교자들의 임무인 것이다. 우리의 임무는 바로 하나님이 계시하신 진리가 성경으로부터 흘러나와 오늘날의 남녀들의 삶 속으로 흘러들어갈 수 있게 해 주는 것이다.

몇 년 전, 필자는 서로 형제 간인 두 학생과 대화를 나눈 적이 있다. 그 중 하나는 옥스퍼드 대학교에, 또 하나는 에든버러 대학교에 다니고 있었다. 그들은 전통적인 기독교 가정에서 자라났고, 그들의 부모는 실천적인 신자들이었다. 그런데 그들은 부모의 신앙과 기독교적 교육을 다 저버린 상태였다.

한 형제는 완전한 무신론자라고 했고, 또 한 형제는 불가지론자(不可知論者)로 불리기를 원했다. 필자는 "대체 무슨 일이 있었기에 그렇게 되었습니까?"라고 물었다. "더 이상 기독교가 참이 아니라고 믿게 되었기 때문인가요?" 그러자 그들은 이렇게 대답했다: "아니요, 그것은 문제가 아닙니다. 우리는 기독교가 과연 참이냐 아니냐 하는 것에는 정말 관심이 없습니다. 목사님께서 기독교가 참이라는 것을 납득시키신다 해도, 우리는 기독교를 받아들이지 않을 것입니다." "그러면, 당신들의 문제는 무엇인가요?" 필자는 깜짝 놀라서 물었다. 그러자 그들은 대답을 계속했다: "우리가 알고 싶은 것은 기독교가 참이냐 아니냐 하는 것이 아니라, 기독교가 과연 우리에게 합당하냐 합당하지 않느냐 하는 것입니다. 솔직히 어떻게 그것이 우리에게 합당할 수 있는지 모르겠습니다. 기독교는 2천 년 전인 1세기의 팔레스타인 문화에서 생겨났습니다. 중동의 한 고대 종교가 20세기 말의 변화무쌍한 세계 속에 살고 있는 우리에게 대체 무슨 말을 할 수 있겠습니까? 70년대에는 사람이 달에 착륙했고, 80년대에는 화성에 사람이 갈 것이고, 오늘은 이식 수술이 개발되고 내일에는 유전 공학이 개발되는 그런 시대가 아닙니까? 그런데 이런 우리들에게 도대체 원시적인 팔레스타인의 종교가 어떻게 합당하겠습니까?" 필자는 그때의 그 대화에 대해 종종 하나님께 감사하곤 했다. 사람들이 성경과 자기들 사이에서 느끼는 간격을, 또한 그리하여 오늘날의 설교자들이 당하는 도전을, 그렇게 더 강하게 느끼게 해 준 것이 없었기 때문이다.

그러나 설교의 가교(架橋) 역할의 개념을 전개하기 전에, 불필요한 오해를 피하기 위해서 두 가지 단서를 붙일 필요가 있다고 여겨진다. 첫째로, 성경의 세계와 현대 세계 사이에 큰 간격이 있다고 이야기했지만, 필자는 사실상 그 오랜 세월 동안 다리를 놓는 사람들이 계속 이어져 내려왔다는 것을 인정한다. 교회사 전체를 통틀어서 그리스도인들은 성경의 메시지를 그들의 구체적인 문화와 연결짓는 수고를 해왔고, 또한 새로운 그리스도인 세대마다 그 전 세대의 수고의 결실을 누려왔으며, 따라서 필자의 비유적인 표현이 연상시키는 것보다는 다리를 놓는 작업이 훨씬 더 역사적으로 연속성을 띠어 온 것이다. 어떤 경우는 새 세대가 새로이 다리를 놓는 대신 이쪽을 조금 늘리고 저쪽의 대들보를 교체하는 등 기존의 다리를 개축하기도 한다. 그러나,

오늘날 새로이 자라나는 세대들마다 문화적 간격이 넓고 깊어서 새로이 다리를 놓아야 할 필요성을 절감할 만큼 세계가 너무나도 급속히 변하고 있는 것이다. 필자가 만난 그 두 학생들의 마음속에도 성경의 메시지와 그들 사이에 입이 딱 벌어질 만큼 넓은 틈이 있다는 의식이 있었음이 분명하다.

둘째로, 필자는 적절성(relevance)을 집요하게 요구하는 데에는 위험 요인들이 있다고 본다. 사람들이 해대는 질문들에 답하는 일에만 온통 관심을 집중시키게 되면, 그들이 그릇된 질문들을 제기하는 경우가 많고 따라서 바른 질문들을 제기하도록 도움을 받을 필요가 있다는 사실을 간과할 수도 있다. 세상의 자기에 대한 이해를 무비판적으로 묵인하게 되면, 우리가 하나님의 종이 아니라 세태(世態)의 종이 되어 버릴 것이다. 그러므로 "인기에 영합하는 자"나 현대적인 거짓 선지자가 되는 올무에 사로잡히지 않으려면, 어떤 타입의 다리를 건설해야 할지를, 시대 정신(Zeitgeist)이 아니라 성경적 계시에 근거하여 결정해야 한다. 세속주의에 굴복하는 것이 아니라 오히려 그것에 도전하는 것이 교회의 소명인 것이다. 그러나 그럼에도 불구하고, 우리 주위의 현대 세계를 더 많이 이해하고 더 민감하게 바라볼 필요가 상존하는 것이다.

이러한 문제(두 세계 간의 간격을 연결시키는 문제)를 대하면서, 설교자들은 다음 두 가지 실수 가운데 하나를 범하기가 쉽다.

만일 우리가 보수주의자들(이는 우리의 기질이나 정치적 입장을 지칭하는 것이 아니라 우리의 신학을 지칭하는 것이다)로서 역사적 기독교 정통 신앙의 전통에 서 있다면, 우리는 성경 쪽에서 산다고 할 수 있을 것이다. 거기서 우리는 편안함과 안정을 느낀다. 성경을 믿고, 성경을 사랑하며, 성경을 읽고, 성경을 연구하며, 성경을 해명한다. 그러나 다른 쪽에 있는 현대 세계에서는 편안함을 느끼지 못한다. 특히 중년에 이르렀거나 중년을 넘어섰을 경우에는 더욱 그렇다. 세상이 당혹스럽고 위협적으로 여겨지며, 그리하여 우리 스스로를 세상으로부터 격리시키기가 쉽다. 앨빈 토플러(Alvin Toffler)의 『미래 충격』(*Future Shock*)은 서구의 문화가 급속하게 변하고 있으며 그 때문에 사람들이 혼란을 겪는 현상(이는 공간 이동이 아니라 시간 이동에 의하여 생기는 "문화 충격"의 한 형태다)을 상세히 다루고 있는데, 이 책을 읽으면 우리는 깊은 충격을 받게 되고, 또한 그런 충격에서 영원히 헤어나오지 못할 사람도 있을 것같아 보인다. 이것을 우리의 설교에서도 분별할 수가 있다. 우리는 성경적으로 설교한다. 물론 그밖에 달리 어떻게 설교하겠는가? 찰스 시미언과 찰스 스펄전이 우리의 영웅들이다. 우리도 그들처럼 성경을 강해하기로 결심하며, 우리의 모든 가르침을 하나님의 말씀에서 이끌어내기로 결심한다. 그러나 만일 이 두 세계 사이의 간격을 그림으로 그리고, 우리의 설교를 그 그림 속에 집어넣는다면, 필자는 성경 세계에서 시작하여 직선으로 공중을 향하여 올라가지만 절대로 다른 쪽에는 닿지 않는 하나의 직선을 그려야 할 것이다. 우리의 설교는 거의 다른 쪽에 닿지 않기 때문이다. 현대 세계 속으로 다리를 놓지 못한다는 말이다. 성경적이지만 현대의 시대와 괴리가 있는 것이다. 적용이 없이 그저 해명만 하는 우리의 습관에 대해 누군가가 책임을 묻는다면, 우리는 말씀을 인간의 삶의 현실에 적용시키는 성령의 역사를 신뢰한다고 경건하게 대답할 것이다.

　보수주의자들의 설교를 묘사하는 필자의 그림이 기분 나쁘게 보인다면, 용서해 주기를 바란다. 변명 같겠지만, 그것은 바로 과거의 필자 자신의 모습이라고밖에는 말할 수 없다. 왜냐하면, 최근 들어와서는 필자가 자신의 길을 수정하기 시작했다는 소망을 가져보지만, 과거에는 필자의 이론도 실천도 모두 성경 본문을 해명하는 데에서 그치고 적용 부분은 주로 성령께 맡겨버리는 식이었기 때문이다. 더욱이, 이러한 방식은 듣기에는 효과가 없을 것 같지만, 다음 두 가지 이유에서 결코 그렇지 않다. 첫째로, 성경 본문 그 자체가 놀라우리 만큼 현대적이기 때문이며, 둘째로, 성령께서 그것을 사용하셔서 듣는 이들로 하여금 죄를 깨닫고 그리스도를 믿고 거룩한 중에 자라나도록 하시기 때문이다. 이 점에 대해서는 어느 누구보다도 포사이스가 가장 잘 표현해 주고 있다:

　　설교자는 교인들을 반드시 영원한 구속이라는 성경의 세계 속으로 데려가야 한다 … . 어느 시대에나 그 세계는 똑같이 가까우며, 어느 시대에나 — 아무리 현대라 할지라도 — 똑같이 권위가 있다. 어느 때에나 항상 새로운 유일한 설교는 바로 이러한 영원에 대한 설교로서 오직 성경에서만 우리에게 펼쳐지는 것이다. 곧, 거룩한 사랑, 은혜와 구속의 영원함, 우리의 지울 수 없는 죄를 위한 구원의 은혜라는 그 영원하고도 불변하는 도덕성에 대한 설교가 바로 그것이다.[5]

동시에, 복음의 영구한 적절성과 성령의 언제나 새로운 사역을 의사소통의 문제점을 회피하는 하나의 핑곗거리로 이용하는 일은 결코 용인할 수 없을 것이다. 조지 엘리엇(George Eliot)은 셰퍼튼(Shepperton)의 앵글로 가톨릭계 목사보인 메이나드 길필 목사(Rev. Maynard Gilfil)를 "긴 담뱃대를 물고 아주 짧게 설교하는 훌륭한 노신사"로 소개하는데, 우리는 절대로 그 목사의 실례를 좇아서는 안 된다. 사실, "그는 모서리가 낡아서 너덜너덜한 짧은 설교 원고들을 뭉치로 갖고 있었는데, 그는 매 주일마다 두 개씩을 골라서 설교했는데, 주제와는 관계 없이 그저 손에 잡히는 대로 뽑아서 그것을 갖고 설교했다."[6]

부적절한 설교들에 대해 갖가지 끔찍한 이야기들이 떠돈다. 예를 들면, 나일강 상류의 거대한 댐 건설 공사 현장을 방문한 한 목사가 있었는데, 예배에 참석한 회중들은 뜨거운 열기와 극도의 고립을 견뎌야 했고, 또한 오락을 위한 시간은 너무 많은데 정작 오락 시설이 거의 없는 그런 상태의 사람들에게 찾아오는 강한 유혹들을 견뎌야 하는 그런 사람들이었다. 그런데 그 목사는 그 사람들에게 교회력에 나오는 "모든 성자들의 축일을 지킬 의무"에 대해 설교했다는 것이다. 마치 그들이 고국의 교회의 열심 있는 과부들과 노처녀들이기라도 한 것처럼 말이다. 이 이야기를 전한 맥그리거(W. M. McGregor)는 그 목사야말로 "최상급의 바보"였다고 말했다.[7]

그 다음에는 마스칼(E. L. Mascall)이 그의 책에서 이야기하는 케임브리지의 학감이 있는데, 그는 케임브리지 기숙사의 사감들이 모여 있는 자리에서 다음과 같은 말로 설교를 시작했다는 것이다: "하나님의 존재에 대한 존재론적 논증은 최근 들어서, 주로 독일인의 영향을 받아서, 기독교 변증학의 무기 중 상대적으로 열등한 위치로 밀려났습니다."[8] 그런데 솔즈베리(Salisbury)의 주교 존 워즈워스(John Wordsworth: 1885-1911)는 이런 지독한 어리석음보다 한 수 위였다. 그는 셔본 스쿨(Sherborne School)의 입교 예배에서 행한 설교에서, "그 학교의 어린 소년들에게, 다른 일은 무엇이든 다 해도 되지만, 여하한 경우라도 사망한 아내의 자매들과는 결혼해서는 안 된다며 열을 올리며 간청하였다"는 것이다.[9]

스펄전은 시시콜콜 교리에 집착하며 전혀 어울리지 않게 행하는 설교의 어리석음을 다음과 같이 묘사하고 있다:

> 예를 들어서, 타락후 선택론(墮落後選擇論: sublapsarianism)과 타락전선택론(墮落前選擇論: supralapsarianism)의 큰 문제나, 영원한 아들되심에 관한 예리한 논쟁들이나, 성령의 이중 발출에 관한 진지한 논란이나, 전천년설이니 후천년설이니 하는 체제들은, 어떤 사람들은 그것들을 굉장히 중요하게 생각할지 모르지만, 삯바느질로 일곱 자녀를 먹여 살려야 하는 경건한 과부에게는 거의 관심이 없는 이야기들입니다. 그 과부는 이런 심오한 신비들보다는 오히려 하나님의 섭리의 인자하심에 대해서 훨씬 더 많이 듣기를 원하는 것입니다. 제가 아는 어느 목사는 짐승의 열 발가락과 그룹의 네 얼굴, 오소리 가죽의 신비스런 의미, 언약궤의 채들의 예표적인 방위들과 솔로몬 성전의 창문들에 대해서는 열정적이면서도, 정작 사업가들의 죄나 시대의 유혹거리들이나, 시대의 요구들에 대해서는 거의 언급조차 하지 않습니다.[10]

다시 말해서, 그 목사는 전적으로 부적절한 설교만 하는 사람인 것이다.

그러면 이제는 보수적인 신학이 아니라 "자유주의적"이며 혹은 좀 더 극단적이고 "급진적인" 신학을 지닌 사람들이 설교에서 범하는 특징적인 오류들에 대해 살펴보기로 하자.[11] 이들은 현대의 세계 쪽에서 사는 것이 편한 사람들이다. 이들은 현대 세계에 속한 현대인들이다. 이들은 현재의 분위기나 주변에서 일어나는 일을 이해하는 데에 민감하다. 이들은 현대 시와 철학을 읽으며, 현대 소설가들의 소설과 현대 과학자들의 발견들에 친숙하다. 이들은 극장과 영화관을 찾기를 좋아하고, 텔레비전을 시청한다. 토플러의 『미래 충격』도 그들에게는 충격이 아니다. 충격 흡수장치를 이미 완벽하게 구비해놓고 있기 때문이다. 그들은 변화하는 시간과 함께 변화하고 있다. 그러므로 그들의 설교를 그림으로 표현하자면, 반대 쪽에서 똑같이 공중으로 올라가는 직선으로 표현할 수 있을 것이다. 그들의 설교는 모두 현실 세계에 뿌리를 내리고 있으나, 어디서부터 오는지는 하나님만이 아실 것이다. 그 설교들이 성경에서 나오는 것이 아니라는 것은 분명하다. 이 설교자들은 성경의 계시가 손가락 사이로 다 빠져나가도록 내버려둔 것이다.

우리 중에 자유주의 신학자들이 역사적 기독교를 포기한 것에 대해 비판하고 정죄하는 사람들은 언제나 그들의 동기를 존중하거나 그들이 하려고 애쓰고 있는 일에 대해 인정해 주지 않는다. 그러나 그들의 관심의 중심은 파괴하는 것이 아니라 건설하는 데 있다. 수많은 현대인들이 기독교를 경멸하고 무시하는 이유가 기독교 신앙이 지킬 수 없는 것이요, 그 형식들은 케케묵은 것이요, 그 어휘들은 무의미한 데 있다는 것을 그들은 잘 알고 있다. 탁월한 자유주의자들은 이 사실에 가슴 아파하며, 따라서 그들의 신학 작업 이면에는 이런 사실이 숨어 있는 것이다. 그들은 기독교 신앙을 지성적이며 의미 있고 세속적인 동료들과 친구들이 이해할 수 있는 형태로 재진술하기를 갈망하고 있는 것이다. 그러므로 그들이 현대 세계를 위한 현대의 복음을 발견할 필요성과 순전하게 씨름하고 있는 한 그들의 그런 노력은 존중할 만한 것이다. 우리 보수주의자들도 이러한 동기들을 함께 나누어야 하고, 또한 케케묵은 상투적인 문구들로 방어막을 쳐서도 안 되며, 메시지 전달에 실패하는 우리의 현실에 대해 공격적인 심사로 안일한 자세를 가져서도 안 될 것이라 생각된다. 자유주의자들에게 있어서 안타까우면서도 비판해 마땅한 점은, 고대로부터 형성된 신학적인 내용들을 버리다가 그렇게 형성된 진리까지도 버리는 경향이 있으며, 그리하여 목욕물을 버리다가 아기까지 같이 내어던지는 우(愚)를 범하고 있다는 점이다.

오늘날 교회들에 존재하는 두 가지 신학적 그룹들 간의 이러한 대립적인 현실이야말로 이 시대의 가장 큰 비극 중의 하나인 것 같다. 한편으로 보수주의자들은 성경적이지만 현대적이지 못하고, 다른 한편으로 자유주의자들과 급진주의자들은 현대적이지만 성경적이지 못하다. 그러나 우리가 어째서 이렇게 편협한 방식으로 양극화되어야 한단 말인가? 양쪽 모두 정당한 관심사가 있다. 한 쪽은 하나님의 계시를 보존하는 것이 관심사요, 다른 쪽은 현실 세계의 사람들에게 의미 있게 다가가는 것이 관심사다. 서로 상대방의 관심사들을 하나로 묶을 수는 없을까? 자유주의자들은 보수주의자들에게서 역사적 성경적 기독교의 근본 요건들을 보존할 필요성을 배우고, 보수주의자들은 자유주의자들에게서 그것들을 현실 세계에 당위성 있게 적절하게 전달할 필요성을 배우는 일이 과연 불가능한 일일까?

각 그룹마다 문화적인 틈을 사이에 두고 자기들이 좋아하는 쪽에서 머물러 있고, 다리를 놓아서 양 쪽을 연결시킬 시도는 거의 아무도 하지 않는 것 같다. 그러나 우리 설교자들은 의사를 전달하는 일에 소임을 다하여야 한다. 어떤 사람은 강의란 생각의 교류는 없이 강사의 노트에 있는 정보를 학생의 노트에게로 이동시키는 것이라고 우스꽝스럽게 정의하기도 했다. 그러나 설교는 그와 같이 의사소통 부재(不在)의 비참한 실례가 되어서는 안 된다. 우리는 다리를 놓아 간격을 메우기로 결심하며, 적절성 때문에 진리를 희생시키기도 거부하고, 진리 때문에 적절성을 희생시키기도 거부하며, 성경에도 충실하고 동시에 오늘의 상황에도 합당하고자 결심하는 새로운 세대의 그리스도인 전달자들을 일으켜 주시기를 하나님께 기도해야 할 것이다.

성경적이며 역사적인 선례들

이렇게 말씀을 세상 속에 착지시키는 일은 취사선택의 대상이 아니고, 참된 기독교 설교의 필수적인 특징이다. 사실 그 일은 우리가 믿는 하나님께서 부여하신 의무요, 또한 하나님께서 우리에게 자신을 계시하시면서 사용하시는 방법 — 그리스도 안에서와 성경 속에서, 그의 살아 있는 기록된 말씀을 통해서 — 에서도 모범을 보이신 일이다. 하나님은 성경 속에서 구체적인 역사적 문화적 정황 속에 있는 사람들에게 인간의 언어로 그의 말씀을 말씀하셨다. 그는 문화를 초월한 일반론을 제시하신 것이 아니다. 이와 비슷하게, 그의 영원하신 말씀이 육체가 되셨다. 그가 1세기 팔레스타인의 유대인의 모든 구체성을 지니시고 나신 것이다. 두 경우 모두에서 하나님은 그가 의사를 소통하기를 바라셨던 그 사람들이 처한 현장으로 내려오신 것이다. 그는 인간의 언어로 말씀하셨고, 인간의 육체로 나타나셨다. 그러므로 영감(靈感)과 성육신(成肉身)이라는 위대한 교리들이 의사 소통을 위한 신적인 전례를 세워놓은 것이다. 하나님께서는 우리의 인간성에까지 자신을 낮추셨고, 그러면서도 자신의 신성은 굴복시키지 않으셨다. 마찬가지로 우리의 다리(橋)도 양쪽에 든든히 토대를 세우고 있어야 한다. 메시지의 신적인 내용을 타협해서도 안 되며, 그 메시지를 받는 자들이 처한 인간적인 정황을 무시해서도 안 된다. 고대 세계와 현대 세계 속에, 성경의 세계와 오늘날의 세계 속에 담대하게 들어가야 하고, 양쪽 세계 모두에 귀를 기울여야 하는 것이다. 그래야만 그 각 세계가 하는 말을 이해하게 되고, 그리하여 현 세대에게 주시는 성령의 메시지를 분별하게 되는 것이다. 우리는 디트리히 본회퍼(Dietrich Bonhoeffer)의 논란을 불러일으킨 말처럼, "오늘날 우리를 위한 그리스도는 누구인가?"라는 의문을 제기해야 한다. 1932년에 이미 그는 이렇게 말한 바 있다: "문제는 우리가 어떻게 메시지를 만들어야 하는가 하는 것이 아니라, 무엇이 진정 현 시대를 위한 메시지요 내용인가 하는 것이다."[12]

그렇게 되려면, 우리의 설교가 더욱 사려깊은 것이어야 할 것이다. 일반적으로 말하자면, 우리는 회중의 요구들을 충족히 채워주지 못하고 있다. 교회에서 듣는 말씀이 모두 전에 다 들었던 내용들이다. 주일 학교 때부터 이미 알아온 것들이다. 케케묵은 것이요, 지루한 것이요, 실생활에 밀접하게 와닿는 것도 아니다. 그러니 그들을 사로잡거나 자극을 주지를 못한다. 졸려서 하품이 나오는 것을 거의 참을 수가 없을 정도다. 회중은 자기들 나름대로 문제를 안고 나와서는 그 문제들을 그대로 갖고 교회당을 떠난다. 설교가 그들의 필요에 맞도록 말씀하지 못한 것이다.

그렇다고 해서 우리가 회중을 대학교의 수강생처럼 대해야 한다는 것도 아니고, 우리의 설교를 마치 대학교의 강의식으로 바꾸어야 한다는 것도 물론 아니다. 또한 반사회적으로 격리된 채 책만 읽어대며 자기의 상상력을 꺼뜨리며 직선적인 논리의 종이 되어 버리는 책벌레 같은 사람을 싫어하는 마샬 맥루한의 혐오감을 잊어버린 것도 아니다. 어떤 사람들은 논리를 통해서 어떤 결론들에 이르는가 하면, 어떤 사람들은 직관을 통해서 그와 똑같은 결론에 이르기도 한다는 것도 사실이요, 또한 말로써 배우기도 하지만 그림으로써 배우기도 한다는 것도 사실이요, 또한 하나님께서 창조하신 인간은 "이지적"(사고 능력으로)이면서도 동시에 "감성적"이기도 하다는 것도 완전한 사실이다. 그러므로 직관적인 사람에게나 상상력이 풍부한 사람에게나 감성적인 사람에게나 설교는 정당한 것이요 필수적인 것이기까지 하다. 이에 대해서는 후에 좀 더 자세히 다루게 될 것이다. 그런가 하면, 모든 인간이, 완전히 문맹인 사람도 포함해서, 창조 때부터 이성적이라는 것도 사실이며, 하나님께서 그들에게 이성적인 계시를 전해 주셨고, 그의 메시지를 그들의 지성에 전하셨고, 그들이 그것을 이해하기를 기대하셨다는 것도 사실이며, 또한 독서를 포기한다 해도 우리는 여전히 어느 정도는 직선적인 사고를 지닌 상태로 남아 있게 될 것이라는 — "말도 글에 못지않게 직선적이며, 사실상 글보다 더 직선적"이므로[13] — 것도 사실이다. 필자는 수많은 현대의 영화와 연극 중에(예컨대, 버그만[Bergman], 우디 앨런[Woody Allen], 톰 스토파드[Tom Stoppard], 브라이언 클라크[Brian Clark] 등의 작품들) 행동은 별로 없고 오히려 빠른 대사에 의존하여 관중들이 최고의 주의를 기울여 집중해야만 이해할 수 있는 것들이 굉장히 많다는 사실에 깜짝 놀란 적이 있다.

하지만 분명한 것은 우리가 사람들이 이해할 수 있는 방식으로 설교해야 한다는 것이다. 1919년부터 1932년까지 체스터(Chester)의 주교였던 헨리 페이젯(Henry Paget)은 자기 자신을 "설교를 하는 것보다 친구를 사귀는 일에 훨씬 더 능하다"고 묘사했는데, 그는 그 전에 봉사했던 이스트 서퍽(East Suffolk)에 남기를 원했었다. 그곳의 농촌 마을들에서는 점차로 모든 사람을 다 알아가고 이해하는 일이 가능했기 때문이다. 마을의 어느 목사는 어느날 그에게 이렇게 말했다고 한다: "저는 설교자가 아닙니다만, 그들보다는 팔이 조금 더 길지요. 그래서 교인들이 충분히 집어 먹을 수 있도록 꼴을 낮게 골고루 깔아놓을 수가 있지요."[14] 그렇게 하지 않고, 사람들의 머리 위에다 설교를 해댄다면, 그것은 회중이 어디에 있는지를 잊어버리는 처사일 수밖에 없다. 스펄전이 언젠가 한 말처럼, "그리스도께서는 '내 양을 먹이라 … 내 어린양을 먹이라'라고 말씀하셨습니다. 그런데, 어떤 설교자들은, 양식을 너무 높이 갖다 놓아서 어린양도, 양도 도저히 거기에 닿을 수가 없게 만들어 놓습니다. 그 사람들은 본문을 '내 기린을 먹이라'로 읽은 모양입니다."[15]

우리의 회중의 지적인 능력을 과대평가해서도 안 되지만, 과소평가해서도 안 된다. 여기서 필자가 강조하고자 하는 것은 그들을 진정한 문제들을 갖고 있는 진정한 사람들로 대해야 하고, 우리의 설교들이 진정한 이슈들과 씨름해야 하며, 또한 그들이 살며 사랑하고, 일하고 놀며, 웃고 울며, 싸우고 고통당하고, 나이가 들고 죽는 현실의 세계 속으로 다리를 놓아야 한다는 것이다. 세상의 온갖 풍조 속에서 그들의 인생에 대해 생각하게 하고, 예수 그리스도를 모든 영역에서 주(主)로 모시도록 도전하고, 그리스도께서 현대에도 합당하심을 입증해야 하는 것이다.

여기서 설교를 다리를 건설하는 작업으로 그리고 있으나, 이것은 전혀 새로운 것이 아니다. 어느 시대에나 기독교 설교자들은 그들이 살았던 시대 속에서 하나님의 계시를 전달할 필요성을 보아왔고, 또한 그런 도전에 응답해 왔던 것이다. 몇 가지 실례를 들어보기로 하자. 크리소스토무스(Chrysostom: 기원후 407년 사망)는 어쩌면 처음 세 세기 동안 가장 언변이 뛰어나고 올바른 설교자였을 것인데, 혼(C. S. Horne)은 그에 대해서 다음과 같은 말로 정리하였다: "크리소스토무스에게는 서로 결합하여 그를 유일무이한 존재로 만든 두 가지 특질이 있는데, 그것은 곧, 말씀의 사람이라는 것과 세상의 사람이라는 것이다." 그는 또 이렇게 말한다: "모든 효과적인 설교자들이 다 그렇듯이, 그의 메시지에도 시대를 초월하는(timeless) 요소와 시대에 맞는(timely) 요소가 있었다."[16] 이와 비슷하게, 드와이트(S. E. Dwight)는 18세기 영적 대각성의 중심에 있었던 조나단 에드워즈(Jonathan Edwards)에 대해 이렇게 기록하였다: "그의 설교들에서 나타나는 그의 성경 지식은 … 아마도 타의 추종을 불허할 것이다. 그리고 인간의 마음과 그 활동에 대한 지식에 있어서도 그에게 필적할만한 설교자는 거의 없었다."[17]

19세기 영국의 실례로는 로버트슨(F. W. Robertson: 1816-1853)을 들 수 있을 것이다. 그는 키가 크고 호리호리했고, 아주 민감하고, 자존심이 강하고, 신경이 날카롭고, 고독한 성품을 지닌 사람이었다. 그는 브라이튼(Brighton)의 트리니티 채플(Trinity Chapel)에서 겨우 6년 동안 목회한 후에 건강을 해쳐서 37세의 나이로 요절하였다. 그러나 헨슬리 헨슨(Hensley Henson)이 그의 탄생 백주년을 기념하는 강좌에서 한 말에 따르면, "이 브라이튼의 비교적 미미한 설교자는 그 곳 사람들의 영적 생활에 깊고도 영구한 흔적을 남겼다"고 한다.[18] 어떻게 해서 그렇게 되었을까? 그것은 "사회를 동요시키는 것이면 무엇이든 … 강단에서 다루었다"는 데 있었다.[19] 헨슨은 그의 영향력을 세 가지로 설명하였다: (1) "현대의 사고와 삶의 상태에 대해 설교에서 의도적으로 언급하였음." (2) "개인적인 이야기들을 설교에서 계속 행하였음". (3) "말씀을 영감하시는 주 예수 그리스도에 대한 열정적인 헌신이 있었음."[20] 그는 이 세 가지 중 첫 번째 점에서 가장 탁월하였다. 물론 성경을 임의적으로 사용한다는 비판을 받을 수도 있지만, 그는 현재에 지배적인 편견들과 싸우고자 하는 큰 용기를 가지고 있었고, 그리하여 그는 자신의 논지를 당시에 대중의 마음을 사로잡고 있는 주제들과 연결시킴으로써 시종일관 "시의적절한 설교를 하는 습관"을 유지했던 것이다.[21] 필립스 브룩스 주교(Bishop Phillips Brooks)의 말처럼, "진리와 시의적절함(timeliness)이 한데 모여서 충실한 설교자를 만들어내는 것이다."[22]

20세기에 들어와서 시의적절한 성경적 설교의 필요성에 대해 가장 설득력 있게 말한 사람은 아마도 칼 바르트(Karl Barth)일 것이다. 1922년 어느 목회자 모임에서 그는 "기독교 설교의 필요성과 약속"이라는 제목으로 강연을 하면서, 자신의 12년 간의 목회 생활에 대해 이야기하는 중에 다음과 같이 말하였다:

> 저는 한편으로는 인간의 삶의 문제와 다른 한편으로는 성경의 내용 사이에서 저의 길을 찾으려고 했습니다. 목사로서 저는 삶의 무한한 모순 속에 있는 사람들에게 말씀하고 싶었습니다. 그러나 그에 못지않게 인간의 삶만큼이나 수수께끼가 많은 성경의 무한한 메시지도 말씀하고자 했습니다. 그런데 삶과 성경이라는 이 두 가지 거대한 문젯거리들이 마치 스킬라(Scylla: 이탈리아의 메시나 해협의 스킬라 바위에 살던 머리 6개, 다리 12개 달린 여자 괴물 — 역자주)와 카리브디스(Charybdis: 바다의 소용돌이와 같은 여자 괴물 — 역자주)처럼 제 앞에 솟아올랐습니다(지금도 계속 그렇습니다!). 만일 이것들이 기독교 설교의 근원이요 또한 종착지라면, 누가 과연 목사가 되어 설교를 할 수 있겠습니까?

그는 계속 설명하기를, 바로 이러한 딜레마로 인하여 그가 마침내 그의 획

기적인 로마서 주석을 쓰게 되었으며, 독자들이 그 주석을 통틀어서 "설교란 무엇인가?"라는 그의 질문에 귀를 기울이게 되면 그것이 그 책을 가장 잘 이해하는 것이라고 하였다. "강단에 서는 사람"의 처지는 이와 같다: "그의 앞에 신비로 가득한 성경이 놓여 있고, 또한 그의 앞에 역시 신비로 가득 차 있는 … 그의 청중들이 자리하고 있습니다 … 그러니 그 목사는 **이제 어떻게 할 것인가?**라고 묻습니다." 교회당의 종소리가 울리고, "무언가 위대하고 결정적이고, 중대한 일이 **일어나리라는 기대감이** 가득합니다." 이것은 무엇인가? 곧, 하나님의 말씀을 들으리라는, 그들의 궁극적인 질문들에 대한 답변을 들으리라는, 회중의 기대감이다.[23] 몇 년이 지난 후, "누군가가 칼 바르트에게 물었다: '주일 설교를 어떻게 준비하시나요?' 그러자 바르트는, '한 손에는 성경을, 그리고 다른 손에는 일간 신문을 듭니다'라고 대답하였다."[24] 흥미 있는 일은 그로부터 50여년 전 스펄전도 "나의 작은 책 **성경과 신문**"이라는 제목의 글을 썼다는 사실이다.[25]

스위스 뇌샤텔(Neuchatel)의 장 자크 폰 알멘(Jean-Jacques von Allmen) 교수도 『설교와 회중』(*Preaching and Congregation*)이라는 그의 책에서 "설교의 두 기둥"에 대해서 다루면서 동일한 것을 강조하였다. 즉, 하나님의 말씀과 청중이 설교의 두 기둥이라는 것이다. 이 둘 중 어느 하나가 없으면 나머지 하나도 별 소용이 없다. "마치 에베소 사람들이 그들의 신 아데미의 위대함을 외쳐댄 것처럼 강단에서 '예수 그리스도 우리 주', '예수 그리스도 우리 주'라고 반복하여 외친다고 해서 그리스도의 주 되심을 진정으로 선포했다고 말할 수 없다." 그리스도의 주 되심이 진정 선포되기 위해서는, 반드시 그것을 듣고 깨닫고 적용하며 반응하는 청중이 있어야 한다. 그러나 그 반대의 잘못도 있을 수 있다. 청중들이 모여 있기는 해도 하나님의 말씀이 선포되지 않을 수도 있는 것이다. 전자는 가현적(假現的: Docetic) 설교(그리스도의 인성을 부인하는)요, 후자는 아리우스적(Arian) 설교(그리스도의 신성을 부인하는)다. 설교자의 임무는 하나님의 말씀을 신실하게 현대의 언어와 사고의 범주로 변환시켜 우리 시대에 제시하는 것이다. 그러므로 "말씀을 변환시키기 위해서는 두 언어를 알아야 하고, 그 말씀이 임재하도록 하기 위해서는 두 시대를 알아야 하는 것이다."[26] 스웨덴의 잉베 브릴리옷 주교

(Bishop Yngve Brilioth)의 말처럼, 설교의 두 가지 주요 요소는 "강해 혹은 주해의 요소(성경 본문을 해명하는 데서부터 출발함)와 예언적 요소(현 시대를 위한 메시지로서 성경 본문을 실제의 상황에서 살아 있는 말씀으로 만드는 것)"다.[27]

성경적 요소와 현대적 요소를 함께 지녀야 할 필수성에 대한 논의를 정리하면서, 마지막으로 네 사람의 증인들을 제시하고자 한다. 제임스 스토커(James Stalker)는 독일의 신학자 톨룩(Tholuck)의 말을 인용하여 "설교는 하늘을 그 아버지로, 땅을 그 어머니로 두어야 한다"고 하였다.[28] 마틴 로이드 존스 박사(Dr. Martyn Lloyd-Jones)는 말하기를, "설교의 임무는 성경의 가르침을 오늘날 시대에 일어나는 현실과 연결짓는 일이다"라고 하였다.[29] 그리고 이언 핏왓슨(Ian Pitt-Watson) 교수는 이렇게 쓰고 있다: "설교는 모두가 한 쪽의 성경 본문과 다른 한 쪽의 현대의 인생의 문제점들 사이에 팽팽하게 연결되어 있는 활시위와도 같아서, 그 활시위가 어느 쪽에든 불안정하게 매어져 있으면, 활은 아무 쓸모가 없는 것이다."[30] 마지막으로, 스티븐 닐 주교(Bishop Stephen Neil)는 또 다른 은유법을 사용하여 이 점을 표현하고 있다: "설교는 마치 천을 짜는 것과도 같아서, 씨줄과 날줄의 두 가지 요인이 거기에 개입된다. 고정되어 있는 불변의 요소 — 우리에게는 하나님의 말씀이다 — 가 있고, 또한 천을 짜는 자가 원하는 대로 패턴을 바꿀 수 있도록 만들어 주는 가변적인 요소가 있는 법이다. 우리에게 있어서는 끊임없이 변하는 사람들과 상황들의 모습이 바로 그 가변적인 요소다."[31]

이제는 이론에서 실제로 돌아갈 때가 되었다. 순전한 기독교 설교가 성경적이며 역사적인 선례들을 통해서 정당한 것으로 밝혀진 하나의 다리를 건설하는 행위라는 것을 인정한다면, 이에 우리가 해야 할 일은 무엇인가? 그저 신학적인 전문 용어들을 포기하고 그 대신 현대의 은어를 택하는 식이 아니고 — 물론 때로는 이런 일도 필요하겠지만 — 실제로 다른 사람들의 사고와 느낌의 세계 속으로 들어가는 것이 필요하다. 기독교적 커뮤니케이션의 모델은 그저 단순한 번역(한 언어를 다른 언어로 바꾸는 것)이 아니라, 성육신(成肉身: 한 세계를 다른 세계로 바꾸는 것)인 것이다. 여기서 두 가지 실례들을 제시하려 한다. 그 첫째는 개인적인 실례요, 둘째는 윤리적이고 사회적인 실례다.

현시대의 그리스도

첫째로, 우리는 사람들이 언제나 끊임없이 물어왔고 시대마다 위대한 문학가들과 극작가들이 계속 다루어온 인생의 주요 주제들에 관한 질문들을 담대하게 다루어야 한다. 그 질문들에는 다음과 같은 것들이 있다: 우리가 존재하는 목적은 무엇인가? 인생이 과연 의미가 있는가? 나는 어디에서 왔으며 어디로 가는가? 인간으로 존재한다는 것은 무슨 의미이며, 인간은 동물과 어떻게 다른가? 초월적인 존재에 대한 이런 갈증, 우리 위에 존재하는 실체에 대한 이런 보편적인 탐구심, 그 무한히 위대하신 분 앞에 엎드려 경배하고자 하는 이런 욕망은 과연 어디서부터 오는가? 자유란 과연 무엇이며, 나는 어떻게 그런 자유를 개인적으로 경험할 수 있는가? 현재의 나의 모습과 내가 바라는 나의 모습 사이에 어째서 이런 고통스런 긴장이 있는가? 죄책을 벗어버리고, 죄의식을 진 양심을 벗어버릴 수 있는 길은 과연 있는가? 사랑과 성적(性的) 만족, 결혼, 가정 생활, 사회 생활에 대한 갈망을 벗어버릴 수 있는 길은 과연 있는가? 또한 소외감, 질투, 악의, 미움, 욕정, 복수심 등의 비열하고 파괴적인 감정들을 벗어버릴 길은 과연 있는가? 자기 자신을 이기고 이웃을 사랑한다는 것이 과연 가능한가? 악과 고통이라는 어두운 미스테리들을 밝혀주는 빛은 과연 있는가? 삶과 죽음을 대면하고, 또한 죽음 이후에 있을 일을 대면할 수 있는 용기는 어떻게 해야 찾을 수 있는가? 이 절망의 한가운데서 과연 우리를 지탱시켜 줄 수 있는 소망은 어떤 것인가?

각 세대마다, 각 문화마다 사람들은 이런 질문들을 제기해왔고 또한 이런 이슈들에 대해 논란을 벌여왔다. 바로 이것들로부터 세계의 위대한 문학이 형성된 것이다. 그러면 우리 그리스도인들은 이런 일들에 대해 아무것도 할 말이 없는가? 물론 할 말이 있다. 우리는 그런 질문들 그 자체가 성경이 가르치는 바 인간의 역설적인 본성을 반영하는 것이요 증거하는 것임을 확신하고 있다. 곧, 하나님을 닮은 피조물로서 사람이 지니는 존엄성과 또한 죄책을 진 타락한 죄인들로서 그들이 지닌 부패성을 반영하고 증거한다는 것이다. 우리는 또한 예수 그리스도께서 이런 질문들에 대해 답변을 해 주든지,

아니면 — 고통과 악 등의 난처한 미스터리들의 경우 — 다른 어떠한 근원에서 모을 수 있는 것보다 더 많은 빛을 비추어주신다는 것도 확신하고 있다. 예수 그리스도야말로 인간의 진정한 모든 갈망의 성취이심을 믿는 것이다. 그를 발견한다는 것은 곧 우리 자신을 발견하는 것이다.

그러므로 무엇보다도 우리는 그리스도를 전해야 한다. 제임스 스토커는 1891년 예일 강좌에서 "그리스도를 향한 열정이 설교의 영혼이다"라고 했다.[32] 그리고 그보다 두 세기 전에 리처드 백스터(Richard Baxter)는, "교인들에게 그리스도밖에는 가르칠 수 없다면, 그들에게 모든 것을 다 가르치는 것이다."[33] 뿐만 아니라, 예수 그리스도께서는 거의 저항할 수 없는 매력을 사람들에게 발휘하신다. 땅에서 들리면 사람들을 자기에게로 이끄시겠다고 말씀하신 그대로 그렇게 하시는 것이다(요 12:32). 이것이 18세기의 횟필드와 웨슬리의 설교에 임했던 그 놀라운 능력의 비결이 아니었는가! 1739년 1월 조지 횟필드는 런던 남부의 버몬지(Bermondsey)의 한 교회당에서 설교했는데, 교회당 안은 가득 찼고, 또 1천여 명이 들어가지 못해 밖에 모여 있었다. 그때의 설교에 대해서 그는, "나는 죄인들에게, 믿음으로 그를 붙잡고자 하는 모든 사람들에게, 예수 그리스도를 자유로이 제시하였다"고 쓰고 있다. 그리고 설교하는 동안, 그는 교회 뜰로 나가서 비석 위에 올라가서 그리스도를 다시 전하는 일을 꿈꾸었다.

존 웨슬리가 특히 그의 순회 사역 첫 해 동안 즐겨 설교했던 본문은, 예수 그리스도께서 "우리의 지혜와 의로움과 거룩함과 구원함"이심을 선언하는 고린도전서 1:30이었던 것 같다. 그 본문은 예수 그리스도께서 우리의 모든 필요에 포괄적으로 부응하시는 분이심을 선언하는 것이다. 참된 지혜를 찾고 싶으면, 하나님과의 올바른 관계 속에 들어가고 싶으면, 성품이 그리스도를 닮는 데로 자라고 싶으면, 혹은 마지막에 완전히 구원받고 싶으면, 우리가 돌아가 의지할 분은 오직 예수 그리스도밖에 없는 것이다. 십자가에 달리시고 다시 사신 그리스도를 하나님께서 그의 백성들에게 이 모든 것이 되시도록 지정하셨기 때문이다. 웨슬리는 이것을 기쁨으로 선포하였다.

그가 회심한 이듬해인 1739년에 속한 그의 일기들에서 몇 가지를 인용해 보기로 하자. 그해 6월 14일 그는 블랙히스(Blackheath)에서 일만 이천 내지 일만 사천의 군중에게 "내가 즐겨 설교하는 주제인 '하나님으로부터 나와서 우리에게 지혜와 의로움과 거룩함과 구원함이 되시는 예수 그리스도'에 대해" 설교하였다. 7월 17일에는 배스(Bath)으로부터 오 마일 거리에 있는 브래드퍼드(Bradford)가 내려다 보이는 언덕 꼭대기에서, "거기서 나는 천여 명의 사람들에게 지혜와 의로움과 거룩함과 구원함이 되시는 그리스도를 제시하였다." 10월 7일에는 글로스터(Gloucester)에서 몇 마일 떨어진 어느 마을 공터에서 "그곳에 모인 모든 사람들(약 3,000명)에게 … 그리스도를 유일한 지혜요 의로움이요, 거룩함이요, 구원으로 영접할 것을 촉구하였다. 전에 그래 본 적이 없을 만큼 강력하게 말씀을 전했고, 거의 두 시간 가량이나 설교를 계속했다." 그리고 10월 15일에는 사우스 웨일스(South Wales)의 쳅스토우(Chepstow)에서 2, 3마일 떨어진 한 작은 초원에서, "300명 혹은 400명 가량의 평민들에게 '우리의 지혜와 의로움과 거룩함과 구원함이 되시는 그리스도'에 대해" 설교하였다.

이 모든 기록들이 웨슬리의 사역 초기의 한 해의 일기에서 인용한 것인데, 웨슬리는 과연 그리스도를 전하는 데에 전혀 싫증이 나지 않았다. 그리고 그로부터 22년 후인 1761년 6월 22일에 가서도, 그의 메시지는 변함이 없었다. 그날 그는 잉글랜드 북부의 더럼 카운티(County Durham)에 있었다. 태양이 뜨겁게 내려 쪼였고 그는 육체적으로 쇠약함을 느끼고 있었다. 설교 장소도 적절치 못했다. "생선 썩는 냄새가 코를 찔러 직식할 지경이었는데, 사람들이 마치 바다의 파도소리처럼 왁자지껄하였다. 그러나 주님의 음성이 더 힘이 있었다." 쇠약함도, 태양의 열기도, 썩는 냄새도, 무리들의 적대 행위도, 그를 잠잠케 할 수가 없었다. "내가 '하나님으로부터 나와서 우리에게 지혜와 의로움과 거룩함과 구원함이 되시는 예수 그리스도'를 선포하고 몇 분이 지나자 온 무리가 조용해졌고 진지하게 경청하였다."

스펄전은 학생들에게 행한 강의들에서나 목회자들에게 행한 강좌에서나 언제나 그 동일한 영광스러운 주제로 돌아갔다. 그는 스스로 "무엇을 설교해야 할까요?"라고 묻고는 이렇게 답하고 있다:

제가 말씀드리고 싶은 모든 것을 한 마디로 정리하면 바로 이것입니다. 형제 여러분, 그리스도를 전하십시오. 언제나 영원토록 그렇게 하십시오. 그분이야말로 완전한 복음이십니다. 그의 인격, 그의 직분들, 그의 사역이 우리의 한 가지 위대하고도 전포괄적인 주제여야 합니다. 세상에게는 여전히 그 구주님에 대한 말씀과 그에게로 나아가는 길에 대한 말씀이 필요합니다 … . 구원이야말로 제가 모든 혀를 다 동원하여 선포하고 싶은 주제입니다. 저는 복되신 하나님의 그 영광스러운 복음을 증거하는 일에 대해 욕심이 있습니다. 오, 십자가에 달리신 그리스도를 전하는 것이 하나님의 사람들 모두의 낙이 되기를 바랍니다.[34]

후에 스펄전은 목회자들의 연례 수련회에서 "시대의 악에 대처하는 법"에 대해 강연하면서 이렇게 말하였다: "그러므로 복음에 정진하십시오. 더욱더 그렇게 하십시오. 사람들에게 그리스도를, 오직 그리스도만을 전하십시오." 그리고는 당시에 유행하던 악들에 대해 상세히 말한 후 이렇게 결론지었다: "그것들에 대한 해결책은 오직 한 가지밖에 없습니다. 예수 그리스도를 전하십시오. 더욱더 그렇게 하십시다. 길거리에서나 작은 방에서나, 극장에서나 어디서나, 어느 곳에서나, 그리스도를 전합시다. 원하시면 책을 쓰시든 힘 닿는 대로 무슨 일이든 하십시오. 하지만 다른 일은 하지 못하더라도 그리스도를 전하는 일만은 반드시 하십시오."[35] 이런 인용문들에서 분명히 드러나는 것은, 우리가 전하는 그리스도는 빈 공간 속에 있는 그리스도도 아니요, 현실 세계와는 관계 없는 신비적인 그리스도도 아니요, 역사 속에서 사셨고 죽으셨으며 지금도 살아 계셔서 오늘날의 온갖 다양한 인간의 필요에 부응하시는 현시대의 그리스도시라는 것이다. 그리스도를 만난다는 것은 곧 현실과 접촉하는 것이요 초월을 경험하는 것이다. 그는 우리에게 자존감(自尊感)을 주고 나 개인의 의미를 인식하게 해 주신다. 우리를 향하신 하나님의 사랑을 확신하게 하시기 때문이다. 그가 우리를 위해 죽으셨으므로 우리를 죄책으로부터 자유케 하시며, 그의 부활의 능력으로 말미암아 우리 자신을 중심으로 삼는 그 감옥에서 우리를 자유케 하시며, 또한 그가 모든 악에 속한 정사와 권세들을 그의 발 아래 두시고 통치하시므로 모든 것을 마비시키는 두려움에서 우리를 자유하게 하시는 것이다. 그는 또한 결혼과 가정, 일과 여가, 사람이라는 사실과 시민이라는 사실에 의미를 부여하신다. 그는 그가 창조하시는 그의 새로운 사회로, 새로운 인간성으로 우리를 이끄신다. 그는 또한 그를 인정하지 않는 세상의 어느 부분 속으로 나아가서 거기서 우리 스스로 그를 증거하고 섬길 것을 도전하신다. 그는 또한 역사가 의미없지도, 끝이 없지도 않을 것임을 약속하신다. 언젠가는 그가 오셔서 역사를 종결지으시고, 죽음을 멸하시고 의와 평화의 새로운 우주를 시발시키실 것이기 때문이다. "[그리스도] 안에는 신성의 모든 충만이 육체로 거하시고 너희도 그 안에서 충만하여졌으니"(골 2:9, 10).

설교자의 임무 가운데 가장 귀한 것 중의 하나는, 타락한 인간의 공허함과 예수 그리스도의 충만하심을 드러내고, 그리하여 그가 우리의 공허함을 채우시고 우리의 어둠을 밝히시고, 우리의 궁핍함을 풍요하게 하시며, 우리의 인간적인 갈망들을 성취시키시는 분이심을 입증하는 것이다. 그리스도의 풍성함은 측량할 수가 없는 것이다(엡 3:8).

그리스도인의 윤리

이제는 다리를 건설하고, 말씀을 세상과 연결시키며 그리스도를 개개인과 연결시키는 이 개인적인 실례로부터, 윤리적인 의무의 영역에로 시선을 돌려보기로 하자. 그 어떠한 전통에 속해 있든지간에 모든 그리스도인들은, 복음이 윤리적인 의미를 지니고 있다는 것에 다 동의할 것이다. 칭의(稱義)는 필연적으로 성화(聖化)로 이어지기 마련이다. 의무가 없는 교리는 메마른 것이요, 행위가 없는 믿음은 죽은 것이다. 그러면, 믿음의 열매인 "행위"들이란 과연 어떤 것들인가? 여기서 의견들이 갈라지기 시작한다. 이 문제를 몇 개의 동심원(同心圓)들로 생각하면 도움이 될 것이다. 곧, 먼저 개인 윤리에서 시작하여, 가정 윤리, 그리고 사회 윤리에로 나아가며, 또한 정치적인 차원의 이슈들에로 나아가는 것이다.

안타깝게도 그리스도인 개개인의 윤리가 — 최소한 몇몇 기독교 집단들에서는 — 사소한 것으로 취급되었다. 예를 들면, 흡연과 음주 문제나, 춤, 카드 놀이, 극장 출입, 영화 관람 등 소위 "의심스런 오락"이나, 복장 문제(여자가 스커트 길이를 어느 정도까지 짧게 할 수 있는가)나 머리 문제(남자가 머리카락을 어느 정도나 기를 수 있는가), 혹은 화장품 사용 문제(크림이나 파우더, 립스틱, 마스카라 등을 어느 정도나 사용할 수 있는가) 등에 집착하는 복음주의적 소문화(小文化: subculture)가 존재하고 있다. 물론 이런 이슈들이 중요하지 않다는 말은 결코 아니다. 예를 들어서, 알코올 중독은 여러 나라들에서 이미 심각한 문제가 되어 있으므로, 그리스도인으로서는 완전히 금주를 할지, 혹은 이따끔식 절도 있게 음주를 할지에 대해 책임 있는 결정을 내려야 한다. 또한 심한 흡연과 모종의 암이 관련이 있다는 것이 과학적으로 입증되어 있으므로, 성령의 전(殿)인 자신의 몸에 대해서 의무를 지고 있는 그리스도인은 당연히 흡연 문제에 대해 결정을 내려야만 하는 것이다. 예수께서는 눈을 다스리는 것이 성적(性的)인 문제에서 절제를 하는 주요 방법임을 가르치셨으므로, 그리스도인들은 어느 영화나 연극을 보거나 보지않을지, 어떤 소설이나 잡지를 읽거나 읽지 않을지를 양심적으로 선택하지 않을 수가 없다. 더 나아가서 의복이나 화장품이나 머리 모양이나 보석 치장 문제에 있어서도, 사도들이 친히 가르친 대로 정숙함과 허영, 검소함과 사치 사이에 선택을 해야 한다. 그러므로 이런 이슈들이 중요하지 않은 것이 아니다. 이런 모든 문제들에 대해서 우리는 그리스도인다운 안목을 갖도록 해야 하며 또한 그리스도인다운 결정을 내려야 하는 것이다.

그런데, 어떤 그리스도인들은 이런 문제에 대해 균형 감각을 잃어버린 상태에 있기도 하다. 이런 문제들은 사실상 큰 오늘날의 도덕적 사회적 이슈와 비교할 때에 사소하다고밖에는 말할 수 없는 것들이다. "대윤리"(macro-ethics)와 구분하여 "소윤리"(micro-ethics)라고 말할 수 있는 것들이다. 이런 문제에 집착하게 되면 그것은 복음주의적 바리새주의에 빠지는("하루살이는 걸러 내고 낙타는 삼키는") 죄를 범하게 되는 것이다. 곧, 예수께서 "율법의 더 중한 바 정의와 긍휼과 믿음"이라 부르신 그것들을 무시하고 사소한 것을 중히 여기는 처사인 것이다(마 23:23, 24).

구약에서는 선지자들과 제사장들과 서기관들과 지혜자들이 개인의 도덕성을 가르쳤는데, 이들은 십계명에 함축되어 있는 의미들을 이끌어내려고 하였다. 세례 요한은 그리스도께서 오시기 전 이 고귀한 전통의 마지막 대표자였다. 그는 사람들에게 "회개에 합당한 열매를 맺으라"고 권면한 것은 물론, 이것이 무슨 의미인지를 각 계층의 사람들에게 상세하게 제시하였다. 곧, 세리는 정한 세 이상으로 돈을 거두어서는 안 되며, 군인들은 아무도 강탈하거나 거짓으로 고소해서는 안 되며 받는 봉급으로 만족하여야 한다는 것이었다(눅 3:8-14). 신약의 서신서에도 개인의 윤리에 관한 비슷한 가르침이 나타나 있는데, 때로는 그리스도인의 덕을 일반적으로 칭송하기도 하고 ("성령의 열매는 사랑과 희락과 화평과 오래 참음과 자비와 양선과 충성과 온유와 절제니", 갈 5:22, 23), 때로는 길들이기 어려운 기관이요 "쉬지 아니하는 악"인 혀를 제어하라는 등의 구체적인 요구 사항으로 나타나기도 한다 (약 3:1-12).

그러나 필자가 보기에는 디도서 2장의 가르침이 가장 충격적인 것 같다. 여기서 사도는 디도에게 교회의 서로 다른 그룹들에게 각기 상세한 윤리적 교훈을 제시하고 있다. 늙은 남자들에게는 절제하며 진지하고 성숙할 것을 가르치며, 늙은 여자들은 자신을 제어하고 젊은 아내들에게 남편과 자녀들에 대한 책임들을 가르칠 것을 교훈하며, 젊은 남자에게는 근신하기를 배울 것을 교훈하며, 디도 자신에게는 흠 없는 모범을 세우라고 교훈하며, 종들에게는 복종하며 열심히 일하며 정직할 것을 교훈하고 있다. 이런 상세한 내용보다도 더 놀라운 것은 그 교훈들이 기독교 교리에 터를 두고 있다는 점이다. 이 단락은 "바른 교훈(교리)에 합당한 것을 말하라(가르치라"(1절)라는 명령으로 시작하여, 선한 행실이 "우리 구주 하나님의 교훈(교리)을 빛나게 하려 함이라"(10절)라는 진술로 끝을 맺고 있기 때문이다. 그렇다면 디도의 교육의 책무에는 두 부분이 있었다는 것을 알 수 있다. 한편으로 그는 "바른 교훈(교리)"(사람의 몸처럼 하나로 통합되어 있는 전체인 사도적 믿음)을 가르쳐야 했다. 그리고 다른 한편으로는 "바른 교훈(교리)에 합당한 것들"(바른 교훈에 합당하며 또한 그 교훈을 '빛나게' 하거나 그 아름다움을 드러내 줄 윤리적 행실)을 가르쳐야 했다.

우리로서는 이 두 요소를 우리의 설교 사역에서 늘 하나로 통합시키고 또한 그 둘을 서로 분리하기를 거부함으로써 사도들을 좇아가는 일이 지극히 중요한 것이다. 복음을 선포할 때에 거기서 파생되는 윤리적 의미들도 계속해서 드러내며, 또한 그리스도인의 행실을 가르칠 때에도 그 행실의 복음의 기초를 제시해야 하는 것이다. 그리스도인들에게 그리스도를 믿는 그들의 믿음이 실천적인 결과들로 나타나야 한다는 것과 선행의 주요 동기를 바로 복음에서 찾아야 한다는 것을 깨닫게 해 주어야 하는 것이다. 그리스도 안에서 나타나는 하나님의 구원의 은혜가 실제로 우리의 도덕 선생으로 인격화(人格化)되어, "우리를 양육하시되 경건하지 않은 것과 이 세상 정욕을 다 버리고 신중함과 의로움과 경건함으로 이 세상에 살"게 하는 것이다(딛 2:11, 12).

이러한 "개인적" 의무와는 구별되는 "교회적"(churchly: 'ecclesiastical'이라는 단어는 너무 거창하고 제도적인 말처럼 들린다) 의무가 있는데, 이는 예수께서 세우신 그 새로운 공동체 내에서 서로서로에게 해야 할 책무를 가리킨다. 사도들의 윤리적 가르침의 많은 부분이 "하나님의 집에서 어떻게 행하여야 할지"(딤전 3:15)에 관한 것이며, 따라서 하나님의 새로운 사회 속에서 기대되는 행실의 새로운 스타일과 표준들에 관한 것이다. 신약 성경에 나타나는 "서로"에 관한 수많은 권면들이 바로 여기에 속하는 것이다. 우리는 서로 사랑해야 하고, 서로 용서하고 참아야 하며, 서로 격려하고 권면해야 하며, "서로 대접하기를 원망 없이 하고"(벧전 4:9), "짐을 서로 져야" 한다(갈 6:2). 에베소서 4장과 5장에 열거되어 있는 의무들이 바로 이런 배경에 속한 것이다. 우리는 거짓과 분냄, 부정직함, 더러운 말, 노함, 떠드는 것, 비방하는 것, 그리고 악의 등은 버려야 한다. 십자가로 말미암아 생겨난 그 새로운 교제(하나님의 가족, 그리스도의 몸, 성령의 전)에 어긋나는 것들이기 때문이다. "우리가 서로 지체"이므로(4:25) 우리의 모든 행실이 우리가 그리스도 안에서 서로서로에게 속하여 있다는 이 사실과 일치해야만 하는 것이다. 법정에 소송을 제기하거나, 혹은 상대방의 약한 양심을 해치는 식으로 우리의 자유를 누리는 행위들은 그리스도로 말미암은 형제와 자매가 되었다는 사실과는 절대로 맞지 않는 것이다. "형제가 형제와 더불어 고발할 뿐더러 … "(고전 6:6). "네 지식으로 그 믿음이 약한 자가 멸망하나니 그는 그리스도께서 위하여 죽으신 형제라"(고전 8:11). 이처럼 그리스도인의 형제 됨을 해치는 문제에 대한 말씀을 [대필자에게] 불러주는 사도의 목소리에 진노가 배어있음을 느낄 수 있을 것이다.

선한 행실이 복음의 필연적인 결과인 것은 사실이지만, 그것이 "자동적으로" 생기는 것은 — 즉, 가르치지 않아도 저절로 생겨나는 것은 — 아니라는 것이 이미 분명히 드러나 있다. 사도들은 복음을 선포하면서 동시에 구체적이면서도 분명한 윤리적 교훈들도 함께 제시하였다. 그리하여 율법과 복음이 그들의 가르침에서 서로 연결을 맺은 것이다. 율법이 우리를 그리스도께로 인도하는 "초등 교사"가 되어 우리를 징계와 정죄 아래 두어서 그리스도를 유일한 구원의 소망으로 삼게 한다면, 이제 그리스도께서는 어떻게 살아야 할지를 말씀하시기 위하여 우리를 다시 율법에게로 보내시는 것이다. 그가 우리 죄를 위하여 죽으신 목적도, 우리로 하여금 죄 사함을 받게 하기 위함이었음은 물론, 죄 사함을 받은 후에 "육신을 따르지 않고 '그 영'을 따라 행하는 우리에게 율법의 요구가 이루어지게 하려 하심"이었던 것이다(롬 8:3, 4).

오늘날 목사들 중에는 "율법주의자"로 낙인이 찍힐까 두려워서 교인들에게 전혀 윤리적 가르침을 주지 않는 사람들이 많다. 그러니 우리가 사도들에게서부터 얼마나 벗어나 있는지 모른다! "율법주의"란 율법에 순종함으로써 구원을 우리 힘으로 획득해 보고자 하는 그릇된 시도를 지칭하며, "바리새주의"란 외형적인 세세한 종교적 의무들에 여념이 없는 상태를 가리킨다. 그러므로 복음을 빛나게 하는 도덕적 행실의 표준들을 가르치는 것은 율법주의도 바리새주의도 아니요 순전한 사도적 기독교인 것이다.

이제 세 번째 범주의 윤리적 책임으로 넘어가야겠는데, 그것은 바로 가정적 의무다. 사도 바울과 베드로는 모두 그들의 서신서들에서 남편과 아내, 부모와 자식, 상전과 종 상호간의 의무들을 구체적으로 제시하고 있다.[36] 그들은 분명 그리스도인의 가정과 또한 거기서 특징적으로 드러내야 할 조화 있는 관계를 매우 중요시하고 있다. 그리하여 이 문제에 대해 단도직입적인 교훈을 제시하고 있는 것이다. 가정, 결혼, 자녀 양육, 생계를 위한 일 등의 문제는 인생의 주요 부분이며, 또한 각 기독교 교회에 속한 거의 모든 사람들의 일상적인 관심사다. 더욱이, 각 영역에 적용되는 기독교의 표준들은 비기독교 세계의 표준과는 뚜렷하게 다르다. 그러므로 오늘날 기독교 교리들은 물론 결혼과 부모됨과 일에 관한 의무들에 대해서도 철저한 가르침이 절실한데도, 그런 가르침을 시도하는 강단이 너무나 적은 것이 현실인 것이다.

사회적 정치적 이슈들

개개인의 의무나 교회적인 의무나 가정적인 의무보다 더 넓은 것은 전체 사회 속에서의 우리의 행실에 영향을 미치는 사회적 문제들이다. 산상수훈에서 말씀하신, 보복하지 말고 원수를 사랑하라는 주님 자신의 가르침(마 5:38-48; 눅 6:27-36)에서부터 논의를 시작하기로 하자. 이 가르침은 우리를 가정과 교회에서 끌어내어, 폭력이 난무하고 예수님과 그의 표준들에 대해 대적하는 세상으로 들어가도록 만든다. 악을 행하는 자와 원수에 대한 그리스도인의 태도에 관한 문제는 개인의 윤리의 영역에 한정될 수가 없고, 곧바로 국가와 공직자들(입법자, 정치인, 재판관 등)에 관한 문제가 된다. 바울은 "악을 악으로 갚지 말"아야 할 그리스도인 개개인의 의무를 행악자를 처벌해야 할 국가의 의무와 의도적으로 나란히 제시함으로써 이 점을 분명히 하고 있다(롬 12:14-13:5). 사실 그는 분노와 보복 모두에 대한 가르침을 통해서 그 둘 사이의 대조를 더욱 뚜렷하게 드러내고 있다. 그는 "너희가 친히 원수를 갚지 말라"고 말씀한다. 어째서 그렇게 하지 말라는 것인가? 보복 그 자체가 잘못이기 때문이 아니라, 보복하는 일이 우리가 할 일이 아니라 하나님의 고유한 권한이기 때문이라는 것이다: "원수 갚는 것이 내게 있으니 내가 갚으리라." 마찬가지로, 우리를 핍박하는 자들을 저주하지 말고 축복해야 하며, 절대로 보복하지 말고 누구와도 화평하게 지내야 한다. 어째서 그래야 하는가? 악에 대해 분노하고 악에 대해 판단하는 것이 항상 정의에 어긋나기 때문인가? 아니다. 그러나 그런 일은 하나님께 속한 것이기 때문이다. 그러므로 바울은 "하나님의 진노하심에 맡기라"고 말씀한다(12:19). 하나님께서는 그의 진노를 국가를 통해서 부분적으로 표현하신다. 국가는 "하나님의 사역자가 되어 악을 행하는 자에게 진노하심을 따라 보응하는 자"인 것이다(13:4).

이러한 바울의 가르침을 간략하게나마 설명하려 한 목적은 산상수훈을 그저 단순하게 개개인의 윤리의 영역에만 한정지을 수가 없다는 것을 보여주기 위함이다. 산상수훈은 사회 내에서의 폭력과 비폭력에 관한 문제들을 제기하는데, 이러한 문제들은 우리의 생각에서 피해서도 안 되고, 강단에서 결코 소홀히 해서도 안 되는 것이다.

다른 몇 가지 실례들을 더 제시할 수 있을 것이다. 그 하나는 성(性) 윤리다. 성경은 성 도덕의 특정한 표준들을 분명히 가르치고 있다. 예를 들어서, 성경은 성생활을 누릴 수 있는 유일한 정황은 평생토록 이어지는 이성 간의 결혼이요 그 유일한 스타일은 "음욕"과 반대되는 "존귀함"임을 가르친다.[37] 더 나아가서, 결혼이 구속의 규례가 아니라 창조의 규례이므로, 이 하나님의 표준들은 그저 사라져가는 신앙적인 남은 자들에게만이 아니라 온 인류 사회에 적용된다. 그러므로 성경적인 성 윤리를 교인들에게 신실하게 가르치는 것으로 만족할 수는 없다(물론, 그것을 교인에게 가르치는 일 자체도 드물기 때문에, 그렇게 가르치는 것만으로도 매우 바람직한 방향으로 나아갔다고 해야겠지만). 우리는 결혼에 대하여(오늘날 그것이 없어도 괜찮은 것인지?), 이혼과 또한 이혼한 사람들의 재혼에 대하여(어째서 이런 일들로 야단법석인지?), 또한 동성애에 대하여(납잡하지 않고 정절이 있는 동성애의 경우라면 이성 간의 결혼의 변형으로서 받아들일만 하지 않은지?) 공적인 토론을 제기하는 일에도 관심을 가져야 한다.

그리스도인들은 이런 논쟁들 속에 활발하게 가담해야 하고, 강단을 사용해서도 두려움 없이 그렇게 해야 한다. 우리는 하나님의 표준들을 명확하고도 용기 있게, 또한 타협이 없이, 해명할 책임이 있으며, 또한 우리의 교인들에게 이런 표준들을 기꺼운 신실함으로 지키고 드러내도록 권면해야 할 책임이 있다. 그러나 동시에 그 표준들을 세속 사회에게도 권해야 할 책임도 있는 것이다. 사도들이 그랬던 것처럼 복음을 전하기도 하지만 그것을 논리적으로 제시하고 설득해야 하듯이, 성경의 윤리를(성 윤리도 포함하여) 가르치기도 하지만, 더 나아가서 그 윤리가 사회의 복지에 이바지하는 것이요 또한 거기서 이탈하면 사회의 복지가 파괴된다는 점을 논리적으로 제시하고 설득해야 하는 것이다.

그러면 이제 성(性)의 문제로부터 돈의 문제로 넘어가 보자. 예수께서는 재물의 위험과 탐욕의 죄, 물질주의적 야망의 어리석음, 그리고 너그러움의 의무에 대해 많이 말씀하셨다. 주의 동생 야고보는 그의 편지에서 수전노처럼 재물을 축적하며 삯을 미루어 품꾼들을 짓누르며 이기적인 사치 속에서 사는 부자들을 향하여 맹렬하게 책망하고 있다(이는 구약의 선지자들의 태도를 상기시킨다, 5:1-6). 그는 물론 요한과 바울도 부유한 그리스도인들("세상의 재물"을 소유한 사람들)에게 가난한 자들에게 나누어 주어 그들의 생활의 필수적인 것들을 갖도록 해야 할 의무가 있음을 강조한다.[38] 그런데 과연 오늘날 이런 성경의 가르침에 대해 얼마나 듣고 있는가? 성경의 권위에 철저하게 굴복한다고 주장하는 그런 강단이나 그런 교회에서조차도 별로 듣지 못하고 있지 않은가? 혹시 부유한 교인들을 언짢게 하지나 않을까 하여 재물의 위험과 희생과 검소한 삶의 즐거움에 대해서 설교하기를 두려워하는 것은 아닌가? 아니면 우리의 궁핍한 형제 그리스도인들에 대해서만 우리의 관심을 제한시킴으로써 그런 성경적 주제들이 주는 도전을 회피하려 하는 것은 아닌가? 분명히 말하지만, 그런 식으로 회피하려는 것만으로도 혁명적인 걸음을 걸었다 할 정도가 되어 있다. 왜냐하면 세계에는 가난 가운데서 허덕이는 그리스도인들이 수없이 많으며 이들의 곤경이 우리 서구의 부유한 그리스도인들을 부끄럽게 하고 있기 때문이다.

하지만 그런 문제에만 관심을 제한시키는 것은 결코 용납될 수 없다. 성경은 우리의 우선적인 책임이 함께 그리스도인 된 형제와 자매들에 대한 것임을 가르치지만, 동시에 우리에게 "모든 이에게 착한 일을 하라"(갈 6:10)고 명령하고 있기 때문이다. 그리고 예수께서도 물론 원수까지라도 사랑하며 우리의 사랑을 행동으로 보이라고 말씀하신다. 그렇게 해야만 비로소 우리가 하늘에 계신 아버지의 순전한 자녀임을 입증해 보이는 것이기 때문이다. 우리의 천부께서는 악한 자와 선한 자를 가리지 않고 사랑하시며 모두에게 비와 햇빛을 주시는 데에서 그 사랑을 표현하시는 분이신 것이다(마 5:43-48). 그러므로 북반구의 국가들과 남반구의 국가들 사이의 엄청난 경제적 불평등은 그저 그리스도인들이 관심을 가질 정당한 문제만이 아니라, 반드시 관심을 가져야 마땅한 필수적인 문제다. 이 문제는 인류의 통일성, 땅의 자원들에 대한 청지기직, 또한 특권의 불균등에 내재되어 있는 불의(不義)에 관한 성경적 가르침들의 피할 수 없는 연장(延長)인 것이다.

이제 우리는 기독교 윤리의 동심원 가운데 다섯 번째 가장 큰 원인 정치

윤리 속에 들어오게 되었다. 즉, 개선될 수는 있으나 정치적 행동이 없이는 치유될 수 없는 그런 사회적 불의의 상황이 그것이다. "대윤리"의 이슈들에 대해 설교자는 과연 어떤 태도를 취해야 할까? 그런 이슈들이 사방에서 우리에게 밀어닥치고 있다. 인간의 억압과 해방에 대한 외침이 있고, 빈곤, 굶주림, 문맹, 질병이 있고, 환경의 오염과 자연 자원 보호의 문제가 있고, 낙태, 안락사, 사형 등 삶과 죽음의 문제들이 있고, 일과 여가와 실업 문제가 있고, 시민의 권리와 시민의 자유의 문제가 있고, 기술자들과 관료들의 지배로 인한 비인간화의 문제가 있고, 범죄의 증가와 또한 범죄자들에 대한 사회의 책임 문제가 있고, 인종차별주의와 민족주의, 부족주의, 인간 사회의 문제가 있고, 폭력과 혁명의 문제가 있고, 무기 경쟁과 핵의 공포와 세계대전의 위협의 문제가 있고, 일일이 다 열거하자면 거의 끝이 없을 정도다. 이 문제들은 날마다 신문의 지면을 가득 메우는 것들이요, 사려깊은 대학생들이 밤낮으로 토론하는 문제들이다.

그렇다면 우리가 어떻게 이런 문제들을 강단에서 금할 수 있겠는가? 만일 우리가 오로지 "영적인" 문제들에만 집중하느라 이런 문제들을 무시해 버린다면, 그것은 성(聖)과 속(俗)을 분리시키는(마치 이 둘이 서로 완전히 구별된 영역들이요 하나님께서는 그 중 하나의 영역에만 관여하시고 나머지 영역에 대해서는 전혀 관여하지 않으시는 것처럼 암시하는) 재난을 영속화시키는 처사요, 그것은 그리스도인의 믿음을 그리스도인의 삶과 이반(離反)시키는 것이요, 현실 세계로부터 물러나는 경건주의적인 사고를 조장하는 처사요, 종교란 현실의 처지(status quo)를 묵인하도록 세뇌시키는 아편이라는 마르크스의 유명한 비판을 정당화하는 처사요, 또한 기독교가 전혀 당위성이 없는 것이 아닌가 하는 비그리스도인의 은근한 의혹을 확인해 주는 처사다. 이는 우리의 무책임함에 대한 대가치고는 너무도 값이 큰 것이다.

그러나 필자의 이런 논지에 대해 반대하는 자들이 다 모여서 역공을 퍼부을 것이다. 그들은 이렇게 말할 것이다: "당신은 오늘날 기독교 설교자들에게서 성경 기자들도 예수님도 사도들도 전혀 행하지 않은 일을 주장하려 하고 있다. 그들은 절대로 정치에 관여하지 않았고, 구원을 전했다. 그들이 제시한 윤리적 교훈은 개인과 가정과 교회로 한정되었다. 그들은 외부 세계의 사회적 혹은 정치적 문제들에 대해서는 관심 갖지 않았다." 필자의 친구요 비판자인 여러분, 과연 그렇다고 확신하는가? 필자는 이렇게 답변하겠다. 바라건대 다시 생각해 보라. 그리고 이 논지들을 깊이 생각해 보라. 성경의 살아계신 하나님은 언약의 하나님이시요 또한 창조의 하나님이시다. 그러므로 그의 관심은 그의 언약 공동체를 넘어서 온 인류 사회 전체에 미치는 것이다. 그리고 그분이 정의와 긍휼의 하나님이시므로, 각 사회마다 정의와 긍휼이 번성하는 것을 보기를 바라신다. 구약 아모스서의 처음 두 장을 보라. 하나님의 심판이 그의 율법을 무시하고 힘없는 자들을 억압하는 그의 백성 유다와 이스라엘 왕국에게만이 아니라, 수리아와 블레셋, 두로와 에돔과 암몬과 모압 등 주변의 이방 민족들에게도 임할 것이라고 말씀하지 않는가? 그 이유는 무엇인가? 전쟁에서 야만적으로 잔인하게 처신했기 때문이요, 피정복국의 사람들을 이주시켰기 때문이요, 그 백성들을 종으로 삼았기 때문이요, 원수된 왕의 뼈를 욕되게 했기 때문이었다. 이 구절들은(또한 열방들을 향한 다른 선지자들의 비슷한 말씀들도 마찬가지다) 하나님께서 각 사회에서 정의와 인간다운 행실에 대해 관심을 가지신다는 것을 보여주는 것이다.

또한 성경의 인간론도 이 사실에 동조한다. 남자와 여자는 하나님의 창조의 면류관이요, 하나님의 형상을 지니며, 유일무이한 가치와 존엄성을 소유하고 있고, 그렇기 때문에 존귀와 존중과 섬김을 받아야 한다는 것이 바로 그것이다. 성경은 가난한 자를 억압하는 것은 그들을 지으신 창조주를 욕되게 하는 것이며, 또한 인간을 저주하는 것은 "하나님의 형상대로 지음을 받은" 사람을 욕되게 하는 것이라고 말한다(잠 14:31; 약 3:9). 성경에 따르면, 인간들을 하나님을 닮은 존재들로서 존중하는 것이 그들에 대한 우리의 태도의 근본이 되는 것이다. 그러므로 우리는 인간을 비인간화하는 모든 것을 반대하고, 인간을 더 인간답게 만드는 모든 것을 지지하게 되는 것이다. 물론 복음보다 인간을 인간답게 만드는 것은 없다. 그렇기 때문에 온 힘을 다하여 철저하게 절박하게 열심히 온 세상을 다니며 복음을 선포해야 한다. 그러나 그리스도의 구원의 복된 소식이 사람들을 하나님과의 바른 관계 속에 들어가게 하여 그들로 하여금 똑바로 서서 머리를 들고 하나님의 입양된 사랑하는 자녀들로서의 새로운 자존심을 갖게 하고난 다음에는, 수없는 사람들이 처하여 있는 그런 비인간적인 빈곤과 질병과 문맹의 상태 속에 그들을 그냥 내버려둘 수가 없다. 또한 동일한 비인간적인 처지들이 비그리스도인들을 짓누르고 있는 현실에 대해서 그들이 그리스도를 모른다는 이유 때문에 냉담하고 나태하게 대할 수도 없는 일이다. 어떻게 그렇게 무정하게 차별할 수 있단 말인가? 그들 역시 하나님의 형상을 지닌 사람들이 아닌가? 모든 억압이 다 하나님께 거슬리는 것이 아닌가? 하나님께 거슬리는 것이라면 당연히 우리에게도 거슬리는 것이어야 한다. 그저 옆에 가만히 서서 아무 일도 하지 않고 있을 수는 없는 것이다.

우리 주 예수 그리스도의 경우도, 그의 메시지는 보통 인식하는 것보다 훨씬 더 광범위한 정치적 파장이 있는 것이었다. 그 당시 사람들은 분명 그렇게 생각했다. 왜냐하면 그들이 그를 체포하였고, 심문하였고, 선동죄로 정죄했기 때문이다. 유대 지도자들은 빌라도에게 말하기를, "우리가 이 사람을 보매 우리 백성을 미혹하고 가이사에게 세금 바치는 것을 금하며 자칭 왕 그리스도라 하더이다"(눅 23:1, 2) 하였고, 그를 사형에 처한 죄목을 기록한 십자가의 명패에는 "이는 유대인의 왕이라"라고 적어 놓았다(눅 23:38). 물론 유대인들이 그에게 씌운 혐의는 부분적으로는 거짓말이었다. 예수께서는 유대 백성을 미혹한 적도 없고, 가이사에게 세금 바치는 것을 금한 적도 없었다. 그러나 그는 스스로 왕이라, 진정 왕이라, 하나님의 왕이라 주장하였다. 그리고 유대 지도자들은 스스로 왕이라는 그의 주장이 무슨 의미인지를 어느 정도 감지하고 있었다.

사실, 유대인들은 후에 그의 사도들에 대해서도 동일한 공격을 계속하였다. 그들은 데살로니가에서 "이 사람들은 … 천하를 어지럽게 하던 자들"이라고 공격하였다. 곧, 그들은 정치적인 위험 분자들이라는 것이다. 그들은 "다 가이사의 명을 거역하여 말하되 다른 임금 곧 예수라 하는 이가 있다"(행 17:6, 7)고 하기 때문이다. 이것은 비방이었는가, 아니면 올바른 고발이었는가? 둘 다 맞다. 사도들이 백성들에게 선동을 부추긴 것이 아닌 것은 물론이다. 그러나 그들은 예수께서 최고의 왕이심을 선포하고 다녔고, 이는 결국 가이사가 가장 바라는 것 — 그의 신민(臣民)들의 절대적인 충성과 경배 — 을 부정하는 것이 될 수밖에 없었다. 더 나아가서 그것은 왕인 예수께 복종하며 그에게서 가치관과 표준과 생활 양식에 대해 지시를 받는 무리들이 있다는 뜻이기도 했다. 세상의 소금과 빛이어야 할 책임이 있다는 것을 스스로 알며, 그 두 사회와 두 가치 체계가 서로 충돌을 일으킬 때면 언제나 가이사를 버리고 목숨을 희생시켜서라도 그리스도를 따를 준비를 갖추고 있는 그런 무리들이 예수께 있다는 뜻이었다. 이는 사회의 기존 현실이 방해받지 않고 유지되도록 하는 데에 주로 관심을 갖고 있던 정치적 기득권 세력에게는 매우 위협적인 것이었다.

그러나 이런 논지들에도 반대자들은 납득하지 않을 것이다. 두 왕과 두 사회가 서로 경쟁 상태에 있었다는 점은 인정한다 하더라도, 예수와 사도들은 가이사에게 정치를 어떻게 행할지를 가르친 적도 없고, 로마 제국의 법을 개선하는 문제에 대해 제의한 적도 없고, 심지어 노예 제도를 폐지하라고 요구한 적도 없다고 할 것이다. 과연 사실이다. 그들은 그런 일을 한 적이 없다. 그러나 그렇다고 해서, 그들이 노예 제도를 용인했고(노예 제도가 계속되는 것을 환영했고) 따라서 영국과 미국에서 노예 제도를 폐지시키기 위해 수고하여 결국 성공을 거둔 그리스도인 정치가들이 그들의 임무를 잘못 이해한 것이며, 그리스도로부터 아무런 명령도 받지 않고서 그런 일을 행한 것이라고 주장하지는 않을 것이다. 필자와 견해를 달리하는 자들이라도 분명 이런 식의 논지를 펴지는 않을 것이다. 아니다.

우리 모두 윌리엄 윌버포스(William Wilberforce)와 그의 동료들이 하나님의 뜻을 잘 분별했고 그리하여 용기 있는 활동을 통하여 하나님의 뜻을 행하였다는 것을 인정한다. 또한 그들이 노예 제도는 기독교의 인간관과도, 또한 바울 자신이 노예 소유주들에게 그 노예들에게 행하라고 요구한 그 "정의"와도(골 4:1), 어긋나는 것임을 성경에 근거하여 올바로 유추하였다는 것도 우리 모두 인정한다. 그들은 강단으로부터 올바로 격려를 받아서 이런 성경적 원리들을 실천에 옮기게 되었다. 그리하여 그들은 불굴의 끈기와 인내로 싸웠다. 노예를 사고 파는 행위(윌버포스는 이것을 가리켜 "가장 혐오스럽고 악한 행위"라 불렀다[39])의 폐지를 위해서 뿐 아니라, 노예들의 해방을 위해서도 수고한 것이다.

그렇다면 어째서 그리스도인들은 그보다 여러 세기 전에 성경에서 그런 유추를 하여 그 악습을 제거하지 않았는가? 그런 맹점이 있다는 비극적인 사실은 차치하고라도, 신약 시대와 19세기는 그리스도인들의 사회적 지위와 정치적 역량에 있어서 근본적인 차이가 있다. 초기 몇 세기 동안 그리스도인들은 힘없고 박해받는 무기력한 소수에 지나지 않았다. 그들로서는 직접 정치적 활동을 한다는 것은 꿈도 꿀 수 없는 일이었다. 오늘날 마르크스주의 문화, 이슬람 문화, 힌두 문화, 불교 문화, 혹은 세속 문화 등이 지배하는 많은 나라의 그리스도인들의 처지도 마찬가지다. 그런 처지에 있는 많은 나라에는 민주적인 정부가 없거나, 혹 있다 해도 의회에 그리스도인들이 없다(아니면 지극히 숫자가 적다). 물론 그처럼 정치적으로 무력한 상태에서라도 그리스도인은 설교하고 가르치고 주장하고 설득하며(물론 그럴만한 자유의 정도가 각기 다르겠지만), 일관성 있는 그리스도인의 삶과 가정 생활을 통해서 그들의 신앙과 삶의 표준들을 드러내 보일 수는 있다. 그러나 직접 정치적 행동을 취할 수는 없는 것이다.

그러나, 그리스도인임을 고백하는 사람들이 실제로 다수를 차지하고 또한 여러 세기 동안 기독교 문화가 지배해온 서구 세계나 혹은 제삼 세계의 몇몇 나라들에 대해서는 뭐라고 할 것인가? 이런 상황에서는 우리의 그리스도인으로서의 책임이 막중하다 할 것이다. 물론 교회나 교단으로서는 직접 정치적 행동에 가담할 책임이 없겠지만, 그리스도인 개개인들과 그리스도인 그룹들은 그렇게 해야 하고, 또한 교회의 강단도 그렇게 하도록 격려해야 한다. 그리스도인들로서는 자유 방임(laissez faire: 국가의 정치적 안녕 질서에 대해 그리스도인들이 전혀 기여하지 않는 것)과 강제(imposition: 미국의 주류 양조 판매 금지 기간 동안의 주류법의 경우처럼 원치 않는 다수에게 소수의 견해를 강제로 관철시키는)라는 두 가지 상반되는 오류를 피해야 할 것이다. 그 대신 우리는, 민주주의란 통치를 받는 자들의 동의와 더불어 통치하는 것을 뜻하며, "동의"란 대다수의 여론을 뜻하며, 또한 여론이란 유동적인 것으로서 그리스도인들이 얼마든지 영향을 미칠 수 있는 것이라는 점을 기억해야 한다.

비관론자들은 인간의 본성이 부패한 상태에 있고(이는 사실이다), 유토피아는 실현불가능하며(이것도 사실이다), 따라서 사회적 정치적 활동은 시간

낭비라고(이는 사실이 아니다) 답변한다. 기독교의 영향을 통해 사회의 현실을 개선하는 일이 불가능하다는 말은 정말로 터무니없는 말이다. 역사적 증거가 오히려 그 반대가 옳다는 것을 입증해 주기 때문이다. 기독교의 복음이 들어가서 승리하는 곳마다, 교육에 대한 새로운 관심이 일어났고, 반대 의견에 대해 기꺼이 경청하고자 하는 새로운 자세가 생겨났고, 정의의 시행에서 공명정대의 새로운 표준들이 생겨났고, 자연 환경에 대한 새로운 청지기적 자세가 생겨났으며, 결혼과 성에 대한 새로운 자세가 생겼고, 여자와 아동들에 대한 새로운 존중심이 생겼으며, 가난한 자들을 구제하고 병든 자들을 치료하며, 죄수들을 갱생시키며 노약자들과 죽어가는 자들을 보살피는 일들에 대한 새로운 진정한 관심이 생겨난 것이다. 더욱이 기독교의 영향력이 커져감에 따라서 이런 새로운 가치관들이 자선 사업뿐만 아니라 입법 과정에서도 표현되었다. 물론 이것은 아직 유토피아와는 거리가 너무나 멀다. 또한 하나님의 나라를 기독교화 된 사회와 동일시하는 오류를 범했던 케케묵은 자유주의의 "사회 복음"도 아니다. 아니다. 하나님의 나라는 그리스도를 통하여 그의 구속받은 백성들을 다스리는 하나님의 다스림이다. 그러나 이처럼 새 생명과 새 비전과 새 힘을 지닌 이 새로운 백성은 반드시 세상의 소금과 빛이어야만 한다. 사회의 부패를 막고 그리스도의 사랑과 평화와 의의 빛을 비추어, 긍휼과 정의의 하나님을 더 기쁘시게 하는 사회를 이루도록 도울 수가 있는 것이다.

그렇다고 해서 강단이 정교한 정치적 프로그램들을 세우고 그것들을 선전하는 장소라는 말은 아니다. 오히려 현 사회의 문제점들과 연관된 성경의 원리들을 해명하여, 각 사람으로 하여금 그 문제점들에 대하여 기독교적인 판단을 할 수 있도록 돕고, 또한 회중 가운데 공적으로 영향력 있는 위치에 있는 여론 형성자들이나 정책 입안자들로 하여금 그런 성경적 원리들을 그들의 직무에 올바로 적용시키도록 그들을 깨우치고 격려하는 것이 설교자의 책임이라는 말이다. 회중 가운데는 정치인도, 법률가들도, 교사들도, 의사들도, 기업가들도, 소설가들도, 언론인들도, 배우들도, 라디오나 텔레비전 프로듀서들이나 작가들도 있을 수 있다. 강단은 바로 그런 이들이 기독교적인 사고를 발전시켜서, 그리스도를 위하여 사회 속에서 그들이 맡은 분야에 더 깊이 파고 들어가도록 도와 주어야 하는 것이다.

물론 강단에서 선포되는 말씀 중에 정치와 관계 없는 것이 하나도 없는 것은 사실이지만, 분명한 것은 강단이 정치적 영향력을 지니고 있다는 사실이다. 그렇다면, 설교자의 침묵은 현 사회적 정치적 상태에 동의한다는 것이요, 사회를 변화시켜 하나님을 더 기쁘시게 하도록 돕는 것이 아니라 오히려 강단이 현 사회를 반영하는 거울이 되어 버리며, 교회는 세상을 따르게 된다. 강단에서 중립을 지킨다는 것은 불가능한 일이다. 이 사실을 입증하는 확실한 증거를 폴 웰스비(Paul Welsby)의 『설교와 사회』(Sermons and Society)라는 책에서 볼 수 있다. 그 책은 1947년까지 400년 동안에 영국 국교회에서 행해진 45편의 설교를 모은 것으로, 웰스비는 그 서문을 다음과 같이 시작하고 있다:

> 이 설교선집의 목적은 종교개혁 이후 이 나라의 사회상에 대한 영국 국교회의 설교자들의 태도를 실례로 보여주는 데 있다. 그들의 설교를 읽는 동안 우리는 설교자의 눈을 통해서, 그 설교가 행해지던 그 당시 잉글랜드의 생활상이 어떠했는가도 볼 수 있을 것이다.[40]

어떤 설교자들은 기존 상태를 묵인했는가 하면, 또 어떤 설교자들은 그것을 맹렬히 비판했다. 어떤 이들은 개혁을 반대하였고, 또 어떤 이들은 적극적으로 개혁을 지지하였다. 그러므로 그들의 설교는 사회와 교회에 대해서, 또한 사회와 교회 상호간의 영향에 대해서, 시사해 주는 바가 많다. 안타깝게도, 그 기나긴 세월 동안 대부분 "교회의 사회에 대한 가르침이 중요성을 상실하고 말았으니, 이는 교회 자체가 생각하기를 그만두었기 때문이다." 이것은 토니(R. H. Tawney)의 판단을 웰스비가 인용한 것이다.[41] 그의 주장에 따르면, 19세기 말부터 비로소 영국 국교회가 사회적 변화에 좀 더 영향을 미치게 되었다고 한다.

논란을 일으키는 문제들의 처리

사회적이며 도덕적이며 정치적인 파급 효과가 있는 주제들을 설교에 포함시켜야 한다면, 논란을 일으키는 문제들은 어떻게 다루어야 할까? 똑같이 성경적이며 똑같이 하나님의 말씀에서 하나님의 뜻을 찾으려 하고 또한 그 뜻을 찾으면 거기에 복종하려는 간절한 열심이 있는 그리스도인들조차도 서로 다른 결론에 이르게 되고 서로 견해가 달라서 고통스러워한다는 것이 의심의 여지 없는 사실이다. 그렇다면, 우리는 그런 주제들을 어떻게 다루어야 할까? 다음 세 가지 중 하나를 택할 수 있을 것이다.

첫째로, 이런 주제들을 아예 회피해 버리는 것이다. 그리고는 이렇게 말할 수도 있을 것이다. "강단에서 논쟁이란 있을 수 없다. 나는 권위를 갖고 설교할 수 있게 되기를 바란다. '여호와께서 말씀하시기를' 이라는 선지자의 말을 쓰거나 '성경이 말씀하기를' 이라는 말로 권위 있게 선포할 수 있게 되기를 바란다. 하지만 그런 문제들에 대해서는 권위를 갖고 설교할 수가 없다. 그 문제들이 그리스도인들 사이에서조차도 논란이 있는 것으로 인식되고 있기 때문이기도 하고, 내가 거기에 대한 필요한 지식이 없고 또 그 문제에 대해 설교할 만한 능력이 없기 때문이기도 하다. 그러니 그 문제들을 회피하는 것밖에는 별다른 도리가 없다."

물론 이것은 이해할 수는 있으나, 무책임한 태도다. 그리스도인들이 이런 방면에서 인도해 달라고 부르짖고 있다. 그리스도인들로서 그 문제들을 어떻게 생각해야 할지에 대해 도움을 받고 싶어하는 것이다. 그들이 저 깊은 바다에서 홀로 허우적거리도록 내버려두어야 한단 말인가? 이것은 비겁한 방법이 아닐 수 없다.

둘째로, 편파적인 입장을 취하는 것이다. 예를 들어서 전쟁에 대해 설교할 경우, 타협의 여지가 없는 평화론자(비둘기파)나 군국주의자(매파) 중 어느 하나의 입장에 서는 것이다. 경제적 현실에 대해 설교할 경우는 자본주의를 변호하든지 아니면 사회주의를 주장하든가 하며, 남녀 관계나 남편과 아내의 관계에 대해 설교할 경우는 전적인 여권주의를 주장하거나 아니면 전적인 맹목적 남성우월주의를 주장하거나 하는 것이다. 이렇게 하면 권위와 열정을 갖고 설교할 수 있다. 주장할 분명한 입장이 서 있기 때문에, 모든 언변과 논지들을 갖고서 열변을 토하여 설교할 수가 있다. 그러나 그러는 중에 그 반대의 관점들은 완전히 무시되고 마는 것이다.

그러나 이는 강단을 잘못 사용하는 것이다. 강단은 하나님의 말씀을 해명하며 적용하는 장소지, 사적인 견해를 표명하는 장소도, 우리가 성경의 선지자들과 사도의 무오성(無誤性)을 지니고 있는 것처럼 꾸며대는 장소도 아니다. 그런 방식은 또한 사람을 기만하는 것이다. 왜냐하면 설교자 자신의 입장이 성경적 그리스도인이 취할 수 있는 유일한 입장이라는 인상을 풍김으로써 다른 성경적 그리스도인들이 달리 생각한다는 사실을 은폐시키는 것이기 때문이다. 이것은 독단론자들이 쓰는 방식이요, 또한 심지어 바보들까지도 쓰는 방식이다.

세 번째 방법을 찾을 수 있을까? 논란이 있는 주제들을 강단에서 다루되, 비겁하지 않고 용감하게, 독단적이지 않고 겸손하게, 또한 어리석지 않고 지혜롭게 다룬 방법이 과연 있을까? 필자는 있다고 생각한다. 그것은 바로 **그리스도인들로 하여금 기독교적 지성을 발전시키도록 돕는 것이다**. 기독교적 지성(Christian mind: 이는 동일한 제목의 책에서 해리 블레마이어즈[Harry Blamires]가 대중화시킨 표현이다)이란 구체적으로 기독교적이거나 종교적인 주제에 대해서 생각하는 지성을 뜻하는 것이 아니고, 모든 것에 대해서 — 심지어 "세속적인" 것들에 대해서도 — 생각하되 "기독교적으로" 혹은 기독교적인 틀 안에서 생각하는 지성을 뜻한다. 그것은 마치 모든 정보가 산뜻하게 정리되어 저장되어 있는 컴퓨터의 메모리처럼 온갖 질문들에 대한 산뜻한 해답들로 가득 차 있는 그런 지성이 아니고, 오히려 성경의 진리들과 기독교의 전제들을 철저히 흡수하고 있어서 모든 이슈들을 기독교적인 안목에서 보며 그 하나하나에 대해 기독교적인 판단에 이를 수 있는 그런 지성인 것이다. 블레마이어즈는 오늘날 교회 지도자들 사이에 기독교적 지성이 거의 완전히 상실되어 있다는 것을 탄식하고 있다: "기독교적 지성은 기독교 역사상 유례를 찾아볼 수 없을 정도의 연약함과 무신경함으로 세속적인 풍조에 굴복해 버렸다 … . **생각하는** 존재로서의 현대 그리스도인은 세속화에 굴복해 버린 것이다."[42]

설교자들은 상실된 기독교적 지성의 회복을 촉진시켜야 한다. 여러 해에 걸쳐 성경을 체계적으로 강해함으로써, 회중에게 진리의 틀을 제시해야 한다. 여기에는 살아계신 하나님의 실재와 그 인격성, 창조로 말미암은 인간의 존엄성, 타락으로 인한 인간의 부패성, 악의 만연과 사랑의 중차대함, 예수 그리스도의 승리와 통치, 하나님의 역사적 목적의 중심이 되는 새로운 공동체, 시간의 초월성, 심판과 구원의 **에스카톤**(종말)의 확실성 등이 포함될 것이다. 요컨대, 지성이 창조와 타락과 구속과 완성이라는 성경의 사중적 체계를 굳게 파악하고서 삶의 현상들을 그 체계에 비추어서 평가할 수 있을 때에 그 지성을 기독교적 지성이라고 할 수 있는 것이다. 그러므로 우리는 매주 행하는 모든 설교를 통해서 "하나님의 온전하신 뜻"(the whole counsel of God)을 점차 드러내어 회중 가운데서 기독교적 지성이 발전되도록 기여해야 하는 것이다.

그렇다면, 이런 임무가 논란을 일으키는 문제에 대한 설교와 어떻게 연관되는가? 어떻게 하면 교회원들로 하여금 논쟁이 되는 구체적인 주제들에 대해 기독교적으로 생각하도록 도울 수 있는가? 우리에게는 네 가지 의무가 있는 것 같다. 첫째로, 논쟁과 관련되는 성경적 원리 혹은 원리들을, 또한 하나님께서 그 주제들에 관해서 그의 뜻을 분명하게 계시하신 점들을, 용기 있게, 명확하게, 확신을 갖고 해명해야 한다. 둘째로, 성경적인 그리스도인들이 취한 반대의 견해들과 그런 결론들을 뒷받침하는 그들의 논지들을 공정하게 정리하도록 노력해야 한다. 셋째로, 그렇게 하는 것이 지혜롭다고 판단될 경우, 우리가 취하는 입장과 그 이유를 자유로이 제시하여야 한다. 그리고 넷째로, 회중에게 자유를 주어서 우리가 가르친 원리들을 그들 스스로 파악하고 문제를 저울질하여 그들 스스로 결정하도록 여지를 주어야 한다.

먼저 중동의 분쟁 문제를 실례로 들어보기로 하자. 필자는 두세 번 정도 몇몇 아랍 국가들을 돌아볼 기회가 있었고, 그리하여 아랍과 이스라엘 간의 긴장 상태를 직접 경험해 보았고, 아랍인들이 느끼는 팔레스타인 문제에 대한 부당성을 다소 느껴보기도 했다. 필자는 이런 질문들을 받았다. 아랍 그리스도인들은 과연 이런 상황에 대해 어떻게 처신해야 할까? 아랍 교회의 목사들은 그 문제에 대해 뭐라고 말하여야 할까? 필자가 보기에는, 교회 바깥에서 늘상 거론되는 주요 화제인 그 문제를 강단에서 전혀 다루지 않는 것도 불가능하고, 반대로 정의가 완전히 한 쪽에만 있는 것처럼 극단적으로 편파적인 입장을 취해서도 안 될 것 같다. 하지만 목사들은 이 둘 중 어느 하나의 방식을 취하고 있다고 믿어진다. 그런 미묘한 상황에 대해서 필자 같은 외부 사람이 의견을 표명한다는 것 자체가 주제넘은 일일지도 모른다. 그러나 그 지역의 몇몇 그리스도인 지도자들과 논의한 결과, 다음과 같은 말은 할 수 있다는 느낌이 든다.

한편으로는, 목사들이 확신을 갖고 설교해야 할 몇 가지 분명한 성경의 진리들이 있다. 예를 들면, 성경의 하나님은 정의의 하나님이시며 따라서 개인이든 국가든 불의를 용납하지 않으신다는 것이나, 그리스도인들에게는 개인적인 미움과 복수는 절대로 금지되어 있다는 것이나, 예수께서는 제자들에게 원수까지라도 사랑할 것이요 또한 행위와 기도에서 그 사랑을 건설적으로 표현할 것을 명령하셨다는 것이나, 그러므로 아랍의 기독교 교회는 모두 예배로 모일 때에 이스라엘을 위하여 기도하는 시간을 가져야 하고, 또한 이스라엘의 각 기독교 그룹도 이웃의 아랍인들을 위해 기도해야 한다는 것이나, 예수께서는 제자들이 부당한 고난을 인내로 견디며 보복하지 않을 것을 기대하신다는 것이나, 그들을 부르셔서 화평케 하는 자들이 되게 하신다는 것이나, 아랍인이든 유대인이든 이 모든 예수님의 가르침에 복종하는 그리스도인들이라면 비애국자라는 오해와 비난을 받고 비방을 받더라도 맹목적으로 원한을 품는 수많은 애국자들의 열광주의와 거리를 두게 될 것이라는 것 등이다. 이러한 가르침에는 논쟁적이라 할 만한 것이 하나도 없는 것이다.

그러나 다른 한편으로는, 맹렬한 논란이 일고 있는 아주 곤란한 영역의 문제들이 남아 있는데, 이에 대해서는 상당히 더 유보적인(tentative) 자세를 취할 필요가 있을 것이다. 민족들에 대해서, 영토에 대한 민족의 주권 전반에 대해서, 또한 구체적으로는 약속한 땅을 점거할 권리에 대해서, 성경은 어떻게 가르치고 있는가? 폭력을 수단으로 정의를 실현시키려 하는 일은 과연 옳은가? 그리스도인들이 민병대에 가담하여 총을 쏘아 사람을 죽이는 일이 합당한가? 평화를 위하는 그리스도인의 건설적인 노력 중에 어떤 것이 가능한가? 이런 문제들에 있어서는 목사들도 논쟁의 여지를 열어놓아야 할 것이다. 예를 들어서, 폭력과 반전론(反戰論)의 문제에 대해서도, 교회 역사를 통틀어서 그리스도인들끼리도 서로 반대편에 서 왔으며, 모든 그리스도인들이 전쟁을 악한 것으로 정죄하고, 또한 무고한 시민들을 죽이는 일이 그릇되다는 것은 동의하면서도, 어떤 이들은 거기서 한 걸음 더 나아가서 십자가의 길이 무조건적인 폭력의 포기를 요구한다고 강변했고, 다른 이들은 "정의로운 전쟁"(just war)의 이론, 즉 전쟁이 어떤 특수한 상황(특히 전쟁의 목적, 사용되는 수단, 수반되는 어려움과 예상되는 결과와 관련되는)에서는 두 가지 악 가운데 덜 악한 대안이 될 수도 있다는 이론을 발전시켜 왔다는 사실을 인정해야 할 것이다. 이런 문제에 대해서는 교회원들이 직접 문제를 대면하여 논지들을 살펴서 그들 자신의 결론에 이르도록 격려하여야 할 것이다.

또한 두 번째 실례로, 서구 사회에 일고 있는 낙태에 관한 논쟁을 들 수 있을 것이다. 이 문제에 대해 설교를 한다면, 권위를 갖고 가르쳐야 할 분명한 성경적 원리는 바로 인간의 생명의 존귀함일 것이다. 다시 말해서, 성경에서 살인을 그렇게 악독한 범죄로 간주하는 이유는 모든 생명이 존귀하기 때문(이런 사고를 극단적으로 밀고가는 것은 기독교적 사고가 아니라 불교적 사고에 더 가깝다)이 아니라, **인간의** 생명이 존귀하기 때문이다. "하나님이 자기 형상대로 사람을 지으셨"기 때문이다(창 9:6). 여기서 논쟁을 불러일으키는 문제는 태아가 어느 시점에서 인간으로 간주되어야 하느냐 하는 것이다. 로마 가톨릭 교회의 입장은 정자와 난자가 결합하는 순간부터 육체와 영혼을 모두 지닌 완전한 인간이 존재한다는 것이다. 개신교의 견해는 하나님께서는 우리가 나기 전부터 우리를 아셨고, 어머니의 태에서 우리를 형성시키신 분이 바로 하나님이시며(시 139:13-16), 따라서 정자와 난자의 결합의 순간부터 태아는 최소한 "형성되는 중에 있는 인간"이라는 것이다. 그러므로 개신교의 신학자들은 출생하지 않은 태아(산모만이 아니라)도 보호받을 "권리"가 있다고 강조해왔다. 그들은 이런 근거들에 따라서 요구에 따라 낙태를 시키는 행위를 끔찍한 일로 간주해왔고 뿐만 아니라 산모의 생명과 태아의 생명 가운데 하나를 택하여야 할 희귀한 경우들을 제외하고는 모든 낙태 행위에 반대해왔다. 의학적으로 임신 상태를 종결시키는 행위가 도덕적으로 정당화될 수 있는 다른 극단적인 경우들(예컨대, 결혼하지 않은 어린 여자아이가 성폭행으로 임신하게 된 경우 등)이 과연 있느냐 하는 것은 모든 신경을 써서 양심적으로 논쟁을 진행해야 할 문제다. 그러나 그리스도인들의 기독교적 지성이 하나님을 닮은 인간의 — "형성되는 중"에 있든, 완전히 발달된 상태든 간에 — 생명의 존귀함을 강력하게 확신하고 있다면 그런 경우들에 대해서도 결단을 내리기가 더 용이해질 것이다.

그러므로, 설교자들로서 우리가 지고 있는 임무는 논쟁이 되는 모든 분야들을 회피하는 것도, 복잡한 문제들에 대해 매끄러운 답변들을 제시하여 사람들로 하여금 귀찮은 생각을 할 필요가 없도록 만들어 주는 것도 아니다. 이 두 가지 모두 교인들을 스스로 생각할 능력이 없는 어린아이로 취급하는 것이요, 또한 영구하게 미숙한 상태에 머무르도록 방치하는 것이다. 오히려 우리의 책임은 그들에게 성경의 명확한 진리들을 선명하고도 확신 있게 가르쳐서 그들이 기독교적 지성을 발전시키도록 도와주며, 또한 시대의 큰 문제들에 대해 그런 지성으로 생각하도록 격려하며, 그리하여 그리스도 안에서 성숙하게 자라도록 해주는 데 있는 것이다.

성숙에 이르는 길

양심적인 사고와 양심적인 결단은 인간의 성숙의 필수적인 면이며, 그 때문에 현대의 상담 과정에 소위 "비지시적"(non-directive) 요소가 있는 것이다. 다른 사람들을 위해 선택을 해주는 것은 그들을 어린아이들로 취급하는 것이요, 또한 계속 어린아이로 남아 있도록 만드는 처사요, 스스로 선택을 하도록 도와 주는 것은 그들을 성인으로 대하는 것이요 성인이 되도록 그들을 도와 주는 것이다. 기독교 교사들과 설교자들은 이러한 인간의 자유를 보장하며 또한 몇몇 광고의 형태들과 교육의 형태들에서 보는 것과 같은 세속 세계의 비인간적인 조작들에 휩싸이지 않도록 막는 데에 최선의 노력을 경주해야 할 것이다.

작가이자 언론인인 밴스 페커드(Vance Pakard)는 "무의식을 통한 대중 설득 기법의 소개"라는 부제가 붙은 『숨겨진 설득자들』(*The Hidden Persuaders*)이라는 유명한 책에서, 미국인들을 "철의 장막 바깥에 있는 사람들 중에서 가장 조작을 당하는 사람들"로 묘사하면서, 그들이 "고도로 지능적인 광고주들"과 "교묘한 설득자들"에게 끊임없이 노출되어 있다는 것을 그 이유로 제시한다.[43] 그의 주장에 따르면, 상인, 홍보 전문가, 자금 조달자,

정치인, 산업가 등이 "공기 유발에 관한 연구"(선택을 행하는 인간의 잠재의식의 이유들에 관한 실험들)의 결과들을 갖고서 우리의 숨어 있는 약점들(예컨대, 우리의 허영심, 야망, 공포, 성욕 등)을 조직적으로 이용하고 있다는 것이다. 그 책은 매우 재미 있다. 그러나 혼란스럽게 만들기도 한다. 왜냐하면 사람들의 의식적인 정신의 표면 밑에서 그들을 설득시킬 수 있는 가능성들을 폭로하고 있기 때문이다. 밴스 페커드는 이렇게 쓰고 있다: "정신 의학과 사회 과학들로부터 얻어낸 통찰들을 이용하여, 우리의 생각 없이 행하는 습관들과 우리의 구매의 결정들과 우리의 사고 과정들을 유도해내려는 노력이 대대적으로 시행되고 있고, 그런 노력이 감동적인 성공을 거두는 예도 자주 있다."[44] 우리를 "소비자"[45]로 보든, 혹은 "시민"으로 보든,[46] 숨겨진 설득자들이 "우리 정신의 사사로운 자유를 침해하려고"[47] 호시탐탐 노리고 있다는 것이다.

또한 교육 분야에서도 조작이 이루어지고 있다. 많은 사람들이 이에 대해 문제를 제기해왔다. 그러나 이러한 위험성의 실례로서 필자가 선택한 저자는 1921년에 브라질 동북부의 레시페(Recife)에서 출생한 파울로 프레이레(Paulo Freire)라는 사람이다. 그는 겨우 열한 살 때에 굶주림의 고통을 몸소 경험하고서 세계의 굶주림과 싸우기로 결심하였다. 그는 브라질의 교육부 장관 겸 "성인 국민 교육 계획"의 총재가 되었다. 그러나 1964년의 군사 쿠데타 이후 그는 투옥되었다가 추방당했다. 그때부터 그는 칠레에서, 하버드 대학교에서, 또한 제네바에서 일했다. 그의 주 관심사는 그 자신이 "침묵의 문화"라 부르는 것인데, 그것은 곧 라틴 아메리카인들이 빠져 있는 무지와 수동적 상태를 가리키는 것이다. 그리하여 그는 『피억압자들의 교육』(*Pedagogy of the Oppressed*)라는 책에서 대중의 "의식 교양 운동"(conscientization), 즉 먼저 그들의 사회적 현실을 정확하게 인지하고 그 다음에는 그 현실을 변화시키기 위해 행동을 취하도록 하는 하나의 교육 과정을 주장한다. 그런데 파울로 프레이레는 분명 마르크스주의자이므로, 그의 책에는 필자가 보기에 혐오스럽고 받아들일 수 없는 몇 가지 특징들이 있는 것이 사실이다. 그러나 그가 마르크스주의자라고 해서 그의 주된 교육론을 거부할 이유는 하나도 없다고 생각한다. 그는 두 개념의 교육을 서로 대비시킨다. 그 첫째는 "주입식 교육"인데, 이는 교육 내용을 이야기로 주입시키는 주체(교사)와 듣는 대상인 환자(학생)을 상정하는 것이다. 이 교육법은 학생들을 교사가 계속해서 채워가는 "용기(容器)" 혹은 "그릇"으로 만들어 놓는다. "그리하여 교육은 저장시키는 행위가 되고, 그 속에서 학생들은 저장고가 되고, 교사들은 저장인이 되고 만다. 이를테면, 교사는 의사를 전달하는 것이 아니라 공식 성명 같은 것을 발표하는 것이다. 이것은 교육을 은행에서의 '예금 행위'처럼 생각하는 개념이다."[48]

이것과 대비되는 개념은 파울로 프레이레 자신이 주장하는 것인데, 그는 그것을 "문제 제시식"(problem-posing) 교육이라 부르면서 "예금식"(deposit-making) 교육과는 반대되는 것이라고 한다.[49] 이 개념은 교사와 학생이 함께 현실을 대면하고 그 현실에 대해 비판적으로 사고하도록 서로 도와주는 하나의 대화적인 상황을 전제로 하는 것이다. 그는 이 두 개념의 차이를 다음과 같이 정리하고 있다:

　　은행에서의 예금식의 교육은 창의력을 마비시키고 억제시키는 반면에, 문제 제시식의 교육은 현실을 끊임없이 드러내 준다. 전자는 의식이 **가라앉아 있는** 상태를 유지하려 하나, 후자는 의식을 **드러나게** 하고 현실에 **비판적으로 개입하도록** 만들기 위해 노력하는 것이다.[50]

바로 여기서 사람이 동물과 다른 점이 가장 분명해진다. 그는 동물은 "비역사적"이라고 주장한다. 자기들이 처한 상황에 대해 반추할 줄도 모르고 "목표를 설정할" 줄도 모르고, 현실을 타개하기 위하여 목적을 갖고 "스스로 노력할" 줄도 모르기 때문이라는 것이다. 이에 반하여, 인간은 자기 자신과 세계에 대해서 인식을 갖고 있고, 변화를 위한 목표를 설정할 줄도 안다.[51] 또한 "동물은 세계를 관조하지 않고, 그 속에 잠겨 있다. 그러나 사람은 세계로부터 벗어나서 그것을 객관화시키며, 그렇게 하는 가운데 그들의 노력으로 세상을 이해하고 변화시킬 수 있는 것이다."[52] 이러한 반성과 변화가 없다면, 그것은 완전한 인간이 아니다. 왜냐하면 다른 사람들의 지배와 조작의 대상이 되어 있는 상태를 벗어나 그들 스스로 주체가 되고 그들의 손에 역사를

쥐게 되는 것이 생각과 행동으로 말미암아 되는 일이기 때문이다.[53]

이렇게 보면, 광고 분야와 교육 분야 모두에서, 사람을 조작하는 일도, 사람에게 봉사하는 일도, 그들을 비인간화시키는 일도, 또한 그들이 인간적인 성숙에 이르도록 돕는 일도 모두 가능한 것이다. 설교자도 이와 동일한 기로에 서 있다. 설교가 교육이나 광고와는 성격이 다르며 사실 지극히 독특한 것은 사실이다. 권위 있는 하나님의 영감된 말씀을 다루는 일이 거기에 개입되기 때문이다. 그러나 하나님의 말씀의 권위를 휘둘러 사람들의 인간됨을 파괴시키는 일은 결코 있어서는 안 된다. 하나님께서도 친히 그의 형상대로 지으신 그 백성을 사랑하셔서, 우리를 인간으로 대하시고 우리에게 말씀하시기 때문이다. 그는 그가 우리에게 주신 지성과 의지를 존중하신다. 그는 우리를 강제로 대하시지 않고, 오히려 사려깊게 사랑으로 자유로이 반응할 것을 우리에게 요구하신다.

성경 저자들이 독자들에게 비평적으로 듣는 법을 개발할 것을 격려하는 것이 바로 이 때문이 아닌가? "입이 음식물의 맛을 분별함 같이(그리하여 씹어 삼킬지 혹은 내어 뱉을지를 생각함 같이) 귀가 말을 분별한다"는 엘리후의 말은 옳은 것이었다. 음식물이 그렇듯이, 생각도 그렇다. 엘리후는 이렇게 계속 말하고 있다: "우리가 정의를 가려내고 무엇이 선한가 우리끼리 알아보자"(욥 34:1-4). 이와 비슷하게 신약에서도, 그리스도인들에게 "영들이 하나님께 속하였나 분별하라"(요일 4:1)고 하고, "모든 것을 시험하라"(한글개역 개정판은 "범사에 헤아려"로 번역함 — 역자주)고도 말씀한다. 그렇게 해야만 비로소 "좋은 것을 취하고 악은 어떤 모양이라도 버릴" 수 있기 때문이다(살전 5:19-22). 즉, 영감되었다고 주장하는 메시지들까지라도 사도의 가르침에 비추어 살펴보아야 한다는 것이다. 이렇게 하면 그리스도인이 지식과 분별이 점점 자라나 "성숙해지고", 그리하여 "지각을 사용함으로 연단을 받아 선악을 분별하"게 될 것이다(빌 1:9; 히 5:14).

오늘날 기독교 설교자로 부르심을 받은 우리는 할 수 있는 모든 노력을 기울여 회중으로 하여금 다른 데서 빌려온 갖가지 슬로건들과 그릇된 상투적인 문구들에서 벗어나고 그들 자신의 지적이며 도덕적인 비판 능력을, 즉 진리와 오류, 선과 악을 구별하는 능력을, 발전시키도록 도와야 할 것이다. 물론 성경에 겸손하게 굴복하는 자세도 권장해야 한다. 그러나 동시에 우리가 성경에 대한 우리 자신의 해석들의 무오성을 주장하지 않는다는 것을 분명히 해야 할 것이다. 청중들에게 우리의 가르침을 "시험하고" "헤아리도록" 격려해야 할 것이다. 질문들을 기꺼이 환영하고 불쾌하게 여겨서는 안 된다. 교인들이 우리의 설교에 얼이 빠지고 우리의 말에 마법에 걸린 듯이 스펀지처럼 그 말을 완전히 빨아들이기를 바라서는 안 된다. 그렇게 무비판적으로 우리에게 의존하기를 바란다면, 그것은 예수님께 사람들에게 "랍비"라 칭함을 받기를 좋아한다는 책망(마 23:7, 8)을 들어 마땅한 일이다. 이와는 대조적으로, 베뢰아 사람들은 비판적으로 듣는 자세와 열정적으로 받아들이는 자세를 한데 결합시켰고, 그리하여 데살로니가 사람들보다 더 "너그럽다"라는 칭송을 들었다: "간절한 마음으로 말씀을 받고 이것이 그러한가 하여 날마다 성경을 상고하므로"(행 17:11).

이처럼 마음을 열어 놓으면서도 동시에 의문을 갖는 자세는 "목회적" (pastoral: 양을 치는 일을 뜻함)이라는 은유에도 함축되어 있다. 사실 양들을 "유순한" 동물로 묘사하는 경우가 많고 또 그럴 수도 있다. 그러나 양들은 먹을 것을 상당히 가리는 편이고, 염소처럼 닥치는 대로 아무것이나 먹지를 않는다. 게다가 목자가 양들에게 먹이를 주는 방식도 의미심장하다. 사실 그대로 말하면, 목자가 양들을 먹여주는 것이 아니다(목자가 팔로 안고 우유병으로 먹여주는 병든 양의 경우는 제외하고). 목자는 그저 푸른 초장으로 양들을 데려가는 것뿐이고, 거기서 양들이 스스로 먹이를 먹는 것이다.

* * *

결론적으로, 계시된 말씀과 현 세계 사이를 이어주는 설교 사역의 가교 역할의 주요 특질들을 정리하기로 하자. 그런 면에서 설교는 성경적 원리를 해명하는 데 있어서는 권위적이나, 그 원리들을 현실의 갖가지 복잡한 이슈들에 적용시키는 데 있어서는 유보적이다. 권위적인 면과 유보적인 면, 확신을 갖는 면과 확신이 없는 면, 교인들을 가르치는 일과 그들 스스로 결정하도록 자유롭게 두는 면을 이렇게 하나로 결합된 상태로 유지시킨다는 것은 굉장히 힘든 일이다. 그러나 필자가 보기에는 그것이야말로 한편으로는 하나님의 말씀을 순전하게 다루며(명확한 사실을 선포하며 동시에 명확하지 않은 것이 있는 데도 모든 것이 명확하다는 식으로 가르치지 않으며) 다른 한편으로는 하나님의 백성을 성숙한 상태로 인도하는(기독교적 지성을 개발하고 그것을 사용하도록 격려함으로써) 유일한 길이라고 생각된다.

---

1. 고전 1:23; 고후 4:5; 참조. 사 40:9; 52:7.
2. 참조. 고후 5:20; 엡 6:20.
3. 고전 4:1, 2; 참조. 딤전 3:4, 5; 딛 1:7.
4. 참조. 겔 34장; 요 21:15이하; 행 20:28-31.
5. Forsyth, p. 22.
6. Eliot, pp. 43, 121.
7. McGregor, pp. 45, 46.
8. Coggan, *Stewards*, p. 70.
9. W. S. Swayne, *Parson's Pleasure*, 1934, p. 79. Smyth, *Garbett*, p. 470에서 인용.
10. Spurgeon, *Lectures*, First Series, pp. 78, 79. 「스펄전 설교론」, 크리스챤 다이제스트
11. 이런 용어들은 편협한 고정 관념을 영속화시키므로 좋지 않으나, 이 용어들을 피할 방법을 달리 찾을 수가 없다.
12. Fant, *Bonhoeffer*, p. 107.
13. Miller, J., *McLuhan*, p. 113.
14. Paget, pp. vii, 145.
15. William, W., *Reminiscences*, p. 145.
16. Horne, pp. 135, 144-5.
17. Dwight, vol. 1, p. 606.
18. Henson, *Robertson*, p. 19.
19. Ibid., p. 66.
20. Ibid., p. 92.
21. Henson, *Church and Parson*, pp. 60, 61.

22. Brooks, *Lectures*, pp. 220-1. 「설교론 특강」, 크리스챤 다이제스트
23. Barth, pp. 100-4.
24. Ramsey and Suenens, *The Future*, pp. 13, 14.
25. Spurgeon, *Lectures*, Third Series, p. 54.
26. Von Allmen, pp. 20-9.
27. Brilioth, p. 3.
28. Stalker, p. 107.
29. Lloyd-Jones, *Warfare*, p. 109.
30. Pit-Watson, p. 57.
31. Neill, p. 74.
32. Stalker, p. 199.
33. Baxter, *Reformed Pastor*, p. 136. 「참된 목자」, 크리스챤 다이제스트
34. Spurgeon, *Lectures*, First Series, pp. 82, 83. 「스펄전 선교론」, 크리스챤 다이제스트
35. Spurgeon, *All-Round Ministry*, pp. 117, 127. 「스펄전 목회론」, 크리스챤 다이제스트
36. 엡 5:12-6:9; 골 3:18-4:1; 벧전 2:18-3:7.
37. 창 2:24; 막 10:5-9; 살전 4:3-5.
38. 약 2:14-18; 요일 3:17, 18; 고후 8:1-15.
39. Pollock, *Wilberforce*, p. 53.
40. Selsby, p. 9.
41. *Religion and the Rise of Capitalism*, R. H. Tawney (Pelican, 1938), p. 171. Welby, p. 16에서 인용.
42. Blamires, p. 3.
43. Packard, p. 9.
44. Ibid., p. 11.
45. Ibid., Part 1.
46. Ibid., Part 2.
47. Ibid., p. 216.
48. Freire, pp. 45-6.
49. Ibid., p. 52.
50. Ibid., p. 54.
51. Ibid., p. 70-3.
52. Ibid., p. 96.

53. Ibid., pp. 97, 101, 135.

제 5 장
연구의 소명

현실 세계로 통하는 다리를 건설하고, 또한 하나님의 말씀을 인생의 주요 문제들과 오늘날의 주요 이슈들과 연결시키는 일이 우리의 임무라면, 성경 본문과 현재의 상황 모두를 진지하게 대하여야 할 것이다. 이 가운데 어느 한 쪽에만 머물러 있을 여유가 없다. 세상으로부터 물러나 성경 속에 머물러 있거나(이는 도피주의이다), 성경에서 벗어나 세상 속에 머물러 있다면(이는 세상에 굴복하는 것이다), 그것은 우리의 설교 사역에 치명적인 해악을 미칠 것이다. 둘 다 가교 역할을 불가능하게 만들며, 결국 의사 소통이 단절되는 결과를 초래하는 것이다. 우리의 책임은 그 골짜기의 양 쪽의 영역을 탐사(探査)하여 철저하게 친숙해지는 것이다. 그렇게 해야만 비로소 우리가 둘 사이의 연관성을 파악하게 되고, 그리하여 하나님의 말씀을 인간의 상황에 어느 정도라도 민감하고도 정확하게 전할 수 있게 될 것이다.

그 탐사란 곧 연구를 뜻한다. 어느 지식의 분야에서든 가장 훌륭한 선생은 평생토록 학도로 남아 있는 사람이라는 것은 의심의 여지 없는 사실이다. 특히 말씀 사역에서는 더욱 그렇다. "무엇보다 학자가 되지 않고서는 아무도 훌륭한 하나님의 말씀 사역자가 될 수 없다"(칼빈).[1] 스펄전도 동일한 확신을 가졌다: "배우기를 그만둔 사람은 가르치기도 그만둔 것이다. 서재에서 씨를 뿌리지 않는 사람은 강단에서 거둘 것도 없다."[2]

연구의 결과로 나오는 설교는 무엇이든 신선하고 활력이 있다. 그러나 연구가 없으면 우리의 눈이 흐려지고, 숨이 진부해지고, 우리의 솜씨는 서툴러진다. 1877년 예일 강좌에서 필립스 브룩스 주교는 "설교자의 삶은 크게 쌓

아가는 삶이다"라고 하였다. 그는 다음과 같이 계속한다:

언제나 설교문을 작성하려고만 하고 있어서는 안 되고, 언제나 진리를 찾아야 합니다. 그렇게 하면 얻어진 진리로부터 설교가 저절로 나오게 될 것입니다 … . 그러므로 폭넓고도 풍부한 교양이 여기서 필요한 것입니다. 진리를 위해서 연구하기를 배우고, 생각의 유익과 즐거움을 위해 생각하기를 배우십시오. 그러면 여러분의 설교가 펌프로 물을 길어올리는 것이 아니라 마치 샘에서 물이 터져나오는 것 같아질 것입니다.[3]

현존하는 가장 유명한 전도자도 오늘날의 설교자들에게 동일하게 권면하고 있다. 1979년 11월 런던에서 600명의 성직자들이 모인 자리에서 빌리 그레이엄(Billy Graham)은 말하기를, 만일 자신이 처음부터 다시 사역을 시작한다면 두 가지를 바꿀 것이라고 하였다. 사람들은 깜짝 놀라는 표정이었다. 그게 대체 무슨 뜻일까? 그는 계속 말하기를, 첫째로 지금보다도 세 배 더 연구할 것이고 일을 더 적게 맡을 것이라고 했다. "저는 설교를 너무 많이 했고, 연구는 너무 적게 했습니다"라는 것이 그의 말이었다. 둘째로 바꿀 것은, 더 많은 시간을 기도에 할애하리라는 것이었다. 그는 이 점을 강조하면서, 다음과 같은 사도의 결심을 의도적으로 시사했음이 분명하다: "우리는 오로지 기도하는 일과 말씀 사역에 힘쓰리라"(행 6:4). 그의 말이 끝나고 필자는 그가 말한 내용을 높이는 발언을 했는데, 그레이엄 박사는 이날 필자에게 메모를 보내어 다음과 같이 덧붙였다: "(필라델피아의 제10장로교회의) 도널드 그레이 반하우스 박사(Dr. Donald Grey Barnhouse)께서 언젠가 이런 말씀을 한 것이 기억납니다. '만일 내게 주님을 섬길 기간이 3년 밖에 없다면 그 중에 2년은 연구와 준비로 보낼 것이다' 라고 말입니다."

성경 연구

기독교 목사는 무엇보다도 말씀 사역을 위하여 부르심을 받았으므로, 성경 연구가 그의 가장 으뜸이 되는 책임 중의 하나요, 목사 스스로도 그 일에 전무할 것을 임직식 때에 서약한다. 1662년 잉글랜드 국교회의 임직 예식서

에서 이 점을 매우 분명하게 볼 수 있다. 주교는 임직자에게 주는 권면에서 다음과 같이 말한다:

> 사람의 구원에 관한 이 막중한 일은 성경으로부터 취한 교리와 교훈과 또한 그것과 일치하는 삶 이외에는 다른 어떤 수단으로도 감당할 수 없다는 것을 그대가 깨닫고 있으니, 성경을 읽고 배우는 일에 얼마나 부지런해야 할지를 생각해 볼지니 … 그대가 오래 전부터 이런 일들을 잘 살피고 깊이 생각했으며, 또한 하나님의 은혜로 말미암아 하나님께서 기뻐 그대를 부르신 이 직무에 그대 자신을 전적으로 드리기로 분명하게 결단하였으리라는 선한 소망이 우리에게 있으니, 그대의 힘을 다하여 이 한 가지 일에 그대를 온전히 드리며, 그대의 관심과 연구를 이 길로 이끌어 가기를 바라며, 또한 우리의 유일한 구주 예수 그리스도를 묵상함으로, 성령께서 베푸시는 하늘의 도우심을 위하여 성부 하나님께 끊임없이 기도하기를 바라며, 날마다 성경을 읽고 상고함으로써 그대의 사역이 더욱 성숙하고 강건해지기를 바라노라 … .

성경관이 높아질수록 우리의 성경 연구도 더 성실하고 더 양심적이어야 한다. 성경이 과연 하나님의 말씀이라면 그저 되는 대로의 초라한 주해(註解)는 사라져야 한다! 본문이 그 보배를 내어놓기까지 시간을 들여서 그 본문 속으로 뚫고 들어가야 한다. 우리가 먼저 본문의 메시지를 흡수하고난 뒤에야 비로소 그것을 다른 사람들에게 신뢰성 있게 나누어 줄 수 있는 것이다. 하나님께서는 사무엘이 듣고 있을 때 그에게 말씀하셨고, 그 다음 그가 이스라엘에게 말씀했고, 그때에 그들이 그의 말씀을 들었다(삼상 3:9-4:1). 이와 비슷하게 에스겔이 하나님의 말씀을 백성들에게 말씀할 위치에 있기 전에, 그가 먼저 그 말씀을 먹고 소화시켜야 했다. 하나님은 그에게 이렇게 말씀하셨다: "인자야 … 너는 이 두루마리를 먹고 가서 이스라엘 족속에게 말하라"(겔 3:1).

우리의 성경 연구에는 최소한 세 가지 특징이 있어야 한다.

첫째, **포괄적**이어야 한다. 존 헉스터블(John Huxtable)은 이렇게 쓰고 있

다: "[사람이] 매주 사람들과 사건들에 대한 이런저런 하찮은 관찰들을 걸어 놓을 나뭇가지를 찾느라 좋은 책을 구경하고 다닌다고 해서 말씀의 설교자가 될 자격을 갖추는 것은 아니다."[4] 간헐적으로 그저 되는대로 성경을 파들어가는 것으로는 부족하다. 또한 우리가 좋아하는 구절들에만 머물거나 몇 가지 중요한 본문들만을 현미경으로 보듯이 집중적으로 연구해서도 안 된다. 그렇게 선별적으로 성경을 알고 사용하게 되면 마귀의 손에 놀아날 수밖에 없다. 이단은 바로 다른 진리들이 거기에 단서를 붙이거나 균형을 맞추지 못하도록 어떤 한 가지 진리를 지나치게 강조하는 데서 기인하는 것이다. 신학을 시작하는 유일한 안전한 방법은 바로 성경적 귀납법이다. 곧, 구체적인 매우 다양한 본문들로부터 전체적인 결론으로 움직여 나아가는 것이 그것이다. 그러나 그 방법에는 성경의 다양한 구체적인 특성들에 대한 철저한 지식이 전제된다. 이 방법을 통해서 성경의 위대한 주제들이 드러나면, 그때에야 비로소 전체에 비추어서 각 부분을 조감할 수 있게 되어 좀 더 연역적인 접근법을 사용할 준비를 갖추게 되는 것이다.

필자는 개인적으로 웨스트민스터 채플의 전임 목사인 마틴 로이드 존스 박사(Dr. Martyn Lloyd-Jones)께서 근 20년 전 로버트 머리 맥체인(Robert Murray McCheyne)의 "성경 읽기표"를 소개해 주신 것이 얼마나 감사한지 모른다. 그 표는 1842년 맥체인이 그가 당시 섬기고 있던 스코틀랜드 던디(Dundee)의 센 피터스 교회(St. Peter's Church)의 교인들을 위해서 만든 것이다.[5] 그 표대로 하면 일년에 성경 전체를 읽되, 구약은 한 번 신약은 두 번을 읽을 수 있다. 로이드 존스 박사께서 후에 「설교와 목사」(*Preaching and Preachers*)에서 언급하듯이, "모든 설교자는 최소한 매년 한 번씩은 성경 전체를 읽어야 한다고 말하고 싶다 … . 설교자는 최소한 그 이상으로 성경을 읽어야 한다."[6] 맥체인의 "성경 읽기표"는 날마다 네 장을 읽도록 되어 있다. 평온한 빅토리아 시대였던 터라 그는 매일의 개인 경건 시간에 두 장(아침과 저녁에)을 혼자 읽고, 가정 기도 시간에 두 장(역시 아침과 저녁에)을 함께 읽도록 고안하였다. 필자는 매일 오전에 세 장을 읽고, 가능한 경우 두 장을 읽고 세 번째 장을 연구하며, 저녁 시간에 네 번째 장을 읽는 방식을 취했다. 맥체인의 방식이 특별히 도움되는 것은 그가 장을 할당한 방식이다. 1월 1일에 창세기 1장부터 4장까지 읽고, 계속해서 1월 2일에는 창세기 5장부터 8장까지 읽고, 1월 3일에는 창세기 9장부터 12장까지 읽도록 되어 있는 것이 아니다. 정월 초하루에 성경의 네 가지 위대한 시발점에서 — 곧, 창세기 1장(창조의 탄생), 에스라 1장(이스라엘 민족의 새로운 탄생), 마태복음 1장(그리스도의 탄생), 그리고 사도행전 1장(기독교 교회의 탄생)에서 — 시작하는 것이다. 이렇게 하면 하나님의 목적이 펼쳐지는 것을 병행시키며 따라가게 된다. 어느날에는 족장들과 에스더, 예수님의 사역, 그리고 바울의 여정들에 대해 읽을 것이고, 또 어느날은 왕정시대의 역사를 따라가며, 선지자의 메시지를 듣고, 예수님에 대한 사도 요한의 기록을 연구하며, 계시록에서 드러나는 미래를 바라보게 될 것이다. 필자로서는 성경의 높고 낮은 다양한 풍광을 조감하며 그 밑에 깔려 있고 또한 계속 반복되어 나타나는 주제들을 파악하기에 이것 이상 도움이 되는 것이 없었다.

우리의 회중으로 하여금 기독교적 지성을 갖도록 돕기를 바란다면, 우리부터 먼저 그런 지성을 가져야 할 것이다. 그리고 그렇게 할 수 있는 유일한 길은 우리의 마음을 성경 속에 흠뻑 적시는 길밖에는 없다. 스펄전은 신학생들에게 다음과 같이 말하고 있다: "형제 여러분, 여러분은 성경의 대가(大家)들이 되십시오. 샅샅이 살펴보지 못한 다른 책들이 아무리 많더라도, 선지자들과 사도들의 글에는 정통하시기 바랍니다. '하나님의 말씀이 너희 속에 풍성히 거하여' 라고 말씀하지 않습니까?"[7] "성경을 깨닫는 일이 우리의 야망이어야 합니다. 가정 주부가 바늘과 친하듯이, 상인이 장부와 친하듯이, 선원이 배와 친하듯이, 그렇게 성경과 친해져야 합니다."[8] 또한, "성경의 영혼 그 자체까지도 받아 먹어서 … 마침내 여러분의 피가 [A형도, B형도, O형도 아닌] **성경형**이 되고 여러분에게서 성경의 정수(精髓)가 흘러넘친다면, 그것이야말로 복된 일입니다."[9] 이처럼 성경 속에 완전히 몰입하는 것이야말로 과거의 능력 있는 설교자들의 주된 비결이었다. 스티븐 닐 주교에 따르면, "초대 교회의 가장 위대한 학자였던 오리게네스(Origen)는 … 성경 전체를 녹여서 머릿속에 지니고 있었던 것으로 보이며", 또한 크리소스토무스(Chrysostom)의 설교들에는 구약의 인용이 7,000회, 신약의 인용이 11,000회나 들어 있다고 한다.[10]

우리의 성경 연구가 포괄적이어야 한다면, 그것은 동시에 **마음이 열려** 있는 연구여야 한다. 즉, 성경을 읽음으로써 그 의미를 왜곡시키거나 그 도전을 회피하지 않고 하나님의 말씀을 그대로 듣고 경청하고자 하는 순전한 열심을 가져야 한다는 것이다. 어떻게 하면 이 일이 가능할까? 지금까지 우리는 설교를 성경의 세계나 문화와 현대의 세계나 문화 사이의 가교 역할로 생각하면서 둘을 서로 연결시켜야 할 필요에 관심을 집중시켰다. 그러나 그 작업에 개입되는 세 번째 요인에 대해서는 거의 다루지 않았다. 즉, 다리 건설자 자신이 성경의 문화에도 현대의 문화에도 속하지 않는 제3의 문화에 속해 있을 수도 있다는 것이 바로 그것이다. 사실 많은 것이 요구되지만 그럼에도 불구하고 매우 흥미로운 기독교의 의사 전달에는 이 세 가지 문화들 사이의 상호 작용이 개입되는 것이다. 설교자 혹은 전도자는 혼자서 이렇게 말한다: "한 문화 속에서 자라난 내가 제2의 문화 속에 주어진 성경 본문을 제3의 문화에 속하여 있는 사람들에게 해명해야 하는데, 어떻게 하면 그 메시지를 그릇 전하거나 아니면 알아듣지 못하게 만들지 않고 그 일을 잘 감당할 수 있을까?" 이 순간 우리의 관심사는 성경의 해명이 아니라, 나라는 개인이 성경을 읽고 이해하는 문제에 있게 된다. 이를 위해서 우리는 거기에 개입되는 두 문화를, 즉 성경 본문의 문화와, 또한 그 본문을 해석하고자 하는 우리의 문화를, 정말로 진지하게 대해야 한다. 오늘날 소위 "신 해석학"(new hermeneutic)이라 칭하는 학문의 큰 장점이 바로 이런 요구를 강조해 준다는 데에 있는 것이다.

우선, 우리의 지식과 상상력 모두를 사용하여 우리 자신을 거꾸로 옮겨서 성경 저자의 처지 속에 가져다 놓아서, 그가 생각한 것을 생각하고 그가 느낀 것을 느끼기 시작하도록 되어야 한다. 우리의 책임은 우리의 사견들을 성경 저자가 기록해 놓은 내용에다 거꾸로 집어넣어서 성경 저자의 견해들을 우리의 견해들 속에 흡수시키는 것이 아니다. 우리가 할 일은 성경 저자의 마음과 생각 속으로 파들어감으로써 우리의 견해들이 성경 저자의 견해들 속에 흡수되게 하는 것이다. 그렇게 하기 위해서는 성경 저자의 상황에 대한 상상력이 동원된 통찰만으로는 안 된다. 우리들 자신에 대해서도 스스로 비판하는 자세가 필요한 것이다. 우리가 순전하고 객관적이며 공정하고 문화에서 자유로운 탐구자로서 성경 본문에 접근한다는 환상을 포기하는 것이 필수적이다. 우리는 전혀 그렇지 못하기 때문이다. 우리는 안경을 쓰고 성경을 바라보는데, 그 안경에는 문화적인 렌즈가 끼워져 있다. 그리고 성경에 대해서 생각하는 우리의 마음(mind)도, 우리가 아무리 활짝 열어놓는다 해도 텅 비어 있는 것이 아니다. 오히려 그 반대로 온갖 문화적 편견들로 가득 차 있는 것이다. 그러므로 우리의 문화적 유산을 우리 스스로 완전히 제거할 수는 없다 할지라도, 그런 문화적 편향성(偏向性)이 우리에게 있다는 것은 반드시 인식하고 있어야 한다. 또한 성경에 접근할 때에, 성경 바깥의 것들로부터 이끌어 온 전제들(예컨대, 인본주의나 자본주의나 공산주의나 과학적 세속주의의 전제들)이 아니라 성경 그 자체가 제공하는 기독교적 전제들을 갖고서 접근해야 한다는 사실을 점점 더 확신하도록 힘써야 하는 것이다.

그러므로 두 문화적 지평이 있다. 곧, 성경 저자의 지평과 성경 독자의 지평이 그것이다. 토니 씨슬턴 박사(Dr. Tony Thiselton)가 철저히 조사하고 면밀히 논증한 연구서인 『두 지평』(*Two Horizons*, 1980)에서 정리하고 있듯이, "두 지평이, 즉 본문의 지평과 해석자의 지평이, 서로와의 관계 속에 들어갈 때에 거기서 이해가 발생하는 것이다."[11] 그러면 그 둘이 서로 어떻게 관계를 갖는 것인가? "해석학적 순환"(hermeneutic circle)이라는 표현이 다양한 방식으로 사용되었으나, 그 중에 해석자가 본문의 의미를 조정한다는 인상을 주는 것이 있으므로 사용하기에 적절치 못하다. 오히려 본문이 해석자에게 도전을 주는 것이기 때문이다. 참된 "해석학적 순환"이란 성경이 손윗사람이 되어 가담하는 일종의 성경과 우리의 대화요, "본문과 해석자 사이의 역동적인 상호 작용"이라 할 것이다. 이것이 어째서 필수적인가를 가늠하기는 어렵지 않다. 성경에 접근할 때, 우리가 염두에 두는 의문들과 또한 성경에서 얻을 것이라고 기대하는 해답들은 모두가 우리의 문화적 배경에 의해서 결정되는 것이다. "그러나 우리가 얻게 되는 것은 해답만이 아니다. 더 많은 의문도 얻게 된다. 우리가 성경에게 이야기하는 동안, 성경이 우리에게 이야기하는 것이다. 그런 과정에서, 문화적인 맥락에서 비롯되는 우리의 전제들이 도전을 받게 되고, 우리의 의문들이 교정된다. 사실, 우리가 전에 가졌던 의문들을 재정립하여 새로운 의문들을 제기하지 않을 수 없게 되고, 그리하여 살아있는 상호 작용이 전개된다." 이런 과정이 진행되면서, 하나님과 그의 뜻에 대한 우리의 이해도, 우리의 믿음과 순종도 계속해서 자라나고 깊어지는 것이다. 그것은 "성경이 언제나 중심에 있어서 규범성을 유지하고 있는 일종의 위를 향하여 올라가는 나선형"의 순환인 것이다.[12]

이것들이 열린 마음으로 성경을 접근하는 것과 관련되는 몇 가지 내용들이다. 듣기를 원치 않는 것도 듣기를 무릅쓸 정도로 우리의 마음을 활짝 열어 놓아야 한다. 위로를 얻기 위하여 성경에게로 나아가기를 배워왔으니 말이다. 바울도 친히 "성경의 위로"를 말씀하지 않는가(롬 15:4)? 그러므로 우리는 자연히 성경 읽기를 통해서 위로를 얻으리라는 소망을 가지며, 마음이 혼란스러워지기를 바라지는 않는 법이다. 그렇기 때문에 우리는 성경에게서 우리 자신의 편견을 재확인시켜 주는 메아리 같은 내용만을 듣기를 간절히 바라고, 또한 그렇게 마음을 정한 상태로 성경에게로 나아가는 경향이 있는 것이다.

더 나아가서, 하나님의 말씀의 도전들에 대해서 우리 스스로 가로막거나, 하나님의 달갑지 않은 공격들에 대해 우리 스스로 방어막을 치는 일도 어렵지 않다. 우리가 생각해온 그 두 문화 — 성경 저자들의 문화와 성경 독자들의 문화 — 자체가 마치 두겹의 두터운 쿠션처럼 작용하여, 하나님께서 우리에게 말씀하기를 원하시는 그 말씀의 공격이나 충격에서 우리를 보호하는 역할을 할 수도 있는 것이다. 하나님의 말씀에게 우리 자신을 열어 놓는 첫 걸음은 그런 보호 장치를 제거해야 한다는 것을 인식하는 것이다. 하나님께서 친히 근본 원칙을 정하신다 해도, 또한 그가 원하시는 바를 — 그것이 우리에게 아무리 곤혹스럽다 할지라도 — 우리에게 말씀하신다 해도, 우리가 그것을 기꺼이 환영하게 되어야만 한다. 우리에게는 하나님을 제한하거나 그와 타협할 수 있는 한계선을 제시할 자유가 없는 것이다. 문화적 장벽들을 허물어야 하고, 우리의 마음과 생각을 열어서 그가 무슨 말씀을 하시든 그것을 그대로 듣기를 힘써야 하는 것이다.

셋째로, 우리의 성경 연구에는 **기대감**이 있어야 한다. 즐거운 기대감을 갖고 성경에게로 나아가는 것을 방해하는 최소한 두 가지의 조건이 있다. 그 첫째는 비관론인데, 오늘날의 해석학적 논쟁 자체 때문에 이런 비관론에 빠지는 이들을 간혹 볼 수 있다. 그들에게는 성경의 해석이 너무도 복잡하게 보이므로, 결국 냉소적이 되어 버리고, 하나님의 말씀을 진정하게 균형 있게 이해하리라는 기대가 전혀 없고 절망 속에 빠져 버리는 것이다. 그러나 만일 신 해석학이 성경 해석을 일반 사람으로서는 할 수 없고 오로지 전문가들만이 다룰 수 있는 것으로 만들어버린 것이 사실이라면, 우리는 그것을 지극히 위험스러운 탈선으로 정죄해야 할 것이다. 성경은 우리 같은 보통 사람들을 위해 주어진 것이기 때문이다. 고린도전서에는 교리와 윤리와 교회 질서에 대한 모든 심오한 가르침이 들어 있지만, 그 서신은 "지혜 있는 자가 많지 않은" 기독교 공동체에게 보내진 것이다. 그러나 신 해석학은 종교개혁의 축복을 역전시킨 것도 아니요, 평신도들의 손에서 성경을 다시 빼앗아간 것도 아니다. 물론 낯선 원리들이지만 인내를 갖고 그것들을 파악하고 적용시키기를 배우면 성급한 비관론이 치유될 것이다.

기대감을 가로막는 둘째 조건은 영적인 메마름인데, 모든 목사들이 이런 문제에 빠질 수가 있다. 일 년에 성경 전체를 한 번씩 읽으면, 몇 년 후에는 우리가 성경을 아주 잘 안다고 느끼게 된다. 그렇게 되면 성경 말씀이 무덤덤해지고 하나님께서 그 말씀을 통해서 우리에게 말씀하시리라는 살아 있는 기대감이 전혀 없이 습관적으로 성경을 읽게 될 유혹이 닥치게 된다. 그러나 이럴 때에 우리는 확신을 가져야 한다. 곧 1620년 메이플라워호(Mayflower)를 타고 미국으로 건너간 청교도들이 속해 있던 화란의 분리파 교회의 목사인 존 로빈슨(John Robinson)의 유명한 말처럼, 하나님께서는 "그의 거룩한 말씀으로부터 토해내실 진리와 빛이 아직도 더 많은 것"이다. 그러므로 우리는 천사들처럼 날마다 "여호와 앞에 서서"(욥 1:6; 2:1), 그의 종처럼 "귀를 깨우치시기"를 구하고(사 50:4), 또한 사무엘처럼 "말씀하옵소서 주의 종이 듣겠나이다"(삼상 3:10)라고 구해야 할 것이다. "지식을 불러 구하며 명철을 얻으려고 소리를 높이고 은을 구하는 것 같이 그것을 구하며 감추어진 보배를 찾는 것 같이 그것을 찾"아야 한다. 그렇게 하면 "여호와 경외하기를 깨달으며" 하나님을 아는 지식을 찾게 될 것이기 때문이다(잠 2:3-5). 그처럼 구하는 자세는 거절처럼 보이는 현상을 당하는 중에도 전혀 개의치 않는다. 마치 야곱처럼 하나님을 붙잡고 그가 축복하시기 전에는 결코 놓아보내지 않는 것이다(창 32:26). 바로 이런 간절한 심령과 단호한 기대의 자세가 하나님을 존귀하게 하는 것이다. 하나님은 주리는 자에게 좋은 것으로 배부르게 하실 것을 약속하시나, 안일하게 있는 부자는 빈 손으로 돌려보내신다(눅 1:53). 그러므로 영적인 메마름을 정상인 것으로 보거나 혹은 용납할 만한 일로 보아서 그냥 두어서는 안 된다. 우리의 무뎌진 갈급함을 예리하게 하시고 차거운 우리의 마음속에 다시금 기대감의 불길을 붙여주시기를 구하며, 성령의 새롭게 하시는 역사를 위해 기도해야 할 것이다.

이렇듯 포괄적이며 마음을 열어 놓고 기대감이 있는 성경 연구에서 성경 자체가 언제나 우리의 교과서이지만, 성경을 이해하는 데 도움이 되는 여러 가지 보조 자료들도 우리에게 유익을 준다. 책은 설교자의 필수적인 자산(資産)이다. 신학적인 독서를 얼마나 폭넓게 진행하느냐 하는 것은 그럴 시간이 얼마나 많으냐에 달려 있을 것이고, 우리의 연구를 어디에 집중시키느냐 하는 것은 우리 개개인의 관심사에 달려 있을 것이다. 어떤 경우든 간에, 오늘날 신학 서적들이 홍수처럼 쏟아져 나오고 있으므로, 엄선하여 읽어야 할 것이다. 곧, 서평들을 보거나, 가장 중요한 책들에 대한 제안들을 서로 구해서 읽어야 한다는 것이다. 또한 신간 서적은 물론 오래된 책들도 읽어야 하며, **특히 성경 본문과 교리들을 해명하는 기독교 고전들을 읽는 것이 매우 지혜로울 것이다.** 그런 고전들은 오랜 세월의 테스트를 거친 것들이므로 잠깐 있다가 사라지는 현대의 저작들보다 더 값진 경우가 많다. 동시에 현대의 신학 논쟁들에 대해서도, 상세히는 아니더라도 전반적으로는, 또한 관련 서적들을 직접 읽지는 않더라도 신학 잡지들에 정리되어 있는 글들을 통해서라도, 뒤지지 않고 따라가야 한다. 이런 논쟁들은 학문의 상아탑 속에만 머물러 있지 않고, 얼마 지나지 않아서 라디오나 텔레비전을 통해서 대중에게 전달되며, 또한 학교의 교과서들 속에 들어가게 마련이기 때문이다. 그러니 우리의 교인들은 우리가 현대의 논쟁들에 대해 알고 있기를 기대함은 물론 그런 논쟁에 대해 사려깊게 대응할 수 있도록 그들을 도와주기를 기대하고 있는 것이다.

신학 연구의 또 하나의 핵심 분야는 바로 역사다. 진리들이나 이단들 가운데 새로운 것은 거의 없다. 대부분이 고대의 것들이 다시 나타난 것이다. 역사 신학에 대한 어느 정도의 지식이 있으면, 최근의 교리적 동향을 바라볼 수 있는 균형 잡힌 안목을 가질 수 있다. 전기(傳記)는 다른 시대와 다른 장소의 다른 그리스도인들을 하나님이 어떻게 다루셨는지를 배우게 해 주므로, 그것 역시 균형과 지혜와 용기를 준다. 그리고 이런 모든 독서에 있어서 우리의 목표는 지식의 축적이 아니라 그리스도인답게 생각하도록 하는 자극을 얻는 것이어야 한다.

책이 갈수록 비싸지고 있으므로, 서구의 도시 사람들은 책을 구입하지 않고 공공 도서관에서 책들을 접할 수 있다. 더 나아가서 각 지교회마다 작은 규모라도 도서관 시설을 마련하는 것이 중요하다. 그렇게 하면 목사들끼리, 또한 교회원들에게 책을 빌려 줄 수 있을 것이다.

17세기 체스터(Chester)의 주교였던 존 윌킨스(John Wilkins)는 목사들에게 "잘 갖추어진 도서들"을 소장하라고 권고했는데,[13] 이에 대해서는 필수적인 참고 도서들, 그 중에서도 특히 자주 살펴보아야 할 사전류와 주석류를 집중적으로 갖추는 것이 좋을 것이다.

필자는 종종 교단적이든 아니면 초교파적이든 지역 목사들이 모이는 모임이 있다면 생각을 자극시키는 데에 더 효과적일 수 있으리라는 바람을 갖는다. 목사들끼리 모이면 다른 현안 문제들도 다루어야겠지만, 서로서로 연구를 격려할 수도 있을 것이다. 18세기 후반에는 영국의 성직자들, 특히 복음주의자들을 위한 협회들이 줄이어 설립되었다. 그 최초의 것은 새뮤엘 워커(Samuel Walker)가 트루로(Truro)에서 세운 "성직자 클럽"(Clerical Club, 1750년 경)이었는데, 그 클럽의 목적은 "서로 굳게 손을 잡고 주의 일을 하기 위함"이었다. 그 이후 영국의 각처에 10개 가량의 다른 협회들이 생겨났다. 레스터의 토머스 로빈슨(Thomas Robinson)은 이렇게 물었다: "다른 이들이 볼링 하러 모이는데, 우리는 기도를 위해서 모여야 하지 않겠는가? 우리 형제들 가운데 춤추고 술 마시는 모임도 갖는데, 우리는 토의 모임이라도 가져야 하지 않겠는가? 그들은 서로를 썩게 하면서도 개의치 않는데, 우리는 서로 강건하게 세워주기를 힘써야 하지 않겠는가?" 이 클럽들 가운데 가장 유명하고 영향력 있었던 것은 절충 협회(the Eclectic Society)였는데, 그것은 1783년 한때 선장이자 노예 상인이었다가 당시에 런던의 센 메리 울노스(St.

Mary Woolnoth)의 담임 목사로 있던 존 뉴턴(John Newton)과 그의 동료들이 설립한 것이다. 그들은 매주 월요일마다 모였다. 뉴턴은 이렇게 쓰고 있다: "먼저 차를 마시는 시간을 가졌고(그 당시에 사용했던 찻주전자가 지금도 런던의 선교회관(Church Missionary House)에 보관되어 있다), 그 다음에 짧은 기도가 있은 다음 주어진 주제에 대하여 세 시간 가량의 대화가 진행되었는데 대화가 시들시들해지는 적은 거의 없었다." 그는 또 덧붙이기를, 그 그룹이야말로 왕립 협회(Royal Society)라 불릴 만했다고 한다. 왜냐하면 "협회의 회원들 모두가 왕(하나님을 지칭함 — 역자주)의 가문에 속해 있고, 또한 왕께서 친히 왕림하셔서 우리를 만나주시니 말이다."[14]

현대의 세계

성경과 신학 연구 그 자체만으로는 좋은 설교를 만들어내지 못한다. 물론 그것이 필수적인 것은 사실이지만, 거기에 현 시대에 대한 연구가 보충되지 않으면 문화적 간격의 한 쪽에 완전히 격리되어 버릴 수가 있는 것이다. 에든버러 대학교의 교목이던 데이비드 리드(David Reed)는 1951년에 행한 워렉 강좌(Warrack Lectures)에서 이러한 위험성을 잘 지적해 주었다. 그는 말하기를, "'오오, 비둘기 같은 성령의 날개를 주옵소서! 멀리 멀리 날게 하옵소서'라는 찬송이 설교 전에 하는 찬송으로 적당한 경우가 너무나 많다"고 하였다. 우리의 설교가 사회로부터 벗어나 멀리 떨어져 있어서 "그 고뇌와는 아무런 상관이 없고 그저 전혀 맞지 않는 이상적인 내용만이 고결하게 있는"[15] 경우가 너무나 많기 때문이라는 것이었다. 그는 계속해서 한 젊은 목사가 "교회와 목사관을 연결시키는 이상적인 계획안"으로 생각한 것을 제시하였다:

> 그 계획의 두드러진 특징은 목사관의 서재를 나와서 교회 강단에까지 곧바로 이어지는 긴 회랑이었는데, … 그 회랑은 그야말로 주의 말씀을 위한 고속도로요, 설교자의 생각에서부터 청중들의 마음에게로 곧바로 이어지는 길이었습니다.

방해거리도, 마음을 흐트러뜨리는 것도 중간에 없다. 그러나 데이비드 리드는 이렇게 계속하였다:

> 신학이라는 쿠션만 덜렁 있고 외부와 차단되어 있는 서재는 그야말로 치명적인 죽음의 방입니다. 거기서 회랑을 따라 교회당으로 나아가는 것은 살아 있는 말씀이 아니라 … 죽어 있는 말일 뿐입니다. 그러나 우리에게 필요한 것은 마음에서 마음으로, 삶에서 삶으로 전해지는 살아 있는 말씀인 것입니다.[16]

그리고 나서 그는 설교가 생겨나는 과정에 대한 그 자신의 이해를 덧붙였다:

> 서재에서 강단으로 나아가는 길이, 활기가 있고 방해거리가 많은 목사관을 통과하여 시끄러운 거리로 들어가, 집들과 병원들, 농장과 공장들, 버스들과 열차들, 영화관들을 두루 지나서 … 마음이 혼란한 사람들이 줄지어 앉아 있는 좌석들을 지나서, 여러분이 설교하도록 부르심을 받은 그곳으로 올라가도록 되어 있어야 한다는 것이 기독교 설교의 공식입니다 … . 살아 있는 말씀을 위해서는 서재로부터 강단으로 곧바로 연결되는 직선 코스는 없는 것입니다.[17]

그렇다면 우리는 양쪽을 다 연구할 필요가 있다. 19세기 말 오스틴 펠프스(Austin Phelps)는 철저하게 훈련된 설교자는 먼저 인간으로서 인간들에 대해 정통하며, 그 다음에 학자로서 서재에 대해 정통한 법이라고 하면서 말하기를, "전문직 가운데서 현재의 실생활 세계와 책 속에 살아 있는 과거의 세계를 흡수하여 자기의 것으로 전용하는 능력 면에서 강단에서의 설교직에 필적할 만한 것은 없다"라고 하였다. 펠프스의 강연 시리즈는 『사람과 책』(*Men and Books*)이라는 제목으로 출간되었는데, 그 전체가 이 주제와 또한 설교자가 이 두 종류의 재원을 개발하는 문제를 다루는 것이다.[18]

현대의 세계에 대한 우리의 연구가 책이 아니라 사람에게서 시작되어야 한다는 이런 강조점은 전폭적으로 환영할 만한 것이다. 최고의 설교자들은 언제나 부지런한 목회자들로서 그들이 속한 교회들의 사람들을 잘 알며 고통과 기쁨, 영광과 비극 등 그들이 처한 인생의 현장을 잘 이해하는 사람들이다. 그리고 그런 이해를 얻는 가장 빠른 길은 우리의 입을 다물고(즉흥적인 설교자들에게 이것은 매우 힘든 과제다) 우리의 눈과 귀를 여는 것이다. 하나님께서 우리에게 두 귀와 두 눈을 주셨으나 입은 하나밖에 안 주셨으니 이는 말하기보다 보기와 듣기를 두 배나 더 하라는 의도임이 분명하다는 말이 있는데, 이는 아주 옳은 말이라 하겠다.

> 참나무에 살았던 한 지혜로운 늙은 올빼미는
> 많이 볼수록 말을 적게 했고,
> 말을 적게 할수록 듣기를 더 많이 했다는데,
> 우리는 모두 어째서 그 새만큼도 못할까?

그러므로, 우리는 사람들에게 질문을 하고 그들로 하여금 말을 하도록 해야 할 필요가 있다. 우리가 그들보다 성경은 더 많이 알고 있겠지만, 현실 세계에 대해서는 그들이 우리보다 더 많이 알 것이니 말이다. 그러므로 우리는 그들을 격려하여 그들의 가정 생활에 대해서, 직장에 대해서, 그들의 전문 지식과 여가 시간 등에 대해서 말하도록 해야 한다. 또한 그들의 행동을 넘어서 그들의 생각 속으로까지 침투해 들어갈 필요가 있다. 그들을 움직이게 하는 것은 무엇일까? 그들의 기독교 신앙은 과연 어떻게 그들에게 동기를 부여할까? 그들의 신앙을 저해하고 믿음을 삶에 적용시키지 못하도록 방해하는 문제점들은 무엇일까? 사람들의 배경들이 다양할수록, 우리는 더 많이 배워야 한다. 다른 문화들에 대해서도 접해야겠지만, 다른 세대들, 특히 젊은 세대들의 말을 귀담아 듣는 것이 중요하다. 십대의 자녀를 둔 기혼 목사가 현실을 무시한다면 그것은 변명의 여지가 없는 일일 것이다. 적절한 설교를 위해서는 겸손히 듣는 것이 필수적이다. 이는 설교를 상호협력적인 작업으로 만들어 준다. 우리의 성경 지식과 다른 사람들의 세상 지식이 하나로 결합하여 다리를 놓게 되기 때문이다.

주의 깊게 듣는 일과 더불어 우리는 일간 신문 혹은 주간 신문을 읽어야 하고(여러 해 동안 경험하는 일이지만, 일간 신문을 슬쩍 보고 넘기는 것보다는 주간 신문을 철저하게 읽는 것이 훨씬 유익한 것 같다), 텔레비전도 어느 정도 보며, 세속적인 서평도 읽어서 가장 영향력 있는 현대의 책들을 접하고 읽을 수 있게 되는 것도 당연히 중요한 일이다. 지극히 유명한 영화나 연극도 몇 편 정도는 볼 필요가 있다. 왜냐하면 연극이나 영화만큼 현대 세계를 충실하게 반영해 주는 것도 없기 때문이다.

독자들 중에는 영화와 연극에 대해 눈살을 찌푸리는 기독교 소문화 속에서 영적인 자양분을 받아왔을 것이기 때문에, 여기서 비판을 받을 것을 예상하는 것이 옳을지도 모르겠다. 독자는 첫째로 불필요한 유혹에 노출되지 않기 위해서는 연극이나 영화나 책들 중에 피해야 할 것들도 있지 않겠느냐고 물을 것이다. 물론 그렇다. 그런 것들이 있다. 물론 우리에게는 다른 사람들을 위해 법을 제정할 자유가 없지만, 우리의 도덕적 영적 평정을 흔들어 놓을 만한 것은 어떤 것이든 피해야 할 것이다. 실족케 하는 눈, 발 혹은 손에 대한 주님의 가르침은 지금도 여전히 적용된다. 그러므로 소설이나 연극에 대해 신중하게 추천을 받음으로써 우리가 보고 읽을 만한 것을 구별하는 것이 지혜로운 일일 것이다. 구별이 아주 힘든 경계선 상에 있는 연극이나 영화의 경우나, 적그리스도의 영이 아주 교묘하게 잠재되어 있어서 분간하기 힘든 경우에는, 혼자가 아니라 여러 명이 함께 가서 관람하는 것이 그 분위기에 빠져들어가지 않고 비판적으로 일정한 거리를 유지하기가 쉬울 것이다.

둘째로, 바울이 로마서와 고린도서에서 그렇게도 많이 언급하고 있는 "믿음이 연약한 형제"(혹은 자매)에 대해서는 어떠한가? 우리 자신은 오염의 위험을 충분히 이길 만큼 강하다고 느끼겠지만, 우리의 그런 본보기가 연약한 그리스도인들을 실족하게 할 수도 있지 않은가? 그렇다. 이것은 중요한 문제다. 성경은 다른 사람들에 대한 우리의 책임에 대해서, 또한 우리의 본보기의 선하거나 악한 영향력에 대해서 많이 말씀하고 있다. 우리 주님의 가장 맹렬한 책망과 가장 지엄한 경고 중의 하나는 바로 "작은 소자"(즉, 문자적인 의미나 영적인 의미의 어린아이)를 실족케 하는 일에 대한 것이었다. 그럴

바에는 차라리 물에 빠져 죽는 것이 나을 것이라고 하셨다. 그러나 연약한 형제나 자매의 연약함이 그들의 의지라기보다는 양심이 연약하다는 것임을 알아야 할 것이다. 연약한 양심이란 지나치게 빈틈없는 양심이다. 양심이 잘못을 범했을 경우에라도 그것을 침해해서는 안 되고, 교육을 시켜야 한다. 그러므로, 우리의 회중 가운데 우리의 영화관이나 극장(연극) 출입으로 인하여 상처를 받을 "연약한 형제"가 있다면, 그것은 다른 사람이 아니라 바로 우리의 탓일 것이다. 그들의 양심을 교육시키는 것도, "강건케 하는 것"도, 모두 우리의 몫이기 때문이다.

셋째로, 어떤 이들은 현대의 소설이나 연극이나 영화를 연구하는 일을 시대의 풍조에 타협하는 일로 여겨서 반대하기도 한다. 이들은 설교에서 "적절성"을 추구하는 것을 세상에 굴복하는 것으로 간주한다. 그것을 추구하는 설교자들을 경건은 안중에 없고 유행을 좇으며 사람을 기쁘게 하는 사람들로 치부해 버리는 것이다. 다시 말하지만, 우리는 이런 비판에 귀를 기울여야 한다. 이러한 경향에 대해 가장 통렬하게 비판한 사람 가운데 하나는 1911년부터 1934년까지 성 바울 대성당의 사제장이었던 인지(W. R. Inge)였다. 그는 1911년에 "교회와 시대 정신의 협력"에 대해 강좌를 해달라는 초청을 받고서, 그 문제는 "내게는 화를 일으키는 것"이었다고 그의 일기에서 밝혔다. 그는 이렇게 계속하였다: "시대에는 많은 정신이 있는데 그 대부분은 악한 것들이며 따라서 여러분의 세대의 정신과 결혼하게 되면 바로 그 다음 시대에 가서는 과부가 되고 말 것입니다."[19] 이것은 아주 지혜로운 경고다. 그러나 이것이 현대의 조류를 연구하는 것을 정죄하는 것은 아니다. 필자가 제의하는 것은 시대 정신과의 협력이 아니고, 더욱이 그 정신과의 결혼은 더더욱 아니며, 오히려 그것을 이해함으로써 하나님께로부터 오는 적절한 말씀으로 그것에 대처하자는 것이다.

독서 그룹과 재원 그룹

그렇다면, 어떤 유의 연구가 현대 세계에 대한 우리의 이해를 도울 수 있겠는가? 여기서 1974년 필자 자신이 주도하여 조직한 독서 그룹에서 필자 자신이 얼마나 엄청난 자극을 받았는지를 증언하고 싶다. 그 그룹은 젊은 대학원생들과 전문인들 열두어 명으로 구성되어 있는데, 거기에는 의사, 법률가, 교사, 주택 분야의 공무원, 건축가, 인사 담당 부장과 몇 명의 대학원생들이 속해 있다. 필자가 런던에 있을 때에는 매월 한 차례 모임을 가지며, 각 모임 끝에 다음 모임 때까지 읽을 책을 결정한다. 그리고 그날 저녁 전체를 함께 보내면서 그 전 모임에서 지정한 책에 대한 우리의 반응들을 나누고, 그 메시지와 함축된 의미들을 논의하고, 그것에 대한 기독교적 대응을 개발하는 것이다. 우리가 선정한 책들 중에는 기독교적인 안목을 지닌 것들도 포함되어 있다. 예컨대, 자크 엘룰(Jacques Ellul)의 『폭력』(*Violence*)과 『도시의 의미』(*The Meaning of the City*), 슈마커(E. F. Schumacher)의 『작은 것이 아름답다』(*Small is Beautiful*), 도널드 매케이(Donald McKay)의 『시계 장치의 이미지』(*Clockwork Image*), 존 하워드 요더(John Howard Yoder)의 『예수의 정치』(*The Politice of Jesus*), 콜린 모리스(Colin Morris)의 『젊지 않았다』(*Unyoung*), 『색깔이 없다』(*Uncoloured*), 『가난하지 않다』(*Unpoor*)와 존 테일러(John Taylor)의 『족한 것은 족한 것이다』(*Enough is Enough*) 등이 있다.

또한 우리가 연구해온 책들 중에는 우리가 제시하는 복음적 기독교와 라이벌을 이루는 이념을 제시하는 책들도 있다. 우리는 『코란경』(*Koran*)도 읽었고, 동방의 신비주의에 대한 현대의 관심을 이해하려고 했고, 제임스 사이어(James Sire)의 『이웃에 있는 우주』(*The Universe Next Door*)의 도움을 받아 갖가지 다른 "주의들"을 공부했으며, 카를로스 카스타네다(Carlos Castaneda)가 주창하는 야퀴식의(Yaqui) 지식에 매료되었으며, 호세 미구에즈 보니노(Jose Miguez Bonino)의 『기독인과 마르크스주의자』(*Christians and Marxists*: 혁명에 이르는 상호 도전)를 통하여 마르크스주의의 흡인력을 느꼈으며, 또한 한스 큉(Has Küng)의 『그리스도인이라는 것에 대하여』(*On Being a Christian*, 1977)에서 그렇게도 박식하게 정리해 놓은 자유주의적 로마 가톨릭주의를 보기도 했다.

그러나 우리는 종교 서적보다는 세속적인 서적에 관심을 집중하려고 노력했다. 왜냐하면 우리 그룹의 주된 목적이 기독교 이후의 서구 세계의 세속적인 정신을 이해하고, 그리하여 기독교적 지성으로 그것과 싸우도록 돕는 데 있기 때문이다. 그러므로 필자는 회원들을 격려하여 매월의 선정 도서에 대해 책임을 지도록 했고, 그들은 퍼시그(R. M. Pirsig)의 『선(禪)과 오토바이 정비 기술』(Zen and the Art of Motor-cycle Maintenance) 등 다른 방식으로는 전혀 들어보지도 못했을 서적들을 선정하였다. 우리는 시어도어 로스자크(Theodore Roszack))의 『반문화 만들기』(The Making of Counterculture), 찰스 라이히(Charles Reich)의 『아메리카를 푸르게』(The Greening of America)와 앨빈 토플러(Alvin Toffler)의 『미래 충격』(Future Shock) 등 현대 문화를 분석해 주는 몇몇 책들에서 유익을 얻었다. 우리는 또한 허버트 마르쿠제(Herbert Marcuse: 그는 1960년대 학생들이 숭배하던 영웅이었다)와 에리히 프롬(Erich Fromm) 등의 대중적인 현대 철학자들의 이해를 시도하기도 했다. 또한 여성해방론, 낙태, 안락사 등의 논쟁들에 개입되어 있는 이슈들을 이해하기 위해 씨름하기도 했고, 어느 날 저녁에는 미확인 비행물체(U. F. O)의 증거를 점검하면서 굉장한 시간을 갖기도 했다. 또한 카뮈(Camus), 카프카(Kafka), 윌리엄 골딩(William Golding), 헤르만 헤세(Hermann Hesse), 존 파울즈(John Fowles) 등 인기 있는 소설가들에 대한 이해를 시도하기도 했다(각 회원들마다 다른 작품들을 읽었다).

우리는 또한 책을 읽는 대신 영화나 연극을 관람하러 간 적도 몇 번 있다. 『별들의 전쟁』(Star Wars)과 『제3의 밀접한 대면』(Close Encounters of the Third Kind)은 공상 과학의 세계를 우리에게 소개해 주었고, 『대체 누구의 인생인가?』(Whose Life is it Anyway?)에서는 생명 선고는 자발적인 안락사 운동과 그 반대자들을 접할 수 있었다. 버그만(Bergmann)의 『가을 소나타』(Autumn Sonata)는 우리에게 깊은 감동을 주었다. 사랑을 받지 못한 것이 같은 가족 내에서 여러 세대에 걸쳐서 미치는 비극적인 영향에 완전히 압도되어, 영화가 끝났는데도 말이 없이 자리에서 일어날 줄을 몰랐다. 교회당으로 걸어가서 함께 기도하고서야 우리의 울적한 감정을 해소할 수 있었다. 또한 『크레이머 대 크레이머』(Kramer v. Kramer)를 보고는, 이혼으로 인하여 생기는 자녀 양육권 싸움에 대해 깊은 감동을 받았다. 그 다음 비극적인 코미디언인 우디 앨런(Woody Allen)의 유머와 인간성이 한데 어우러지는 최근의 영화를 보았는데, 진정한 사랑을 갈구하면서도 그것을 찾지 못한 채 속수무책으로 성적인 방황을 거듭하는 내용을 접하면서 책임 있는 헌신이 없이는 진정한 사랑도 없다는 기독교의 진리를 다시 한 번 재확인하게 되었다.

이런 독서 그룹의 경험 — 읽은 책들과 관람한 영화와 연극들, 그리고 그것들로 인하여 진행된 토론들 — 을 통해서 현대 세계에 대한 우리의 이해가 증진된 것은 물론, 상실과 절망 속에 있는 인간에 대한 연민이 생겨났고, 우리의 기독교 신앙이 재확인되었으며, 기독교 선교에 대한 사명이 다시 일깨워졌다. 필자는 모든 동료 목사들에게 이런 그룹의 가치를 높이 추천하고 싶다. 아무리 작은 교회라도, 그 어떠한 문화에 속해 있는 교회라도, 목사와 함께 만나서 교회와 세상의 관계나 기독교 지성과 세속적인 지성의 관계, 예수 그리스도와 그의 경쟁 상대들의 관계 등에 대해 논의할 만한 사려 깊은 교인이 한두 명은 반드시 있을 것이다. 런던의 독서 그룹은 필자에게 필수적인 자극을 주었다. 반드시 읽어야 할 몇 권의 책들을 읽게 해 주었고, 예리한 지성과 따스한 마음을 지닌 젊은 이들과 함께 제기되는 이슈들을 격의없이 토론할 수 있는 장(場)을 제공해 준 것이다. 그들은 나를 현대 세계 속으로 이끌고 들어가 오늘날의 현실의 흙에 발을 디디도록 도와주었다. 그들에게 진정 감사한다.

정기적으로 모임을 가지는 독서 그룹과 아울러, 필자는 그때그때마다 도움을 주는 몇몇 재원 그룹에게서 큰 도움을 얻었다. 담임 목사인 마이클 본(Michael Baughen)이 주재하는 올 소울즈 교회(All Souls Church)의 사역 팀은 2년 전 쯤 "오늘날 영국이 당면한 이슈들"이라는 제목을 붙인 설교 시리즈를 분기마다 한 차례씩 행하기로 결정하고, 필자에게 그 설교를 맡아달라고 제의했다. 그리고는 "다민족주의의 꿈", "직장과 실업", "노사 관계", "군비 증강 경쟁", "신 국제 경제 질서" 등의 주제들을 선정했다. 그 초청(혹은 도전)을 수락하긴 했으나, 필자는 그것을 감당할 만큼 깊이가 없다는 것을 즉시 감지했다. 물론 이런 이슈들과 관련하여 특정한 성경적인 확신들을 갖고는 있으나, 인종 문제나 군비 증강 문제나 경제 문제에 대한 사실적인 지식이 거의 전무할 뿐더러, 산업의 경험이나 실업의 경험도 전혀 없는 터였다. 그러니 어떻게 그런 문제들에 대해서 진실하게 말씀을 전할 수 있겠는가? 이런 상황에서는 분명 도움이 필요했다.

첫째로, 사실과 통계 수치를 제공해 주고 생각을 자극시켜 줄 정통한 정보와 최신의 문헌이 필요했다. 여기서, 설교에서 비성경적인 문제에 대해 사실적인 정보를 사용하는 일을 변호하고 싶다. 그것이 없으면, 성경의 메시지는 허공 속으로 선포되는 것이다. 사실적인 정보를 사용함으로써, 성경으로부터 일에 대한 기독교적 교리를 해명하되, 현재 증가하고 있는 실업률을 그 배경에 놓을 수 있다면, 우리의 해명이 훨씬 더 의미를 갖게 될 수 있을 것이다. 화평케 하는 자들이 되라는 그리스도의 명령에 대해서 설교할 수 있으나, 초강대국들의 군비 경쟁의 그 엄청난 규모를 알게 되면 그리스도의 명령이 얼마나 더 절실해지는지 모르는 것이다.

또한 성경을 통해서 하나님이 가난한 자들을 보살피시고 힘 없는 자들을 보호하시며, 정의를 요구하시고 그의 백성에게 아낌없이 나누어 주라고 촉구하시는 것을 가르칠 수 있지만, 세계에서 8억의 인구가 절박한 빈곤 상태에 있으며, 날마다 1만 명이 기아 또는 그와 관련된 질병들로 죽어가고 있다는 사실을 거기에 덧붙이게 되면 이런 메시지가 더욱 통렬하게 되는 것이다. 뿐만 아니라 세계 선교를 위한 성경적 기초를 정리하고서 마음을 쏟아서 회중에게 기도와 헌금과 봉사를 촉구할 수 있으나, 거기에다 세계 전체 인구의 4분의 3인 30억 가량의 사람들이 복음을 듣고 응답할 적절한 기회조차 갖지 못하고 있는 상태라는 것을 덧붙이면 우리의 메시지가 훨씬 더 강력한 호소력을 발휘하게 될 것이다.

둘째로, 필자는 매 분기마다 설교하기 전에 몇몇 전문가 그룹들과 몇 시간 정도 시간을 보내며 토의할 필요를 느꼈다. 각 그룹마다 서로 다른 관점들(때로는 서로 반대되는 관점들)을 지닌 대표자들이었다. 예를 들어서 노사 관계에 대한 설교 전에 만난 그룹에는, 과거에 노동조합의 직장 대표 겸 지점장을 지냈었고 현재는 6,000명 가량의 노동자들을 관리하는 노동조합 간부와, 우체국 노조 지부장으로 있는 사람과, 또한 15년 동안 지배인 겸 판매 이사로서 양조장에서 근무했고 현재 목사 후보생으로 공부하고 있는 사람, 건강 보험 컨설턴트 겸 중개인으로서 경영자로도 일했고 노동조합원으로도 일했던 사람, 그리고 인플레이션이 매매 과정에 주는 영향을 전공한 경제학 강사와 또한 "평생 노동에 대해서 봉급을 받은 적이 없는" 박사 과정 학생이 포함되었다. 그리고 좀 더 논쟁이 심한 군비 경쟁의 주제에 관한 설교 전에는, 재세례파 전통에 속한 적극적인 반전론자와, 전쟁에 관한 연구로 박사 학위를 수여받은 공무원, 국립 국방 대학에서 승급 과정을 밟고 있는 해군 지휘관, 그리고 영국의 한 지역의 육군 교육대의 수석 교육 장교 등이 그 그룹에 참여했다. 일과 실업에 관한 설교 때에 필자를 도운 그룹에 대해서도 언급해야 할 것 같다. 그 그룹에는 고용주, 인력 관리 당당자(이 분은 해고될 직원에게 그 사실을 알려주는 악역을 맡았다), 경제학 강사, 옥스퍼드 스트릿 상점들의 고문 목사, 보험 회사 직원, 그리고 실업 전문가 두 사람 등이 포함되어 있었다. 그 중 한 사람은 신문 기자로서 홍보 일을 맡고 있다가 35세에 실직한 분이었다. 또 다른 사람은 사회 행정 분야에서 수료증을 받았고 대학에서 화학을 전공한 뒤 병원에서 근무하던 여직원이었는데, 그녀는 암 환자들 및 지체부자유 환자들에게 정성을 쏟아서 헌신적으로 일했는데, 정말 어이없게도 2주간의 예고를 받고 실직하였다. 그 이후 그녀는 43회나 직장에 지원했으나 면접을 한 경우는 6회밖에 없고 그때까지도 실직 상태였다. 이 두 분은 필자에게 실업 문제를 통계 자료의 차원이 아니라 개인적인 차원에서 바라보도록 만들어 주었다. 충격, 배신감, 상처, 굴욕감, 무력감 등, 실직으로 인해서 그들이 느낀 감정을 필자도 함께 느끼도록 해 준 것이다.

그룹이 모일 때마다 필자는 사전에 준비 작업을 하는 것이 필수였다. 그래야만 몇 가지 주요 이슈들을 파악할 수 있고 또 그들에게 질문할 것들을 생각해 놓을 수 있었던 것이다. 모임은 언제나 활기가 있었고, 필자는 여러 번 가만히 앉아서 모인 사람들 사이에 다른 견해들이 전개되는 것을 듣기도 했다. 이렇게 듣는 일도 굉장히 자극을 주었고 또한 많은 것을 알게 해 주었다. 사실, 성경적 원리들과 현대적인 맥락들을 서로 연결시키느라 애쓰는 그런 경험 전체가 매우 창의적이었다.

이런 재원 그룹에 대한 필자의 제안에 대해 목사들 중에는 비판적인 반응을 보이기도 할 것인데, 이를 정면으로 대면하기로 하자. 도시 중심 혹은 산업 지역에서 격무에 시달려 이제 한계에 거의 다다르고 있는 목사가 있다고 하자. 그는 자신의 기존의 업무에 다른 것을 추가한다는 것은 생각조차 할 수 없는 일이라고 말할 것이다. 게다가 그의 교인은 고작 스물 다섯 명에 지나지 않고, 그 중에 어느 분야든 전문가는 단 한 사람도 없다. 이런 상황에서는 재원 그룹이란 불가능한 일일 것이다. 시간도 없고 그런 일을 할 여건도 되지 않을 것이니 말이다.

그러나, 이런 비판에 대해서 필자는 도시와 주택가의 큰 교회들이 재원 그룹들을 구성하기에 훨씬 좋은 처지에 있다는 것을 분명 인정한다. 그러나 도시 중심의 작은 교회와 격무에 시달리는 목사라도 아무것도 할 수 없다는 것은 선뜻 인정하고 싶지 않다. 시사 문제에 대해 심층적으로 살펴서 설교하는 일을 분기마다 한 번씩 한다는 것은 불가능하다 하더라도, 일 년에 한 번 정도라도 정말 불가능하겠는가? 그리고 전문인이면서 성숙한 그리스도인인 사람을 교회 자체에서는 조달할 수 없다 하더라도, 다른 교회에 속해 있으면서도 이따금씩 있는 토론에 참여하여 기꺼이 도움을 주고 싶어하고, 그런 요청을 받는다는 것에 깊이 감사할 사람들을 찾을 수도 있지 않겠는가?

여하튼, 설교를 준비하는 과정에서 목사와 평신도 간의 상호 협력이 더 증진되어야 하며, 이것이 바로 교회를 다양한 은사들을 지닌 그리스도의 몸으로 보는 신약 성경의 교회관이 요구하는 것이라는 것을 필자는 확신하고 있다.

캔터베리 대주교를 지낸 마이클 램지(Michael Ramsey)는 뉴욕에서 행한 한 강좌에서 이 점을 이렇게 표현하고 있다:

> 사제(즉, 목사)는 신학을 배우는 자요 그것을 가르치는 자입니다. 그의 연구는 깊고도 끈기 있습니다 … . 신학을 가르치면서 그는 교만하지 않습니다. 그의 도움이 없이는 평신도들이 알지 못하는 것을 평신도에게 가르치지만, 그러는 동안 신학을 적용시킬 문제점들을 그들에게서 배우기 때문입니다. 이러한 사제와 평신도의 파트너십에 있어서 그리스도의 이름으로 가르치는 사제의 권위는 과연 진정한 권위이지만, 그 권위는 그리스도의 겸손으로 시행되어야 하며 또한 배우는 자의 심정으로 시행되어야 하는 것입니다.[20]

"이러한 사제와 평신도의 파트너십"을 발전시키고 또한 "그리스도의 겸손"을 표현하는 문제에 대해서, 필자는 개인적으로 램지 박사보다 한 걸음 더 나아가고 싶다. 평신도들은 항상 질문을 하고 우리는 항상 그들에게 대답하는 그런 식이 아니다. 왜냐하면 우리 역시 그들에게 질문하고 그들에게서 대답을 들어야 하기 때문이다. 평신도들과 목사들이 서로 질문과 대답을 주고받는 것이 정상이다. 평신도들은 현대의 정황에서 질문들을 제기하고 대답하며 우리는 성경적 안목에서 질문하고 대답함으로써, 말씀이 세계의 상황과 접할 때에 생겨나는 갖가지 의문점들에 대하여 올바른 해답들을 우리가 함께 분별해 낼 수 있는 것이다.

연구의 습관

필자는 지금까지 중간의 깊은 간격으로 나뉘어 있는 양쪽을 연구하는 문제에 관심을 집중시켜왔다. 우리는 고대의 본문과 현대의 상황 모두를 연구해야 한다. 성경과 문화, 말씀과 세상을 모두 연구해야 한다는 말이다. 그러므로 성경에 대한 체계적이며 포괄적이며 개방적이며 기대감이 있는 성경 연구와 묵상과 더불어, 우리가 하나님의 말씀을 해명하도록 부르심을 받아 섬겨야 할 인간 사회를 이해하기 위하여 듣고 보고 읽어야 하고, 연극과 영화와 텔레비전도 시청해야 하고, 전문가들의 도움도 받아야 할 것이다. 이것은 그야말로 엄청한 과제가 아닐 수 없다. 이를 위해서는 평생의 연구가 요구된다. 그렇다면 어떻게 하면 이 일을 감당할 수 있을까?

우리의 선조들은 대부분 주의를 산만하게 만드는 다른 임무들을 잘 살펴서 피하는 방법을 써서 그렇게 했다. 런던의 시티 템플(City Temple)의 최초의 목사였던 조셉 파커(Joseph Parker)의 예를 들어보자. 그는 매일 오전 7시 30분에 연구를 시작했다. 더욱이 그는 공적인 일이나 업무에 개입되기를 거부했다. 이에 대해 그는 이렇게 설명했다: "나는 나의 일을 위해 살아왔다. 그것뿐이다. 한 주간 내내 이야기로 세월을 보냈다면 주일에 설교할 수 없었을 것이다. 그것뿐이다. 위원회 모임에 참석하고 정치에 빠지고 나라의 전반적인 문제에 신경을 썼더라면, 그것으로 기력이 다 소진되었을 것이다. 그것뿐이다. 신비란 없는 것이다."[21] 캠벨 모건(Campbell Morgan)은 신학교 교육을 받은 바도 없고 대학교 학위도 없었지만 날마다 6시면 연구를 시작했다.[22]

맨체스터의 탁월한 침례교 설교자인 알렉산더 맥클라렌(Alexander

MacLaren: 1903년 사망)도 연구와 설교 준비에 집중하기 위하여 여러 가지 모임이나 강연 요청들을 사양하였다. 그러나 그는 그의 방대한 학식에 대해 또 다른 설명을 제시했다. 그것은 바로 자신이 목회 초기에 격리된 시골 지역에 있었던 것을 매우 만족했다는 것이었다. 그는 말하기를, "처음 목회를 시작할 때에 조용하고 작고 외딴 곳에 갇혀 지냈다는 것을 하나님께 감사하고 있다"고 하였다.[25] 그처럼 비교적 격리된 생활 속에서 그는 장차 번잡한 맨체스터에서 보내게 될 날을 위해 자료를 축적할 수 있었던 것이다.

그러나 우리는 이런 것과는 매우 다른 세계 속에서 사는 것 같다. 물론 필자가 다니던 신학대학에서 여전히 학생들이 배우고 있고, 부지런한 목사들이 오전 시간에는 독서로 시간을 보내고 오후에는 심방으로 시간을 보내고 있는 것은 사실이다. 개중에는 그런 일에 성공하는 사람도 있다. 그러나 필자 개인적으로는 이런 일이 도저히 이룰 수 없는 불가능한 이상으로 여겼다. 열심히 노력했으나 실패하고 말았다. 오전 시간이라고? 주일 오전에는 공 예배에 참석했고, 월요일 오전에는 교회 직원 회의가 있고, 화요일은 휴무일이고, 수요일 오전은 급한 편지들을 써야 했고, 목요일 오전에는 학교에서 가르쳐야 했고, 금요일 오전에는 분명 장례식이 있고, 토요일 오전에는 실제의 설교 준비를 위해 남겨놓아야 했다. 그러니 일 주일 내내 단 하루도 읽어야 할 책을 읽을 수 있는 오전 시간을 가질 여유가 없었다. 그리하여 필자는 필자 자신의 기대치를 낮추고 좀 더 현실적인 목표를 설정하는 수밖에 없었다. 그리하여 짧은 시간을 연구하는 것이 쌓이면 그것이 큰 가치가 있다는 것을 믿게 되었다. 목사가 하루에 개인 성경 공부와 기도 시간 외에 독서 시간으로 단 한 시간도 내지 못할 정도로 바쁜 경우는 거의 없다고 본다. 그리고 대부분의 경우는 일 주일에 네 시간 정도를 내어 — 오전이든, 오후든, 저녁이든 간에 — 연구하는 일을 지속시키는 것이 가능하리라고 본다. 일정을 검토하여 그런 시간을 별도로 설정해 놓고서 비상 상황이 없는 한 그것이 침해받지 않도록 하는 노력만 있으면 그런 일은 얼마든지 가능한 일이다.

그 다음, 필자는 한 달에 최소한 하루를 조용한 묵상을 위한 날로 지키는 것이 굉장히 유익하다는 것을 발견했다. 필자는 이슬링턴 성직자 대회(Islington Clerical Conference)에서 윌킨슨 목사(Rev. L. F. E. Wilkinson)가 행한 한 강연에서 이것을 배웠다. 그 대회에서 기억에 남는 것은 오직 그것 한 가지뿐이었다. 그런데 그 한 가지가 필자에게는 하나님께로부터 오는 메시지로 다가온 것이다. 필자는 너무나 어리고 경험도 없던 스물아홉의 나이에 올 소울즈 교회의 담임을 맡게 되었다. 위험천만한 일이었다. 처음에는 임기응변식으로 대처했다. 그런데 온갖 일들이 계속 쌓여가며 필자를 짓눌렀다. 무거운 업무 때문에 완전히 짓밟혀 죽는 것 같은 느낌이 들었다. 목사가 갖는 전형적인 악몽을 꾸기 시작했다. 강단에 절반쯤 올라갔는데 갑자기 설교 준비하는 것을 잊어버렸다는 것을 알게 되는 꿈을 꾼 적도 있었다. 그러던 차에 윌킨슨 목사의 강연을 들은 것이다. 그의 요지는 이런 것이었다: "한 달에 하루를 고요히 묵상하는 날로 삼으라. 할 수 있으면 방해받지 않고 시간을 보낼 수 있도록 시골에라도 들어가라. 그리고 뒤로 물러서서, 앞을 바라보고, 지금의 처지를 깊이 생각하라. 그리고 하나님의 생각과 안목에 잠기라. 하나님의 관점에서 바라보도록 노력하라. 그리고 편히 쉬라!" 필자는 그대로 했다. 집으로 돌아오는 즉시 달력에서 하루를 정하여 "Q"자 표시를 해두었다. 그날은 고요히 묵상하는(Quiet) 날이라는 의미였다. 그리고 이날을 누리기 시작하면서, 견딜 수 없던 중압감이 사라지고 다시 되돌아오지 않았다. 사실 이날들이 얼마나 소중했든지, 여러 해 동안 필자는 한 달에 하루가 아니라 일 주일에 하루를 그런 날로 지키려 애를 써왔다. 그날에는 성급하지 않게 방해를 받지 않고 해야 할 일들을 했다. 장기 계획이라든가 생각하고 기도해야 할 문제들, 초안을 작성하기 어려운 편지들을 쓰는 일, 독서와 저술 등이 그런 일들이었다. 그 고요한 묵상일들이 필자의 생활과 목회 사역에 가져다준 축복은 말로 다할 수가 없다.

일 년에 한 번씩 갖는 휴가의 문제에 대해 말하고자 한다. 필자가 아는 바로는 19세기의 유명한 설교자들은 2개월을 여름 휴가로 가지곤 했는데, 그 긴 기간 동안 그들은 한 해 전체의 설교 사역을 대략 스케치하고 상당한 정도의 개략적인 준비를 하는 데 소비했다. 예를 들어서 에든버러의 알렉산더 화이트(Alexander Whyte)는 2개월 이하로 휴가를 간 적은 한 번도 없고, 만년에는 3개월을 여름 휴가로 보냈고 게다가 성탄절과 부활절에 짧은 기간의 휴가를 가졌다. 그러나 그는 그 기간 동안 휴식을 취한 것이 아니라 일을 하는 데 보냈다. 그 기간이 "독서와 묵상과 때로는 저술로 꽉 짜여져 있었던 것이다."²⁴⁾ 오늘날에는 성직자들의 휴가 기간은 상당히 짧아졌다. 그러나 그 기간 동안 목사는 몇 권의 책은 읽을 수 있어야 한다. 여러 자녀들을 거느린 기혼자라도 날마다 조용히 독서와 연구로 보내는 시간을 가져야 하는 것이다.

로이드 존스 박사는 『설교와 목사』에서 언급하기를, 자신은 대개 최근의 뱀튼 강좌집(Bampton Lectures)이나 히버트 강좌집(Hibbert Lectures)을 가지고 휴가를 떠난다고 하며, 또한 아내와 자녀들과 일종의 거래를 한다고 하였다. "그들이 제게 오전 시간을 홀로 있도록 해 주면(그리하여 진지하게 독서를 할 수 있도록 해 주면), 그 이후에는 무슨 일이든 그들이 원하는 일을 기꺼이 해주기로 했지요."²⁵⁾ 몇 년 전 올 소울즈 교회는 교역자들에게 정기 휴가 외에 일 년에 한 주를 휴무로 가질 수 있도록 권장하기로 결의했다. 그 주간 동안 교육 과정을 수강하거나 세미나에 참석하거나 아니면 독서를 하도록 그렇게 한 것이다. 모든 교회들이 목사들에게 연구할 시간이 절대적으로 필수적이라는 것을 인식하고 그들을 위해서 그 비슷한 배려를 해 주어야 하지 않겠는가?

앞에서 제의한 것은 아무리 바쁜 목사라도 감당할 수 있는 연구를 위한 최소한의 시간이다. 많은 목사들이 그보다 더한 것을 이행할 것이다. 그러나 연구를 위해 보장되어야 할 최소한의 시간은, 매일 최소한 한 시간, 매주 하루 오전이나 오후나 저녁 시간, 매월 최소한 하루, 매년 최소한 한 주간이다. 이렇게 보면 매우 적은 시간인 것처럼 들린다. 사실 너무 적은 시간이다. 그러나 이러한 절제의 틀을 지키려 애쓰는 사람은 누구나 그런 적은 시간을 통해서 얼마나 많은 양의 독서를 할 수 있는지를 보고 깜짝 놀랄 것이다. 이 시간들을 모두 합치면 1년 동안 거의 600시간에 달하는 것이다.

어떤 연구 습관을 개발하든 간에, 그 열매들을 잘 축적해 두는 것은 분명 중요한 일이다. "설교자는 다람쥐처럼, 장차 다가 올 겨울을 위해 먹이를 모아서 저장해 두기를 배워야 한다."²⁶⁾ 책을 읽는 독자라면 누구나 밑줄을 긋거나 노트를 해두는 등 자기 나름대로 표시해 두는 방법을 개발하는 법이다. 사람이 중년을 지나 노년으로 접어들어 기억력이 쇠퇴해지면, 기억을 돕고 되살리는 모종의 방법이 절실해진다. 필자는 중요한 책의 주제가 뇌리에 생생하게 남아 있을 때에 그 논지를 간략하게 정리해 두는 것이 매우 도움이 된다는 것을 알았다. 그래서 책 한 권을 끝내고 나서 다른 책을 시작하기 전에 몇 가지 자극을 주는 인용문들을 적어두든지 아니면 비서에게 타이핑을 부탁하고 있다. 여러 해 동안 가로 5인치 세로 3인치의 카드에다 그 요약이나 인용문들을 적어서 캐비넷에 보관해왔고, 또한 끼웠다 뺐다 할 수 있는 구멍 뚫린 노트에 보관해왔다. 파일로 정리하는 시스템을 미국인들은 "사물들을 알파벳 순으로 잃어버리는 장치"라고 정의한다는 것을 우리 모두 다 알고 있다. 그리하여 필자는 두 개의 파일들을 보관하고 있다. 하나는 창세기부터 계시록까지 나아가는 것이요, 다른 것은 A부터 Z까지 나아가는 것이다. 그리고 카드마다 그것을 가장 잘 찾을 것이라 여겨지는 장소에, 혹은 최소한 잃어버릴 가능성이 가장 적은 곳에다 보관해 둔다. 이 시스템은 필자에게 많은 도움을 주어왔다. 단순하면서도 융통성이 많기 때문이다. 필자는 보통 설교를 카드 넉 장에 정리하고, 거기에다 적절한 인용문들이나 예화들을 적어 놓은 다른 카드 몇 장을 첨부하는 식을 쓰고 있다. 만일 다시 목회 사역을 시작한다 해도 동일한 시스템을 취할 것이다. 다만 한 가지 바꿀 것이 있다면, 시력이 나빠질 것을 감안하여 가로 5인치 세로 3인치의 카드를 가로 6인치 세로 4인치짜리 카드로 바꾸는 것이다.

연구를 방해하는 요인들

연구를 위한 기본적인 틀에 대한 최소한의 제안들에 대해서조차 필자와 동의하지 않을 분들이 있을지도 모르겠다. 어떤 분은 이렇게 말할 것이다: "나는 너무나 바쁩니다. 목사님이 제안한 프로그램은 내 상황에는 너무나 현실성이 없습니다. 목회 팀, 비서, 재원 그룹 등을 언급하고 있지만, 목사님은 자신의 처지가 얼마나 편하고 안락하다는 것을 모르고 계십니다. 저에게는 그런 사치스런 것들이 하나도 없습니다. 모든 것을 전적으로 나 혼자서 해결해야 된단 말입니다." 물론 필자가 정말 많은 혜택을 받아왔다는 것은 부인할 수 없다. 그러나 그럼에도 불구하고, 옆에서 도울 사람이 없다거나 격무에 시달린다고 해서 연구할 시간이 없다고 변명할 수는 없을 것이다. 거의 모든 경우 이런 변명 뒤에는 그릇된 혹은 "교권주의적" 교회상이 깔려 있다.

목사가 교회의 모든 고삐를 자기 손에 쥐고서 평신도 지도자들에게 책임을 분담시키는 문제에 대해 생각이 전혀 없다면, 그때에는 연구할 시간이 없는 것이 당연한 일일 것이다. 그러나 교회를 각 지체가 나름대로 목회 사역을 위한 은사를 지니고 있는 그리스도의 몸으로 보는 신약 성경의 교회상을 파악하고 있다면, 하나님께서 주신 은사들을 계속해서 살필 것이고, 교인들을 격려하여 그 은사들을 발견하고 발전시키고 시행하게 할 것이다. "각각 은사를 받은 대로 하나님의 여러 가지 은혜를 맡은 선한 청지기 같이 서로 봉사하라"(벧전 4:10). "위임"(委任: delegation)이라는 단어는 여기에 맞지 않는 단어다. 왜냐하면 그렇게 되면 본래 목사가 해야 할 일인데 목사가 황송하게도 그 중에 일부를 다른 사람들에게 맡긴다는 의미가 되기 때문이다. 그보다는 오히려 "파트너십"(partnership, 혹은 "협력")이 더 성경적인 개념이다. 목사와 평신도가 하나님께서 그들 각자에게 주신 다양한 은사들 속에서 즐거워하며 그 은사들을 사용하여 서로를 돕고 그리하여 그리스도의 몸을 세우는 일을 위하여 각자의 소명을 수행하기 때문이다.

각 시대마다 교회는 사도행전 6장의 교훈을 다시 배워야 한다. 사도들이 하나님을 위하여 그의 교회를 위하여 열심이 있었던 것은 잘못된 것이 아니었다. 그들은 그리스도를 본받아 가난한 과부들을 위한 사랑어린 사역에 가담하였다. 그러나 그 사역은 그들이 사도로서 부르심을 받은 사역이 아니었다. 그들의 소명은 "말씀 사역과 기도"였고, 과부들을 돌보는 일은 다른 이들의 책무였다. 그리하여 사역을 조정할 필요가 생겼던 것이다. 오늘날의 목사들은 물론 사도가 아니다. 그러나 사도들의 가르치는 사역의 일부가 목사들에게 속하여 있는 것이고, 따라서 오늘날 수많은 목사들이 사도들이 범했던 것과 동일한 실수를 범하는 것은 안타까운 일이다. 그들은 지극히 양심적인 사람들이다. 사실, 생각할 수 있는 모든 요구에 응답하며, 어느 때나 누구에게라도 제대로 요구를 들어주지 못하면 죄책감을 느낀다. 그들의 그러한 헌신이나 열심을 탓할 수는 없을 것이다. 그리고 그리스도께서 친히 그러셨듯이, 목사는 교인을 섬기기 위해 부르심을 받고 있는 것이 사실이다. 그러나 예수께서도 친히 무리들을 떠나 보내시고 산으로 물러가 기도하신 때가 있었다는 것을 그들은 잊은 채 사역을 감당해왔다. 또한 그들은 그리스도께서 그들을 부르신 가장 우선된 임무, 즉 말씀 사역에서 벗어나는 것을 그냥 허용해버리고, 정력과 열정을 다른 방향에다 쏟아온 것이다. 또한 동시에 은사를 지닌 평신도 지도자들에게 봉사할 기회를 빼앗아버림으로써, 자기들도 모르는 사이에 그들을 가로막고 있는 것이다. 과로에 시달리는 목사와 실망에 빠진 평신도가 합쳐지면 정말 위험한 결과가 발생한다. 그런 식으로는 그리스도의 몸이 자라나 성숙하게 될 수가 없는 것이다.

이렇게 평신도 지도자에 대해 언급하고 있지만, 이것은 비단 사회적이고 행정적인 임무들만을 염두에 둔 것이 아니다. 그런 임무는 대개 목사보다는 평신도 남녀들이 더 효과적으로 수행한다. 필자가 염두에 두는 것은 오히려 회중을 영적으로 돌보는 일을 함께 나누어야 한다는 것이다. 장로든, 집사든, 평신도 설교자든 혹은 교제 그룹의 지도자든 간에 그들과 함께 역할을 분담해야 한다는 것이다. 사도 바울이 처음에 각 교회에 "장로들"(복수형)을 지명했고(행 14:23; 참조. 20:17; 빌 1:1), 또한 디도에게 각 마을에서도 그렇게 하라고 교훈했듯이(딛 1:5), 오늘날도 각 교회마다 한 명의 목자가 아니라 한 팀에 의해서 목회 사역이 이루어져야 할 것이다. 여러 경우에, 특히 교회가 인플레이션의 타격을 받고 있을 경우에는, 주로 평신도들로 목회팀을 구성하고, 거기에 스스로 생활을 해결하면서 소위 "자비량 사역"(tent-making ministry)을 시행하는 한두 명의 무급 교직자가 함께 가담할 수도 있을 것이다. 그러나 목회팀이 있어서 교회를 함께 돌보아 나가는 것이다.

동시에, 규모가 어떻든 한 교회에는 최소한 한 명의 전임 유급 목사가 목회팀에 속해 있어야 한다. 신약 성경은 분명 이런 상황을 직시하고 있는 것으로 보인다. 바울은 "가르침을 받는 자는 말씀을 가르치는 자와 모든 좋은 것을 함께 하라"고 강조할 뿐 아니라(갈 6:6; 참조. 딤전 5:17, 18), 전도자들과 목사들이 뒷받침을 받을 권한이 있다는 것도 강조하고 있다(물론 그 자신의 경우에는 이 권한을 유보시켰다, 고전 9:1-18). 전임 유급 목사가 있어야 하는 이유는, 그런 목사는 자기 생계를 유지해야 할 필요에서 해방되어 오로지 교인들의 목회적인 보살핌과 특히 "말씀 사역과 기도"에 전무할 수가 있기 때문이다. 그런 사역은 개개인을 위한 상담과 그룹에 관계된 일들, 중보 기도와 연구, 준비와 설교 등이 개입되는 것으로 지극히 힘든 것이다. 따라서 그 일은 파트 타임 목사만으로는 만족스럽게 시행할 수가 없다. 이는 구약 시대에도 이미 드러난 바 있다. 히스기야 왕은 "예루살렘에 사는 백성을 명령하여 제사장들과 레위 사람들 몫의 음식을 주어 그들에게 여호와의 율법을 힘쓰게 하라" 하였다(대하 31:4). 이와 동일한 원리가 신약 성경 시대에도 그대로 준수되었다: "병사로 복무하는 자는 자기 생활에 얽매이는 자가 하나도 없나니 이는 병사로 모집한 자를 기쁘게 하려 함이라"(딤후 2:4). 바로 이 "얽매임" 때문에 목사가 연구에 적절한 시간을 들이지 못하는 것이다. 전임 유급 목사가 없는 교회는 파트 타임 사역자 팀이 있다 하더라도 핍절해질 수밖에 없다. "말씀과 가르침에 수고하는"(딤전 5:17) 전임 사역자들이 더 많이 있어야 하는 것이다.

목사가 이렇게 생활 문제에 얽매이지 않도록 지원을 받는다면, 그 밖에 연구를 하지 못하도록 만드는 다른 요인은 무엇일까? 솔직히 말해서 오로지 한 가지, 게으름밖에는 없다. 랄프 왈도 에머슨(Ralph Waldo Emerson)은 "하고자 하면 얼마든지 게을러지는 것이 사람이다"라고 말하지 않았던가? 그 말은 과연 사실이다. 우리 목사들에게는 우리의 일을 감독하거나 소홀히 한다고 책망할 고용주가 없으니, 더욱더 대담하게 게을러질 수 있다. 게다가 우리에게는 해야 할 고정된 임무도 없고, 그 임무를 완수해야 할 시간 제한도 없다. 우리가 우리 자신의 주인이며, 따라서 우리의 일정을 우리 자신이 짜야 한다. 그러므로 시간을 그냥 허비하는 나머지 심각한 무절제의 삶으로 전락해 버릴 위험이 우리에게 상존하고 있다. 더욱이 그 결과가 우리의 사역에 아주 고통스럽게 증거로 나타나게 된다.

시릴 가베트(Cyril Garbett)가 사우스워크(Southwark)의 주교로 있을 때(1919-32)에 한 친구에게 사사로이 이야기한 것처럼, "나는 목사가 독서나 생각에 진지하게 몰두하기를 포기해 버리면 언제라도 그것을 알아차릴 수 있다네. 45세쯤 되면 그것이 분명히 드러나게 되지. 로마 가톨릭 성향의 앵글리칸(영국 국교도)의 경우는 고집불통이 되고, 복음적 앵글리칸의 경우는 감상주의자가 되어 버린다네."[27]

알렉산더 화이트(Alexander Whyte)는 이 문제에 대해 혹독한 발언을 했다. 그는 에든버러의 센 조지 자유 교회(Free st. George's Church)에서 47년 동안 사역을 감당했다. 1898년 그는 스코틀랜드 교회의 총회장을 역임했고, 1909년에는 73세의 나이에 다른 임무들에다가 덧붙여 에든버러의 뉴 칼리지(New College)의 학장직을 수락하였다. 그는 자기 자신도 엄격히 다스렸고, 다른 사람들의 게으름도 혐오하였다. 그는 1904년 이렇게 말했다: "모든 게으른 학생들을 대학에서 내쫓아 버리고, 모든 게으른 목사들을 총회에서 내쫓아 버리고 싶다 … . 우리 모든 학생들과 우리 모든 목사들에게서 게으름을 용서받지 못할 한 가지 죄목으로 만들고 싶다."[28] 그리고 1898년 그가 총회장으로서 행한 총회의 폐회사에서는 이렇게 말하였다:

> 우리에게는 일할 시간이 충분합니다. 그런데 과연 우리는 그 시간을 잘 운용하고 잘 축적했습니까? … 우리를 뒷받침하는 교인들과 똑같이 그만큼 날마다 열심히 일했습니까? 그들만큼 아직 일찍부터 밤 늦게까지, 하루 종일 열심히 일했습니까? 오오 아닙니다! 서로 상대방의 얼굴을 쳐다보면서 시간이 없다고 탓할 수는 없습니다. 의욕이 없기 때문이고, 결심이 없기 때문이고, 방법이 없기 때문이고, 동기가 없기 때문이고, 양심이 없기 때문이고, 마음이 없기 때문입니다. 모든 것이 없기 때문이지만, 결코 시간이 없기 때문은 아닙니다.[29]

필자 자신도 포함해서 우리는 끊임없이 회개하고, 우리의 삶과 우리의 일정을 철저하게 통제하고자 하는 결심을 새롭게 해야 한다. 그리스도와 그의 명령을 끊임없이 새롭게 바라보는 것만이 우리를 게으름에서 구해 줄 수 있으며, 우리의 우선 순위를 올바르게 세워줄 것이다. 그렇게 되면 읽고 생각할 시간을 구별하게 될 것이고, 또한 우리의 양심적인 연구의 결과로 우리의 설교가 신선해지고 신실해지고 적절성을 갖추게 될 것이고, 또한 교인들이 이해하도록 단순해질 것이다.

---

1. 신 5:23이하의 주석에서.

2. Spurgeon, *All-Round Ministry*, p. 236. 「스펄전 목회론」, 크리스챤 다이제스트

3. Brooks, *Lectures*, pp. 159-60. 「설교론 특강」, 크리스챤 다이제스트

4. Huxtable, p. 25.

5. Banner of Truth Trust, 3 Murrayfield Road, Edinburgh, Scotland에서 지금도 구할 수 있다.

6. Lloyd-Jones, *Preaching*, p. 172.

7. Spurgeon, *Lectures*, Second Series, p. 25. 「스펄전 설교론」, 크리스챤 다이제스트

8. Spurgeon, *Lectures*, First Series, p. 195.

9. Day, p. 131.

10. Neill, p. 67.

11. Thiselton, p. 103.

12. Willowbank Report, p. 11

13. Ecclesiates, p. 31.

14. Hennell, p. 84. 1798년부터 1814년 사이의 절충 협회의 토의를 기록한 조사이어 프랏(Josiah Pratt)의 노트를 그의 아들 존 프랏(John H. Pratt)이 편집하여 1856년에 처음 출간하였는데, 1978년 Banner of Truth Trust가 이를 재출간하였다. 그 본래의 절충 협회는 19세기 중반 쯤에 사라졌다. 1955년 4월 우리 세대에 "상호간의 신앙적 교류 … 와 영적 진리의 탐구"를 위한 필요성을 인식하여(뉴턴이 그의 세대에 인식했던 것처럼), 랭함 플레이스(Langham Place)의 올 소울즈 교회에서 하루를 함께 보내며 절충 협회를 재창립하자는 취지로 22명의 소장 복음주의 교직자들에게 초청장을 발송하였다. 그런 소박한 출발 이후 그 협회는 자발적으로 성장하여 1966년에는 1,000명 이상의 회원과 17개 지역 그룹을 지닌 규모가 되었다. 현재는 40세 이하의 복음주의적 성직자와 평신도에게로 회원권을 제한하고 있고, 그리하여 더 작아졌지만 아직도 영향력을 발휘하고 있다.

15. Read, p. 47.

16. Ibid., pp. 62-63.

17. Ibid., p. 63.

18. Phelps, Preface와 p. 3.

19. Inge, p. 12.

20. Ramsey and Suenens, *The Future*, p. 35.

21. Wiersbe, p. 56.

22. Ibid., p. 133.

23. Ibid., p. 37.
24. Barbour, p. 286.
25. Lloyd-Jones, *Preaching*, pp. 182-3.
26. Ibid., p. 173.
27. Smyth, p. 167.
28. Barbour, p. 282.
29. Ibid., pp. 284-5.

제 6 장
설교 준비

과거 어느 때엔가 성공회 교회에 아주 게으른 한 목사가 있었다. 그는 설교를 준비하는 귀찮은 일은 포기해 버린지 이미 오랬다. 그는 상당한 지성과 언변을 타고 난 사람이었고, 그의 회중은 무식한 사람들이었다. 그리하여 그는 설교 준비가 없이도 무난히 지낼 수 있었다. 그런데 그는 양심적으로 살고 싶어서, 자기는 언제나 성령께 의지하여 즉흥적으로 설교할 것이라고 서원을 했다. 아무런 문제가 없이 잘 지내고 있는데, 어느 주일 오전 예배가 시작되기 몇 분 전에 누군가가 교회당 안으로 걸어 들어와서는 회중석에 자리를 잡고 앉았다. 그는 다름 아닌 주교였다. 한 주일 휴가 기간 중에 그 교회를 방문한 것이었다. 그 목사는 당황했다. 여러 해 동안 무식한 회중 앞에서 허세를 부리며 그럭저럭 지내왔지만, 주교까지 속일 수 있는 능력이 있는지에 대해서는 도무지 자신이 없었던 것이다. 그리하여 그 예기치 못했던 방문객에게 환영의 인사를 하고는, 그의 비판을 미리 막아보자는 심사로 자기는 언제나 즉흥 설교를 하겠노라고 서원을 했다는 사실을 알렸다. 주교는 이해하는 듯했고, 예배가 시작되었다. 그런데 그야말로 당혹스러운 일이 벌어졌다. 설교 중간 쯤에 주교가 일어나 밖으로 나가버리는 것이었다. 예배가 끝나고 목사실로 가보니, 탁자 위에 주교가 휘갈겨 쓴 메모가 한 장 놓여 있었다. 메모에는 이렇게 적혀 있었다: "그대의 서원을 면하노라"!

그 다음에는 미국에 한 젊은 장로교회 목사가 있었는데, 그의 고질적인 죄는 게으름이 아니라 교만이었다. 그는 목사관에서 바로 옆의 교회당으로 가는 몇 분 동안이면 주일 설교 준비를 다 마칠 수 있다고 여러 사람 앞에서 자랑하곤 했다. 그 교회의 장로들이 어떻게 했을 것이라 생각하는가? 그를 위해서 5마일 떨어진 곳에 새 목사관을 사주었다!

이런 조그만 비유는 아직 끝나지 않았다. 침례교회 목사가 또 한 사람 있었는데, 그의 고질적인 죄는 앞의 성공회의 목사나 장로교회의 목사와는 다른 것이었다. 그 목사의 문제점은 — 그것을 문제점이라 부를 수 있을지 모르지만 — 굉장한 영성(靈性: spirituality)이었다. 그도 설교 준비를 하지 않았다. 그러나 그것은 게으름이나 교만과는 아무 상관이 없고, 오히려 반대로 순전한 경건 때문이었다. 성공회 목사와 비슷하게 그는 성령을 의지하였다. 그러나 그는 자기 자신의 서원이 아니라 성경 자체의 뒷받침에 호소하였다. 주위의 동료들이 설교 준비를 할 것을 권고하면, 그는 깜짝 놀라며, "마태복음 10:19, 20의 예수님의 말씀을 읽지 못했는가?"라고 반문하였다. 예수께서는 "너희를 넘겨 줄 때에 어떻게 또는 무엇을 말할까 염려하지 말라. 그때에 너희에게 할 말을 주시리니, 말하는 이는 너희가 아니라 너희 속에서 말씀하시는 이 곧 너희 아버지의 성령이시니라"라고 말씀하셨다. 그러나 이 꾸밈없는 형제는 주님의 말씀을 그 문맥 속에서 읽을 줄을 몰랐던 것이다. 주님의 그 말씀은 사실 "너희가 나로 말미암아 총독들과 임금들 앞에 끌려 가리니"(18절)라는 말씀으로 시작되는데, 이는 교회가 아니라 법정을 지칭하는 것이다. 주님의 이런 말씀은, 그런 상황에서는 우리가 변명을 준비할 시간적 여유가 없을 것임을 고려한 것이다. 그럴 때에 성령께서 우리가 할 말씀을 우리에게 주신다는 것이다. 예수님의 이러한 약속은 어떻게 변론할지에 대해 아무런 조언도 받지 못하는 상태로 감옥에 갇혀 있는 자들에게 큰 위로를 가져다 주었다. 그러나 게으르거나 교만하거나 아니면 너무 경건하여 설교를 준비하지 않는 설교자들에게는 아무런 위로도 주지 않는 것이다.

스펄전은 "준비 없이 강단에 습관적으로 올라가는 짓은 용서받지 못할 건방진 태도다"[1]라고 말했는데, 우리 모두가 이에 동의해야 하리라 생각한다. 만일 소송을 맡은 변호사가 아무런 준비도 없이 그냥 법정에 나가 변론을 한다면, 우리는 그것을 어떻게 생각하겠는가? 조웨트(J. H. Jowett)는 한 명망 높은 영국의 판사의 단언을 인용하고 있다. 곧, "소송은 사무실에서 이미 판가름 난다"는 것이다. 즉, "변호사에 관한 한, 결정적인 싸움터는 법정이 아니라 그 자신의 사사로운 방(室)이다." 이와 동일한 원리가 설교자에게 적용된다: "만일 서재가 휴게실처럼 되어 버린다면, 강단은 건방을 떠는 곳이 되고 말 것이다."[2]

자기 세대에 영향을 미친 위대한 설교자들은 모두 양심적인 설교 준비의 필요성을 한결같이 증언해왔다. 그들의 말씀을 들을 때에는 그런 생각을 하지 않을 수도 있다. 왜냐하면 설교가 진행되는 동안, 모든 내용들이 정말 단순하게 들리기 때문이다. 본문의 전개나 예화나 적용이나 일률적인 개요나 문장의 구성이나 단어의 선택 등이 그렇게 쉬울 수가 없어 보이는 것이다. 그러나 그 뒤에는 평생의 자기 절제와 근면함이 있는 것이다. 한 가지 예만 들어보자. 1976년 신년에 레슬리 웨더헤드(Leslie Weatherhead) 목사가 사망한 후, 로이 트레비비안(Roy Trevivian)은 1977년 1월 9일자 『영국 국교회 신문』(Church of England Newpaper)에 애도의 글을 실었는데, 그 중에 다음과 같은 대목이 있다:

그가 사람들에게 그렇게 굉장한 영향을 끼친 비결은 무엇인가? 가난한 자나 부한 자나, 힘 있는 자나 없는 자나, 유명한 자나 무명한 자나 모두가 와서 그의 편견 없는 말씀을 받았다. 그렇게 거대한 회중에게 마법을 걸어서 설교가 끝날 때면 모두가 그 마법에서 풀려나는 증상들을 보이는 그런 비결이 대체 무엇이었는가? 그 이유를 그에게 아마 스무 번 정도는 물어보았을 것이다. 그런데 언제나 그의 대답은 한결같이 "준비"라는 것이었다.

그렇다면 어떻게 준비하면 좋을까? 이것은 매우 주관적인 문제다. 설교를 준비하는 왕도(王道)란 없다. 설교자마다 각기 자기의 기질과 상황에 맞는 방법을 발굴해서 시행해야 한다. 다른 사람의 방법을 무비판적으로 모방하는 것은 잘못이다. 그러나 서로서로에게서 배울 수는 있다. 에라스무스(Erasmus)가 언젠가 장난스럽게 한 말처럼, "코끼리를 훈련시켜 춤추게 만들고, 사자를 훈련시켜 장난놀게 만들고, 표범을 훈련시켜 사냥하도록 만들 수 있다면, 설교자들을 가르쳐서 설교하게 만드는 일이야 얼마든지 할 수 있다."³⁾ 사실, 우리들 대다수가 설교를 준비하면서 반드시 거쳐야 할 여섯 가지 단계가 있는 것 같다.

1. 본문의 선택

설교에는 반드시 본문이 있는 것이 당연한 일이다. 우리는 사색가들이 아니라 강해자들이기 때문이다. 하지만 설교를 위한 본문은 어떻게 택해야 할까? 많은 설교자들이 책상 앞에 앉아서 연필을 빨거나 씹으면서 책상에 놓인 백지를 멍하니 바라보며, 이런 질문을 했을 것이다. 본문 선택에서 골치 아픈 점은 본문이 적다는 것이 아니라 너무나 많다는 것이다. 규칙적으로 성경을 연구하는 생활을 하면서 그 결과를 계속 노트에 적어두고 있다면, 우리의 기억이 마치 음식이 잘 정돈되어 저장되어 있는 찬장과도 같아질 것이고, 성경 본문들이 저마다 줄지어 서서 설교해주기를 구할 것이다. 그럴 경우에는 본문을 어떻게 선택해야 할까? 본문 선택에 영향을 주는 요인이 크게 네 가지가 있는 것 같다.

첫째는 **예전적인**(liturgical) 요인이다. 대개의 기독교 교파들은(구체적으로 말하면, 로마 가톨릭 교회, 희랍 정교회, 루터 교회, 성공회 등) 교회력의 여러 절기들을 계속해서 준수해 오고 있으며, 그것을 달력에 지정해 놓고, 매 주일마다 적절한 성구집들(lections)을 제공해 놓고 있다. 1967년 영국의 초교파적인 "합동 예전 협의회"(Joint Liturgical Group)는 『월력과 성구집의 재검토』(The Calendar and Lectionary: A Reconsideration)라는 글을 내어놓았다.⁴⁾ 그리고 그 이듬해 영국 국교회의 예전 위원회는 『월력과 교회력을 위한 교훈들』(The Calendar and Lessons for the Church's Year)이라는 보고서를 후속으로 내어 놓았다.⁵⁾ 이것은 "예배자들에 대한 목회적 관심에서 교회력을 좀 더 합리적으로 제시하는 것"을 표방하였다.⁶⁾ 비예전적인 교회들에 속한 사람들에게도 적용될 수 있도록 이 보고서의 권고 사항들을 단순화시켜 보기로 하겠다. 대부분의 그리스도인들은 매년 최소한 세 가지의 주요 기독교 절기들을 지킨다. 곧, 성탄절(그리스도의 탄생을 기념함), 부활절(그의 부활을 기념함), 오순절(그의 성령 강림을 기념함)이 그것이다. 이 세 절기를 중심점으로 삼으면, 나머지 기간들은 그 절기에 이르기까지의 자연스러운 준비 과정과 그 이후의 자연스러운 결말로 채워진다. 이렇게 해서 교회력이 세 기간들로 나뉘어지는 것이다.

첫 기간은 10월부터 12월까지인데, 이는 긴 성탄절 절기다. 유럽에서는 추수 축제가 보통 9월 말부터 10월 초까지 이어지고 미국에서는 11월에 있기 때문에, 이 기간은 창조와 타락, 그리고 그리스도의 탄생과 주현(主顯), 즉 그의 이방인에게 나타나심에 이르기까지의 구약의 이야기와 기대를 다루기에 편리한 시기이다.

둘째 기간은 성탄절부터 오순절까지로서 1월부터 5월까지가 이에 해당된다. 이 기간은 그리스도의 탄생과 생애, 그의 성품과 모범, 말씀과 행위, 고난과 죽으심, 부활과 승천, 그리고 성령을 부으심에서 절정에 이르는 그리스도 안에 나타난 하나님의 권능의 역사들을 묵상하기에 아주 자연스러운 기간이다.

셋째 기간은 "삼위일체 이후의 주일들"이라기보다는 "오순절 이후의 주일들"로 생각해야 한다. 이 기간은 5월부터 9월까지인데, 이 기간 동안 우리는 성령 안에서의 그리스도인의 삶과 성령의 교제로서의 기독교 교회에 대해 생각할 기회를 갖게 된다. 이 시기는 그리스도인의 윤리와 사회적 선교적 책임, 그리고 그리스도인의 소망, 즉 예수 그리스도의 승리의 재림에 대한 우리의 기대를 생각하기에 좋은 기간이다.

이렇게 해서 교회력은 매년 성경 계시의 이야기를 반복하여 생각하게 해준다. 10월부터 12월까지는 창조부터 성탄에 이르기까지의 구약을, 1월부터 5월까지는 그리스도의 생애를 그리는 복음서를, 그리고 5월부터 9월까지는 사도행전과 서신서와 계시록 등 오순절 이후의 시기를 생각하는 것이다. 이는 또한 삼위일체의 구조이기도 하다. 하나님께서 창조주와 성부로서, 육신을 입으신 하나님의 아들로서, 또한 성령의 인격과 사역에서 자신을 점진적으로 계시하시는 것을 조감하게 되기 때문이다.

이런 정해진 교훈들(구약과 서신서, 복음서 등의)이 교회력의 절기에 맞도록 되어 있으므로, 설교자는 이따금씩, 혹은 자주, 정해진 본문들을 설교 본문으로 취할 수도 있을 것이다. 단, 미리 정해진 성구집을 무작정 따라가는 것은 불필요하게 거기에 얽매이는 것이 될 수도 있다. 차라리 그것을 설교 주제에 대해 제안해 주는 것 정도로 보는 것이 더 나을 것이다.

분명한 것은, 교회력에 얽매여서는 안 된다는 것이다. 그렇게 되면 설교자가 속박을 받고 있다는 느낌을 가지게 된다. 예를 들어서, 성탄절 이외에는 성육신에 대해 설교하면 안 되고, 혹은 부활절 이외에는 부활에 대해 설교하면 안 되는 것 같은 느낌을 갖게 된다는 것이다. 콜린 모리스(Colin Morris)는 다음과 같이 정당한 의문을 제기하고 있다: "가을에 오순절이나 스산한 한겨울의 승천절이 왜 안 되는가? 이 위대한 진리들은 언제나 타당한 것들이 아닌가? 그러니 그 진리들이 교회력의 횡포에 예속되어서는 안 되는 것이 분명하다."[7]

하지만, 교회력이 가치가 있는 것임은 분명하다. 에든버러의 뉴 칼리지의 신약학 담당 명예 교수인 제임스 스튜어트(James Stewart)는 1966년에 이미 은퇴하였으나 여전히 현대 최고의 대중 설교자 중의 한 사람으로 남아 있는데, 그는 교회력을 정당하게 준수할 것을 추천하면서 다음과 같이 말하고 있다:

> 교회력의 위대한 지점들 — 강림절, 성탄절, 사순절, 성 금요일, 부활절, 성령 강림절, 삼위일체 주일 — 은 우리의 나아가는 과정을 정해 주며, 우리의 기본적인 주제들을 제시해 준다. 이것들은 믿음의 근본적인 교리들을 면밀하게 따라가지 않을 수 없게 해 준다. 우리가 곁길로 빠져 갈 때에 다시금 저 위대한 구속의 정도(正道)로 나아가게 해 준다. 우리의 설교가, 교회가 선포하기 위해 존재하는 그 하나님의 권능의 역사들에게로 끊임없이 되돌아가도록 보장해 주는 것이다.[8]

설교 본문을 결정하도록 도와주는 두 번째 요인은 **외부적인**(external) 요인이라 부르고 싶다. 이는 곧, 국가의 중요 사건(예컨대, 선거일, 공적인 인물의 사망, 국가적인 스캔들 등)이나, 공적인 논란거리들(예컨대, 군비 증강 경쟁, 낙태, 사형 제도, 실업, 동성애, 혹은 이혼 등)이나, 자연 재해(홍수, 기근, 지진 등)나 기타 재난(비행기 추락이나 열차 탈선 등) 등을 가리킨다. 그리스도인이라 하여 라디오나 텔레비전이나 신문에서 전해지는 모든 일들에 대해 마음을 닫아버리고 교회에 나올 수는 없고, 그렇게 해서도 안 된다. 오히려 반대로, 그들은 예배하러 나올 때에 이런 근심거리들을 그대로 갖고 나오며, "주께서 주시는 무슨 말씀이 없을까?" 혹은 "이런 일에 그리스도인은 어떻게 대처해야 할까?"라는 식의 물음을 갖고 나온다. 그러므로 설교자들은 교인들의 뇌리에 들어 있는 큰 공적인 문제들에 대해 민감할 필요가 있는 것이다.

셋째로, **목회적**(pastoral) 요인이 있다. 즉, 회중의 영적인 순례길에서 무언가 필요한 것이 발견될 경우에 그것이 본문 선택의 요인으로 작용하는 것이다. 최고의 설교자는 언제나 좋은 목회자라는 말을 자주 하는데 아주 옳은 말이다. 그들은 교인들의 필요와 문제점들과 의심과 두려움과 소망을 잘 알고 있기 때문이다. 신실한 목회자는 절대로 "청중들의 요구 사항들에 개의치 않고" 설교할 수가 없다. 더글러스 클레벌리 포드(Douglas Cleverley Ford)는 말하기를, 만일 그렇게 하는 목사가 있다면 그 사람은 "발가락에 티눈이 있는 환자에게 목에 바를 연고를 처방해 주는 의사와도 같다"고 한다.[9] 회중의 현재의 필요에 대한 평가나 그 필요에 대해 어떻게 설교할지에 대한 결정은 목회팀이 함께 행하는 것이 가장 좋다. 전임 유급 목회자 한 사람밖에 없는 지교회라도 파트 타임 목사나 혹은 무임 목사 혹은 장로들이 그와 더불어 목회를 돕는 사람들이 있을 것이다. 그들이 정기적으로 함께 모여 기도와 토의와 계획의 시간을 가지고, 그때에 설교 사역을 의제로 다룰 수 있을 것이다. 1975년 이후 올 소울즈 교회의 담임인 마이클 본 목사는 1년에 최소한 세 차례 그의 목회팀을 함께 소집하여 설교 사역을 중점적으로 토의하고 있다. 때로는 회중에게 사전에 이를 알려서 위하여 기도하게 하고, 때로는 그들에게, 또한 교제 그룹 지도자들에게 설교 주제나 설교 시리즈에 대한 제안이나 요구 사항을 제출해 주기를 요청하기도 한다. 때로는 교회 가족 중 평신도 지도자들 몇 명이 합류하여 다음 몇 개월 동안의 설교 계획에 함께 논의하기도 한다. 이런 기회를 통해서 우리는 주요 기독교 교리와 의무들을 포괄하며 성경의 모든 책들을 강해하는 설교 계획을 세우고, 또한 혹시 간과한 분야가 있는지를 확인한다. 이런 유의 계획된 설교는 교인들로 하여금 성경 계시의 다양하면서도 통일성 있는 성격을 파악하도록 도와준다. 매 주일마다 별도로 본문을 택하여 설교하는 방식의 한 가지 위험은 성경이 공통적인 주제나 전반적인 메시지의 흐름이 없고 마치 서로 관계 없는 여러 가지의 단편들을 모아 놓은 것에 불과하다는 인상을 줄 수도 있다는 점이다.

지난 6년 동안 올 소울즈 교회에서 행한 주요 설교 시리즈를 열거하는 것이 도움이 될지 모르겠다. 교리 시리즈에는 하나님의 성품, 그리스도의 생애, 십자가, 부활 후 나타나심, 하나님의 권속, 성경 등이 포함되었다. 실천 시리즈에는 윤리적인 문제들(예컨대, 제자도, 십계명, 산상수훈, 그리스도를 본받음, 그리고 사랑의 함축된 의미에 대한 14편의 시리즈 등)과 주제별 문제들(예컨대, 하나님의 인도하심, 여성의 사역, 고난, 영적 은사 등)이 포함되었다. 또한 기도에 대해서도 14편의 시리즈가 있었다.

같은 기간 동안 우리는 다소 긴 성경 본문들을 강해하는데 힘썼다. 구약 성경의 경우에는 창세기의 첫 몇 장에 대한 시리즈, 족장들의 생애 시리즈, 여러 시편들을 선택하여 진행한 시리즈, 이사야서 일부와 다니엘서 시리즈 등이 있었고, 신약 성경의 경우에는 짧은 서신들(에베소서, 빌립보서, 베드로전서, 데살로니가전후서)과 고린도후서와 로마서 등 두 편의 긴 서신들을 시리즈로 다루었다(로마서 시리즈의 경우는 43편의 설교로 이루어졌는데 11월부터 3월까지 전반부를 다루었고, 5월부터 7월까지 후반부를 다루었다). 가장 긴 시리즈가 가장 은혜를 끼쳤던 것으로 보인다. 그것은 마가복음 시리즈였는데, 본문을 일곱 부분으로 구분하여 1978년 9월부터 1981년 4월까지 모두 66회를 설교했다.

우리는 문단을 단위로 이렇게 이렇게 전체적으로 조감하는 것과 아울러, 짧은 단락들을 한 절씩 천천히 다루어 가는 것도 유익하다는 것을 알게 되었다. 이런 방법을 사용하여 우리는 사도행전 20:19-38(에베소 장로들에게 행한 바울의 설교), 에베소서 1장("하나님의 영광을 위하는 백성"), 에베소서 4장과 5장(그리스도인의 도덕적 표준), 히브리서 11장(믿음의 영웅들), 그리고 덜 알려진 장인 히브리서 13장 등을 설교하였다. 히브리서 13장은 다음과 같이 구분하여 설교했다:

1. 형제 사랑을 계속하라(1절)

2. 낯선 자들을 따뜻하게 대접하라(2절)
3. 감옥에 갇힌 자들을 기억하라(3절)
4. 혼인을 존귀하게 지키라(4절)
5. 그리스도인의 만족(5, 6절)
6. 지도자들을 기억하라(7, 17, 17-19절)
7. 위험!(9절)
8. 그리스도와 함께 고난을(10-17절)
9. 임시적인 거주(14절)
10. 하나님이 기뻐하시는 희생(15, 16절)
11. 행동하도록 구비하심(20, 21절)

이 모든 설교 시리즈들은 교회원의 목회적 필요에 부응하고자 목회팀의 회의에서 결정된 것이다.

본문 선택에 영향을 미치는 네 번째 요인은 **개인적인**(personal) 것이다. 우리가 다른 사람들에게 행하는 가장 좋은 설교는 의심의 여지 없이 우리가 먼저 우리 자신에게 행한 설교다. 혹은 이를 좀 더 달리 표현하자면, 하나님께서 우리에게 친히 성경의 어떤 본문을 통해서 말씀하셔서 그것이 우리의 마음에 환한 빛을 비추게 될 때에 그것을 다른 사람들에게 전하면 바로 그때에 하나님의 영광이 그들에게도 환하게 비치게 되는 것이다. 캠벨 모건은 시티 템플의 목사실에서 조셉 파커 박사(Dr. Joseph Parker)와 함께 있을 때의 일을 이야기한 적이 있다. 그때에 어떤 사람이 찾아와서 그에게, "목사님의 설교 말씀에 대해 감사를 드리고 싶습니다. 제게 큰 은혜가 있었습니다"라고 하였다. 그러자 파커 박사는 그를 쳐다보면서 이렇게 대답했다고 한다: "예, 교우님, 제가 그 설교를 한 것은 제가 그것에 은혜를 받았기 때문이었습니다."[10]

그렇다고 해서 모든 설교가 다 우리의 개인적인 경험에서 우러나와야 한다는 뜻은 아니다. 독신으로 있는 목사가 결혼에 대해 설교해야 할 경우도 있고, 결혼한 상태에 있으면서 이혼에 대해서 설교해야 할 경우도 있고, 우리 모두가 아직 살아 있는 동안에 죽음에 대해 설교해야 하는 것이다. 그러나 깊은 개인적인 확신에서 우러나오는 설교는 스스로를 확증시키는 면이 풍부한 법이다. 이것이 바로 제임스 스토커가 "경험이라는 핏줄"이라고 부르는 것이다. 그는 이렇게 덧붙이고 있다: "스스로 수고하고 고통을 받으며 배운 자답게 말씀하는 사람에게서 진리가 전해질 때에 그 진리는 두 배 세 배나 더 진리가 된다."[11]

그렇기 때문에 대부분의 설교자는 언제나 노트나 잡기장(雜記帳: 17세기 이후부터는 이것을 "a common-place book"이라 불렀다)을 지참하고 다니는 것이 필요하다는 것을 깨닫는다. 여러분의 경험도 필자의 경험과 비슷하리라고 생각한다. 필자의 경우는 정신이 상당히 두터운 안개 속에 싸여 있어서 모든 것이 선명하게 보이지 않는 것이 보통이다. 그러나 때때로 그 안개가 걷히고 그 사이로 빛이 비치어 모든 것이 투명하게 보일 때가 있다. 그러니 그런 순간을 그대로 붙잡아 둘 필요가 있다. 다시 안개가 내려오기 전에 거기에 우리 자신들을 굴복시키기를 배워야 한다. 그런 순간은 아주 곤란한 때에 찾아오는 경우가 많다. 한밤중에나, 다른 사람이 설교하거나 강의를 하는 중이나, 책을 읽고 있는 중이나, 아니면 대화 중에 그런 일이 생기는 것이다. 사정이 아무리 불편하다 해도, 우리는 그것을 잃어버릴 여유가 없다. 그것을 가장 충실하게 이용하기 위해서는 재빠르게 신속히 그것을 기록해 둘 필요가 있는 것이다.

자, 이렇게 예전적이며, 외부적이며, 목회적이며, 개인적인 네 가지 요인들이 우리를 도와서 설교 본문을 택하도록 해 줄 것이다. 그러면 이제 설교 준비의 두 번째 단계로 들어갈 준비가 된 셈이다.

2. 본문의 묵상

본문이 연속 강해의 일부일 경우나, 혹은 무언가 다른 이유로 해서 여러 주 혹은 여러 달 전에 미리 본문이 정해져 있을 경우에는, 오랜 기간 동안의 "잠재적인 부화(孵化) 과정"(subconscious incubation)[12] — 혹은 미국인들이 "숙성"(熟成: maturation)이라 부르는 것 — 을 가짐으로써 큰 유익을 얻게 된다. 주일 설교의 본문은 최소한 그 전 월요일까지는 결정되어야 한다. 그래야 부화 과정 혹은 숙성 과정이 어느 정도 진행될 수 있기 때문이다. 이 기간은 길수록 좋다. 로버트 루이스 스티븐슨(Robert Louis Stevenson)은 언젠가 자기 자신에 대해서, "나 … 는 오랜 동안 침묵하고 나의 알(卵)을 품고 있는다"[13]라고 말하였다. 디트리히 본회퍼는 본문을 상당히 일찍 택하는 습관을 지켰다. 그리고서는 날마다 그 본문을 생각하며 "그 본문이 말씀하는 바를 진정으로 듣게 되도록 깊이 본문에 잠기려고 애썼다."[14]

그리고 조만간 좀 더 집중하여 설교를 준비해야 할 때가 오게 된다. 그러면 이제 설교자는 어떻게 해야 할까? 본문을 읽고 또 읽고, 다시 또 읽는 것이다. 여러분의 뇌리 속에서 뒤집고 다시 뒤집기를, 마치 예수님의 모친 마리아가 목자들이 하는 모든 이야기들을 듣고서 놀라며 "이 모든 말을 마음에 새기어 생각한" 것처럼 하는 것이다(눅 2:18, 19). 마치 봄에 활짝 핀 꽃을 찾아 다니는 벌처럼, 무궁화 꽃의 진액을 찾아 먹는 벌새처럼 본문을 음미하는 것이다. 마치 개가 뼈다귀를 입으로 물고 마구 뒤흔들듯이 본문을 물고 고심하는 것이다. 어린아이가 오렌지를 빨아먹듯이 그렇게 본문을 빨아먹는 것이다. 소가 되새김질하듯이 본문을 그렇게 씹는 것이다.

스펄전은 여기에 두 가지를 덧붙여준다. 곧, 벌레와 목욕이 그것이다. "마치 벌레가 길을 파고 들어가 땅콩의 알맹이를 먹듯이, 그렇게 자기 자신을 본문의 심령과 골수에까지 몰입시키고 본문의 신령한 양식을 받아 먹으며 본문을 탐구하는 일은 정말로 위대한 일입니다."[15] 또한, "형제 여러분, 복음에 흠뻑 젖게 되기를 힘쓰십시오. 본문 속에 완전히 잠기게 될 때에 가장 설교를 잘 하게 된다는 것을 저는 언제나 깨닫습니다. 본문을 택하고 그 의미와 거기에 관련된 내용들을 찾습니다. 그리고는 그 속에 들어가 목욕을 하고, 그 속에 누워서 그것이 내 속으로 젖어 들어오도록 하는 것이 정말 좋습니다."[16]

그러나 이런 생생한 은유적인 표현들로도 설교자가 본문을 묵상하는 동안 실제로 무엇을 하는지에 대해서는 분명하게 드러나지 않는 것 같다. 자, 이렇게 한 번 생각해 보자. 설교자는 본문에게 특히 두 가지 질문을 던진다. 첫째는 *그것이 무슨 의미인가?*라는 것이다. 아니, 그 본문이 처음 발설될 때 혹은 기록될 때에는 무슨 의미*였는가?*라는 것이 더 낫겠다. 허쉬(E. D. Hirsch)가 올바로 강조한 대로, "저자가 의도한 의미가 바로 본문의 의미"이기 때문이다.[17] 앞에서 살펴보았지만, 우리는 스스로 옛날로 거슬러 올라가 본문의 역사적 지리적 맥락 속으로, 그 문화적 환경 속으로, 그 표현들과 이미지들 속으로 집어 넣어서 저자의 생각과 목적을 파악하는 훈련을 회피할 수가 없다. 저자가 의도한 뜻은 무엇인가? 그가 무엇을 단언하며, 무엇을 정죄하며, 무엇을 약속하며, 무엇을 명령하려 했는가? 하는 것이다.

우리가 본문에게 던져야 할 두 번째 질문은 **그것이 무엇을 말씀하는가?** 즉, 그것의 현대적인 메시지는 무엇인가? 그것이 오늘날 우리에게 어떻게 말씀하는가 하는 것이다. 이것은 다른 질문이다. 여기에는 옛날의 말씀을 오늘날의 세계와 연결시키며, 그것을 오늘날의 문화적인 술어로 바꾸어 놓는 "다리를 놓는" 작업이 개입되는 것이다.

이 두 가지 질문을 서로 구분하고 또한 함께 병행시키는 것이 매우 중요하다. 우리를 위한 본문의 **메시지**를 — 몇몇 신학자들은 이것을 "의미" (significance)라 부르기를 선호한다 — 분별하는 데에로 나아가지 않으면 본문의 **의미**를 찾는 일이 순전히 학문적인 관심사로만 그치게 된다. 반대로 먼저 본문의 본래의 의미와 씨름하지 않고 무작정 현대를 위한 메시지를 찾으려 한다면, 그것은 금지된 지름길로 나아가는 것이나 마찬가지다. 그것은 하나님을 욕되게 하는 것이요(그가 구체적인 역사적·문화적 맥락 속에서 자기를 계시하신 그의 택하신 방법을 무시하는 것이므로), 그의 말씀을 오용하는 것이요(그 말씀을 마치 연감처럼, 혹은 마법의 책처럼 취급하는 것이므로), 또한 하나님의 백성을 오도하는 처사인 것이다(성경 해석법에 대해 그들을 혼란에 **빠뜨리게** 하는 것이므로).

본문에 두 가지 질문을, 즉 본문의 의미와 메시지에 관한 질문들을 던지면서, 원어 사전과 성구사전 혹은 주석의 도움이 필요하게 될 것이다. 그것들은 본문을 잘못 해석하지 않도록 도와주고, 본문을 조명해 주며, 본문에 대한 우리의 생각에 자극을 준다. 그러나 그것들을 결코 보조 자료 이상으로는 취급하지 말아야 한다. 우리가 직접 개인적으로 본문과 대면하는 일을 그것들로 대체시켜서는 안 된다는 말이다. 우리 스스로가 본문을 면밀히 살피고 본문이 우리를 면밀히 살피도록 해야 하는 것이다. 게다가 몇 년 동안 성경 연구를 하고 나면, 어떤 본문을 완전히 낯선 사람처럼 접하게 되지 않고, 오히려 그 이전에 행한 묵상에 비추어서 그것을 접근하게 될 것이다.

본문을 접하는 동안 내내 기도가 함께 있어야 한다. 진리의 성령께서 빛을 비추어 주시기를 하나님께 겸손하게 아뢰어야 한다는 말이다. "원컨대 주의 영광을 내게 보이소서"(출 33:18)라는 모세의 간구나, "여호와여 말씀하옵소서 주의 종이 듣겠나이다"(삼상 3:9, 10)라는 사무엘의 간구를 우리도 반복해야 하는 것이다. 기독교의 묵상이 다른 종류의 명상들과 다른 점은 바로 연구와 기도가 한데 어우러져 진행된다는 점에 있다.

어떤 설교자들은 매우 부지런한 연구자들이다. 그들의 책상에는 신학 연구서들이 즐비하게 쌓여 있고, 그들은 본문을 명확하게 해명하는 데에 온 정신을 기울인다. 그러나 성령의 조명하심을 간구하는 기도는 별로 하지 않는다. 또 어떤 설교자들은 기도에 매우 열심이지만 진지한 연구를 할 생각을 하지 않는다. 하나님께서 하나가 되게 하신 것을 우리가 분리시켜서는 안 된다. 개인적으로 말하자면, 필자는 가능한 한 무릎으로 설교를 준비하는 것이, 또 성경을 펴놓고 기도와 함께 연구하는 것이 도움이 된다는 것을 항상 깨닫게 된다. 필자가 성경 숭배자로서 성경을 섬기기 때문이 아니다. 성경의 하나님을 예배하며 그와 그의 계시 앞에서 자신을 낮추고 또한 본문 연구에 정신을 쏟는 동안에도 마음의 눈이 밝아지기를(엡 1:18) 진정으로 기도하기 때문인 것이다.

기도와 생각을 함께 병행시키는 일에 대하여 구약 성경의 다니엘이 탁월한 모범을 제시해 주고 있다. 예루살렘의 황폐함이 그칠 연수(年數)가 찼다는 것을 "이 책을 통해 … 깨닫고서"(단 9:1), 그는 하나님 여호와께 "금식하며 베옷을 입고 재를 덮어쓰고 기도하며 간구"하였다(9:3-4). 그가 기도하는 중에 가브리엘이 그에게 와서, "다니엘아 내가 이제 네게 지혜와 총명을 주려고 왔느니라"(9:22)라고 말씀하였다(9:22). 그리고 그 후에 이어지는 환상 속에서 사람의 모습을 한 인물이 그에게 나타나 그를 어루만지며 이렇게 말씀했다: "다니엘아 두려워하지 말라 네가 깨달으려 하여 네 하나님 앞에 스스로 겸비하게 하기로 결심하던 첫날부터 네 말이 응답 받았으므로 내가 네 말로 말미암아 왔느니라 …"(10:12 이하). 신약 성경의 모범은 디모데에게 준 바울의 말씀에서 찾을 수 있을 것이다: "내가 말하는 것을 생각해 보라. 주께서 범사에 네게 총명을 주시리라"(딤후 2:7). 두 경우 모두 한편으로는 책을 읽고 진지하게 생각하며 이해하기 위하여 정신을 모으는 일이 있었고, 또 한편으로는 기도와 고백으로 자기를 낮추는 일이 있었다. 바라던 깨달음이 주어진 것은 오로지 이러한 연구와 간구에 대한 응답이었던 것이다. 데일(R. W. Dale)이 한 옛 영국의 저자를 인용하여 말하듯이, "기도 없이 일만 하는 것은 무신론이요, 일이 없이 기도만 하는 것은 오만이다."[18]

기도와 함께 연구하는 "묵상"이라 불리는 단계에서는 비록 우연히 일어나는 것들이긴 하지만 정리된 생각들이 떠오를 때에 그것들을 이리저리 적어 놓는 일이 있게 된다. "이 단계가 얼마나 갈까?"라는 의문이 자주 생겼는데, "갈 만큼 간다"라는 대답밖에는 할 수 없다. 본문과 이렇게 시간을 보내는 것 이외에는 다른 대안이 없다. 필요한 만큼 그렇게 시간을 보내야 한다. 더 이상 진액이 남아 있지 않을 때까지 계속해서 꽃을 살피고 또 살펴야 한다. 오렌지가 다 말라 비틀어질 때까지 계속해서 입으로 빨아야 한다는 것이다.

지금까지 필자는 우리의 본문 연구가 사적이며 개인적이라는 것을 전제하여 말해왔다. 그러나 함께 공동으로 설교를 준비하는 것도 도움이 된다. 레슬리 뉴비긴 주교(Bishop Leslie Newbegin)는 그가 남부 인도의 마드라스(Madras)의 주교로 있을 당시 주교 관구에서 그가 해본 실험을 필자에게 전해 주었다.[19]

"매월 한 차례 지역의 여러 목회지에서 온 교역자들이 한나절이나 혹은 하루 종일 모임을 가졌다." 모임은 먼저 "그 주일에 정해진 설교 본문을 철저하게 주석적으로 연구하였다." 교역자들 전체가 함께 모여서 연구를 진행하기도 하고, 또 네 다섯 그룹으로 나누어 그 다음 달에 행할 주일 설교들의 개요를 작성하도록 하기도 했다. "그리고는 그 개요들을 전체 모임에 내어놓고 논평과 비평과 토의를 하도록 했다." 대개 설교 본문은 남 인도 교회가 출간한 성구집에서 택해졌다. "그러나 어떤 경우에는, 특히 교회나 국가에 매우 중요한 일이 벌어질 때에는 … 그런 상황에 대한 그리스도인의 합당한 반응이 어떤 것인지를, 그리고 그 문제의 주일 예배를 위하여 어떤 성경 본문이 적절할지를 생각해 보도록 그룹들에게 요청하기도 했다." 뉴비긴 주교의 마지막 말은, 물론 목사들 각자가 "집으로 돌아가 자기 나름대로 설교 준비를 해야 하지만", 그럼에도 불구하고 "혼자서 설교 준비하는 것보다는 이런 모임을 갖는 것이 더 많은 것을 생각하고 깨닫도록 도움을 준다는 것을 확신하게 해 주었다"는 것이었다.

3. 주도적인 사상을 찾아 냄

기도와 연구를 통해서 묵상을 계속하며 잡다한 생각들을 적어가는 동안, 본문의 주도적인 사상을 찾아가야 한다. 정말이지 그 사상이 나타나고 명확해질 때까지 계속해서 인내로 묵상을 계속해야 하는 것이다. 왜 그런가?

첫째로, 각 본문마다 중심 주제가 있기 때문이다. 제3장에서 논의한 대로, 만일 하나님께서 과거에 하신 말씀을 통해서 지금 말씀하시는 것이 사실이라면, "그가 무엇을 말씀하고 계신가? 그가 무엇을 강조하고 계시는가?"라고 우리 자신에게 질문하는 것이 필수적인 일일 것이다. 본문을 다루는 정당한 방법들이 몇 가지가 있을 수 있다는 것이나 본문에서 배울 수 있는 교훈들이 몇 가지가 있을 수 있다는 것을 부인하는 것이 아니다. 필자가 분명히 말하고자 하는 것은 어떠한 본문이든 반드시 주도적인 사상이 있다는 것이다. 바로 이것을 분별하고, 또한 본문을 왜곡시킨다거나 우리 자신의 생각을 집어넣고 싶은 유혹을 거부하는 그런 성실한 자세가 우리에게 필요한 것이다.

예를 들어서, 선한 사마리아 사람의 비유를 근거로 하여 참된 사랑은 언제나 희생적이며 건설적인 섬김을 통해서 표현된다는 것을 가르친다고 해도 충분히 용납이 될 것이다. 그러나 예수님의 그 이야기의 주된 핵심은 멸시받는 사마리아의 외인이 두 사람의 유대인 신앙인들이 하기를 꺼려 하는 일을 행했다는 충격적인 사실에 있다. 그러므로 이러한 인종적인 면과 거기에 함축되어 있는 바 모든 신앙적 자세에 대한 비판을 — 아무리 정통적이라도 사랑이 없으면 가짜라는 것을 — 강조하지 않고서는 이 비유를 정확하게 강해한다는 것이 불가능한 것이다. 또한 로마서 5:8의 "우리가 아직 죄인 되었을 때에 그리스도께서 우리를 위하여 죽으심으로 하나님께서 우리에 대한 자기의 사랑을 확증하셨느니라"라는 말씀에서 몇 가지 진리들을 가르치는 일이 가능할 것이다. 사람의 죄에 대해서나 그리스도의 죽으심에 대해서나 혹은 하나님의 사랑에 대해서 설교할 수도 있을 것이다. 이 세 가지 모두 이 절에 언급되어 있기 때문이다. 그러나 이 본문의 주도적인 사상은 그리스도께서 우리 같은 죄인들을 위하여 죽으신 것이, 하나님께서 우리를 향한 그의 사랑에 대해 친히 보여주신 증거라는 사실이다. 그러므로 로마서 5:8에 대한 설교는 "하나님께서 자기의 사랑을 증명하시는 방식"에 대한 것이어야 할 것이고, 또한 그리스도를 통한 객관적인 증거(그의 십자가, 8절)를 성령으로 말미암는 주관적인 체험(우리 마음에, 5절)에 서로 연결지어야 할 것이다.

우리가 각 본문마다 주도적인 사상을 찾아야 할 두 번째 이유는, 바로 설교가 강의와는 달리 오직 한 가지 주요 메시지를 전달하는 것을 목표로 삼는 것이라는 데 있다. 강의를 듣는 학생들은 강의 시간 내내 많은 노트를 해야 하고 후에 그것들을 다시 정리해야 한다. 그렇기 때문에 강의자는 자유로이 광범위하게 넓은 영역을 자유로이 다루며 심지어 본 주제에서 벗어날 수도 있다. 사실 정신이 다른 데 가 있는 교수가 행하는 괴상한 이야기들을 듣는 것이 그 강의를 듣는 큰 기쁨이 되기도 한다. 그렇지 않으면 차라리 책들을 통해서 자료들을 뽑는 것이 나을 수도 있을 것이다.

그러나 설교는 이런 것과는 전혀 다르다. 물론 어떤 교회들에서는 노트에 적는 일이 계속되기도 하고, 어떤 교회들에서는 설교 요약본을 복사하거나 카세트로 설교를 녹음하기도 한다. 모두가 기억을 돕는 방법으로 매우 좋은 방법이다. 그러나 이는 모두 예외적인 것이다. 교인들이 나중에 노트를 보든가 카세트를 들으려는 심사로 설교를 직접 듣기를 중단해 버린다면 그것은 큰 해악이 되고 말 것이다. 왜냐하면 하나님께로부터 그들에게 임하는 살아있는 말씀으로서 그들에게 그 자리에서 영향을 미치는 것이기 때문이다. 교인들은 설교의 세세한 내용 하나하나를 다 기억하지 못한다. 또한 그것을 기대해서도 안 된다. 그러나 설교의 주도적인 사상은 반드시 기억해야 한다. 왜냐하면 설교의 세세한 내용 전체가 바로 그 메시지를 깨닫고 그 능력을 느끼도록 돕기 위해서 제시된 것이기 때문이다.

설교의 대가들은 모두가 이 문제에 대해 동의하는 것 같다. 옛날에는 이 주도적인 사상을 가리켜 대개 "명제"(the proposition)라 불렀고, 설교자들마다 이것을 명확히 하기 위해 수고하였다. 찰스 시미언(Charles Simeon)은 말하기를, "모든 설교는 마치 망원경으로 들판의 한 가지 목표물을 보는 것처럼 되어야 한다고 생각한다"고 하였다.[20] 그는 『설교 시간』(Horae Homileticae)의 서문에서 자기 자신이 사용한 방법에 대해 이렇게 쓰고 있다:

> 이 설교들이 작성되는 방식을 지적하는 것도 무익하지는 않을 것이다. 주제가 정해지자마자 가장 먼저 제기되는 질문은, **본문의 주요 범위와 의미가 무엇인가?** 하는 것이다. (특히 젊은 목사는 이 점을 반드시 기억할 것).[21]

시미언은 계속 말하기를, 본문의 주요 의미가 밝혀지면 그 다음 단계는 그것을 "명확한 명제"로 표현하는 것인데, "강단에서 행하는 모든 설교의 위대한 비결"이 바로 여기에 있다고 하였다.[22] 1821년 12월호『크리스천 옵저버』(*Christian Observer*)지에 무명으로 기고한 글에서, 시미언은 사람들의 기억 속에 한 가지 진리를 고정시키는 데에 이 방법이 실질적으로 중요하다는 것을 다음과 같이 강조하였다:

> 설교 본문을 한 가지 단일한 명제로 축소시키고 날실처럼 짜내려 가라. 그리고 본문 그 자체를 씨줄로 사용하라. 그리고 주요 사상을 여러 가지 용어들로 예증하라. 말씀을 청중들의 뇌리 속에 나사처럼 돌려 넣어라. 나사는 모든 기계들 중에 가장 힘이 강하니 … 몇 차례 돌려 놓으면 아무리 강한 힘으로도 다시 뺄 수가 없는 법이다.[23]

리처드 백스터*(Richard Baxter) 역시 "진리를 그들의 마음속에 돌려 집어 넣어라"고 쓰고 있다.[24]

조웨트(J. M. Jowett)은 거기서 한 걸음 더 나아간다:

> 설교의 주제를 짧고 예리한 문장으로 마치 수정처럼 선명하게 표현할 수 있어야만 … 비로소 그 설교문으로 설교할 준비가 갖추어지는 것이라

는 확신이 내게 있다. 설교를 위한 연구에서 바로 그 문장을 얻는 일이 가장 힘들고 가장 공이 많이 들어가고 또한 가장 열매가 풍성한 작업이라는 것을 깨닫는다 … . 바로 그 문장이 마치 구름 한 점 없는 밤에 보름달이 비치는 것처럼 그렇게 깨끗하고 선명하게 떠오르기 전에는 설교문이 완성된 것이 아니고 또한 그것으로 설교해서도 안 된다고 생각한다.[25]

이와 비슷하게 이언 핏왓슨(Ian Pitt-Watson) 교수도, "모든 설교는 무정하리만큼 그 주제가 통일되어 있어야 한다. '이것이 첫째가는 큰 계명이니!'"[26]

일단 본문이 그 비밀을 토해내고 설교의 주요 주제가 명확해지면, 그 예배 전체를 그것에 맞추어 진행시키는 것이 이상적이다. 물론 예배 초반부에 회개와 찬양을 드리며, 또한 중보 기도도 세상과 교회와 개인들을 위한 구체적인 관심사들을 포괄해야 하지만, 이 부분에서도 회중의 정신과 마음을 그 주제로 모으기를 시작하여 그들로 하여금 그 주제를 받아들일 준비를 갖추도록 하는 것이 도움이 될 것이다. 두 차례의 성경 봉독도 이 주제와 어울려야 하며, 또한 설교 전에 우리의 기도를 표현하는 찬송과 설교 후의 우리의 응답을 표현하는 찬송도 그래야 한다. 단순함과 반복을 두려워해서는 안 된다. 이것은 미국의 흑인들의 경험에서 배울 수 있는 교훈이기도 하다. 헨리 미첼 박사(Dr. Henry Mitchell)는 흑인 영가(Negro Spiritual)와 "흑인의 설교의 특징이 되는 천천히 나아가는 스타일"이 아주 흥미롭게도 서로 병행된다는 것을 다음과 같이 진술하고 있다:

흑인 문화에서 진행되는 설교는 흑인 영가와 쌍둥이 형제간이라 할 수 있다. 노래를 부르는 문화인 경우, 한 곡의 노래 전체가 노랫말이 별로 없이 이루어져 있다. "오 주여, 나를 기억하소서"에서 보듯이 후렴의 합창들도 짧게는 네 단어 정도로 되어 있다. 백인 문화의 경우 찬송이 매우 빠른 속도로 많은 가사를 소화시키는 데 반해서, 흑인 영가는 "신자 되기 원합니다"의 경우처럼 한 마디로 말해서 느리다고 할 수 있다. 흑인들의 설교의 이런 느린 속도나 반복은 흑인들의 말과 노래의 자연적인 패턴을 그대로 따르는 것으로서, 단숨에 수많은 말을 할 필요가 없게 되어 있는

것이다.[27]

그러므로 우리는 설교를 준비할 때 주도적인 사상이 스스로 드러나기를 끈질기게 기다리는 일을 그냥 지나치려 하지 말아야 한다. 기도하며 본문 속으로 깊이 들어가 생각할 자세를 갖추고 있어야 한다. 본문의 주인이 되어 내 마음대로 의미를 조작하는 그런 모든 허세를 포기하고, 겸손하고도 순종하는 본문의 종이 되어 있어야 하는 것이다. 그렇게 되면, 본문을 왜곡시키는 일을 예사로 아는 위험이 사라질 것이고, 오히려 반대로 하나님의 말씀이 우리의 지성을 지배할 것이요, 우리의 마음에 불을 지필 것이요, 우리의 강해의 전개를 통제할 것이요, 후에 회중에게 오래도록 감동을 남겨 줄 것이다.

4. 주도적인 사상을 드러내도록 자료를 정리함

지금까지 설교 준비의 과정에서 우리는 여러 가지 잡다한 생각들을 본문에서 모아놓았고, 그것을 종이 위에 이리저리 적어놓았고, 본문의 주도적인 사상을 찾아내기 위해 노력해왔다. 이제는 그 자료들로 일정한 형체를 갖추도록 해야 한다. 곧, 본문의 주도적인 사상을 가장 잘 도울 수 있는 그런 형체를 갖추어야 한다는 말이다. 이 단계의 목적은 문학적인 걸작을 만들어내는 것이 아니라(찰스 스미스[Charles Smyth]는 "세련된 설교문이야말로 가장 위험한 마귀의 덫 가운데 하나다"[28]라고 쓰고 있다), 본문의 주요 사상이 최대로 효과를 낼 수 있도록 하는 데 있다. 이처럼 끌로 찍어내고 형체를 세워가는 과정에는 소극적인 면과 적극적인 면이 있다.

소극적으로는, 적절치 않은 자료는 사정없이 없애버려야 한다. 이것은 말하기는 쉬워도 행하기는 어렵다. 묵상을 계속하는 동안 무수한 복된 생각들과 번뜩이는 아이디어들이 떠올라서 그것들을 당연히 노트에 적어 놓았을 것이다. 이때 어떻게 하든 그것들을 그냥 끌어다 쓰고 싶은 유혹이 생긴다. 그러나 그런 유혹을 끊어내어야 한다! 맞지 않는 자료는 오히려 설교의 효과를 약화시킬 것이다. 그런 것은 다른 기회에 유용하게 쓰임받을 것이다. 강하게 마음 먹고서 그런 자료들을 그때까지 그냥 남겨둘 필요가 있는 것이다.

적극적으로는, 그 자료들을 설교의 본 주제를 조명해 주고 힘을 주도록 그 주제에 종속시켜야 한다. 그렇게 하기 위해서는 구조와 어휘와 예증의 도움이 필요하다. 그것 하나하나에 대해 논의가 필요할 것이다.

첫째로, 설교의 **구조**(structure)에 대해 살펴보자. 설교자들 대부분이 질서 정연한 구조가 필수적이라는 사실에 동의한다. 물론 우리가 날로 시각(視覺)이 주도해 가는 문화 속에 살고 있는 것은 사실이다. 또한 개발도상국들의 사람들 대부분이 직선적으로 전개되는 논리를 듣기보다는 텔레비전 화면에 쏟아지는 영상들에 더 익숙하다는 것도 사실이다. 그러므로 이들에게는 데이비드 길레트(David Gillett)가 말하는 이른 바 "얼룩식"의 교수법이 가치가 있을 것이다. 곧, "한 가지 요점을 주제로 잡고 그것을 여러 가지 다른 각도에서 접근함으로써 피교육자의 뇌리 속에 형성되는 그림을 강화시키고 더욱 분명하게 해 주는 것이다."29)

그러나 우리의 접근법이 시각적이든 논리적이든 간에, 우리의 생각들을 전달하려면 그것을 무언가 일정한 구조로 정돈시켜야 한다. 생스터(W. E. Sangster)는 창세기 1:2에서 묘사하는 태초의 혼돈 상태의 이미지를 빌려와서 "설교가 형식이 없이 완전히 공허할 수도 있고, 하나님의 은혜란 그런 것이다"라고 말하였다. 그러나 그러면서도 그는 계속해서, "그런 설교는 기적이나 마찬가지다. 구조가 튼튼하지 않은 설교는 결코 튼튼한 설교가 아니다"라고 덧붙이고 있다.30) 살이 없이 뼈만 있으면 해골이 되어 버리듯이, 뼈가 없이 살만 있으면 해파리가 되고 마든 법이다. 뼈만 앙상한 해골도, 뼈가 없는 해파리도 결코 좋은 설교는 아닌 것이다.

설교의 구조를 세울 때에 두 가지 큰 위험이 따르게 된다. 첫째는 깡마른 사람의 갈비뼈처럼 뼈대가 겉으로 튀어나올 위험이 있다는 것이다. 이런 경우는 그 뼈대가 너무 튀어나 있어서 그것들에게서 눈을 뗄 수가 없다. 설교의 개요가 너무 두드러지는 것도 마찬가지다. 형식이 지나치게 많은 주목을 끌기 때문에 내용이 상대적으로 묻혀 버리는 것이다. 형식이 지나치게 재치 있거나(이중 삼중의 두운[頭韻]을 써서 대지를 잡는 방식이 오히려 장애거리가 되는 경우가 많다), 너무나 복잡할 경우(시미언에 따르면, 리처드 백스터는 "예순다섯 번째 대지"까지 나간 적도 있다고 한다. 마치 그 앞의 예순네

가지 대지를 다 기억할 사람이 있기라고 한 것처럼 말이다.³¹⁾ 이런 일이 생기기 쉽다. 이런 식으로 개요 자체가 두드러지면 언제나 주의가 산만해지는 일이 생긴다. 그런데 이런 방식을 고집하는 설교자들이 있는데, 그들은 골격이란 몸을 유지하기 위한 목적으로 존재하는 것이며 또한 그 목적을 이루는 중에도 골격 그 자체는 눈에 드러나지 않는다는 사실을 망각하고 있는 것이다.

설교의 구조를 짤 때에 닥치게 되는 두 번째 위험 요인은 인위적으로 끼워맞추는 것이다. 어떤 설교자들은 본문에 맞지도 않고 본문을 조명해 주는 것도 아니고, 오히려 깨끗한 진리의 물을 흐리게 만들고 청중들을 혼란스럽게 만드는 그런 개요를 강제로 끼워맞추기도 한다. 설교 개요의 황금률은 본문 그 자체가 설교의 구조를 제공하도록 해야 한다는 것이다. 유능한 강해자는 마치 장미꽃이 아침 햇살을 받아 활짝 피어나 전에 감추어져 있던 아름다운 자태를 한껏 드러내듯이 그렇게 본문을 드러내 준다. 아니 차라리 본문이 우리 앞에 그 모습을 드러내도록 해 준다고 하는 것이 옳을 것이다.

이 점에 있어서 가장 위대한 전문가 중의 한 사람은 19세기 맨체스터의 침례교 설교자였던 알렉산더 맥클라렌(Alexander McClaren) 박사였다. 윌리엄 로버트슨 니콜(William Robertson Nicoll)은 그를 "아주 민첩하고도 예리한 지성인"으로 묘사하고 나서 이어서 본문을 분석해 내는 그의 탁월한 은사에 대해 말하기를, "그가 은(銀)으로 된 망치로 본문을 두드리자 그 즉시 본문이 아주 자연스럽고도 기억에 남는 대지들로 쪼개졌다"고 한다.³²⁾ 스펄전도 똑같은 은유법을 사용하였다. 그는 언젠가 신학생들에게 어떤 본문을 다루면서 겪은 어려움을 이렇게 이야기했다: "그것들을 깨뜨리려고 온 힘을 다해 망치로 내려치는데도 전혀 꼼짝하지 않습니다. 그러나 그렇게 내려치다 보면 언젠가는 한 대 내려쳤는데 조각들이 떨어져 나가고, 그 속에서 정말 보기 드문 보석의 찬란한 광채가 환하게 비쳐나오게 됩니다."³³⁾ 모든 설교자들은 최소한 이따금씩은 그런 경험을 해왔다. 주께서 오늘 우리에게 은 망치를 몇 개 더 베풀어 주시도록 기도해야 할 것이다.

설교의 구조를 이야기하자면 흔하게 사용되는 세 가지 대지(大旨)의 설교의 문제를 불가피하게 거론하지 않을 수 없고, 이것을 거론하면 대개 인상들이 찌푸려진다. 세 가지 대지 방식의 설교는 현대에 만들어진 것이 아니고 오랜 역사를 갖고 있다. 찰스 스미스는 중세의 "설교 체제"의 경직된 구조를 상세히 다루고 있다. 특히 잉글랜드에서는 그런 설교 체제 때문에 언제나 세 가지로 구분될 수 있는 — 가능하다면 "세 개의 의미 있는 단어들"로 구분될 수 있는 — 주제 본문만을 요구했다는 것이다.[34] 그러나 세 가지 요점을 지닌 설교만을 행한다면, 그것은 마치 미친 사람을 꼼짝못하도록 하기 위해 입히는 "구속복"(拘束服: strait-jacket)을 우리 자신에게 입히는 격이 되고 말 것이다. 뿐만 아니라 오로지 한 대지나 두 대지밖에 만들 수 없는 — 아니면 네 대지나 다섯 대지로 만들어야 할 — 여러 본문들을 그릇 대하는 것이 될 것이다. 그런데 아주 이상스럽게도 세 대지가 아주 자연스럽게 받아들여지는 경우가 많은 것을 본다. 혹시 그리스도인들이 삼위일체를 믿는 사람들이라서 성부와 성자와 성령께 대한 — 혹은 위에 계신 하나님, 우리를 위하시는 하나님, 우리 속에 계신 하나님에 대한 — 말씀들을 쉽게 구별하는 것이 아닌가 하는 생각이 자주 들기도 했다. 필자가 그런 생각을 했기 때문에, 1322년 『설교의 형식』(Forma Praedicandi)을 출간한 로버트 드 바세본(Robert de Basevorn)이 이런 생각을 했다는 것이 매우 흥미로웠다. 그는 이렇게 썼다: "이 법칙은 아마도 삼위일체 하나님을 높이 기리고자 하는 열심으로 추측할 수 있을 것이다."[35]

설교의 구조를 잡는 데에는 여러 방법이 있다. 생스터는 주로 가능한 방법을 다섯 가지로 대별하고서, 각각 "강해"(exposition), "논지 제시"(argument), "분석"(faceting), "분류"(categorizing), "유비"(analogy)라 불렀다.[36] 핼퍼드 루코크(Halford Luccock)는 이보다 더 세분하여 10가지 타입을 제시하였다. 그는 또한 "사다리 설교"(마치 사다리의 디딤대처럼 한 대지 한 대지를 취해 가는 방식), "보석 설교"(마치 보석을 손가락으로 쥐고서 여러 가지 다른 면들을 햇빛에 비추어 보듯이 그렇게 한 가지 아이디어를 돌려가며 여러 방면에서 다루는 방식), 그리고 "로케트 설교"(이런 명칭을 붙인 것은 "쾅 하고 굉음을 내며 날아가듯 센세이션을 일으킬 만한 것이어서가 아니라, 처음에는 땅에서 시작하여 하늘 높이 올라갔다가 다시 땅으로 곤두박질쳐서 산산조각이 나는 식"이기 때문이다) 등, 아주 기발한 명칭들을 붙이기도 했다.[37] 본문과 주제마다 다른 방식으로 취급해야 한다. 우리는 다양성을 배양해야 하고, 한 가지 고정적인 타입을 쓰는 것을 탈피해야 할 것이다.

구조에 대한 논의는 이 정도로 마치고, 이제는 **어휘**에 대한 논의로 넘어가 보자. 일 주일에 한 차례만 설교한다 쳐도 40년이면 대략 9백만 단어 정도를 발설하게 된다. 어휘도 대단히 중요하다. 분명하게 의사를 전달하려면, 우리의 생각들을 어휘로 옷 입혀야 한다. 정확한 어휘들을 선택하지 않고서는 정확한 메시지를 전달할 길이 없다. 전보(電報)를 치기 위해 메시지를 작성할 때 얼마나 많은 시간과 수고가 들어가는지를 생각해 보라. 단어의 수가 굉장히 제한되어 있기 때문에, 오해의 여지가 없이 메시지가 분명하게 작성되었다는 확신이 들 때까지 문장을 다시 확인하고 단어를 덧붙이고 삭제하고 뜯어 고치기를 여러 번 반복하는 것이다.

설교의 경우도 마찬가지다. "[설교자는 힘써 아름다운 말들을 구하였나니 진리의 말씀들을 정직하게 기록하였느니라"(전 12:10). 이 말씀에 "지혜자들의 말씀들"은 특히 은혜와 진리가 함께 있을 때에는 더욱더 "찌르는 채찍들 같아서" 양심을 찌르고 정신을 자극시키며, 또한 "잘 박힌 못 같으니" 이는 기억 속에 든든히 박혀서 쉽게 빠지지를 않기 때문이다(전 12:11). 그러므로 어휘들에 대해 고심하는 것은 그만한 가치가 있는 것이다. 우리가 설교문들을 읽을 것이기 때문도 아니고, 우리가 그것들을 암기하여 낭송할 것이기 때문도 아니다. 오히려 명확한 사고를 위해서는 글로 쓰는 것이 필수적이기 때문이요(베이컨[Bacon]은 "글 쓰기가 정확한 사람을 만든다"고 말했다), 또한 만일 최소한 설교의 어떤 부분들에서 사용하고자 하는 단어들에 이르기까지도 설교 준비가 완료되어 있을 경우에는 강단에 간단한 노트만 들고 올라가도 그 단어들이 곧바로 놀랍게 다시 살아나기 때문이다. 그렇다면 어떤 유의 어휘들을 사용할 것인가?

첫째로, 설교자의 어휘는 가능한 한 단순하면서도 명확해야 한다. 고린도전서 13:1의 번역 가운데 한 가지 유명한 번역은 물론 오자(誤字)였으나 참 진리였다: "내가 사람의 방언과 천사의 말을 할지라도 **명확함**이 없으면 소리 나는 구리와 울리는 꽹과리가 되고." 때로는 적절한 단어를 찾다가 오히려 희한한 단어를 택하게 되기도 하지만, 그래도 장황한 말을 쓰는 것은 피해야 한다. 많은 전문가들이 이런 함정에 빠진다. 1878년 디즈레일리(Disraeli)는 글래드스턴(Gladstone)을 가리켜 "자신의 장황스러운 언어의 화려함에 도취된 예리한 연설가"라고 묘사했는데, 지금도 정치가들 중에 이런 모습을 닮은 사람들이 있다. 법률가들은 오로지 법학을 배운 사람들만이 해석할 수 있는 문서들을 작성하는 데에 희열을 느끼는 것 같다. 의사들도 지극히 불필요한 전문 용어들을 남발하는 잘못을 저지르는 경우가 있다. 사우스 요크셔(South Yorkshire)의 로터햄(Rotherham)의 바드햄 박사(Dr. K. D. Bardham)는 한 사회부의 보고서에서 다음과 같은 실례를 제시하였다:

이 늙은 여성 노인병 환자는 보행 제한성의 다중관절염을 앓고 있다. 언어 교류의 부재로 인하여 현실로부터의 격리가 심화되었고 고립 증상이 강화되었다. 현 시점에서 그녀는 사건들의 파악이 불가능하다. 개념적 왜곡의 맥락에서의 심리노인병적 고려와 망상증도 그녀의 문제점의 전 차원에서 변수가 되고 있다.

바드햄 박사는 계속해서 이를 자기의 언어로 다음과 같이 번역하고 있다: "이 85세의 부인은 관절염이 있어서 거동이 불가능하며, 외롭고 혼동스럽고 두려움에 싸여 있는 상태다."[38] 그는 미국의 중류 계층에 "심리학 용어나 정신 의학 용어를 마구 써대는 현상"(psychobabble)이 확산되고 있다는 크리스토퍼 리드(Christopher Reed)의 논문을 접하고서 이 기사를 쓰게 된 것이다. 이처럼 알 수 없는 희귀한 전문 용어들을 마구 남발하는 현상은 인간 행동에 대한 순전한 심리학적 이해를 공허한 표어로 전락시키고 마는 것이다.

그러나 구태여 대서양을 건너지 않더라도 영국에서도 얼마든지 언어의 오용의 실례를 찾을 수가 있다. 가정에도 많고, 공무원 사회에서도 많다. 이 문제를 구체적으로 다룬 것으로 어니스트 가우어스 경(Sir Ernest Gowers)의 그 유명한 『평이한 단어들』(Plain Words)보다 훌륭한 것은 없다. 그는, 평이한 단어들의 목적은 "문체의 영어를 직무의 도구로 사용하도록 관리들을 돕는 것"이라고 설명한다.[39] 그러나 그가 제시하는 내용은 구어체의 영어에도 거의 똑같이 적용될 수 있는 것이다. 그는 단어들의 용례와는 관계 없는 별도의 단어의 스타일 같은 것도 없다고 주장하면서, 이를 뒷받침하는 논지로 매튜 아놀드(Matthew Arnold)와 딘 스위프트(Dean Swift)를 인용한다: "무언가 할 말을 지니고 또한 그 말을 할 수 있는 대로 명확하게 하라. 그것이 유일한 스타일의 비결이다."⁴⁰⁾ "적절한 장소에서 적절한 말을 하는 것이 진정한 스타일이다."⁴¹⁾ 그리하여 그는 단어 선택을 조심스럽게 할 것을 강조한다. 필요 없는 단어들을 피하고, 아주 친숙하면서도 정확한 단어들을 선택하라는 것이다. 우리의 근본적인 잘못은 우리의 언어가 복잡미묘하다는 데 있다. "간단 명료하고 직설적이지 못하고, 과장되고 사족이 많고 빙 돌아간다." 그는 그것을 "딱딱한 말"(gobbledygook)이라 부른다.⁴²⁾ 이는 "과장된 사무적인 언어"를 뜻하는 것인데, 『뉴욕 타임즈 매거진』(New York Times Magazine) 1944년 5월호에서 모리 매버릭(Maury Maverick)이 처음 사용한 것으로 보인다.

불행하게도 교회도 결코 이 질병에서 벗어나 있지 않다. 고(故) 케네스 그럽 경(sir Kenneth Grubb)은 에큐메니컬 운동(ecumenical movement: 교회 연합 운동)이 "여왕 시대의 영어의 최초의 살해자"였다는 고든 럽 박사(Dr. Gordon Rupp)의 단언을 인용하면서, 교회가 이상스럽게도 앵글로 색슨계의 단어보다는 라틴어를 선호하는 것을 실례로 들었다:

> 회의(meeting)는 대면(confrontation)이 되고, 담화(talk)는 협의(consultation)가 되고, 면(aspect)은 차원(dimension)이 되고, 전시(display)는 성위(星位: constellation)가 된다. 이 사람들은 타동사와 능동태를 사용하는 것을 조롱하며, 뜻이 강한 명사를 주어로 쓰는 것을 경멸하며, 정확한 뜻을 지닌 형용사 대신 의미가 약한 형용사를 사용한다. 서방에 무슨 사태가 나도 그저 "서구적인 순환의 틀(framework of an occidental circulation) 내에서" 밖에는 아무 일도 일어나지 않은 것이 되어버린다. 결국 기쁜 소식이 부적절한 나쁜 언어 속에서 증발해 버리고 마는 것이다 …⁴³⁾

이런 실례들에서 나타나는 산만하고 복잡한 언어 대신, 설교자들은 단순하고도 명료한 언어를 사용하도록 애써야 한다. 단도직입적인 단어들을 쓰는 것은 물론 가급적 종속절이 들어있지 않은 짧은 문장들을 쓰는 것이다. 다른 언어로 번역할 경우에는 그렇게 하지 않을 수 없다. 그러므로 번역 작업은 그런 문장을 습관적으로 쓰도록 하는 좋은 연습이 된다 하겠다. 라일 주교(Bishop J. C. Ryle)는 언젠가, "마치 천식에 걸린 것처럼 그렇게 설교하라"고 말하기도 했다.

설교자가 쓰는 단어는 단순하여야 하고 동시에 생생한 것이어야 한다. 즉, 머릿속에 이미지를 그려내도록 하는 것이어야 한다는 말이다. 예화나 예증에 대해서는 잠시 후에 좀 더 상세하게 다룰 것이다. 여기서는 우선, 예증에는 이야기 방식만 있는 것이 아니라는 것을 인식하여야 할 것이다. 하나의 단어나 숙어만으로도 이야기하고자 하는 바를 예증할 수가 있는 것이다. 마크 트웨인(Mark Twain)은 논평하기를, "정확하게 들어맞는 단어와 거의 비슷하게 맞는 단어의 차이는 번갯불과 반딧불의 차이와도 같다."

그러나 은유적인 화법을 사용할 때에, 은유들을 뒤섞어 놓아서 회중들의 상상 속에 갖가지 상(象)들이 뒤죽박죽 엉켜서 혼란을 일으킬 위험이 있다. 스티븐 리콕(Stephen Leacock)는 이에 대해 아주 좋은 예를 제시하는데, 이는 모든 설교자들이 유익한 경고로 받아들일 만하다. 그는 토론토 북부 마리포사(Mariposa)의 지방 교구장인 루퍼트 드론(Rupert Drone) 목사를 다음과 같이 풍자하였다:

　교회의 부채에 대해 처음부터 고민하는 사람은 없었다고 생각한다. 드론 교구장이 제시하는 수치를 보면 부채를 갚는 일이 그저 시간 문제일 뿐인 것으로 여겨졌다. 조금만 노력하면 된다고 했다. 회중이 허리를 조금만 졸라매고 모든 부채를 어깨에 지고 그것을 발로 밟을 수만 있으면 된다는 것이었다. 또한 손으로 쟁기를 잡게 하면 그들은 금방 부채를 깊은 바다 속에다 던져 버릴 것이라고 하였다. 그렇게 되면 그들이 돛을 걷어올릴 것이고, 모든 사람을 자기의 감람 나무 아래에 앉힐 것이라는 것이었다.[44]

우리가 단순하고도 생생한 단어들을 사용해야 하지만, 동시에 그것들이 정직한 단어들이어야 한다. 과장법을 쓰는 것을 삼가야 하며, 최상급의 표현을 자제해야 한다. 이런 것들이 너무 흔하면, 그 가치가 떨어지기 때문이다. 더욱이 예수께서도 친히 우리에게 "예"는 "예"라고 하고, "아니오"는 "아니오"라고 말하는 것으로 그치고, 강한 언어를 써서 우리의 진술들을 강조하지 말라는 아주 분명한 교훈을 주셨다(약 5:12, 마 5:33-37에 기록된 주님의 가르침을 일컬음).

이 점을 강조한 최근의 작가는 루이스(C. S. Lewis)다. 그는 여러 가지 방식으로 "언어 살해"(vervicide)를 저지를 수 있다고 주장한다. 그런데 그 중에서 가장 흔한 방식은 바로 "부풀리는 방식"이다. 즉, "매우"(very)를 의미할 때에 "끔찍스럽게"(awfully)라고 말한다든가, "크다"(great)를 의미할 때에 "무시무시하다"(tremedous)라고 말하는 식이다.[45] 그는 1956년 6월 26일자로 된 한 편지에서 미국의 한 아동에게 상식적인 충고를 해준 일이 있는데, 그 충고는 전부 인용할 만한 가치가 있다:

정말 문제가 되는 것들은 다음과 같은 것들이다:
1. 언제나 말하고자 하는 바를 분명하게 해 주는 그런 언어를 사용하도록 힘쓰고, 네가 쓰는 문장이 다른 뜻을 나타내지 않도록 분명히 하라.
2. 길고 모호한 단어보다는 평이하면서도 직설적인 단어를 항상 선호하라. 약속을 "이행한다"(implement)라고 하지 말고, 약속을 "지킨다"(keep)고 하라.
3. 구체적인 명사가 있을 때에는 절대로 추상 명사를 사용하지 말라. "더 많은 사람이 죽었다"라고 표현할 것을 "사망률이 증가했다"라는 식으로 이야기해서는 안 된다.
4. 묘사하는 내용에 대해 사람들이 느끼도록 하고 싶은 그런 느낌을 진술해 주는 형용사를 사용하지 말라. 즉, 어떤 일이 "끔찍스럽다"고 이야기하지 말고, 그 일을 잘 묘사해서 우리가 그 끔찍스러움을 느끼도록 만들라. 어떤 일이 "기쁘다"고 말하지 말고 우리가 네 글을 읽을 때에 우리 입에서 "야, 기쁘구나"라고 말하도록 만들어라. 그런 단어들(무시무시하다, 굉장하다, 끔찍스럽다, 절묘하다 등)을 쓴다는 것은 마치 네가 독자

들에게 "내 할 일을 여러분이 대신 해 주십시오"라고 말하는 것 외에 아무것도 아니라는 것을 기억하라.

    5. 말하고자 하는 주제에 비해서 지나치게 큰 단어는 사용하지 말라. "매우"를 의미하면서, "무한히"라는 식으로 말하지 말라. 그렇게 하면, **정말로** 무한한 것에 대해 이야기하고 싶을 때에는 정작 쓸 단어가 없어질 것이다.[46]

아마 이 인용문들만으로도 어휘가 설교자에게 얼마나 중요한 것인가를 납득하고도 남을 것이다. 청중들에게 무언가 메시지를 전달하려고 애쓸 때에 우리는 그들이 이해할 수 있는 단순한 단어들을 찾고, 또한 우리가 말하는 바를 시각적으로 그려내는 데에 도움이 되는 생생한 단어들을 찾고, 명백한 진리를 과장 없이 이야기해 주는 정직한 단어들을 찾아서 사용해야 하는 것이다. 말콤 머거리지(Malcolm Muggeridge)는 "언어의 마술사"로 평가되어온 인물이다. 그러나 그는 자신의 자서전 1권에서 고백하기를, 『맨체스터 가디언』(*Manchester Guardian*)지의 기자로 일할 당시 입담 좋고 익살스럽고 심지어 위선적이기까지 한 사람이 되어가는 자신의 모습을 발견했다고 한다. 그는 이렇게 쓰고 있다.

    지금 그 시절을 돌이켜 생각하는 것조차도 고통스러운 일이다. 그 당시 나는 이처럼 말도 안 되는 말(non-language)을 아무렇지도 않게 사용했고, 사상도 아닌 사상(non-thought)을 전달한다고 문장도 아닌 문장들(non-sentences)을 휘갈겼고, 두려움이 아닌 것들을 두려움(non-fears)으로 제시했고, 소망 아닌 것들을 소망(non-hopes)으로 전했었다. 언어는 사랑만큼이나 아름다운 것이지만, 또 그만큼 쉽게 배신하는 것이다. 그릇 사용한 말들이 — 다행히도 그 대부분은 언론(言論)의 거대한 쓰레기 더미 속에 영원히 감추어졌지만 — 그릇 행한 행실보다도 더 후회스럽다.[47]

그런데 이 과거를 후회하던 사람은 야망을 다른 방향으로 바꾸었다. 그는 사망할 때에 자기의 비석에 "그는 언어를 잘 사용했다"(He used words well)라고 적어달라고 요구했던 것이다.

설교의 구조와 어휘에 대해 살펴보았으니, 이제는 **예증**(illustrations)으로 넘어가기로 하자. 필자 자신부터 이것들을 사용하는 데에 얼마나 부족한가를 잘 알고 있으니, 이 문제를 다루며 두려움이 앞선다. 친구들이 이 점에 대해 계속 놀리고 있고, 필자는 개선시키고자 애쓰고 있다.

기독교 설교자들이 예증을 무시하는 것은 변명의 여지가 없다는 것에 필자는 동의하지 않을 수가 없다. 설교자에게 예증법을 쓰도록 격려하는 신적인 선례가 풍성히 있기 때문이다. 전임 요크 대주교(Archbishop of York)였던 시릴 가베트(Cyril Garbett)는 다음과 같은 이야기를 자주 하곤 했다. 한 목사가 런던의 만델 크레이튼(Madell Creighton) 주교에게 서신을 보내어 설교 예증법에 대한 책을 추천해 달라고 요청했는데, "그는 '성경'이라는 단 두 글자만 적힌 엽서를 답장으로 받았다"는 것이었다.[48] 그 주교는 과연 옳았다. 성경은 온갖 예증들, 특히 직유법들로 가득 차 있다. 구약 성경을 생각해 보라: "아버지가 자식을 긍휼히 여김 같이 여호와께서는 자기를 경외하는 자를 긍휼히 여기시나니", "악인은 … 오직 바람에 나는 겨와 같도다", "내가 이스라엘에게 이슬과 같으리니 그가 백합화 같이 피겠고 레바논 백향목 같이 뿌리가 박힐 것이라", "오직 여호와를 앙망하는 자는 새 힘을 얻으리니 독수리가 날개치며 올라감 같을 것이요", "내 말이 불 같지 아니하냐? 바위를 쳐서 부스러뜨리는 방망이 같지 아니하냐?"[49] 혹은 신약 성경의 경우를 보라: "너희는 세상의 소금이니 … 너희는 세상의 빛이라", "번개가 하늘 아래 이쪽에서 번쩍이며 하늘 아래 저쪽같이 비침같이 인자도 자기 날에 그러하리라", "화 있을진저 외식하는 서기관들과 바리새인들이여! 회칠한 무덤 같으니 겉으로는 아름답게 보이나 그 안에는 죽은 사람의 뼈와 모든 더러운 것이 가득하도다", "우리는 … 너희 가운데서 유순한 자가 되어 유모가 자기 자녀를 기름과 같이 하였으니", "너희 생명이 무엇이냐? 너희는 잠깐 보이다가 없어지는 안개니라."[50] 이것은 그저 무작위로 몇 개를 뽑아놓은 것에 지나지 않는다. 이를 다 나열하자면 끝이 없을 것이다.

그러나 다른 무엇보다도 예수님의 비유들이 있다. 가장 잘 알려진 비유는 탕자의 비유나 선한 사마리아 사람의 비유인데, 이것들은 보통 사람이 기독교를 이해하는 데에 필수적인 부분이라 할 것이다. "예수께서 이러한 많은 비유로 그들이 알아 들을 수 있는 대로 말씀을 가르치시되, 비유가 아니면 말씀하지 아니하시고 다만 혼자 계실 때에 그 제자들에게 모든 것을 해석하시더라"(막 4:33, 34). 생스터(W. E. Sangster)는 예수님의 이런 모범에 대해서 말하기를, "그 문제가 그의 안중에 없는 것이었다고 이해하는 사람이 있다면 그 사람은 허망함과 신성모독이 합쳐진 사람 이외에 아무것도 아닐 것이다"[51]라고 했는데, 이것은 결코 과장된 말이 아니다. 진리를 예증하거나 진리를 눈으로 보도록 만들어 주는 일이 중요하다는 것을 입증해 주는 것은 비단 예수님의 비유만이 아니다. 예수님 자신도 그것을 입증해 주신다. 예수님은 육신이 되신 하나님의 말씀이시요, 보이지 않는 하나님의 보이는 형상이시며, 따라서 그를 본 자는 아버지를 본 것이기 때문이다.

그러므로 설교에서 예증법을 사용한 일이 교회 역사상 오래토록 명예롭게 이어져 내려왔다는 사실은 결코 놀랄 일이 아니다. 크리소스토무스나 아우구스티누스나 암브로시우스 등의 4~5세기의 위대한 설교자들도 예증법을 사용했었다. 찰스 스미스(Charles Smyth)에 따르면, 중세 설교의 주요 특징 가운데 하나가 바로 "*exempla* — 혹은 '예증법'이라 불러야 하겠지만 — 의 사용"이었다고 한다.[52] 이런 전통은 13세기에 아시시의 프란체스코(Francis of Assisi), 도미니쿠스(Dominic)와 그 수도사들에 의해서 한 걸음 더 발전되었다. 그 당시에 설교자들을 위한 *exempla*의 모음집들이 만들어져 유통되었는데(스미스는 15가지 이상을 열거하고 있다), 이것들은 현대의 "설교 예화집"의 선구자들이라 하겠다. 그 속에는 성경 이야기, 고전 문헌에 나오는 일화, 역사적 실례, 성자들의 설화, 동물 우화, 자연에서 얻는 교훈 등이 포함되어 있었다. 그런데 이런 예화들이 진지한 성경 강론 대신 사용되었고 또한 거짓 교훈들의 통로로 사용되었기 때문에, 존 위클리프(John Wycliffe)와 그의 "가난한 설교자들"(Poor Preachers)은 그것들보다 오히려 성경 본문에 충실하기로 결의하였고, 그리하여 종교개혁자들은 성경에 근거하여 설교하는 것을 강조하게 된 것이다. 찰스 스미스는 이 부분의 역사적 개관을 "틸롯슨의 승리"라는 장으로 종결짓고 있다. 존 틸롯슨(John Tillotson)은 1691년부터 1694년까지 캔터베리 대주교(Archbishop of Canterbury)를 지낸 인물이었다. 그는 청교도로 성장했으나 그의 후기의 설교들은 복음 선포라기보다는 도덕적 선에 대한 에세이에 더 가까웠다. 짧은 문장들과 단순한 언어를 사용하여 그는 "이성과 상식에의 호소와, 견고하고도 조급하지 않고 꾸밈이 없는 사려깊고도 포괄적인 논증"을 발전시켰다.[53] 그러나 그는, 청교도들보다는 오히려 중세의 사색적이고 현학적이며 정교한 *exempla*에 대해 반발했던 것으로 보인다. 왜냐하면 몇몇 청교도들의 알레고리들은 아주 황당하기는 하지만, 존 번연의 위대한 알레고리인 『천로역정』(*Pilgrim's Progress*)은 널리 읽혀졌고 그리하여 강력한 영적인 영향을 미쳤으며 또한 사실상 많은 청교도 설교자들이 그리스도인의 삶을 싸움과 전투가 있는 위험스런 여정으로 묘사했기 때문이었다. 청교도들의 설교에는 "비유적인 표현들이 두텁게 심겨져 있었고", 사실 "영적인 여정과 영적인 싸움을 가리키는 암시적인 표현들이 없는 설교들이 거의 없었고, 대다수의 설교들에서 그런 표현들이 풍부하게 나타났던 것"이다.[54]

성경의 선례와 역사적 전통에 이어서, 예증법 사용의 기초가 되는 또 하나의 요소로서 인간의 심리를 덧붙일 수 있을 것이다. 우리 인간들은 추상적인 개념들을 다루는 것에 굉장한 어려움을 느끼므로 그것들을 상징물이나(수학의 경우처럼) 그림들로 바꿀 필요가 있는 것이다. 상상력이야말로 하나님께서 인류에게 주신 가장 좋고 가장 특별한 선물 중의 하나인 것이다. 맥니일 딕슨(Macneile Dixon) 교수는 다음과 같이 쓰고 있다:

> 인간의 역사를 형성시켜온 가장 강력한 힘이 무엇이었느냐고 내게 묻는다면, 여러분은 나를 한 쪽으로 치우친 견해를 갖고 있다고 판단할지 모르겠지만, 나는 은유법이나 비유적 표현이라고 대답할 것이고 또 그렇게밖에는 대답할 수가 없다. 사람들은 상상(imagination)에 의하여 살아왔고, 상상이 우리의 모든 삶을 지배하고 있다. 철학자들은 그렇게 생각하도록 만들려 하겠지만, 인간의 정신은 토론장이 아니라 그림이 걸려 있는 전시장이다. 전시장을 빙 둘러서 우리의 직유법들과 우리의 개념들이 걸려 있다. 인간 정신은, 예컨대 기계로서의 우주의 개념 등, 개념의

횡포에서 절대로 벗어나지 못한다 … . 은유는 종교와 시의 핵심이다 … . 학문도 이런 얽매임에서 벗어나지 못하는 것이다.[55]

비처(H. W. Beecher)는 이 원리를 설교자들의 임무에 적용시킨다. 그의 제5회 예일 강좌(Yale Lecture)에는 "상상력"이라는 제목의 장(章)이 들어 있다. 그는 이렇게 쓰고 있다: "어쩌면 매우 놀랍게 여겨질지 모르겠으나, 설교가 능력과 성공을 위해서 의지해야 할 첫 번째 요소는 바로 **상상**(Imagination)이다. 설교자를 만들어내는 모든 요소들 가운데 가장 중요한 것이 바로 그것이다." 그는 계속 설명하기를, "상상"이란 곧, "보이지 않는 것들을 생각하며 또한 그것들을 마치 눈으로 보이는 것처럼 다른 사람들에게 제시하는 정신력"을 의미한다고 하였다.[56]

바울은 갈라디아 사람들에게 십자가를 전한 것을, 마치 예수 그리스도께서 그들의 눈 앞에서 십자가에 못 박히신 것처럼 그렇게 공적으로 그린 것으로 말하였다(갈 3:1). 십자가 사건은 이미 20여 년 전에 일어난 사건이고, 바울의 갈라디아서를 읽는 독자들 중에서는 그 사건을 직접 목격한 사람이 아무도 없었다. 그러나 바울은 그 사건을 생생하게 선포함으로써 이 사건을 과거로부터 현재로 끌어내고, 그저 풍문에 불과한 것을 극적인 시각적 이미지로 바꾸어 놓을 수 있었던 것이다. 바로 이런 것이 모든 예증법의 목적이다. 곧, 사람들의 상상을 자극시키고 그들로 하여금 마음으로 사물을 분명히 보도록 도와주는 것이다. 예증법들은 추상적인 것을 구체적인 것으로, 옛날의 것을 현대의 것으로, 낯선 것을 친숙한 것으로, 일반적인 것을 특수한 것으로, 모호한 것을 명확한 것으로, 비현실적인 것을 현실적인 것으로, 눈에 보이지 않는 것을 보이는 것으로 바꾸어 주는 것이다. 라일(J. C. Ryle)이 인용하는 동양의 금언에 따르면, "듣는 사람의 귀를 눈으로 바꾸어 말하는 것을 보도록 만드는 사람이 말을 잘하는 사람이다."[57]

보기 위해서는 빛이 필요하다. 그러므로 "예증하다"라는 뜻의 영어 "illustrate"는 "조명하다", "빛을 비추다", 혹은 "어두컴컴한 목표물을 환하게 하다"라는 뜻을 갖는다. 이 때문에 설교의 예증법들이 때때는 집의 창문에 비유되기도 한다. 스펄전의 『설교론』(*Lectures to My Students*) 중의 "설교에서의 예증법"이라는 장 전체가 이 문제를 다루고 있는데, 그는 여기서 17세기의 앵글리칸 역사가인 토머스 풀러(Thomas Fuller)의 말을 인용하고 있다: "이성적 추론은 설교의 기둥이다. 그러나 직유(直喩)들은 최고의 빛을 비추어 주는 창문들이다." 스펄전은 이 말을 "멋지고도 의미가 깊다"고 선언하면서 다음과 같이 계속하고 있다:

> 집을 지을 때에 창문을 내는 가장 큰 목적은, 풀러의 말처럼, 빛이 들어오게 하려는 데 있습니다. 비유들이나 직유들이나 은유들이 바로 그런 효과를 지닙니다. 그렇기 때문에 우리는 주제를 예로 설명하는 데에, 혹은 바꾸어 말하면, "빛으로 주제를 밝혀 주는" 데에 그것들을 사용합니다. 존슨 박사(Dr. Johnson)에 따르면 "예증하다"라는 뜻의 영어 "illustrate"의 문자적인 의미가 바로 "빛으로 무엇을 밝혀 주다"(brighten it with light)입니다.

창문이 없는 건물은 "집이라기보다는 감옥일 것입니다 … 이와 마찬가지로, 비유가 없는 강론은 지루하고 메마르며, 육체에 피곤함을 가져오게 만듭니다." 그 이유를 그는 계속 이렇게 설명하고 있다: "이야기를 해 주는 동안 심지어 어린아이들조차도 눈과 귀를 모으고 얼굴에 환한 즐거움이 피는 것입니다 … . 그들은 설교가 온통 예증으로 가득 차 있으면 하고 바란다고 감히 말할 수 있습니다. 어린아이들이 케익이 온통 자두로만 되어 있으면 좋겠다고 여기는 것처럼 말입니다."[58] 그러나 케익이 온통 자두로만 되어 있을 수도 없고, 집이 온통 창문으로만 되어 있을 수도 없다. 우리는 창문과 자두가 전혀 없는 것과 온통 그것들만 있는 것 사이의 적절한 중간을 찾아야 할 것이다. 로마서 5-8장을 강해한 필자의 저서 『새로워진 인간』(Men Made New, 1966)이 출간된 후, 한 친구는 필자에게 보낸 편지에서 오로지 친구만이 할 수 있는 솔직한 말을 하였다. 그는, "자네의 책은 마치 창문 없는 집이나 자두가 없는 푸딩과도 같네!"라고 말한 것이었다. 필자는 혹시 그 친구가 스펄전의 책을 읽은 것은 아닌지 궁금증이 생기는 것을 어쩔 수 없었다.

예증법의 필요성에 대해 논의했으니, 이제는 예증법의 **위험 요소들**에 대해 살펴보기로 하자. 그 위험 요소는 크게 두 가지라 하겠다. 그 첫째는 그것들이 지나치게 두드러져서, 어두운 곳을 밝혀 주는 역할을 하는 것이 아니라 오히려 자기 자신만을 환하게 드러낼 위험성이 있다는 것이다. 생스터는 지나치게 많은 예증법을 사용한다는 비판을 받고서, "우리 교인들에게는 길을 밝혀줄 가로등이 많이 필요하다네"라고 답했는데,[59] 그의 그런 답변은 분명 정당한 것이었다. 이것이 바로 예증법들의 실질적인 기능이기 때문이다. 그것들은 "응접실의 등처럼 그 자체가 주목을 끄는 것"이어서는 안 되고, 오히려 "가로등처럼 거의 눈에 띄지 않으면서 길을 환하게 비추어 주는 것"이어야 하는 것이다.[60] 지나치게 두드러지는 예증법이 어떤 것인지 우리 모두 잘 알고 있다. 너무도 충격적인 사실은 예증법을 통해서 전달하려고 의도했던 그 진리가 다 잊혀진지 오래 된 후에도 그 예증법 자체는 그 문맥에서 따로 떨어져 나와서 계속 기억에 남아 있다는 것이다.

　예증법과 관련되는 두 번째 위험은 그 자체가 부적절하거나 혹은 부적절하게 적용되는 유추들(analogies)의 문제다. 유추를 사용할 때에는 서로 유사한 점이 정확히 무엇인가를 분명하게 제시해야만 한다. 예를 들어서, 예수께서 "어린아이와 같이 될 것"을 말씀하셨을 때에, 그의 의도는 우리가 모든 점에서 어린아이처럼 되어야 한다는 것이 아니었다. 어린아이의 미숙함이나 장난기나 무책임함 혹은 순진함이나 무지함 따위를 본받을 것을 권고하신 것이 아니라, 오로지 어린아이의 "겸손함"을 본받을 것을 말씀하신 것이다. 즉, 어린아이가 그 부모에게 의지하듯이, 우리가 은혜에 의지한다는 것이다. 다른 성경 본문들에서는 어린아이와 같이 되는 것을 격려하는 것이 아니라 오히려 금지하고 있기도 한 것이다.[61] 그러므로 "유추에 근거한 논증"은 언제나 위험스럽고 잘못 오도하는 경우가 많다. 즉, 두 가지 사물이나 사건이 한 가지 점에서 유사하니 모든 점에서 유사할 것이라는 그릇된 인상을 심어 준다는 것이다.

　유추를 부적절하게 사용한 한 가지 실례를 들어보기로 하자. 필자의 한 친구가 한 번은 설교를 시작하면서, "전능하신 하나님께서는 성경에서 친히 자신을"이라고 말하고는 굉장한 엄숙함을 자아내기 위해 의도적으로 말을 끊었다가 "… 암탉으로 비유하셨습니다"라고 말을 이었다. 그의 그런 말은 이

내 폭소를 터뜨리게 했고, 그는 당황했다. 물론 어떤 의미에서 그의 말은 지극히 옳은 것이었다. 시편 기자는 하나님의 "날개" 그늘 아래에서 피난처를 찾았고, 보아스는 회심한 모압 여인 룻이 이스라엘의 하나님의 "날개" 아래서 피난처를 찾았노라고 말했다.[62] 뿐만 아니라 주님께서도 그 은유법에 친히 권위를 부여하셨다. 예루살렘을 향하여 우시면서, 예수님은 "암탉이 그 새끼를 날개 아래 모음 같이" 그들을 모으려고 한 일이 얼마나 많은지를 말씀하셨다(마 23:37). 그것은 아주 아름다운 광경이요, 하나님의 사랑하심과 자비하심과 보살피심을 분명하게 그려주며, 또한 농장이나 뒷마당에 닭을 키우는 농장이나 뒷마당을 가본 일이 있는 사람들에게는 아주 친숙한 광경이기도 하다. 이것은 생생하기도 하다. 왜냐하면 이 말을 들으면 곧바로 농장의 냄새를 맡게 되고, 어미 닭의 울음 소리가 들리고 병아리들이 어미에게로 모여드는 것이 보이기 때문이다.

    그런데 어째서 그 친구가 설교를 그렇게 시작했을 때에 그것이 곧바로 비정상적인 반응을 일으켰을까? 그 한 가지 이유는 그가 엄숙한 언어("전능하신 하나님"과 "성경")를 과장된 스타일로(극적인 효과를 위해 중간에 말을 멈추었다) 그 예증법을 도입하였으므로, 청중들이 무언가 아주 고결한 클라이맥스를 기대하고 있다가 갑자기 "암탉"이라는 단어를 듣게 되니 그 클라이맥스가 아주 우스운 것이 될 수밖에 없었던 탓이었다. 또 한 가지 이유는 그가 무슨 의도로 그런 유추를 사용하는지를 분명히 하지 못했던 데 있었다. 사실 성경은 전능하신 하나님을 암탉에 비유하지 않는다. 하나님의 보살피심을 암탉의 날개에 비유하거나, 좀 더 정확하게 말하면(영상이란 정체된 것이 아니라 역동적인 것이므로) 성경은 하나님의 은혜를 우리를 그의 날개 아래 모으시려는 그의 열심으로 말씀하고, 또한 그 은혜에 응답하는 우리의 믿음을 그 날개들 아래 숨는 것으로 말씀하는 것뿐이다. 그러므로 그 친구가 성경의 화법에 좀 더 충실하여, "마치 암탉이 병아리들을 날개 아래 모으는 것 같이, 하나님은 그의 부드러운 사랑으로 우리를 그의 구원의 보호하심 아래 모으시기를 원하십니다"라는 식으로 말했다면, 청중들이 곧바로 깨닫고 아무런 오해 없이 어색하지 않게 잘 받아들였을 것이다.

    예증법에는 여러 가지 종류가 있다. 어떤 것은 한두 개의 단어, 혹은 한 구절 정도밖에 되지 않으면서도 아주 깊은 인상을 주어 극적인 시각적 상상의 효과를 내기도 한다. 예를 들면, "우리의 방어물들을 깨뜨리시는" 하나님에 대해서 말할 수도 있고(그리하여 사람들이 하나님의 공격에 대해 바리케이드를 치고 막는 광경을 연상하게 한다), 우리의 닫힌 마음을 "지레로 열어" 새로운 진리를 받아들이게 하시는 성령님에 대해서도 말할 수 있다(그리하여 박스의 뚜껑이 끼익 소리를 내며 가까스로 열리는 것을 연상하게 한다). 설교자들 중에는 성경 이야기나 비유들을 현대의 언어로 다시 전달하는 탁월한 능력을 가진 사람들도 있고, 또 새로운 현대의 비유들을 만들어 제시하는 능력을 지닌 사람들도 있다. 그러나 가장 효과적인 예증법은 아마 역사나 전기, 혹은 현 시대의 이야기나 우리 자신의 경험에서 끌어낸 일화(逸話:anecdotes)들일 것이다. 이것들은 성경의 진리를 가장 광범위한 역사적이며 세계적이며 개인적인 맥락 속에서 제시하도록 도움을 주기 때문이다. 그러므로 설교자는 누구나 눈과 귀를 열어 놓고 끊임없이 예화들을 발굴해야 한다. 그렇다고 해서 책을 읽을 때나 사람들의 이야기를 들을 때에 오로지 설교 자료를 모으겠다는 일념으로 가득 차 있어야 한다는 뜻은 아니다. 그러나 생스터의 말대로, "모든 자연과 모든 인생 … 이 풍부한 예증거리로 가득 차 있다. 그물을 쳐 놓은 눈으로 인생의 바다로 배를 저어가다 보면, 얼마나 좋은 것들이 그물에 걸리는지 모른다!"[63] 그리고 책을 읽을 때마다 떠오르는 생각과 가장 좋은 인용문 몇 가지를 카드에나 노트에다 적어 놓으면 훨씬 도움이 될 것이다.

　설교에서 예증법을 사용하는 문제에서, 우리는 언제나 지나치게 많은 것과 지나치게 적은 것 사이에서 균형을 잘 찾아야 한다. 시어도어 파커 페리스(Theodore Parker Ferris)는 이 점에 대해서 아주 훌륭하게 권고해 주고 있다. 그는 한편으로는, "하나의 그림이 일만 마디 말보다 값어치가 있다. 그림도 하나도 없고, 예증도 하나도 없는 설교는 십중팔구 추상적인 것들을 감상할 만큼 지적으로 훈련되어 있는 사람들에게만 다가갈 것이다"라고 말하고, 또 한편으로는 "예증이 너무나 많은 설교는 마치 보석을 너무 많이 치장해서 오히려 그 보석들 때문에 자기 자신의 미모가 가려져 버리는 그런 여자와도 같다"고 하였다. 그의 이러한 말은 그가 자신이 전하는 바를 친히 실행하고

있다는 것을 여실히 보여주는 것이었다.[64]

본문의 주도적인 사상을 드러내도록 자료를 정리하는 일(구조와 어휘와 예증을 통하여)을 마치고 나면, 이제는 다음 단계로 넘어갈 차례가 된 것이다.

5. 서론과 결론을 첨가함

설교의 본론 부분을 먼저 준비하는 것이 필수적인 것 같다. 미리 서론이나 결론을 정해 놓고 시작하면, 성경 본문을 거기에 맞게 왜곡시키게 될 소지가 다분하기 때문이다. 그러므로 설교의 본론부터 시작하는 것이 좋다. 그리고 나서 설교의 몸통에다 "머리와 꼬리"를 붙인다. 즉, 본론에다 서론과 결론을 붙이는 것이다. 수사학과 설교학에 대한 고전적인 저술들에서는 대개 이 둘을 "서문"(exordium)과 "발문"(peroration)이라 불렀다.

서론은 필수적이며, 지나치게 길거나 짧아서는 안 된다. 서론이 너무 길어지면 설교 자체를 산만하게 만들고, 그 역동성이 사라져 버린다. 그러나 오늘날 이보다 더 흔히 나타나는 실수는 서론을 그야말로 짧게 줄이거나 아예 서론을 없애버리고 곧바로 본 주제로 들어가는 것이다. 이것은 매우 지혜롭지 못한 방법이다. "사람은 돌발적인 것에 대하여 천성적으로 혐오하며, 다소 점진적인 접근을 좋아한다. 현관이나 혹은 본 건물로 들어가는 입구가 없어 보이는 건물은 거의가 보기가 흉하다. 아주 정교한 음악에는 언제나 최소한 도입을 위한 전주곡이 있는 법이다."[65] 하나님의 방식도 마찬가지가 아닐까? 황혼과 새벽 여명이 서서히 은은하게 다가옴으로써 "자연 그 자체도 우리에게 준비와 점진적 변화의 기법을 가르쳐 주는 것이다."[66]

좋은 서론은 두 가지 목적에 도움을 준다. 첫째로, 서론은 흥미와 호기심을 유발하며 듣고자 하는 의욕을 배가시켜 준다. 둘째로, 말하고자 하는 주제에로 청중들을 서서히 "도입"시키는 역할을 한다. 이 두 기능 가운데 어느 한 가지를 이루는 서론은 비교적 작성하기가 쉽다. 우스운 재치 있는 이야기를 하거나, 아니면 주의를 사로잡는 이야기를 하면 관심을 사로잡을 수가 있다. 그러나 이것이 말하고자 하는 주제로 자연스럽게 이어지지 않으면, 그렇게 해서 얻어진 관심이 곧바로 사라지고 말 것이다. 반대로, 주제를 도입하는 서론을 전개하다가 관심을 끌기는커녕 오히려 주목을 흐트러지게 만들 수도 있다. 올바른 방식은, 물론 어렵겠지만, 주제를 도입시키는 역할과 관심을 불러일으키는 일을 동시에 하여, 사람들의 정신과 마음을 설교의 메시지로 집중시키는 것이다.

전통적인 서론의 방식은 설교의 본문을 알리는 것이다. 이렇게 시작하는 것은 분명 가치 있는 일이다. 우리가 우리 자신의 생각들을 전하는 것이 아니라 하나님의 말씀을 강론하는 설교자로서의 책임을 감당한다는 것을 처음부터 선언해 주기 때문이다. 그러나, 이런 식의 서론은 많은 사람들을 식상하게 만든다. 그것이 너무 전통적이고 너무 형식적이라는 느낌을 갖는 것이다. 그러므로 최소한 가끔씩은 성경보다는 상황에서 시작하고, 성경 본문보다는 우리의 주제로 시작하는 것이 지혜로울 것이다. 그렇게 하면 우리가 청중들을 이끌고 가고자 하는 목적지에서 시작하지 않고, 사람들이 현재 처해 있는 위치에서 시작하게 되기 때문이다.

예를 들어서, 필자는 과테말라 시티에서 목회자들을 위한 설교 세미나를 행하였는데, 그 직전인 1976년 그 나라에 굉장한 지진이 일어나 23,000명의 사람들이 목숨을 잃고 수백만의 이재민이 생긴 일이 있었다. 그 일이 있은 바로 그 다음 주일에 그 지진에 대해서 설교했던 사람이 몇 명이냐 되느냐고 물었더니, 다행히 몇 사람이 있었다. 그런 상황에서 "오늘 아침 상고할 성경 말씀은 …"이라는 식의 말로 설교를 시작하는 것이 과연 바람직하겠는가? 오히려 다음과 같은 식으로 설교를 시작하는 것이 훨씬 더 자연스럽지 않았을까 싶다: "오늘 아침 우리는 큰 슬픔 속에서 함께 모여 있습니다. 우리 중에 친척이나 친구를 잃은 분들도 많습니다. 또 집과 재산을 잃어버린 사람들도 있습니다. 하나님께서는 왜 그런 재난을 허락하실까? 우리 모두의 마음과 생각 속에 이런 의문이 있습니다. 이런 속에서 우리는 과연 사랑의 하나님을 어떻게 믿을 수가 있겠습니까?" 그런 상황에서 그저 본문을 선포하고 읽고는 곧바로 하나님의 섭리나 하나님의 사랑에 대한 확신 같은 문제로 들어간다면, 사람들의 관심이 사라져버리고 말 것이다.

결론은 서론보다 더 어렵다. 설교자들 중에는 설교는 물론이고 그 어느 것에 있어서도 결론을 내릴 능력이 없어 보이는 분들이 있다. 마치 안개가 자욱하게 낀 날 계기가 없는 경비행기가 착륙할 지점을 찾지 못해서 계속 하늘에서 선회하듯이, 계속해서 빙빙 돌기만 하는 것이다. 그들의 설교는 "목표가 없는 비극 이상 아무것도 아니다."⁶⁷⁾ 또 어떤 사람들은 갑작스럽게 설교를 마쳐버린다. 그들의 설교는 피날레(대미: 大尾)가 없는 연극과도 같고, 크레센도(음량이 점점 강해짐)도 클라이맥스도 없는 음악과도 같은 것이다.

결론은 단순히 주요 주제들을 반복하는 것으로 그치는 것이어서는 안 된다. 주제들을 반복하여 제시하는 일은 매우 중요하다. 사람들의 기억에 자극을 줄 필요가 있기 때문이다. 사도들도 사려깊은 반복을 두려워하지 않았다. 바울은, "너희에게 같은 말을 쓰는 것이 내게는 수고로움이 없고 너희에게는 안전하니라"라고 말씀했고, 베드로도 같은 생각이었다: "그러므로 너희가 이것을 알고 … 있으나 내가 항상 너희에게 생각나게 하려 하노라. 내가 이 장막에 있을 동안에 너희를 일깨워 생각나게 함이 옳은 줄로 여기노니."⁶⁸⁾ 최근의 한 설교자는 그의 설교 방법을 다음과 같이 묘사한 바 있다: "먼저 말하고자 하는 바를 말하고, 그 다음, 말해야 할 바를 말하고, 마지막 세 번째로, 지금까지 말한 바를 말한다." 결국 그의 교인들은 동일한 메시지를 세 번 듣게 되는 셈인데, 그것은 좋은 일이다. 특히 동일한 내용을 다른 말로 바꾸어서 함으로써 똑같은 내용을 반복하는 것을 조금씩 숨길 수 있는 능력이 그에게 있다면 아주 좋은 일일 것이다. (루터가 자주 이야기했듯이) "계속해서 소리를 질러서 머리에다 집어넣지 않고서" 어떻게 사람들의 뇌리에다 진리를 심을 수 있겠는가? 숙달된 목수는 단 한 번에 못을 제대로 박을 수 있지만, 대부분의 사람들은 여러 번 계속해서 내리치는 것이 더 안전하다. 이와 마찬가지로, 진리도 여러 번 반복해서 내리쳐서 마음판에 박을 필요가 있는 것이다.

그러나 진정한 결론은 진리를 반복하여 제시하는 것을 벗어나 개개인에게 적용하는 데까지 나아간다. 적용을 설교의 마지막 부분에까지 미루어 놓아야 한다는 뜻은 물론 아니다. 설교를 진행하는 중에 계속 본문을 적용시켜야 한다. 그러나 우리가 도달하고자 하는 마지막 결말을 너무 속히 드러내는 것은 실수다. 그렇게 하면 청중들에게서 기대감이 상실되고 만다. 무언가를 옷소매 속에 감추어 두는 것이 더 낫다. 그렇게 해야만 성령의 능력으로 말미암아 사람들에게 행동을 취하도록 강력하게 설득하는 일을 마지막까지 남겨 둘 수 있는 것이다.

이 점은 대중 연설에 대한 고전적인 이해에서 필수적으로 나타나는 요소다. 키케로(Cicero)는 『웅변가』(*The Orator*)에서 말하기를, "웅변가는 가르치고(*docere*), 유쾌하게 하며(*delectare*), 설득하도록(*flectere* 혹은 *movere*) 말해야 한다"고 하였다. 아우구스티누스는 키케로의 그런 명언을 인용하여 그것을 기독교 설교자의 책임에다 적용시켰다. 설교자는 지성을 가르치고, 감성을 기쁘게 하거나 감동시키고, 또한 의지를 움직여야 한다는 것이다. 그리고 계속 말하기를, "가르치는 일은 필수적인 일이요, 기쁘게 하는 것은 멋진 일이요, 설득하는 일은 승리하는 것이기 때문이다"라고 하였다.[69]

현대의 커뮤니케이션 이론도 이에 동의하고 있다. "우리의 메시지를 듣는 자들에게서 일으키고자 하는 구체적인 반응들에다 우리의 목적들을 연계시키는 법을 배우게 되면, 효과적이고 효율적인 커뮤니케이션을 향하여 첫 걸음을 뗀 것이라 하겠다."[70] 그러므로 설교를 끝맺음하면서 우리가 갖는 기대는 사람들이 우리의 가르침을 이해하거나 기억하거나 즐거워하는 것으로 그치는 것이 아니라, 그 가르침을 받고서 그들이 무언가를 행하는 것에 있는 것이다. "행동 명령이 없으면, 설교도 없는 것이다."[71]

성경 저자들은 이것이 그들의 가르치는 목적임을 분명히 했다. 에스겔 선지자는 하나님의 심판에 대해 경고하고 회개를 촉구하기 위하여 "이스라엘 집을 위한 파수꾼"으로 지명을 받았다. 그의 예언 사역 중의 큰 고통은 바로 그 백성들이 그의 말에 응답하기를 거부한다는 것이었다. 하나님께서는 그에게 이렇게 말씀하셨다: "그들은 네가 고운 음성으로 사랑의 노래를 하며 음악을 잘하는 자 같이 여겼나니 네 말을 듣고도 행하지 아니하"였노라(겔 33:32). 그러나 설교를 듣는 것과 음악 연주를 듣는 것은 전연 다른 것이다. 음악은 즐기기 위한 것이지만, 성경 말씀은 순종해야 할 것이기 때문이다. 신약의 사도들은 "진리"가 도덕적인 요구를 수반한다는 점을 분명히 하였다. 진리는 그저 듣는 것만이 아니라 "행하기" 위한 것이요, 그저 믿기만 하는 것이 아니라 순종하기 위한 것이다.[72] 예수께서도 말씀하시기를, "너희가 이것을 알고 행하면 복이 있으리라"(요 13:17)고 말씀하셨고, 야고보도 독자들에게 "듣기만 하지 말고 행하라"(약 1:22-25)고 촉구하면서, 동일한 의무를 말씀하고 있는 것이다.

교회 역사상 위대한 설교자들도 이러한 확신을 갖고 있었다. 그 중에 청교도들이 훌륭한 모범이었다. "경건한 설교의 마지막 특징은 매 설교마다 '사용'(use) 혹은 적용 부분이 있고" 그리하여 구체적으로 "영혼들을 회심시키고 그들을 거룩함 중에 훈련시키도록 하는 것이다."[73] 필자는 그들이 "마음을 관통하는 설교"(물론 이 표현은 그들의 저작 어디에도 나타나지 않지만)의 필요성에 대해 자주 거론하곤 했다는 말을 들었다. 머리를 그냥 지나쳐버렸다고 그들을 비난할 수는 없다. 그들은 굉장히 무게 있는 교리 설교들을 했기 때문이다. 그러나 그들은 그들의 메시지가 머리를 뚫고 마음에까지, 즉, 결단을 내리는 인간 인격의 중심부에까지 이르기를 바랐다. 이와 비슷하게 존 웨슬리의 『일기』(Journal)에도 그가 "머리의 역사(役事)"과 "마음의 역사"를 구별했으며 또한 그의 설교가 마음에까지 관통하기를 기대했다는 증거들이 수없이 나타난다. "아무도 상처를 받지 않고 그저 고요하고 주의가 무딘 채로 있는 것 이상 아무 일도 없었다." "퍼스(Perth) 사람들의 마음에 다가갈 방법을 찾을 수가 없다." "참석한 모든 사람들의 마음을 예리하게 찔렀다."[74]

캠벨 모건은 의지를 거론하기를 선호했다: "설교자는 회중에게 그저 어떤 상황을 생각하고, 어떤 명제를 깊이 따지거나, 어떤 이론을 주목할 것을 요청하는 것만이 아니다. 우리는 의지라는 요새에 돌진해 들어가 예수 그리스도를 위하여 함락시키려고 서 있는 것이다 … . 전도하는 일이든 가르치는 일이든 상관이 없다. 호소가 결정적인 것이다."[75]

그런데, 폭력을 사용하지 않고서는 요새들로 돌진해 들어갈 수가 없다. 인간의 마음과 의지도 마찬가지다. "굳어진 마음을 깨뜨리기 위해서는, 어루만지는 것으로는 안 되고 반드시 세차게 때리는 것이 필요한 법이다."[76] 이와 비슷하게, 탄자니아에서 밀림의 의사로 일한 그 유명한 호주인 폴 화이트 박사(Dr. Paul White)는 그의 자서전에서 자기가 생각하는 작가나 설교자의 성공 비결을 이렇게 말하고 있다: "갈고리에 끼우고, 잡아 채고, 매어 달고, 웃기고, 내리쳐라! 내리치는 것은 곧 정확한 타격법이다."[77]

우리들 대부분이 바로 이 점에서 매우 약하다. "돌진한다", "내리친다", 혹은 "때린다" 같은 은유법들을 사용하는 것조차도 어색해 할지도 모른다. 우리의 분위기에 비하면, 이것들은 너무나 폭력적이고, 너무나 호전적이다. 우리는 다른 사람들의 종교적 프라이버시를 침해할 권리도 없고, 그렇게 하고 싶은 마음도 없다. 게다가, 우리는 감정에 치우치는 것을 두려워하기도 한다. 그러니 결국 아무런 해가 없는 작은 에세이를 읽는 것으로 강단을 사용하며, 결단을 요구하는 그런 강력한 가르침을 제시하는 일이 거의 없는 것이다.

데일(R. W. Dale)의 예일 강좌(Yale Lectures)의 초반부에는 "목표가 없는 설교"(Aimless Sermons)라는 제목을 붙인 장이 있다. 거기서 그는 어느 해 여름 휴가 기간 동안 들은 한 설교에 대해서 언급하고 있다. 그 설교는 본문 해석이 건전하고 학구적이었으며, 그 사상도 독창적이며 신선했고, 예증법도 훌륭했다고 한다. "그런데 그 설교자는 마치 아무도 말씀을 듣지 않는다는 생각을 한 것 같았다 … . 우리에게 대체 어떤 진리를 분명하게 전달하려 했는지, 혹은 우리에게 무슨 의무를 다하게 하려 했는지를 도무지 알 수가 없었다 … ." 데일은 예배가 끝난 후 그 설교자에게, "유권자들의 모임에서 뜨겁게 논란이 벌어지는 이슈에 대해 스무 번이나 서른 번 가량 정치적인 연설을 하는 것이 훨씬 더 나을 것"이라고 말했다고 한다. 데일은 계속해서 다음과 같이 말하였다.

> 여러분, 우리의 회중들의 표를 얻고 열정을 불붙이는 것이야말로 우리의 진정한 임무입니다. 우리가 성공을 거두기 위해서는 지성적인 활동이 왕성하게 있어야 합니다. 그러나 그런 활동이 있되 반드시 명확한 결과를 얻고자 하는 명확한 의도를 갖고 행하여야 합니다 … . 설교에 목적이 없다면, 설교할 이유가 없는 것입니다. 훼이틀리 대주교(Archbishop Whately)는 말씀하기를, 어떤 설교자는 '아무런 목표도 없으면서 그 목표를 내리친다' 고 했습니다.[78]

데일이 설교자를 유권자들의 모임에서 연설하는 정치가에 비유했다면, 다른 이들은 원하는 판결이 내려질 것을 확신을 갖고 기대하면서 판사와 배심원 앞에서 사건을 위해 변론하는 법정의 변호사에 비유했다. 그러나 또 다른 것은 어부에 비유하는 것이다. 그는 설교를 통해서 반드시 사람을 낚을 것을 결심하는 사람이다(눅 5:10). 그는 고기를 좀 잡았느냐는 질문에 한 마리도 잡지 못했지만 수많은 고기들에게 "영향을 미쳤다"고 생각한다고 고백한 어떤 낚시꾼처럼 되지는 않을 것이라고 결심하는 사람이다. 17세기 체스터(Chester)의 주교였던 존 윌킨스(John Wilkins)는 이 점을 다음과 같이 훌륭하게 표현하였다:

> 연설자의 주 목적은 **설득**에 있다 … . 그러므로, 강론을 하면서 그저 일반적인 사상만을 풍성하게 전하고, 구체적인 논지를 강력하게 제시하거나 듣는 이들에게 어떤 **진리**나 **의무**를 믿고 **실행할** 것을 납득시키려고 애쓰지 않는 설교자는 마치 고기가 전혀 없는 곳에다 그물을 쳐놓는 지혜롭지 못한 어부와도 같아서 아무리 수고해도 결코 성공을 기대할 수가 없는 것이다.[79]

그러나 여러 저자들이 설교의 적용 부분에서 우리가 갖고 있어야 할 진지한 목적을 예증하기 위해서 사용한 것 가운데 가장 충격적인 은유는 바로 총을 쏘는 것 — 구체적으로는 사냥이나 저격을 위하여 — 이다. 라일 주교는 조지 휫필드(George Whitefield)의 설교에 대해 논평하면서, 그의 설교들은 "아침과 저녁 시간을 알리는 포츠머스(Portsmouth)의 총소리처럼 아무도 듣는 사람이 없는데 그냥 형식적으로 쏘아대는 것과는 달랐다"고 하였다. 오히려 그 반대로 그의 설교들은 "모두가 생명과 불이었다. 그것들은 그 누구도 피해갈 수가 없는 것이었다 … . 폭풍을 일으켜 여러분의 주목을 확실하게 사로잡아 두는 그런 거룩한 폭력이 그에게 있었던 것이다."[80]

이러한 유추를 가장 회화적으로 전개한 사람은 헨리 워드 비처(Henry Ward Beecher)였다. 그는 1872년의 제1회 예일 강좌에서 그의 초기의 설교를 소년 시절의 총 쏘기 장난에 비유하였다:

> 저는 혼자서 사냥을 나가곤 했고, 총을 발사하는 데에 큰 성공을 거두

었습니다. 그리고 그 게임은 하면 할수록 재미가 있었습니다. 어떤 목표를 향해 쏘는 것도 아니고, 누구를 상하게 하는 것도 아니었으니까요. 저는 수많은 설교자들이 설교들을 발사하는 것처럼 그렇게 마구 총을 쏘아 댔습니다. 총알을 장전한 다음, 꽝! 하고 발사했습니다. 연기도 났고, 총성도 났지만, 아무것도 쓰러지지 않았습니다. 그리고 계속해서 총을 쏠 때마다 언제나 그랬습니다.[81]

그러나 그 뒤에 행한 강좌에서 그가 말한 대로, "설교는 중국 사람의 폭죽처럼 시끄러운 소리를 내기 위해서 터뜨리는 것이 되어서는 안 됩니다. 설교는 사냥꾼의 총입니다. 그러니 발사할 때마다 언제나 목표물이 쓰러지는 것을 보아야 합니다. 아무것도 맞추는 것이 없다면 총알을 헛쓰고 만 것입니다."[82]

그로부터 6년 후의 예일 강좌는 버밍엄(Birmingham)의 데일(R. W. Dale: 1829-1895)이 행했는데, 거기에는 다음과 같은 내용이 포함되었다:

비처 목사는 말씀하기를, 조나단 에드워즈는 설교하면서 그의 정교한 교리 부분에서는 총을 겨냥하고만 있다가 "적용" 부분에 가서 드디어 적들을 향해서 총을 발사했다고 했습니다. 그런데 우리 중에는 총을 "겨냥하는 데에" 시간을 너무나 많이 써버려서 정작 한 방도 발사하지 못하고 설교를 끝내는 사람들이 너무나 많지 않은가 하는 의구심이 듭니다.[83]

제임스 블랙(James Black)이 정리한 것처럼, "여러분의 일은 목표에다 진지하게 총을 발사하는 것입니다. 여러분, 총을 여러 번 많이 발사하십시오. 하지만 폭죽을 터뜨려서는 안 됩니다!"[84]

독자들 중에는 이런 총을 발사하는 은유가 적절치 못하고 심지어 거부감이 든다고 여길 분들도 있을 것이다. 그 이미지가 폭력적이고 파괴적이기 때문이다. 그러나 이런 은유를 쓴 것은 설교자의 목표(목표물을 명중시킴)를 예증하기 위한 것이지, 그 목표에 도달하는 수단(살생을 초래함)을 예증하기 위함이 아니다. 예수님의 고기 잡는 은유도 비슷한 목적으로 제시된 것이었다. 우리의 목회 사역을 고기 잡는 일에 비유하든 총을 쏘는 일에 비유하든, 동일한 기본 요점을 염두에 두고 있는 것이다. 곧, 결과를 — 그리스도를 위하여 사람들을 낚든가 아니면 사로잡는 일을 — 신뢰를 갖고 기대해야 한다는 것이다.

스펄전은 그의 재치와 지혜로 이 은유를 한층 더 생생하게 표현하고 있다:

목표가 사람들의 마음을 꿰뚫는 것인데 하늘을 향하여 총을 발사해서 무슨 소용이 있겠습니까? 무기를 갈고 닦아 놓는 일은 지금까지 계속해서 해온 일이니, 구태여 다시 반복할 필요가 없습니다. 여러분이 해야 할 일은 사람들의 마음과 양심을 찌르는 일입니다. 적의 심장부에 불을 집어넣으십시오. 효과를 일으키는 것을 목표로 삼아야 합니다 … . 곧, 양심과 마음에 생기는 효과를 지향해야 한다는 것입니다. 어떤 설교자들을 보면 얼마 전에 여기저기서 광고가 나붙었던 저 유명한 중국의 곡예사의 곡예가 생각납니다. 한 사람이 벽에 등을 대고 서 있습니다. 그리고는 곡예사가 그 사람을 향하여 칼을 던집니다. 칼 하나는 그 사람의 머리 바로 위의 벽에 꽂히고, 또 다른 하나는 귀 바로 옆의 벽에 꽂혔습니다. 그리고 여러 개의 날카로운 칼들이 곡예사의 손에서 날아가 벽에 꽂히는데, 그 사람은 전혀 건드리지도 않았습니다. 그렇게 예리하게 칼을 던져 꽂으면서도, 사람의 몸은 전혀 맞추지 않으니, 이 얼마나 놀라운 기술인지 모릅니다. 우리들 중에도 이처럼 칼을 던지면서도 전혀 목표에 명중시키지 않는 이런 놀라운 기술을 지닌 사람들이 얼마나 많은지 모르는 것입니다.[85]

이제는 은유법들에서 현실로 돌아가 보자. 우리의 설교를 통해서 얻기를 바라는 것이 과연 정확히 무엇인가? 플로리다에서 한 번은 어느 감독 교회(미국 성공회)의 목사가 필자에게 말하기를, "교인들에게 무엇을 말하고 싶은지는 알겠는데, 그 말로 무엇을 하고 싶은지는 모르겠습니다"라고 하였다. 그러나 우리는 목표를 분명히 해야 한다. 그렇지 않으면 설교의 결론이 아주 당혹스럽게도 용두사미(龍頭蛇尾) 격이 되어 버릴 것이다. 결론 부분에서 택할 기능들을 정리하는 한 가지 방법이 성경의 네 가지 용법 속에 주어져 있다. 곧, 성경은 "진리를 가르치며, 오류를 책망하고, 자세를 새롭게 바꾸며, 의로운 삶에로 훈련시키기에" 유익하다는 것이 그것이다(딤후 3:16, New English Version을 한글로 직역하였음 — 역자주). 그러나 이것은 너무나 포괄적이다. 이보다 더 구체적인 것은 찰스 시미언의 목표인데, 그는 자신의 『설교 시간』(Horae Homileticae: 총 21권에 2,536개의 설교 개요가 수록되어 있다)이 그것으로 평가받기를 원했다: 그 목표들이 과연 "한결같이 죄인을 낮추며 구주를 높이며 거룩함을 증진시키는 데 이바지하는가?"[86]

그러나, 설교의 정확한 적용은 두 가지 가변적인 요소, 즉 본문의 성격과 회중의 구성에 따라 달라진다. 본문에 대해서는, 그 주도적인 사상이나 주제가 얻어지기까지 이미 묵상하였다. 그러므로 바로 이것을 강하게 제시함으로써 사람들로 하여금 그 힘을 느끼고 그것을 실행에 옮기기로 결심하고 돌아가게끔 만들 필요가 있다. 본문이 회개를 촉구하는가, 아니면 믿음을 자극시키는가? 예배를 일깨워주는가, 순종을 요구하는가, 증거할 것을 요구하는가, 아니면 봉사하도록 도전하는가? 이처럼 우리가 바라는 회중의 구체적인 응답의 성격을 본문 자체가 정해 준다는 것이다.

회중에 대해서는, 그들을 알고 또한 그들의 영적 상태를 알아야 할 필요가 있음을 이미 강조한 바 있다. 리처드 버나드(Richard Bernard)는 『신실한 목자』(The Faithfull Shepeard: 1607)에서, "아무리 좋은 고약(膏藥)을 알고 있어도 바르지 않으면 치료 효과를 내지 못한다 … . 그러나 상처에다 제대로 바르면 효험을 얻는다"는 것을 지적한 다음 설교자가 염두에 두어야 할 몇 가지 적용들을 열거하고 있다:

> 무식한 자들에게는 지식을 주고, 이해력을 지닌 자들에게는 확증해 주고, 악을 행하는 자들은 교정시켜 주고, 덕스러운 자들은 격려해 주고, 그릇된 사고를 지닌 자들은 납득시켜 주고, 연약한 자들은 강건케해 주며, 타락한 자들은 다시 회복시켜 주고, 의심하는 자들은 의심을 해결해 주며, 때를 얻든지 못 얻든지 젖과 단단한 음식을 계속해서 먹이라.[87]

이것을 행하는 유일한 방법은 하나님께서 주신 상상력을 사용하는 것이다. 본문을 이미 연구했다. 그러니 이제 회중들을 머리에 그리면서 본문과 회중을 서로 연관시켜 보라. 사랑하는 노 부인 루시가 있는데, 그는 최근 남편을 여의었고 슬픔과 외로움의 충격 속을 지나고 있다. 오늘의 본문이 그분에게 과연 무슨 말씀을 할까? 아니면 나이 많은 독신녀인 플로랜스가 있는데, 그분은 지금까지 독신의 문제를 해결하지 못했다. 그분에게는 본문이 무슨 말씀을 하는 걸까? 혹은 알란은 승진한 후 새로이 맡은 책임 때문에 중압감을 느끼고 있는데, 그분에게는 무엇을 말할까? 혹은 갓 결혼하여 이제 가정을 꾸려가기 시작한 존과 메리에게는 과연 무슨 말을 할까? 혹은 이제 마지막 학기를 당하여 앞으로의 직장 문제 때문에 고심하고 있는 학생들에게는 무슨 말을 할까? 혹은 온통 의심에 싸여 있는 토머스에게나, "거의 믿는 단계에 와 있는" 아그리퍼에게나, 혹은 새로이 그리스도께 헌신하고 있는 폴에게는 무슨 말을 할까? 교회 식구들을 쭉 머리에 생각하면서 기도하는 자세로 하나님께서 그들 한 사람 한 사람에게 본문을 통해서 무슨 메시지를 주실지를 묻는 것이 매우 좋다.

여기서 "하나님의 나라"에 대한 조지 휫필드의 전도 설교의 결론을 보기로 하자:

> 여러분 중에 그저 호기심 때문에 이 자리에 오신 분들이 많으실 줄 압니다. 그저 여기 모인 사람들을 보기 위해서 오셨습니다만, 여러분, 예수 그리스도께 나아오시면, 그리스도께서 여러분을 영접하십니다. 여기에 저주를 퍼붓고 맹세를 떡먹듯이 하는 군인이 혹시 여기 계십니까? 그리스도께로 나아오셔서 사랑하는 주님의 깃발 아래 서시지 않겠습니까? 그리스도께서 여러분 모두를 환영하실 것입니다. 여기 어린 소년소녀들이 있습니까? 그리스도께로 나아오십시오. 그가 여러분 속에 그의 나라를 세우실 것입니다 … . 나이 들고 머리카락이 하얗게 되신 분들이 계십니까? 그리스도께로 나아오십시오. 여러분의 하나님께 왕과 제사장들이 되실 것입니다 … . 여러분 중에 명예를 얻을 야망이 있는 분이 계십니까? 여러분, 왕관을 원하십니까? 왕의 홀을 원하십니까? 그리스도께 나

아오십시오. 그러면 주 예수 그리스도께서 여러분에게 아무도 빼앗을 자 없는 나라를 주실 것입니다.[88]

현대의 실례를 한 가지 더 보겠는데, 이번에는 전도 설교가 아니라 윤리 설교다. 한 젊은 목사가 제7계명 "간음하지 말지니라"에 대해 설교하도록 초청을 받았다. 그의 설교는 성경적이며 용감하며 직설적이고 실천적이었는데, 그는 다음과 같은 네 가지 적용으로 설교를 마무리지었다: 독신인 청년 남녀들에게(여러분의 미래의 배우자를 위해 순결을 지키십시오. 그리고 죄에게 접근하지 않도록 단호히 처신하기를 배우십시오), 부정(不貞)한 내연의 관계를 갖고 있는 사람들에게(고통이 따르겠지만 그것을 끊어내도록 결심하십시오), 기혼자들에게(여러분의 결혼 생활을 잘 이어가며, 결손 가정에서 자라나 결혼에 대한 모델이 없는 수많은 젊은 청년들에게 모범을 세우십시오), 또한 지교회에게(마태복음 18:15-17의 예수님의 가르침에 순종하여, 이 계명을 범하는 자들을 용기 있게 대면하고 권징을 시행하십시오).[89]

우리는 또한 교인들이 저마다 다른 "필터"(filters)로 여과시켜서 설교를 듣는다는 사실을 주지할 필요가 있다. 어떤 이들은 우리의 메시지를 잘 받아들일 것이다. 또 어떤 이들은 우리의 설교가 그들의 세계관이나 문화나 가정의 화목이나 개인의 자존심이나 죄악된 생활 방식이나 경제적 생활 양식을 위협한다고 느껴서 거부하기도 할 것이다. 그러므로 우리는 이러한 장애거리들에 민감하여, 결론 부분에서 "설득" — 사도들의 설교를 공통적으로 이렇게 묘사한다 — 을 시도할 필요가 있을 것이다. 논지를 제시함으로나(회중의 반론들을 미리 예상하고 그것들에 답변함), 권고로나(불순종의 결과들에 대해 경고함), 간접적인 책망으로나(나단 선지자가 다윗에게 했듯이, 먼저 그들 속에 도덕적인 판단을 불러일으킨 다음 그것을 그들 자신에게로 돌림), 혹은 간청함으로(하나님의 사랑의 부드러운 압박을 가함) 회중을 설득시킬 수 있을 것이다.

그리고 설교가 끝나면서, 사람들을 초청하여 기도하도록 하는 것이 좋다. 성공회 교회는 "하나님께 찬양합시다"라는 선언이 있은 후 다 함께 일어서서 찬송을 부르는 전통을 갖고 있으나, 많은 설교를 한 후에 보니 이것은 부적절하며, 기도를 하는 것이 더 낫다. 때로는 크게 즉흥적으로 기도하며, 하나님의 말씀에 대한 회중의 응답을 표현하기도 한다. 또 어떤 때는 교인들에게 묵도를 하게 하는 것이 더 지혜로울 수도 있다. 성령께서 각 사람의 마음속에 각기 다른 응답들을 불러일으키실 수도 있으며, 따라서 한 가지 기도로는 그것을 다 포괄할 수가 없기 때문이다. 그러니, 하나님 앞에서 고요히 서 있도록 하여 성령께서 각 사람을 인도하사 그의 개인적인 응답과 해결점을 명확히 하도록 만드는 것도 좋은 것이다.

설교에다 서론과 결론을 첨가시켰으니, 이제는 설교 준비의 최종 단계로 넘어가 보기로 하자.

6. 설교문 작성과 메시지를 위한 기도

이제는 설교문을 완전히 작성해야 할 것인가 하는 문제가 생긴다. 하나님께서 우리 모두를 달리 지으셨고 또한 우리에게 각자 다른 개성과 달란트들을 주셨으므로, 모든 사람에게 맞는 고정된 법칙 같은 것은 없다. 그러나, 대다수의 일치된 의견은 완전히 원고 없이 설교하는 것과 반대로 원고에 철저하게 매인 상태로 설교하는 두 가지 양극단은 피해야 한다는 것인 듯하다. 즉흥적으로 하는 설교가 훌륭한 경우는 아주 희귀하다. 미리 원고 준비를 해 놓지 않은 상태에서 명확하게 사고하며 또한 그 사고한 바를 정확하게 이야기할 수 있는 사람은 별로 없다. 헨슬리 헨슨(Hensley Henson)이 우려하는 것처럼, 대다수의 설교자들은 즉흥 설교를 하게 되면 "종교적인 세계에 대해 너무나 잘 알고 있고 또 내 양심에 너무나 거슬리고 내 느낌에 너무나 혐오스러워서 **수다장**이라 불러도 전혀 지나치지 않을 그런 타입의 설교자로" 타락해 버리고 말 것이다.[90] 그것을 시도했다가 처절하게 실패한 한 사람을 들자면, 조지 엘리엇(George Eliot)의 작품에 나오는 셰퍼튼 마을에 새로 부임해온 복음적인 목사인 아모스 바튼 목사(Rev. Amos Barton)였다. 해킷(Hackit)이라 불리는 그곳의 한 농부는 그의 그런 설교에 대해 극도로 불만스러워했다:

우리 목사는 … 원고를 써서 할 때에는 들을 만한 좋은 설교를 하는데,

원고가 없이 설교를 하게 되면, 이리저리 횡설수설하고 성경 본문에 치중하지 않는다. 그리고는 마치 내동댕이쳐져서 제 발로 다시 일어서지 못하는 양처럼 이따금씩 휘청거리기까지 한다.[91]

그 목사는 먼저 300회 내지 400회 정도 원고 설교를 하거나 혹은 3년 내지 4년 정도 원고 설교를 하게 되기까지는 즉흥적으로 설교하지 말라고 신학생들에게 권면했던 찰스 시미언의 말을 귀담아 들었더라면, 아마 그보다 훨씬 더 나았을 것이다.[92]

이와 정반대의 극단은 설교 원고를 한 줄씩 읽어나가는 식으로 설교하는 것이다. 오늘날에는 이런 설교가 전혀 호소력을 발휘하지 않지만, 이 방식을 사용한 몇몇 설교자들에게 하나님의 특별하신 축복이 임하였다는 것을 알 필요가 있다. 그 유명한 조나단 에드워즈(Jonathan Edwards)의 경우가 그랬다. 그는 건강이 좋지 않았고 목소리도 힘이 없었고 제스처도 빈약하기 이를 데 없었다. 그리고 그의 설교로 말하자면, "그는 설교문을 기록했는데, 어찌나 글자를 작게 썼고 잘 알아볼 수 없게 썼든지, 눈 가까이에 바싹 갖다 대어야만 읽을 수가 있었다. '그는 그 설교문을 들고 강단에 올라가서는 자기가 써 놓은 것을 대부분 읽어내려갔는데, 그러면서도 그 내용에 매이지 않았다.'"[93]

그러나 오늘날 우리로서는, 즉석 설교가 정확성이 없다면 철저한 원고 설교는 직접성(immediacy)이 없다. 오늘날의 세대는 설교자와 회중 간의 얼굴과 얼굴을 맞대고 눈과 눈을 마주보는 관계를 요구한다. 오늘날에는 1914년부터 1926년까지 센 마틴인더필즈 교회(St. Martin-in-the-Fields)의 목사였던 딕 셰퍼드(Dick Sheppard) 같은 설교자들이 환영을 받는다. 그는 "언제나 사람에게 말했고" 또한 "허공을 향해 말들을 마구 뿌려대는 일 따위는 절대로 하지 않았다."[94]

언어의 정확성과 전달의 직접성을 겸비할 수 있는 방법이 유일하게 한 가지 있는 것 같다. 그것은 다름이 아니라 서재에서는 설교문을 작성하고 또한 강단에서는 그 원고를 읽지 않는 것이다. 기록하는 일은 지극히 유익한 작업이다. 첫째로, 글로 쓰게 되면 사람이 생각을 조리있게 하게 된다. 말을 마구 쏟아내는 설교자들은 아주 재치 있는 언변으로 자기들의 초라한 생각을 얼마든지 은폐시킬 수 있다. 그러나 원고에 써놓은 것을 무시하기는 훨씬 더 어렵다. 사실, 성실성을 지키는 사람으로서는 그렇게 하기가 불가능하다. 둘째로, 글로 쓰게 되면 똑같은 옛날의 케케묵은 것들에게로 빠져 들어가는 것을 막을 수가 있다. 옛 진리들을 새로운 방식으로 표현하는 법을 개발하도록 도와주기 때문이다.

그러므로 설교 전체를 글로 쓰는 것이 지혜로운 일이다. 하지만 그 원고는 어떻게 하는 것이 좋을까? 원고를 완전히 암기하고서 원고 없이 강단에 서서 그것을 머릿속으로 더듬어 가며 읽을 수 있도록 습관을 들이는 방식은 추천할 만한 것이 못된다. 그 일을 위해 들여야 할 수고도 엄청나지만, 강단에서 내용을 잊어버릴 위험도 크며, 거기에 들어가는 에너지가 너무 커서 설교자가 자신의 메시지나 회중 대신 설교 원고를 기억해 내는 일에 온 정신을 집중시키게 되기 때문이다.

두 번째 방식은 원고를 강단에 들고 올라가지만, 읽는 것이 아닌 다른 목적을 위해서 그것을 사용하는 것이다. 이 방식을 사용했던 한 사람을 예로 들자면 조셉 필모어(Joseph Pilmore: 1734-1825)를 들 수 있을 것이다. 그는 존 웨슬리(John Wesley)에 의해 평신도 순회 설교자로 임명받았고 그 후에는 시베리 주교(Bishop Seabury)에 의해서 미국 감독 교회(American Episcopal Church)의 목사로 임직받았고, 복음적인 열정으로 뉴욕의 크라이스트 교회(Christ Church)와 필라델피아의 센 폴스 교회(St. Paul's Church)의 담임 목사직을 담당했다. 그의 교회원 중의 한 사람은 그에 대해 다음과 같이 묘사하였다:

> 그는 설교문을 기록했고, … 그의 원고가 언제나 그의 앞에 놓여 있었다. 그는 설교를 시작하면서 원고를 읽어내려간 것은 물론 아주 의도적으로 거의 활기가 없이 읽어내려갔다. 그러나 점점 뜨거워지면서 그의 눈이 초롱초롱해지고 그의 얼굴의 근육들이 움직이기 시작하더니 그의 영혼에 불이 타오르면서 마치 폭포수와도 같이 즉흥적인 메시지가 쏟아져내린다. 그렇게 되면 그 원고를 둘둘 말아서 손에다 쥐고 문자 그대로

청중 앞에서 그것을 흔들어 대는데, 그것이 그 원고의 유일한 용도가 된다.[95]

세 번째로 가장 좋은 방식은 원고를 간략한 노트로 줄인 다음 그것을 갖고 강단에 서는 것이다. 설교를 조심스럽게 준비했고 기록도 했고 위해서 기도도 했을 경우, 아주 놀라운 것은 설교를 진행하는 동안 그 내용의 대부분이 우리의 뇌리에서 쉽게 떠오르고 그러면서도 동시에 아주 자유롭게 그 노트에서 벗어나기도 하고 그것들을 더 확충시키기도 한다는 것이다. 제임스 스튜어트(James Stewart) 교수는 그 스스로도 아주 훌륭한 설교자였는데, 그는 이것이 바로 그가 사용한 방식이었다고 말한다. 그는 이렇게 쓰고 있다: "나는 언제나 주일 오전 설교만은 최소한 완전히 다 기록하려 했고" 또한 "토요일 오전에 이 원고를 한두 페이지 정도로 요약하여 주일에 교회당에 갈 때 그것을 갖고 간다."[96]

원고를 기록한 다음에는 기도가 있어야 한다. 물론 설교 준비를 하기 전에 이미 기도했고, 준비하는 동안 내내 기도하는 자세를 지속한다. 그러나 이제 설교가 완성되었고 기록도 되었으니, 이제 그 설교를 위해 기도할 필요가 있는 것이다. 이런 기도를 위한 가장 좋은 시간은 주일 교회당으로 떠나기 30분 전 쯤이다.

하나님 앞에 무릎을 꿇는 것이 있어야 우리의 메시지가 우리의 것이 되고 그 메시지를 소유하고 또 소유하여 마침내 그 메시지가 우리를 소유할 수 있게 되는 것이다. 그럴 때에 그 메시지가 설교 노트에서나 우리의 기억에서 나오는 것이 아니라, 우리의 개인적인 확신의 깊은 곳으로부터 우리 마음에서 우러나오는 순전한 말이 되어 터져 나오는 것이다. 그러므로 백스터의 말처럼, "목사는 회중 앞에 나아가기 전에 그 마음에 특별한 고통을 지녀야 하는 것"이다.[97] 코튼 매더(Cotton Mather)는 "마음으로 설교를 얻으라"고 했는데, 이는 "마음으로 설교를 배우라"는 뜻이 아니라 "준비해 놓은 내용이 마음에 적절히 스며들게 하라"는 뜻이다.[98] 설교자는 누구나 마치 짐을 잔뜩 실은 점보 제트기가 활주로를 육중하게 달려가기만 하고 전혀 날아오르지 못하는 것같은 그런 무거운 설교와 또한 "새가 갖고 있는 방향 감각과 날개를 지닌" 그런 설교가 어떻게 다른지를 잘 안다.[99] 우리의 설교가 이 가운데 어느 것이 될지는 대개 설교하기 전에 기도하면서 정리가 된다. 우리는 본문이 우리에게 새롭게 생생하게 다가오며, 거기서 영광의 빛이 비쳐나오며, 우리 마음에 불길이 타올라 하나님의 말씀의 폭발적인 능력을 우리 속에서 체험하기 시작하기까지 기도해야 하는 것이다.

그 옛날 선지자들과 지혜자들은 이에 대해 말씀하였다. 예레미야는 "내가 다시는 여호와를 선포하지 아니하며 그의 이름으로 말하지 아니하리라 하면 나의 마음이 불붙는 것 같아서 골수에 사무치니 답답하여 견딜 수 없나이다"라고 말씀했고, 욥보다 나이 어린 "위로자"로서 앞의 세 사람이 욥이 당한 곤경에 대한 해답을 찾지 못한 데 대해 화를 낸 엘리후도 이와 비슷한 경험을 했다: "내 속에는 말이 가득하니 내 영이 나를 압박함이니라. 보라 내 배는 봉한 포도주통 같고 터지게 된 새 가죽 부대 같구나. 내가 말을 하여야 시원할 것이라. 내 입을 열어 대답하리라." 또한 악인들에게 둘러싸여 압박을 당하던 시편 기자는 이렇게 말씀하였다: "내 마음이 내 속에서 뜨거워서 작은 소리로 읊조릴 때에 불이 붙으니."[100]

하나님의 메시지가 우리 속에서 타는 불이나 발효하는 포도즙 같아야 한다. 우리 속에서 압박이 생기는 것을 느끼기 시작하여 그것을 더 이상 견딜 수 없을 정도까지 되어야 한다. 그렇게 되면 비로소 설교할 준비를 갖추게 되는 것이다.

설교 준비의 시작부터 마지막까지의 전 과정을 미국의 한 흑인 설교자가 다음과 같이 훌륭하게 정리해 주고 있다: "먼저 나 스스로 완전히 읽고, 그 다음은 나 스스로 분명하게 생각하고, 그 다음에는 나 스스로 뜨겁게 기도하고, 그 다음에는 설교가 나가게 한다."

후기

필자는 때로 목사 후보생들과 젊은 설교자들에게서 이런 질문을 받는다. 곧, 설교를 준비하는 과정에 그렇게도 공이 들어가는 것이라면, 설교 한 편을 준비하는 데 어느 정도나 시간이 소요되는가? 하는 것이다. 이 질문을 받으면 언제나 당혹감을 느꼈다. 왜냐하면 간단하게 대답하기가 불가능하기 때문이다. 아마 가장 좋은 대답은 "여러분의 평생이지요"라는 것일 것이다. 왜냐하면 설교 한 편 한 편마다 어떤 면에서 그 설교자가 그 때까지 배워온 모든 것이 녹아들어가 있기 때문이요, 또한 그 설교자가 오랜 세월을 통하여 이루어온 그 자신의 인격이 그대로 반영되기 때문이다. 실질적으로 소요되는 시간을 계산하기가 어려운 이유는 정확히 언제 그 과정이 시작되었는지를 이야기할 수가 없기 때문이다. 그 설교의 배경을 이루는 독서에 소비한 시간을 거기에 포함해야 할 것인가? 또한 이미 수 년 동안 연구하고 준비를 해왔으므로, 그 어떠한 본문을 접해도 반드시 전에 읽어보았거나 생각해 본 것일 수밖에 없고, 따라서 이미 축적되어 있는 생각들을 갖고서 그 본문에 다가가게 되는 것이다.

그러나, 본문을 선택하는 순간부터 설교 원고의 작성이 마쳐질 때까지 어느 정도나 걸리느냐고 구태여 묻는다면, 필자로서는 갓설교를 시작한 설교자들의 경우에는 10시간 내지 12시간 정도가 소요될 것이고(본회퍼[Bonhoeffer]는 "열두 시간 정도 설교를 준비하는 것이 일반적인 좋은 기준"이라고 말했다),[101] 경험이 많은 설교자의 경우도 여섯 시간은 족히 걸릴 것이라고 생각한다. 도움이 될 만한 개략적인 기준을 제시하라면, 5분짜리 설교 한 편당, 최소한 1시간의 준비가 필요하다 할 것이다.

---

1. Spurgeon, *Lectures*, Second Series, p. 4. 「스펄전 목회론」, 크리스챤 다이제스트

2. Jowett, pp. 113-14.

3. "On Preaching," in Bainton, *Erasmus*, p. 323에서. 「에라스무스의 생애」, 크리스챤 다이제스트

4. Oxford University Press.

5. S.P.C.K. 1969.

6. *The Calendar and Lessons for the Church Year*, p. 7.

7. Morris, p. 143.

8. Stewart, *Heralds*, pp. 110-11.

9. Ford, *Ministry*, p. 210.

10. Morgan, *Preaching*, p. 50.
11. Stalker, p. 166.
12. Tizard, p. 71.
13. Luccock, p. 205.
14. Bosanquet, p. 110.
15. Spurgeon, *Lectures*, First Series, p. 42.
16. Spurgeon, *All-Round Ministry*, p. 124.
17. Hirsch, p. 1.
18. Dale, p. 91.
19. 이 내용은 1979년 12월 7일의 개인적인 대화에서 취한 것이다.
20. Carus, p. 717.
21. Simeon, *Horae*, pp. vi, vii.
22. Ibid., Vol. XXI.
23. Hopkins, p. 59.
24. Baxter, *Reformed Pastor*, p. 160. 「참된 목자」, 크리스챤 다이제스트
25. Jowett, p. 133.
26. Pit-Watson, p. 65.
27. Mitchell, *Black Preaching*, p. 175.
28. Smyth, *The Art*, p. 27.
29. Gillett, p. 12.
30. Sangster, *The Carft*, p. 90.
31. Smyth, *The Art*, p. 177.
32. Nicoll, pp. 245, 249.
33. Spurgeon, *Lectures*, First Series, pp. 88-9.
34. Smyth, *The Art*, pp. 19-54.
35. Ibid., p. 22.
36. Sangster, *The Craft*, pp. 53-94.
37. Luccock, pp. 134-47.
38. *The Guardian Weekly*, 29 January, 1978.
39. Gowers, p. 1.
40. Arnold, in Gowers, p. 3.
41. Swift, in Gowers, p. 119.
42. Gowers, p. 47.
43. Grubb, pp. 153, 155.

44. Leacock, p. 109.
45. C. S. Lewis, *Studies*, pp. 6-7.
46. W. H. Lewis, *Letters*, p. 271.
47. Muggeridge, *Chronicles, The Green Stick*, p. 171.
48. Smyth, *Garbett*, p. 172.
49. 시 103:13; 1:4; 호 14:5; 사 40:31; 렘 23:29.
50. 마 5:13, 14; 눅 17:24; 마 23:27; 살전 2:7; 약 4:14.
51. Sangster, *The Craft*, p. 211.
52. Smyth, *The Art*, pp. 55-98의 "The Exemplum"이라는 장을 보라.
53. Smyth, *The Art*, p. 146.
54. Haller, pp. 140, 142.
55. *The Human Situation* (1937), in Keir, pp. 65-66의 제3장에서.
56. Beecher, pp. 127, 134.
57. Ryle, *Light*, p. 408.
58. Spurgeon, *Lectures*, Third Series, pp. 1-3.「스펄전 목회론」, 원광연 역 (고양: 크리스챤 다이제스트, 2003), 552-555쪽.
59. P. Sangster, *Dr. Sangster*, p. 275.
60. Jowett, p. 141.
61. 예컨대, 렘 1:6; 고전 3:1, 2; 14:20; 히 5:11-14.
62. 시 36:7; 룻 2:12.
63. W. Sangster, *The Craft*, p. 239.
64. Ferris, p. 93.
65. Broadus, p. 101.
66. Vinet, p. 269.
67. Bull, p. 131.
68. 빌 3:1; 벧후 1:12, 13; 참조. 벧후 3:1, 2.
69. *On the Christian Doctrine*, IV. 12, in Schaff, Vo. III, p. 583.
70. Berlo, p. 12.
71. Broadus, p. 210.
72. 예컨대, 요 3:18-21; 롬 1:18-23; 살후 2:10-12; 요일 1:6, 8; 요이 4; 요삼 3, 4.
73. Morgan, I, *Godly Preachers*, p. 28.
74. 1769년 5월 13일자, 1774년 5월 21일자, 1779년 6월 13일자 일기를 보라.
75. Jones, p. 289; Gammie, p. 198.

76. Baxter, *Reformed Pastor*, p. 160.
77. P. White, *Jugle Doctor*, p. 129.
78. Dale, pp. 22-4.
79. Wilkins, p. 25.
80. Ryle, *Christian Leaders*, p. 53.
81. Beecher, pp. 23-5.
82. Ibid., p. 236.
83. Dale, p. 146.
84. Black, p. 62.
85. Spurgeon, *All-Round Ministry*, pp. 117-18. 「스펄전 목회론」, 원광연 역 (고양: 크리스챤 다이제스트, 2003), 125-126쪽.
86. Simeon, *Horae*, Vol. 1, p. xxi.
87. Bernard, pp. 11, 72. John Perkins, *The Art of Preaching* (1631)의 제 7장도 이와 비슷하게 "교리들의 사용과 적용법에 대하여"라는 제목이 붙어 있다. 그는 각기 성격이 다른 사람들의 범주들을 열거하고 그들에게 어떻게 메시지를 전할지를 제시하고 있다(pp. 664-8).
88. Dargan, Vol. II, pp. 314-15.
89. 이것은 Roger Simpson이 올 소울즈 교회에서 행한 한 설교의 결론이다.
90. Henson, *Retrospect*, Vol. III, pp. 312-13.
91. Eliot, p. 48.
92. Smyth, *The Art*, p. 178.
93. Dwight, Vol. I, p. 605.
94. *The Best of Dick Sheppard*, ed. H. E. Luccock, 1951, p. xix, in Davies, pp. 103-4.
95. Chorley, pp. 34-5.
96. 1978년 9월 30일의 사적인 대화에서.
97. Baxter, *Reformed Pastor*, p. 158.
98. Mather, p. 192.
99. Luccock, p. 12.
100. 렘 20:9; 욥 32:18-20; 시 39:3.
101. Fant, *Bonhoeffer*, p. 148.

제 7 장
진실함과 열심

진실함

오늘날의 젊은이들에게는 위선(僞善, 혹은 외식[外飾])보다 더 메스꺼운 것이 없고, 진실함보다 더 매력적인 것은 없다. 더욱이 이런 그들의 성향은 위선을 극심하게 꾸짖으신 그리스도의 생각을 반영하는 것이라 하겠다. 젊은이들은 우리 성인들의 속임수와 가식을 혐오한다. 그들은 후각이 매우 예민하여 먼 거리에서도 종교적인 허풍의 아주 미세한 냄새까지도 다 맡아낸다. 그리고 우리 설교자들의 허세에 대해서는 특히 의심이 많다. 마치 이미 도망쳐 버린 쥐를 쫓는 개처럼 코를 킁킁거리면서 설교자에게서 무슨 모순점이 드러나지 않는지를 찾아다니는 것이다. 물론 그들 자신도 변함없이 정직하거나 일관성 있게 처신하는 것은 아니다. 타락한 인간이 언제 그랬던 적이 있던가? 그러나 그럼에도 불구하고, 우리 설교자들에게서 높은 수준의 도덕성과 순결함을 기대하는 그들의 자세는 정당한 것이다. 설교자는 자기들의 경험이나 관심이나 신념과는 동떨어진 주제들에 대해 강의하는 강사(講士)들이 아니고, 자기들의 메시지를 몸소 실천해야 하는 사람들이기 때문이다. 그러므로 설교자들은 누구보다도 진실해야 한다.

설교자의 진실함에는 두 가지 면이 있다. 곧, 강단에서 말씀하는 바가 진실로 그가 의도하는 말씀이라는 것과 또한 그가 전하는 내용을 강단 바깥에서 몸소 실천하는 것이다. 사실, 이 두 가지는 필연적으로 하나로 묶여진다. 리처드 백스터의 말처럼 "진실로 의도하는 말을 하는 사람은 분명 자기가 말하는 바를 행할 것"이기 때문이다.[1]

이 원리를 설교자에게 적용할 때에 가장 근본이 되고 가장 기초가 되는 것은 복음을 선포하는 자는 그 자신이 복음을 받아들인 사람이어야 하며, 그리스도를 전하는 자는 그 자신이 그리스도를 아는 사람이어야 한다는 것이다. 그렇다면, 회심하지 않은 설교자나 복음화되지 않은 복음전도자의 이상스러움에 대해서는 무어라 말할 것인가? 스펄전은 그 특유의 강력한 표현력으로 그런 사람을 묘사한다:

> 은혜에 무지한 목회자는 마치 맹인이 광학(光學) 교수에 임명된 것과 같습니다. 빛과 시력에 대해서 철학적으로 논하고, 멋진 명암과 아주 미묘하게 혼합된 프리즘 색깔에 대해서 강의를 하고 다른 사람들을 가르칩니다. 자기 자신은 완전히 캄캄한 어둠 속에 있으면서 말입니다! 벙어리가 음악 교수직에 오른다거나, 귀머거리가 교향곡과 멋진 합창의 하모니에 대해서 유창하게 논한다고 생각해 보십시오! 그런 목회자는 독수리 새끼들을 교육시킨다고 떠드는 두더지와도 같고, 따개비가 천사들의 회의의 의장으로 선출된 것과도 같습니다.[2]

스펄전의 그림 같은 묘사에 대해서는 미소를 짓지만, 그가 묘사하는 그 끔찍스러운 비정상에 대해서는 결코 미소를 지을 수가 없다. 그런데 여전히 여러 교회들의 강단에서 그런 사람들을 보게 되는 것이다.

이 문제에 대해서는 윌리엄 헤슬럼 목사(Rev. William Haslam)의 경우보다 더 두드러진 예를 들 수가 없을 것이다. 그는 1842년 영국 국교회에서 목사로 임직받은 후 노스 콘월(North Cornwall) 교구에서 성실하게 섬겼다. 그는 옥스퍼드 운동(Tractarian)에 속한 목사로서 비국교도를 마음으로 혐오한 사람이었고 골동품과 건축에 조예가 뛰어난 사람이었다. 그러나 그는 만족이 없었다. 속에서 흐르는 생수의 샘이 없었기 때문이다. 그러던 중 목사 임직을 받은지 9년이 지난 1851년, 어느날 "너는 그리스도를 누구라 하느냐?"라는 본문에 근거하여 복음을 설교하는 중에 성령께서 그의 눈을 열어(이것이 수많은 사람들의 기도의 응답이었음은 물론이다) 그가 말씀하고 있는 그 그리스도를 보게 하셨고, 마음으로 그를 믿게 하셨다. 그에게 일어난 변화가 너무도 뚜렷하여, 그날 그 교회당에 우연히 있게 된 그 지방의 한 설교자는 자리에서 튀어오르면서 "목사님이 회심하셨습니다! 할렐루야!"라고 소리쳤고, 그러자 300명 내지 400명 되는 회중이 와자지껄하며 환성을 지르는 바람에 그의 목소리가 완전히 파묻혀버렸다. 헤슬럼 목사 자신은 "그 와자지껄한 찬양에 합류하여 그 찬양을 질서 있게 정돈시켰고 … 영광송을 선창했고 … 교인들은 마음을 다하여 목청을 높여 계속해서 함께 찬양하였다." "목사가 회심했고, 그것도 자기 교회의 강단에서, 자기 설교를 통해서 회심했다!"는 소식이 불길처럼 번져나갔다. 그의 회심은 그의 교구의 큰 부흥의 시발점이 되었고, 그 후 거의 3년 동안 그 부흥의 상태가 지속되어 하나님의 임재하심이 생생하게 드러났으며, 거의 매일 회심 사건이 일어났고, 훗날 하나님께서는 그를 부르사 동료 목사들을 예수 그리스도를 진정으로 알도록 인도하는 정말 지극히 이례적인 사역을 감당하도록 하셨다.[3]

그러나, 교회원들은 성령께서 목사들의 삶 속에서 그들을 인도하여 회심하게 하시는 것 이상의 역사를 해 주시기를 기대할 권리가 있다. 성령의 열매도, 즉 그리스도인의 성숙한 인격도 기대하는 것이 자연스러운 일이다. 바울은 디모데와 디도에게 그리스도인의 행실의 모범이 되라고 말씀했다. 베드로도 비슷하게 장로들에게 권위로 군림하지 말고 "양 무리의 본"이 될 것을 교훈하였다.[4] 여기서 강조하는 바가 무엇인지는 분명하다. 커뮤니케이션은 말로도 이루어지지만 상징으로도 이루어진다. "사람이 설교만 하고 있을 수는 없고, 그 자신도 생활을 해야 한다. 그런데 그가 사는 생활에는 여러 가지 특이점들이 있겠지만, 그 생활은 그 사람의 설교의 능력을 빼앗아버리든지, 아니면 그의 설교에 살과 피를 공급해 주든지 둘 중의 한 가지 결과를 초래하게 된다."[5]

우리의 본 모습은 숨겨지지 않는다. 사실, 우리 자신의 됨됨이로도 입으로 말하는 것만큼이나 분명하게 말하는 것이다. 그러므로 이 두 목소리가 뒤섞일 때, 설교의 메시지의 영향이 배로 증가하는 것이다. 그러나 이 두 목소리가 서로 모순이 되면, 그 중 한 목소리가 아무리 적극적으로 증거해도 다른 목소리가 그것을 부정해 버리고 만다. 스펄전이 묘사하는 것처럼 좋은 설교자이면서도 아주 형편없는 그리스도인일 때에 바로 그런 일이 벌어지는 것이다. 그는 이렇게 말한다: "설교를 잘하는데 품행이 너무 나쁜 어떤 사람의 이야기를 우리는 잘 알고 있습니다. 그 사람이 강단에 올라서면 모든 사람이 절대로 강단에서 내려오지 말아야 한다고 말하나, 일단 강단에서 내려오고 나면 모두가 그 사람은 다시 강단에 올라가서는 절대로 안 된다고 이야기했다고 합니다."[6]

바로 이 점이 우리에게 제기되는 실질적인 문제점이다. 목사들은 그리스도인의 성숙의 모델들로 간주된다. 교인들은 우리 목사들을 모델로 바라보고, 받들어 모시고, 이상(理想)으로 삼으며 심지어 우상화하기까지 하는 경향이 있다. 그러나 우리는 그들이 보는 우리의 모습이 최소한 부분적으로는 잘못된 것이라는 것을 잘 안다. 왜냐하면, 물론 하나님의 은혜가 우리 속에서 역사해 왔고 지금도 역사하고는 있지만, 우리는 그들이 생각하는 것처럼 그렇게 완전한 덕(德)의 전형들은 아니기 때문이다. 그러니 어떻게 처신하면 좋겠는가? 지금 논의하고 있는 이 진실함 자체가 바로 그들이 만들어낸 허상을 깨뜨리고 우리 자신들의 진정한 모습을 진솔하게 드러낼 것을 요구하지 않는가? 어느 정도나 자기를 드러내 보이는 것이 강단에서 적절할까?

이 중요한 문제들에 대한 필자의 대답은 여기서도 마찬가지로 극단적인 태도들을 피해야 한다는 것이다. 한 편으로는, 강단을 무슨 고백의 장소로 만든다는 것은 부적절하며 어울리지도 않고 아무에게도 도움이 안 될 것이다. 그러나 다른 한 편으로, 마치 완전한 사람인 것처럼 행세한다면 우리 자신이 부정직한 것일 뿐 아니라 회중에게도 실망을 주게 될 것이다. 그러므로 우리는 우리도 그들과 똑같이 연약함과 타락성을 지녀서 유혹과 고통에 넘어지기 쉽고, 의심과 두려움과 죄와 싸우며, 하나님의 용서하시고 해방시키시는 은혜에 끊임없이 의지해야 할 인간들이라는 진리를 인정해야 할 것이다. 이렇게 함으로써 설교자는 하나의 모범으로 — 그러나 겸손과 진리의 모범으로 — 남아 있을 수가 있는 것이다.

한 인격자로서의 설교자

이 모든 사실로부터 다시 한 번 분명해지는 것은, 설교가 그저 몇 가지 연설 기법을 터득하는 것으로 전락되어서는 결코 안 된다는 사실이다. 설교 밑에는 신학 전체가 놓여 있고, 설교 뒤에는 삶 전체가 숨어 있는 것이다. 그러므로 설교 행위는 설교자의 인격성과 분리될 수가 없다.

신약 성경이 목사의 자기 훈련을 강조하고 있는 것은 바로 그 때문이다. 바울은 에베소의 장로들에게 먼저 "여러분은 ⋯ 삼가라"고 훈계한 다음 "성령이 그들 가운데 여러분을 감독자로 삼고 하나님이 자기 피로 사신 교회를 보살피게 하셨느니라"라는 말씀을 덧붙였다(행 20:28). 그는 또한 디모데에게도 비슷하게 권면하였다: "네가 네 자신과 가르침을 살피라"(딤전 4:16). 이 순서는 매우 중요하다. 우리 목사들은 우리가 섬기는 회중과 우리가 가르치는 교리 모두에 대해서 하나님께서 주신 책임을 지고 있다. 그 둘이 우리에게 맡겨져 있기 때문이다. 그러나 그보다 우선하는 것은 우리 자신에 대한 책임이다. 곧, 하나님과 개인적으로 동행하며 하나님을 향한 우리의 충성을 그대로 유지할 책임이 그것이다. 먼저 그 스스로 예수 그리스도의 좋은 종이 되지 않고서는 어느 누구도 다른 사람들에게 좋은 목사나 좋은 교사가 될 수 없는 것이다. 개인적으로 훈련된 경건 생활의 습관이 — 특히 성경 묵상과 기도의 습관이 — 뒷받침되지 않고서는, 목회 심방이나 상담의 시행도, 신학 연구와 설교 준비의 훈련된 시행도 모두 메마른 습관적 행위가 되어 버리고 말 것이다. 목사는 누구나 자신의 목회 사역이 얼마나 힘든 것인가를 잘 안다. 오해를 받기도 하고 반대를 만나기도 한다. 그리하여 정신과 육체가 지쳐버릴 수도 있고, 외로움과 실망을 견뎌야 할 때도 있다. 하나님의 강한 능력이 우리의 연약함 속에서 드러나고, 우리의 죽을 몸에서 예수님의 생명이 드러나 "우리의 속사람이 날로 새로워지"는 역사가 없다면(고후 4:7-11, 16), 아무리 강인한 인격자라도 이런 압박의 무게에 짓눌려 무너지고 말 것이다.

설교자와 설교 사이의 이런 불가분리의 관계는 갖가지 설교의 정의 속에 잘 드러나 있다. 그 중에 가장 널리 알려져 있는 것은 22년 동안 보스턴의 트리니티 교회(Trinity Church)의 교구 목사로 봉직하였고(1869-1891) 그의 생애 마지막 2년 동안(1891-1893) 매사추세츠의 주교로 봉직한 필립스 브룩스(Philips Brooks)의 정의인데, 그가 1877년 예일 대학 신학부(Yale Divinity School)의 라이먼 비처 기념 강좌(Lyman Beecher Lectures)에서 제시한 것이다. 그의 첫 강좌는 "설교의 두 가지 요소"(The Two Elements in Preaching)

로 제목이 붙여졌는데, 그 중에서 다음과 같은 정의가 제시되고 있다:

> 설교란 한 사람이 여러 사람들에게 진리를 전달하는 것입니다. 거기에는 두 가지 필수적인 요소가 있는데, 곧 진리와 인격이 그것입니다. 이 둘 중 하나가 없으면 설교가 될 수 없습니다 … . 설교란 인격을 통해서 진리를 전달하는 것입니다 … . 진리는 그 자체가 고정되어 있는 요소입니다. 그러나 인격은 가변적이며 자라나는 요소입니다.[7]

어쩌면 필립스 브룩스는 1872년 그 아버지를 기념한 예일 강좌를 최초로 행했던 헨리 워드 비처(Henry Ward Beecher)의 말을 의식적으로 되풀이한 것이었는지도 모른다. 헨리 비처는 이렇게 말했었다: "설교자란, 어느 정도는 진리가 인격적인 형태로 재생된 것이라 하겠다. 진리가 살아 있는 체험으로, 영광스러운 열정으로, 강렬한 현실로서 그의 속에 존재해야 하는 것이다."[8]

회중교회의 평신도인 버나드 로드 매닝(Bernard Lord Manning: 1892-1941)이 제시한 설교의 정의에서도 이와 다소 비슷한 강조점을 발견할 수 있다. 그는 설교란 "성육신하신 말씀(the Incarnate Word)을 기록된 말씀(the Written Word)으로부터, 말로 전해지는 말씀(the Spoken Word)을 통해서 드러내는 것"이라고 하였다. 그는 계속해서 말하기를, 설교야말로 "예배의 가장 엄숙한 행위이며 그 속에서 제시되는 내용 — 하나님의 아들의 복음 — 이 그것을 선포하는 설교자를 가리며 심지어 그를 완전히 변화시키기까지 하는 것이다"라고 하였다.[9] 설교자가 자기가 전하는 내용에 감동을 받지 못한 상태 그대로 있을 수 있다는 것은 분명 생각조차 할 수 없는 일이다. 설교자의 생각들을 통제하고 그의 행실에까지 영감을 줌으로써 설교자를 만드는 것이 바로 그 메시지인 것이다.

그러므로 제임스 블랙(James Black)은 다음과 같이 풍성하게 정의하고 있다: "우리에게는, 설교는 우리의 신앙이 자연스럽게 넘쳐 나오는 것이다. 복음을 받았으니 그것을 다른 이들에게 이야기하기를 사모하는 것이다. 우리의 신앙은 도저히 억누르거나 속에 담아둘 수 없는 그런 기쁨과도 같다. 흘러 넘치는 컵처럼 거품이 되어 넘치는 것이다 … . 설교는 그 어떠한 의미로도 의무가 아니고, 정말로 어찌할 수 없는 기쁨이다. 그것은 마치 젊은 청년의 마음속에 사랑이 찾아오는 것처럼 하나의 자발적인 열정인 것이다."10)
이 네 가지 정의들 모두가 설교자와 설교 행위에는 서로 불가분리의 관계가 있다는 것을 강조하고 있는 것이다.

진실함에 대한 논지들

대다수의 사람들에게 진실함이란 자명한 덕목이요 구태여 말로 추켜세울 필요조차 없는 것이다. 우리 모두 안일함 때문에 철저한 정직을 꺼리고 어느 정도 위선과 허위에 빠져들어가고 있음을 볼 때에, 강력한 논지들로 무장하는 것이 지혜로운 일일 것이다. 그런 논지들은 멀리 있는 것이 아니다. 신약 성경이 최소한 세 가지 논지를 제시하고 있다.

첫째로, 신약 성경은 가르치는 자가 되는 일이 본래 위험스러운 일임을 경고하고 있다. 분명히 말하지만, 가르치는 일은 영적인 은사요 그 사역은 크나큰 특권이다. 그러나 동시에 그 사역에는 위험이 수반된다. 다른 이들을 가르치는 선생들이 자기들이 가르치는 교과 과정에 대해 무지하다고 변명할 수는 없는 일이기 때문이다. 바울이 유대인 랍비에 대해 말씀하듯이, "유대인이라 불리는 네가 … 맹인의 길을 인도하는 자요 어둠에 있는 자의 빛이요 율법에 있는 지식과 진리의 모본을 가진 자로서 어리석은 자의 교사요 어린 아이의 선생이라고 스스로 믿으니, 그러면 다른 사람을 가르치는 네가 네 자신은 가르치지 아니하느냐?"(롬 2:17-21). 교사들에게 위선이 있다는 것이 특별히 더 괘씸한 이유는 그것이 용납될 수 없는 일이기 때문이다. 그렇기 때문에 예수님도 바리새인들을 그렇게 혹독하게 판단하신 것이다: "그들은 말만 하고 행하지 아니하며"(마 23:1-3). 그렇기 때문에 야고보도 깜짝 놀랄 만한 충고를 하는 것이다: "내 형제들아 너희는 … 선생이 많이 되지 말라." 왜? "선생된 우리가 더 큰 심판을 받을 줄 알고[있으니]"(약 3:1).

둘째로, 위선은 큰 과실(過失)을 초래한다. 그리스도를 따른다고 말하는 몇몇 사람들의 위선적인 처신 때문에 많은 사람들이 그리스도로부터 멀어져 갔다. 바울은 이를 알고 있었고, 그리하여 다른 사람의 믿음에 걸림돌이 되지 않기로 결심하였다: "우리가 이 직분이 비방을 받지 않게 하려고 무엇에든지 아무에게도 거리끼지 않게 하고 오직 모든 일에 하나님의 일꾼으로 자천하였도다"(고후 6:3, 4). 그리고 이어서 그는 자신이 당한 고난과 자신의 성품을 자신의 믿음이 실재한다는 증거로 제시하고 있다. 그의 메시지와 그의 행실은 결코 분리되는 것이 아니었다.

그러나 다른 설교자들의 경우는 그와 다르다. 강단에서는 그리스도와 그가 베푸신 구원을 높이 외치지만, 강단에서 내려오면 그를 부인하고, 다른 사람과 마찬가지로 구원받았다는 증거를 보여주지 못하는 것이다. 그리하여 우리의 메시지가 신빙성을 상실하게 된다. 기침과 재채기를 연신 해대면서 감기약을 파는 세일즈맨의 말을 곧이들을 사람이 아무도 없는 것처럼, 만일 우리가 전하는 기독교의 메시지와 우리의 삶이 서로 모순이 된다면 아무도 우리의 메시지를 받아들이지 않을 것이다.[11]

백스터는 말하기를, 주일에 한 두 시간 동안 우리의 입으로 집을 지은 다음 주중에 우리의 손으로 그 집을 무너뜨리는 식이라면, 우리 자신이 우리의 사역에 큰 장애거리가 될 수밖에 없다고 한다:

> 설교와 삶의 균형이 어긋나 있는 그런 목사들에게서 나타나는 뚜렷한 오류는, 정확하게 설교하기 위해서는 열심히 연구하면서도 정확하게 살기 위해서는 거의 혹은 전혀 연구를 하지 않는다는 것입니다. 두 시간 동안 말씀을 전하는 일을 위해서는 한 주간 내내 연구해도 부족해하면서, 한 주간 내내 어떻게 살지에 대해서 연구하는 데에는 한 시간도 너무 많다고 생각하는 것 같습니다 … . 설교를 잘 하기 위해서 연구하는 것과 똑같이, 잘 살기 위해서도 연구해야 하는 것입니다.[12]

윌리엄 골딩(William Golding)은 현대의 소설가로서 위선의 부정적인 영향을 생생하게 그린 사람이다. 그는 『자유로운 타락』(Free Fall)이라는 작품에서 빈민가에서 사생아로 자라나 유명한 화가가 된 새미 마운트조이(Sammy Mountjoy)라는 사람의 이야기를 전개한다. 그는 학창 시절 두 선생과 그들이 대표하는 두 가지 상반된 세계 사이에서 갈팡질팡했다. 한 편에는 로워나 프링글(Rowena Pringle)이라는 선생이 있었는데 그녀는 성경을 가르치는 그리스도인이었고, 다른 한 편에는 닉 쉐일스(Nick Shales)라는 선생이 있었는데, 그는 과학을 가르치는 무신론자였다. 한 쪽에는 "불타는 떨기나무"의 세계, 즉 초자연적인 신비의 세계가 있었고, 다른 쪽에는 이성적으로 설명이 가능한 세계가 있었다. 새미는 본능적으로 불타는 떨기나무의 세계에 이끌렸다. 그런데 불행하게도 이런 기독교적인 인생관을 대변하던 여 선생은 자기가 결혼하고 싶어했던 목사에게 새미가 입양되자 너무도 실망하여 새미에게 칼을 들이대었다. 그녀는 그 소년을 잔인하게 대하여 목사에게 복수를 한 것이다. 새미는 후에 스스로 물어 보았다: "자기가 작은 소년을 십자가에 못 박고 … 나서는, 인간의 잔인함과 사악함에 대해 애처로워 하는 빛이 역력한 목소리로 십자가에 못 박힌 다른 분에 대해서 이야기하다니, 어떻게 그럴 수가 있을까? 그녀의 증오심에 대해서는 이해하겠는데, 그녀가 어쩌면 그렇게도 하늘과 가까이 있는 것처럼 계속 행동할 수 있었는지 그것은 도무지 이해가 되지 않는다."[13] 바로 이러한 모순 때문에 새미는 그리스도께 나아오지 못하고 만 것이다.

프링글 선생은 자기의 가르침을 망쳐버렸다. 말로는 잘 했으나 행동으로 납득시키지 못한 것이다. 반대로 쉐일스 선생은 말로는 그렇게 하지 못했으나 자기의 행동으로 자연주의적 과학적 우주에 대해서 나를 설득시켰다. 나는 이 두 가지 우주의 그림 사이에 머뭇거렸다. 그런데 불타는 떨기나무 위에 파문이 일었고, 나는 내 친구를 향해서 달려갔다. 바로 그 순간 내 뒤에서 문이 닫혔다. 나는 모세와 여호와에 대해서 문을 세차게 닫아버린 것이다.[14]

진실성을 위한 세 번째 논지는 진실한 사람이 미치는 적극적인 영향력에 관한 것이다. 바울의 경우 이것이 분명히 드러났다. 그는 아무것도 숨길 것이 없었다. 결정적으로 "숨은 부끄러움의 일을 버린" 다음, 그는 진리를 분명히 나타냄으로써 "하나님 앞에서 각 사람의 양심에 대하여" 자기 스스로를 추천하였다(고후 4:2). 간사함이나 속임수는 그에게 정말 끔찍스러운 악행이었다. 그는 있는 그대로 드러내놓고서 사역을 행하였고, 하나님과 사람 모두를 그의 증인들로 삼을 수 있었다(예컨대, 살전 2:1-12). 그의 개인적인 확신, 품행의 일관성, 그리고 모든 간사한 것에 대한 거부는 그의 사역 전체를 뒷받침하는 강력한 기초를 제공해 주었다. 그의 삶에나 생활 양식에는 사람들로 하여금 믿지 못하도록 방해하거나, 아니면 사람들이 불신앙에 대한 변명거리로 삼을 수 있는 요인이 전혀 없었다. 그가 믿을 만했기 때문에 사람들이 그의 말을 믿은 것이다. 그의 말과 행동이 서로 완전히 일치했던 것이다.

철저히 진실한 사람들에게서는 이상스럽게 사람을 끄는 힘이 나온다. 그런 신자들은 불신자들을 매료시킨다. 이신론을 주장한 18세기 영국의 철학자로서 역사적 기독교를 거부한 데이비드 흄(David Hume)의 경우가 그랬다. 언젠가 그가 런던의 한 거리를 급히 걸어가고 있는데 한 친구가 그에게 어디를 그리 바삐 가느냐고 물었다. 그러자 흄은 조지 휫필드의 설교를 들으러 간다고 대답했다. 친구는 깜짝 놀라서 물었다: "하지만 자네는 휫필드가 설교하는 내용을 믿지 않는게 분명하지 않은가?" 그러자 흄은 다시 이렇게 대답했다고 한다: "나는 물론 믿지 않지. 하지만 그는 그것을 믿는다네."[15]

오늘날에도 단순한 진실함이 그 호소력이나 감화력을 전혀 잃어버리지 않았다고 믿는다. 1954년 빌리 그레이엄(Billy Graham)이 그의 런던 전도 대회(Great London Crusade)와 더불어 처음으로 런던 신문들에 대서특필되었다. 3개월 동안 매일 밤마다 대략 12,000명이 헤링게이 경기장(Haringay Arena)에 모여들었다. 거의 매일 밤마다 필자도 거기에 참석했는데, 경기장에 가득 차 있는 무수한 무리들을 둘러보면서 절반쯤 비어 있는 우리 교회들과 비교하지 않을 수가 없었다. 필자는 자문해 보았다: "우리의 설교는 들으러 오지 않는데, 어째서 빌리 그레이엄의 설교는 이렇게 들으러 오는 사람들이 많은가?" 이 질문에 대해 여러 가지 답변을 할 수 있다고 생각한다. 하지만 필자가 스스로 제시한 대답은 이것이었다: "저 젊은 미국인 전도자에게는 틀림없는 진실함이 있다. 그를 혹독하게 비판하는 자들까지도 그의 진실함에 대해서는 다 인정한다. 이 곳에 모인 수많은 사람들에게는 여태까지 접했던 기독교 설교자 중에 이 사람이야말로 최초로 투명하고 진실한 사람이리라고 믿는다." 그로부터 25년이 지난 지금에 와서도, 필자는 그때의 그 대답을 바꾸어야 할 이유를 찾지 못했다.

텔레비전 시대에 들어서면서 진실함은 한층 더 필수적인 덕목이 되었다. 존 풀턴(John Poulton)은 예리한 통찰을 주는 소책자인 『현대에 맞는 전도』(*A Today Sort of Evangelism*)에서 이에 대해서 다음과 같이 쓰고 있다:

> 가장 효과적인 설교는 말하는 바를 구체적으로 드러내는 사람들에게서 나오는 설교다. 그들이 그들의 메시지다 … . 그리스도인들은 … 그들이 하는 말을 닮을 필요가 있다. 의사 소통을 하는 것은 말이나 사상이 아니라 사람이기 때문이다 … . 텔레비전을 통해서 우리는 주저함이나 지나친 즉각적인 반응에 대해 주의하도록 훈련을 받아왔다 … 텔레비전은 정치가의 술수를 엉망으로 만들어 버렸다. 비현실적인 이야기들이나, 주장을 호소하는 것이나, 인위적인 열정들을 그대로 폭로시켰다 … . 반면에 진실함은 사람들에게 깊이 호소력을 발휘한다 … 한순간이라도 진실하지 못한 것이 드러나면 그때까지 제시해온 모든 것에 대해 의혹이 제기된다 … . 오늘날 통하는 것은 기본적으로 인격적인 진실함인 것이다.[16]

이렇듯, 위선은 언제나 거부감을 일으키지만, 진실함이나 순전함은 언제나 사람을 끄는 것이다.

진실함에 대한 주요 증거들 가운데 하나는 바로 자기가 믿는 바를 위해서 기꺼이 고난을 감수하는 것이다. 바울은 자신이 당한 환난을 자신의 추천장으로 말씀하였다.[17] 진실하지 못한 설교자는 "그리스도의 십자가로 말미암아 박해를 면하"기 위하여 값없는 은혜의 복음을 약화시킨다(갈 5:11; 6:12). 그러나 참된 하나님의 종은 반대를 견딤으로써 자기 자신을 입증한다(고후 6:4, 5). 내적으로도 고난을 당할 수 있다. 설교자는 의심과 실망에 특별히 취약하기 때문이다. 어둡고 외로운 싸움을 통해서 고결한 믿음의 빛 속으로 들어가는 경우가 많다. 청중들은 그것을 분별할 수 있고, 그렇기 때문에 그의 말씀을 더욱 주의 깊게 귀담아 듣게 되는 것이다. 콜린 모리스(Colin Morris)는 이 점을 다음과 같이 잘 표현해 주었다:

능력이 충만한 말씀은 강단으로부터가 아니라 십자가로부터 선포되는 것이다. 설교가 효과를 내려면, 귀로 들을 뿐 아니라 눈으로 보는 것이 되어야 한다. 달변이나 설교학적 기법이나 성경 지식만으로는 안 된다. 말로 전해지는 진리들에 고뇌와 고통과 갈등과 땀, 그리고 피가 배어 있어야 사람들이 듣게 되는 것이다.[18]

젊고 경험이 없는 설교자들에게는 목소리와 제스처의 실제적인 문제들이 걱정거리가 되는데, 이 문제도 인격적인 진실함과 함께 거론하는 것이 가장 좋을 것이라 생각된다. 설교자들이 자신의 말("내 말이 어떻게 들리는가?")과 자신의 모습("내가 어떻게 보이는가?")에 대해 신경을 쓴다는 것은 얼마든지 이해가 되는 문제다. 그리하여 어떤 설교자들은 그것을 직접 보고자 하여, 거울 앞에 서서 갖가지 포즈를 취하면서, 자기의 제스처를 직접 확인하기도 한다. 사실 오늘날에는 비디오 녹화기가 있어서 모습과 소리를 동시에 확인할 수가 있다. 미국이나 여러 나라들의 신학생들은 설교법을 배우면서 정기적으로 이런 기구들을 이미 사용하고 있는 추세다. 필자로서도 이런 기구들을 사용하는 것을 전면 금지하고픈 마음은 없다. 그것들이 도움이 된다는 것은 분명하기 때문이다. 그리고 거울보다는 녹음 테이프나 녹화 테이프가 더 나은 것도 사실이다. 거울 앞에 서는 연기를 해야 하지만, 테이프는 실제로 설교 실황을 전혀 꾸밈이 없이 그대로 취하여 후에 객관적으로 평가해 볼 수 있도록 도와주기 때문이다. 그러나 그럼에도 불구하고, 거기에 위험 요소가 있다는 것을 경고하고 싶다. 거울에서 자기의 모습을 보고 테이프로 자신의 목소리를 듣거나, 혹은 비디오 테이프로 두 가지를 동시에 행할 경우에, 강단에서도 계속해서 자신의 모습을 바라보고, 자신의 목소리를 계속해서 듣게 되지 않을까 염려가 된다. 설교자는 강단에서 자기 자신은 잊어버리고 자신이 전하는 하나님과 또한 그것을 듣는 청중들을 점점 더 의식하는 것이 필수적인데, 그렇게 자기의 모습이나 말소리를 의식하다 보면 하나님과 청중은 생각하지 않고 자기 자신에 대한 선입관으로 자기만을 보게 되는 함정에 빠져서 자기 자신을 정죄하게 될 것이다. 배우들이 거울과 비디오 테이프를 사용한다고 하지만, 설교자는 배우가 아니고, 강단은 무대가 아니다. 그러니 조심해야 한다! 여러분의 목소리와 제스처에 대해 솔직하게 조언해 줄 수 있는 친구에게 묻는 것이 그보다 더 가치가 있을지도 모른다. 인도의 속담에는, "좋은 친구가 있으면 거울이 필요없다"는 말이 있다. 친구에게 물으면, 여러분 자신을 교정시키면서도 동시에 여러분 자신을 잊을 수가 있는 것이다.

한 사람 혹은 그 이상의 "평신도 비평자"가 있는 것이 얼마나 가치 있는 일인지를 필자 자신이 증언할 수 있다. 필자는 1945년 말 처음 설교를 시작했는데, 그때 의과대학생인 두 친구에게 그 역할을 부탁했었다. (의학에 종사하는 사람들은 관찰 기술을 훈련받았기 때문에 아주 적격이다!) 그들이 필자에게 보낸 편지들 중에는 정말 절망스러운 것도 많았으나, 그들의 비평은 언제나 큰 유익이 되었다. 그 둘은 지금 유명한 의사들이 되어 있다.[19] 팀 사역에 속해 있는 설교자는 동료들에게 논평을 부탁하는 것이 좋을 것이다. 사실 이따금씩 사역팀이나 혹은 평신도를 포함시킨 특별 모임을 갖고서 설교에 대해 그룹 평가회를 갖는 것도 설교자들에게는 엄청난 도움이 된다. 평가회에서는 목소리나 제스처나 태도뿐 아니라, 성경 본문의 사용, 주도적인 사상과 목표, 설교의 구조와 어휘와 예증, 서론과 결론 등 설교의 내용에까지도 평가하는 것이 좋다.

스펄전은 설교의 "자세, 몸짓, 제스처"라는 주제에 대해서 두 번의 강좌를 했는데, 여기서 그는 우스꽝스러운 몸짓을 연출하는 목사를 풍자적으로 묘사하였다. 이 강좌들에는 지각 있고 재미있는 권고들이 많이 들어 있으나, 그는 신학생들이 너무 지나치게 자기를 의식하게 되지 않을까 하여 염려한 것이 분명하다. 그는 몸짓으로 연기를 하기보다는 어색하고 이상스럽게 보이더라도 그것이 차라리 낫다고 하였다.[20] 그는 이렇게 쓰고 있다:

> 전문적인 웅변가들의 트릭이나, 일부러 효과를 위해 긴장하는 것이나, 미리 준비해 놓은 클라이맥스나 휴지(休止), 극적인 동작이나, 말을 입에 다물고 우물우물하는 것 등, 효과를 위하여 미리 계산해서 쓰는 기법들을 절대로 사용하지 말기를 바랍니다. 오늘날에도 그런 호사스런 설교자들이 남아 있습니다만, 그런 자들이 속히 멸종되고, 우리 모두 살아 있고

자연스러우며 단순한 설교법을 터득하게 되기를 바라는 마음 간절합니다. 그런 것이 바로 하나님께서 복 주시는 스타일이라 여겨지기 때문입니다.[21]

그는 다른 강좌에서 신학생들에게 이렇게 말했다: "여러분, 제 원칙으로 다시 돌아갑니다. 여러분의 본래의 음성을 사용하십시오. 원숭이가 되지 말고 사람으로 남아 있으십시오. 앵무새가 되지 말고, 모든 일에 독창성을 지닌 사람으로 남아 있어야 합니다 … . 지루하겠지만, 혹시 잊는 일이 없도록 하기 위해서 이 원칙을 다시 말씀드리겠습니다. 자연스러워야 합니다. 있는 그대로의 목소리로 말씀하십시오. 언제나 그렇게 자연스럽게 하셔야 합니다."[22]

그런 자연스러움이야말로 진실함과 쌍둥이 형제다. 둘 다 다른 사람을 흉내내지 못하도록 만들며, 둘 다 우리 자신 그대로 있으라고 말하는 것이다.

열심

열심은 진실함에서 한 걸음 더 나아간다. 진실하다는 것은 말을 있는 그대로 하며 또한 우리가 말하는 바를 그대로 **행한**다는 것이다. 그리고 열심이 있다는 것은 거기에 우리가 말하는 바를 그대로 **느낀다**는 것이 덧붙여지는 것이다. 열심이란 깊은 느낌이며, 이것은 설교자들에게는 필수적인 요인이다. 프린스턴의 제임스 알렉산더(James W. Alexander)는 말하기를, "크게 느낄 줄 모르는 사람은 위대한 설교자가 될 수 없다"고 하였다.[23] 왜냐하면 "깊은 감동을 불러일으키는 강사라면 반드시 자기 스스로 깊이 느끼는 법이라는 것이 보편적으로 드러나는 현상"이기 때문이다.[24]

열심이 필요하다는 것은 비단 기독교 커뮤니케이션이나 혹은 연설에만 국한되는 것이 아니다. 어떠한 경우든 진지하게 의사를 전달하기 위해서는 거기에 감정이 들어가야 한다. 음악의 경우는 분명 그렇다. 19세기 호세 헤르난데스(Jose Hernandez)의 고전적인 시(詩)인 『가우초』(The Gaucho)를 예로 들어보자. 가우초라는 이름은 소와 말을 기르며 생계를 이어가는 본래 스페인 정착민의 혈통을 받은 아르헨티나의 한 후손에게 주어진 것이다. 그 시는 마틴 피에로(Martin Fierro)라는 한 가우초의 다양한 경험과 그가 당한 억울한 이야기를 노래하는 장문(長文)의 발라드다. 제2장에서는 피에로가 아들들에게 아버지로서 권고하는 것이 나온다. 하나님을 믿어야 하고, 사람들을 조심하고, 열심히 일하되, 분쟁하지 말고, 술을 금하라는 것이다. 그리고 그는 기타를 치며 이렇게 노래한다:

> 가수가 되고 싶거든, 먼저 느껴라
> 그러면 네 스타일을 주의할 필요가 없으리라.
> 애들아, 너희 현(鉉)을 절대로 맞추지 말고,
> 네 악기 소리를 그냥 듣고, 둥당거려라.
> 노래를 부르며 악기를 치는 습관을 들여라.
> 그것이 언제나 가치 있는 일이니.[25]

가치 있는 노래와 가치 있는 연설이 모두 깊은 감정을 표현한다는 것은 지당한 말로 들린다. 그러나 많은 기독교 전통들에서는 강단이 감정이 전혀 없는 설교를 제공한다는 탄식이 정상적으로 있어왔다. "소리가 크고 격렬한 설교도 있고, 부드럽고 온화한 설교도 있고, 화려하고 정교한 설교도 있으나, 열심 있는 설교는 별로 없다."[26] 마크 트웨인(Mark Twain)은 어느 주일의 오전 예배 실황을 아주 회화적으로 그리고 있다: "목사가 그날의 성경 본문을 읽고서 아주 단조로운 음성으로 논지를 전개해 나갔는데, 그것이 어찌나 지루했든지 한 사람씩 차례로 고개를 숙이고 졸기 시작했다. 그러나 그 논지는 불과 유황에 대한 것으로서 택함 받도록 예정된 사람들의 무리를 너무나 적게 줄여놓아서 구원할 필요조차 없게 만드는 것이었다." 설교의 주제가 매우 엄숙한 것이었으나, 어린 톰 소여(Tom Sawyer)는 그 설교가 너무나 지루하여 호주머니에서 큰 딱정벌레를 꺼내어 놓고는 주위를 돌아다니는 푸들 개 한 마리와 함께 장난을 치다가 교회 안을 온통 시끄럽게 하고 말았다. 여하튼 그러는 중에 설교가 끝나고 예배가 끝났다. "고통의 시간이 끝나고 축도가 선언되는 시간이야말로 온 회중에게는 진짜 해방의 시간이었다."[27]

사람이 감정을 느끼고 표현하는 정도가 대부분 그 사람의 천성적인 기질에 따라 달라지는 것은 사실이다. 어떤 사람은 좀 더 쾌활한 기질을 갖고 있고, 어떤 사람은 좀 더 조용한 기질을 갖고 있다. 그러나, 영원한 생명과 영원한 죽음의 문제를 마치 날씨 문제처럼 전혀 심각하지 않은 문제를 논의하듯이 냉담하고도 나른한 자세로 다룬다는 것은 정말로 변명의 여지 없이 경솔한 짓이다. 스펄전은 신학생들에게 말하기를, "우리 교인들에게 마치 졸고 있는 것처럼 그런 식으로 이야기해서는 안 됩니다. 우리의 설교가 뚜렷하게 드러나는 코고는 소리처럼 되어서는 안 됩니다"라고 하였다.[28] 한 가지 분명한 사실은, 우리 자신이 우리의 메시지를 졸린 것으로 느끼면 청중들이 깨어서 경청하기를 기대할 수가 없다는 것이다.

열심에 대해 구태여 변증할 필요까지는 없을 것이다. 그러나 그런 변증이 필요한 것이 아닌가 하는 생각이 든다. 열심이란 관심이 있는 진지한 그리스도인들이 지닌 덕목이다. 그들은 가장 우선적으로 하나님에 대하여, 그의 영광과 그의 그리스도에 대하여 관심을 갖고 있다. 바울은 아덴(아테네)에서 온 도시에 우상이 가득한 것을 보고서 마음에 분이 생겼다. 아덴 사람들의 우상숭배에 대해 분노를 느꼈고, 살아 계시며 참되신 유일한 하나님의 존귀하심을 위하여 질투를 느낀 것이다(행 17:16). 그는 하나님의 영광에 대해 관심을 가졌다. 그는 빌립보 교인들에게 많은 이들이 "그리스도의 십자가의 원수"로 행한다고 말했는데, 이때에 그는 "눈물을 흘리"지 않을 수 없었다(빌 3:18). 사람들이 그리스도의 죽으심의 목적에 어긋나게 살며, 그리스도의 의가 아니라 자기 자신의 의를 신뢰하고, 거룩함이 아니라 자기 탐닉에 빠져서 산다는 것을 생각하니 눈물이 난 것이다. 그는 그리스도의 영광에 대해 관심을 기울였다. 우리도 그와 같아야 하는 것이다.

우리는 또한 사람들과 그들의 상실한 상태에 대해서도 관심을 가져야 한다. 예수님은 회개할 줄 모르는 예루살렘 성에 대해 슬피 우셨다. 그 거민들이 그의 사랑을 거부하며 자기들의 진정한 상태에 대해 무지했기 때문이었다(마 23:37; 눅 19:41, 42). 사도 바울의 전도 사역에서도 설교와 눈물이 함께 나아갔던 것을 보게 된다. 에베소에서 3년을 지내는 동안 그는 "밤낮 쉬지 않고 눈물로 각 사람을 훈계"하였다(행 20:31; 참조. 19절, 37절). 그러나 눈물을 흘리는 일이 신약 성경과 함께 사라졌다고 생각해서는 안 된다. 앵글로 색슨 족의 유산이나 현대의 영국 문화에서는 겉으로 감정을 드러내는 것에 눈쌀을 찌푸리고 경멸하는 것이 사실이다. 그러나 이것은 관심을 갖는 우리의 능력과는 전혀 관계가 없다. 구원의 복된 소식을 전하면서 혹시 그것을 거부하여 스스로 정죄를 받아 지옥에 빠지는 사람이 없을까 두려워하는 진실한 기독교 전도자들이라면 결코 눈물이 마르지 않을 것이다. 조지 휫필드가 좋은 모범이다. 사람들은 언제나 그가 그들을 사랑한다는 것을 느꼈다고 한다. 휫필드의 전기 작가인 존 폴록(John Pollock)은 이렇게 기술하고 있다:

> 그의 눈물은 ― 그는 눈물을 흘리지 않고는 거의 설교를 하지 못할 정도였다 ― 전적으로 순전한 것이었다. 그는 이렇게 말하곤 했다: "제가 눈물을 흘린다고 욕하시겠지만, 여러분의 불멸하는 영혼들이 멸망의 문턱에 와 있고, 또 어쩌면 이것이 여러분이 듣는 마지막 설교일 수도 있고 다시는 그리스도에 대해 들을 기회가 없을지도 모르는 처지인데도, 여러분이 여러분 자신에 대해서 눈물을 흘리지 않으니, 제가 어떻게 눈물을 흘리지 않을 수 있겠습니까?"[29]

좀 더 최근의 모범으로는 무디(D. L. Moody)를 들 수 있다. 36년 동안 버밍엄(Birmingham)의 카스 레인 회중 교회(Carr's Lane Congregational Church)를 담임한 데일 박사(Dr. R. W. Dale)는 무디를 처음 만나고는 별로 호감을 갖지 않았다고 한다. 그러나 "그의 설교를 듣고는 생각이 변했다. 그 이후부터 그는 언제나 그를 깊은 존경심을 갖고 대하였고, 그가 과연 복음을 전할 권리가 있다고 여겼다. '왜냐하면 그는 잃어버린 영혼에 대해 말씀할 때마다 언제나 눈에 눈물이 고였기 때문이었다.'"[30]

우리 시대의 설교자들도 다시금 눈물을 흘리기를 배울 수 있기를 간절히 바라는 마음이다. 그런데 우리의 눈물샘이 말라버렸거나 아니면 눈물관이 막혀버린 것 같다. 모든 것들이 서로 작당하여, 멸망으로 향하는 넓은 길로 몰려가는 잃어버린 죄인들에 대해 눈물을 흘린다는 것이 불가능하도록 만들어 버리고 있는 것 같다. 어떤 설교자들은 구원에 대한 기쁨에 몰두하는 나머지 복음을 거부하는 자들에 대해서는 눈물을 흘릴 생각조차 하지 않는다.

또 어떤 설교자들은 만인구원론(universalism)이라는 마귀의 거짓말에 속아 넘어가버렸다. 그들은 말하기를, 모든 사람이 결국 구원을 받게 되고 아무도 잃어버림을 당하지 않을 것이라고 한다. 그들의 눈은 메말라 있다. 왜냐하면 예수님과 그의 사도들이 말씀한 영원한 죽음과 바깥 어둠의 그 처절한 현실에 대해 눈을 감아버렸기 때문이다. 그리고 그 밖의 설교자들도 죄인들에게 지옥에 대해서 신실하게 경고하고 있기는 하나 경박스럽고 심지어 병적인 유쾌함을 보이면서 경고하고 있는데, 이는 그 현실을 무시하거나 부인하는 자들의 우매함보다도 더 끔찍스러운 악행인 것이다. 예수님과 바울의 눈물은, 그리고 휫필드와 무디의 눈물은 이런 도저히 용납할 수 없는 자세들과는 다른 건전한 대안을 제시해 주는 것이다.

청교도들도 이런 안목을 함께 가졌었다. 그 중에서도 리처드 백스터에게서 이런 자세가 두드러진다. 브로더스(Broadus)는 그의 태도를 가리켜 "세상을 뒤흔드는 처절한 열심"이라고 묘사했는데,[31] 그가 그런 간절한 태도를 갖게 된 것은 그가 다가오는 죽음과 영원 앞에 절박하게 서 있는 자신의 모습을 절실하게 느끼고 있었던 데에서 연유한다. 그는 이런 태도를 "사랑이 감사와 찬송을 숨쉬니"(Love Breathing Thanks and Praise)라는 시(詩)에서 잘 표현하고 있다:

> 낮이 지나기 전에 일하라고 나를 불렀고,
> 지체 없이 돌아오라고 불쌍한 영혼들에게 경고하였네:
> 주의 말씀을 속히 전하리라 다짐하고서
> 암브로시우스와 함께 즉시 배우고 가르쳤다.
> 살 날이 별로 남지 않았다는 생각에
> 나의 간절한 마음은 사람의 영혼을 구하러 수고하였네.
> **다시는 설교하지 못할 것이 확실한 것처럼 설교하였고,**
> **죽어가는 사람이 죽어가는 사람에게 하듯 그렇게 설교하였네!**
> 교회가 무덤과 얼마나 가까이 있는지를 보며,
> 우리가 설교하고 듣는 동안에도 우리가 죽어가며,
> 순식간에 광대한 영원 속으로 들어가는 것을 보고 있으니,

오오, 설교자가 어찌 사람들의 회개를 열망하지 않으리![32]

그러나 이보다 더 웅변적인 것은 「참된 목자」(The Reformed Pastor: 1656)에 나오는 구절인데, 여기서 리차드 백스터는 자신에게 열심이 없음을 탄식하였고 또한 동료 목사들에게 스스로 분발할 것을 권면하였다. 그는 자기 자신에 대해서 다음과 같이 쓰고 있다:

> 내가 어떻게 그렇게 경박스럽고도 냉담하게 설교할 수 있는지 … , 사람들을 죄 가운데 그냥 내버려 둘 수 있는지, 또한 사람들이 어떻게 받아들이든 내게 어떠한 고통과 어려움이 오든 그들에게 나아가 회개하고 주께로 돌이키라고 간청해야 하는데, 어째서 그렇게 하지 않는지 정말 놀랍기 그지 없다. 나는 진지하고 열정적이지 못했다는 양심의 채찍을 느끼지 않고 강단에서 내려오는 적이 거의 없다. 양심이 나를 찌르는 것은 인간적인 장식이나 세련미가 없다는 것 때문도 아니고, 어울리지 않는 말을 뱉었다는 것 때문도 아니다. 오히려 양심은 내게 이렇게 묻는다: "삶과 죽음의 문제에 대해 어떻게 그런 마음으로 말할 수 있느냐? 그런 사람들에 대해 슬피 울어야 마땅하고, 눈물이 흘러 말을 가로막아야 마땅하지 않느냐? 소리 높여 울고, 그들의 허물을 보여주고, 삶과 죽음에 대해 그들에게 간청하고 권면해야 마땅하지 않느냐?"[33]

이 면에 대해서 자신의 모자라는 부분을 이렇게 비판적으로 보았기 때문에, 백스터는 다음과 같이 동료들에게 목회에 더욱 열심을 낼 것을 권면할 충분한 자격을 갖추었다 하겠다:

> 온 힘을 다하여 설교하는 목사가 과연 몇 명이나 되는가? … 아아 안타깝게도, 우리는 잠자는 죄인들이 들을 수가 없도록 너무나 힘이 없이 부드럽게만 설교한다. 힘을 주어 내리친다 하지만 너무나 약하여 마음이 굳은 사람들은 그것을 느끼지도 못한다 … . 설교자들이 얼마나 훌륭한 교리들을 손에 쥐고 있는가? 그러면서도 긴밀하고도 생생한 적용의 결핍

으로 인하여 손에서 그냥 사그러지도록 만드는 일이 얼마나 많은가? … 오오, 여러분, 영원한 생명이냐 영원한 죽음이냐 하는 절박한 문제가 달려 있으니, 우리가 과연 얼마나 분명하게, 얼마나 면밀하고도 열심 있게 우리의 성품을 다하여 말씀을 전해야 하겠는가? … 아니! 하나님을 위해서, 사람의 구원을 위해서 냉담하게 이야기하다니? … 사람들의 구원을 위하여 설교하는 일은 우리의 온 힘을 다하여 행해야 한다. 그래서 사람들이 우리의 말을 들을 때에 우리가 설교하는 것을 느낄 수 있게 되어야 한다.[34]

지금까지 우리는 엄숙한 문제들에 대해 깊은 감정을 갖는 것이 적절한 일이라는 것에 관심을 집중시켜왔다. 엄중한 메시지를 전하면서 어떻게 경박한 태도를 취할 수 있으며, 사람의 영원한 운명에 대해 이야기하면서 어떻게 마치 여름 휴가를 어디서 보낼지를 이야기하는 것처럼 가볍게 이야기할 수 있겠는가? 결코 그럴 수 없다. 말하는 주제와 말하는 어조는, 말하는 문제와 말하는 태도는 반드시 서로 어울려야 한다. 그렇지 못하고 그 둘이 서로 어긋나면 깊은 거부감을 줄 뿐이다. 목사가 복음을 진지하게 강론할 때에 회중이 복음의 진지함을 배우게 된다. 그러나 이러한 사실에서 한 걸음 더 나아가 살펴보면, 열심 있는 태도야말로 사람들의 주목을 끌고 그 주목을 계속 유지하는 가장 확실한 방법 중의 하나인 것을 알게 된다.

스펄전의 『설교론』(Lectures to My Students) 제9장은 "주목!"이라는 인상적인 제목이 붙여져 있다. 그 장은 "어떻게 하면 청중의 주목을 얻고 그것을 계속 유지할 수 있는가?"에 관한 것으로, 이 위대한 거장을 생각할 때마다 항상 연상하게 되는 상식과 건전한 유머가 가득 들어 있다. 그의 첫 번째 권고는 그 이상 더 실제적일 수가 없다: "여러분, 설교자에게 하나님의 은혜 다음으로 좋은 것은 바로 산소(酸素)입니다. 하늘의 문이 열리기를 바랍니다. 그러나 먼저 교회당의 창문들을 열어 놓으십시오 … . 복음 다음으로 사람들에게 좋은 것은 바로 건물 전체에 가득한 신선한 공기일 것입니다. 적절한 마음의 자세를 가다듬게 하여 진리를 받아들일 수 있는 환경을 만들어 주는 역할을 하기 때문입니다."[35] 산소 다음으로 "가장 중요한 황금 같은 원칙"은

"언제나 들을 가치가 있는 말을 하라는 것"이며,[36] 더 나아가서 사람들이 중요하다고 인식할 말을 하라는 것이다. 유언의 혜택을 받고 싶은 유가족이라면 유언장이 읽혀지고 있는 동안 절대로 졸지 않을 것이고, 범죄자가 자기의 목숨이나 자유가 판사의 말 한 마디에 달려 있는 것을 안다면, 판사의 선고가 낭독되는 동안 절대로 졸지 않을 것이다. "자기 스스로 관심을 갖는 것이 주목을 하게 만드는 것입니다. 실질적인 내용을 설교하십시오. 당연하고도 지극히 관심이 가는 문제들을 다루십시오. 그러면 사람들이 진지하게 경청할 것입니다."[37]

스펄전의 그 다음 권면은 설교자들 스스로가 관심을 가져야 다른 사람들도 관심을 갖게 된다는 것이다. 그는 18세기의 복음적 지도자인 윌리엄 로메인(William Romaine)의 말을 인용하여, 설교의 **기법**을 이해하는 것이 좋은 일이나 그보다 설교의 **마음**을 아는 것이 무한히 더 낫다고 했는데, 이는 곧 설교자의 온 마음과 영혼을 설교에 몰입시키는 것을 뜻한다. "여러분의 모든 것을 다 쏟아서 그것을 전달하게 되어야 합니다. 그래야 그 주제가 여러분의 마음을 사로잡았다는 것을 청중이 깨닫게 되고, 그리하여 그들도 거기에 사로잡히게 될 것입니다."[38] 이와는 대조적으로,

> 그러나 설교를 진행하는 여러분 자신이 잠자고 있으면 아무런 소용도 없다는 점을 기억하십시오. 그런 일이 가능하단 말입니까? 예, 가능합니다! 매 주일마다 그런 일이 행해지고 있습니다. 설교 중에 절반쯤 졸고 있는 목사들이 얼마나 많은지 모릅니다. 사실, 그들은 한 번도 깨어나지 않습니다. 아마도 대포알이 귀 바로 옆에서 폭발을 하지 않는 한 절대로 깨어나지 않을 것입니다. 무기력한 표현들과 진부한 문장들, 그리고 지리멸렬한 내용들로 설교가 가득 차 있습니다. 그러니 사람들이 지리멸렬한 것도 무리가 아닙니다. 그러나 고백하건대, 저는 졸지 않습니다.[39]

정신과 마음

졸리는 설교라는 말은 너무나 우스꽝스럽게 들리고 또한 정말 말도 안 되는 모순이다. 그러므로 우리는 그런 개념이 어디서 나왔는지를 살펴볼 필요

가 있을 것이다. 예를 들어서, 성공회의(특히 영국의) 강단 전통은 부드럽고 온화하게 합리성을 드러내면서 절대로 감정을 표출시키지 않는 것인데, 과연 어째서 그런 전통이 생겼을까? 아마도 그것은 성공회가 언제나 학문을 중요시해왔고 교육받은 목사의 이상을 높이 기려왔고, 그리하여 감정을 표출시키는 것은 그 종류를 불문하고 그런 이상과 어긋나는 것이라 여긴 데서 비롯된 것이 아닌가 생각된다.

이에 대한 본보기로 제임스 우드퍼드(James Woodforde) 목사의 예를 들어 보자. 그는 오랜 세월 동안 영국의 독자들에게 즐거움을 선사한 『한 시골 목사의 1758-1802년의 일기』(Dairy of a Country Parson 1758-1802)라는 다섯 권으로 된 책을 쓴 인물이다. 노퍽(Norfolk)의 웨스턴(Weston) 마을에서 거의 삼십 년 동안 목회 사역을 담당한 그의 삶의 모토는 "고요함"(tranquillity)이었다. 그는 스포츠와 동물과 시골의 생활을 사랑했고, 무엇보다 좋은 음식과 술을 즐겼다. 그 다섯 권의 일기를 뒤진 결과 그가 좋아했던 음식과 포도주에 대해서는 많은 것을 알게 되었는데, 그가 즐겨 설교한 성경 본문에 대해서는 아무것도 알 수가 없었다. 그런데 몇 년 전 노만 스파익스(Norman Spykes) 교수가 우드퍼드의 출간되지 않은 설교 40편을 입수하여 그 일기에 간단하게 언급하고 지나간 내용들의 이면을 좀 더 확실하게 볼 수 있게 되었다. 그는 제임스 우드퍼드가 성경에 근거하여 설교했고 그의 성경 강해의 특징은 한 마디로 합리성(reasonableness)이었다는 것을 발견했다. 어느 한 편의 설교에서 그는 양 떼들에게 "'열광주의'라는 현대의 걱정거리에 대해," 또한 "사람들을 극도로 거칠게 마구 뛰도록 만드는 종교적 광란"에 대해, 경고하였다. 그리고 계속해서 "신앙의 문제에 대한 죄악된 무기력함과 정신적인 무감각"이라는 정반대의 위험에 대해서도 경고한 것은 물론이다. 그러나 우드퍼드 목사는 메마른 정통주의보다는 "열광주의"를 더 두려워한 것이 분명하다.[40]

이것은 분명 18세기의 교회 지도자들에게 만연되어 있던 두려움이었다. 그들은 "메소디즘"(Methodism)의 지나친 열정을 무조건 배격하였고, 복음적 부흥을 정상적으로 이해하기를 거부하였으며, 메소디스트들(Methodists: 이를 "감리교도"로 번역하기도 하나, 메소디스트들 중에는 칼빈주의적 신앙을 철저하게 견지했던 자들도 있었으므로, "감리교도"라는 번역은 합당치 않다 — 역자주) 스스로가 국교회 바깥으로 나간 사실에 안도의 한숨을 쉬었다. "열광주의"란 그들에게는 추한 단어였고, 교회의 종(鐘)에다 "하나님께 영광! 열광주의자들에게는 정죄!"라는 역설적인 영광송을 새겨넣을 수 있었던 것이(혹은 그렇게 말할 수 있었던 것이) 그 시대의 교회의 전형적인 모습이었다. 교회의 전반적인 분위기 그러했기 때문에, 1782년 찰스 시미언이 교구 목사가 되어 상당히 열정적으로 강해 설교를 진행하기 시작하자 그로 인하여 상당한 소요가 일었던 것이다. 가장 최근의 그의 전기 작가인 휴 에반 홉킨스(Hugh Evan Hopkins)는 다음과 같이 쓰고 있다:

> 애브너 브라운(Abner Brown)은 트리니티 교회당에서 결혼한 한 학부생과 그의 가족 옆 자리에 앉아 예배를 드리는 도중에 겪은 일을 기억하고 있다. 그 부부의 어린 딸은 강단에서 설교하는 목사의 괴상한 몸짓이 이상스러웠는지, 어머니에게 "엄마, 저 신사 분은 무엇 때문에 저렇게 열이 올라 있나요?"라고 속삭였다 … . 그의 목사보였던 케러스(Carus)는 시미언에 대한 『회고록』(Memoirs)에서 이렇게 쓰고 있다: "그는 열정적으로 표출되는 자신의 감정을 애써 억제하려 하지 않았다. 그의 영혼 전체가 그가 전하는 말씀의 주제 속에 들어가 있었고, 그리하여 그는 자신이 느끼는 그대로 말하고 행동한 것이다."[41]

그의 생애 말년에 통풍(痛風)으로 인하여 활동에 제한을 받게 되었을 때에, 시미언은 손수 토머스 토머슨(Thomas Thomason)에게 편지를 썼는데, 그 속에 다음과 같은 말이 들어 있다: "제 자신은 마개를 닫아 놓은 작은 맥주통과 비슷합니다. 꽉 닫혀 있고 일 주일에 두 번만 마개를 여니, 신선함이 유지되는 것이죠. 하지만 매일 마개가 열린다면 저는 이내 도랑에 고인 물처럼 되어 버릴 겁니다."[42]

케임브리지 대학교의 홀리 트리니티 교회(Holy Trinity Church)에서의 시미언의 영향력 있는 사역은 54년 동안 계속되었는데, 그의 이러한 사역은 감정과 이성이 설교에서 함께 조화를 이룬 훌륭한 모델을 제공해 준다. 그의 청중들이 증언한 대로 그는 분명 열정적이었다. 그러나 어느 누구도 그를 지성을 무시하고 신학을 경멸하는 그런 유의 "열광주의자"로 비난할 수가 없었다. 오히려 그 반대로, 『설교의 시간』(Horae Homileticae)이라는 그의 설교 전집을 살펴보면, 본문의 분석과 주해와 적용에 그가 얼마나 고심하며 사려 깊게 생각했는가 하는 것이 곧바로 드러난다. 사실, 오늘날에 와서 그의 설교 개요들을 보면, 다소 무딘 감을 느끼게 되고, 때로는 그가 무엇에 그렇게 열정을 가졌는가 하는 것이 궁금해지기까지 한다.

그러나 시미언의 설교에는 정신과 마음, 이성과 감정의 조화가 분명하게 드러나 있었다. 그리고 이런 조화에 대해서는 신약 성경에 풍성한 선례가 있다. 바울의 눈물에 대해서는 이미 언급한 바 있다. 하지만, 학자들로 하여금 지금까지 그의 사상을 연구하도록 붙잡아 놓은 그의 탁월한 지성은 어떤가? 사람들과 더불어 성경에 근거하여 토론하고 논증과 성령의 능력을 통하여 그들을 납득시키려고 애쓴 그 동일한 사도가 그 앞의 그의 주님처럼 그들을 향하여 눈물을 흘린 것이다. 그의 서신서들에 교리적 해명과 권면이 한데 어우러져 있는 것을 생각해 보라.

예를 들어서, 고린도후서 5장 마지막 부분에는 신약 성경의 화목(和睦: reconciliation)의 교리에 대한 주요 해명이 제시되어 있다. 그는 하나님이 그리스도 안에서 세상을 자기와 화목시키시며, 죄인들에게 죄를 돌리지 않으시고 우리를 위하여 친히 죄를 알지 못하신 그리스도를 죄로 삼으셔서 그의 안에서 우리가 하나님의 의가 되게 하셨다는 그 굉장한 주제들을 다룬다. 여기에는 하나님과 그의 주도적인 역사하심, 그리스도와 그의 십자가, 죄, 그리고 화목과 의 등, 주석가들이 지금도 그 의미를 해명하려고 수고하고 있는 주제들에 대한 그의 심오한 진술들이 들어있다. 그런데 바울은 이런 심오한 신학적 진술로 만족하지 않는다. 그는 화목의 사실을 넘어서 화목의 사역과 메시지에로 나아가며, 하나님께서 그리스도 안에서 행하신 일을 넘어서 그가 지금 우리 속에서 행하시는 일에로 나아가며, "하나님이 그리스도 안에서 화목시키셨다"는 그리스도의 사도들의 선언을 넘어서 "하나님과 화목하라"는 그리스도의 사신들의 호소에 나아가는 것이다. 그가 교리적 해명에서 멈추지 않고 호소하는 데에까지 나아갔다면, 이와 마찬가지로 그는 먼저 교리적 해명을 제시하고서야 비로소 호소하기를 시작하였다 할 것이다. 그의 사역에서는, 교리적 해명과 호소는 불가분리의 것이었던 것이다.

오늘날의 교회로서는 바울의 교훈을 배우고 그의 모범을 따르는 것이 시급한 일이다. 분명한 사실이지만, 어떤 설교자들은 열광주의를 전혀 두려워하지 않는다. 그들은 전도 설교에서 결단이나 회심을 열정적으로 호소한다. 그들의 설교들이 오로지 한 가지 길고 긴 호소 이외에 아무것도 아닌 경우도 있다. 그러나 청중들은 당혹스러워 한다. 왜냐하면 그 호소의 본질이나 근거가 무엇인지 전혀 파악되지 않았기(혹은 심지어 그것을 파악하도록 도움을 받은 적이 없기) 때문이다. 교리가 없이 결단만 요구하는 것은 인간에게 거슬리는 것이다. 왜냐하면 그것은 생각이 없는 조작 이상 아무것도 아니기 때문이다.

다른 설교자들은 이와 정반대의 오류를 범한다. 복음의 중심적인 성경 교리들에 대한 그들의 해명에는 전혀 그릇된 것이 없다. 성경에 충실하며, 설명이 분명하고, 언어도 정교하며, 그 적용도 아주 현대적이다. 이렇듯 설교의 내용에 대해서는 흠을 잡기가 거의 어렵다. 그러나 어딘지 모르게 그들은 냉담하고 초연해져 있다. 음성이 들리지만 긴박감이 전혀 없고, 눈에서 눈물을 흘릴 기미도 전혀 보이지 않는다. 강단에서 몸을 구부리고 그리스도의 이름으로 죄인들에게 회개하고 그에게 나아와 하나님과 화목하라고 간청하는 일 따위는 전혀 꿈도 꾸지 않는 것 같아 보인다.

그들은 스펄전이 묘사한 다음과 같은 설교자를 닮았다: "설교를 들으면서 마치 눈보라 속에 있거나 아니면 얼음 창고 속에 있는 것같은 설교를 듣는 것은 정말 끔찍한 일입니다. 분명하지만 차갑고, 질서정연하지만 영혼을 죽이는 것입니다 … ."[43] 그러니 그가 차라리 "하늘의 불"을 많이 사용하기를 부탁하였고 또 "심지어 광신주의라 할지라도 무관심보다는 차라리 낫습니다"라고 선언한 것도 무리가 아니었다.[44] 그는 "화산이 터질 때에 용암이 흘러내리는 것처럼, 불타는 마음에서 나오는 그런 강렬한 말이 우리에게 더 많이 있어야 하겠습니다"라고 외쳤던 것이다.[45]

그러므로 오늘날 필요한 것은 바울이 행했던 것처럼 이성과 감정, 강론과 권면을 종합하는 것이다. 제임스 알렉산더(James W. Alexander)는 17세기 케임브리지의 희랍어 교수였던 아이작 배로우(Isaac Barrow)를 가리켜 "여행가요 언어학자요 수학자요 경건한 목사"로 묘사하고는 계속해서 그를 "언변 좋은 추론가"라고 부르면서 "그의 설교에는 고도의 논증이 풍성하였고 … 불타는 열정이 있었다"고 덧붙이고 있다.[46] 그보다 앞서 알렉산더는 "신학적 설교"가 있어야 함을 탄원하였다. 그는 말하기를, 사람들이 관심을 갖는 것은 "뜨겁게 덥혀진 논증"이라고 했다. 왜냐하면 "논증은 맹렬한 열정과 불을 받아들이기" 때문이라는 것이다.[47]

이십 세기에 들어와서 똑같이 이성과 감정의 조화를 외친 영국의 설교자는 바로 조지 캠벨 모건 박사(Dr. George Campbell Morgan)였다. 그는 1904년부터 1917년까지, 그리고 다시 1933년부터 1943년까지 런던의 웨스트민스터 채플(Westminster Chapel)의 목사로 사역했다. 그는 또한 1911년부터 1914년까지 회중 교회의 사역을 위하여 사람들을 훈련시키는 케임브리지의 체스헌트 칼리지(Cheshunt College)의 학장으로 있었는데, 거기서 그는 설교학을 강의하였다. 그는 말하기를, 설교의 세 가지 필수 요건은 "진리, 명료성(明瞭性), 그리고 열정"이라고 하였다.[48] "열정"에 대해서 그는 위대한 영국의 배우였던 매크리디(Macready)의 일화를 이야기했다. 한 번은 한 설교자가 그에게 물었다. 자기는 진리를 전하면서도 많은 군중을 모으지 못하는데 그는 어떻게 해서 허구(虛構)를 갖고서 그렇게 많은 관중을 끌어 모을 수 있느냐는 것이었다. 그 배우는 이렇게 대답했다고 한다: "아주 간단합니다. 목사님과 저와 다른 점을 분명히 알겠군요. 저는 저의 허구를 마치 진리인 것처럼 제시하지만, 목사님은 목사님의 진리를 마치 허구인 것처럼 제시하시는 것이지요."[49] 이어서 모건 박사는 자신의 논평을 덧붙였다. 그 설교자에게 성경이 주어져 있었는데, "그 사람이 불길에 휩싸여서 그의 사역에 능력과 열정이 솟아나는 경험이 어떻게 없었는지 나로서는 도무지 이해할 수가 없다"는 것이었다.[50]

캠벨 모건의 후임으로 웨스트민스터 채플에서 사역한 마틴 로이드 존스 박사도 진리와 열정이 기독교 설교의 필수적인 요소라는 모건의 확신을 공감하였다. 그는 자신의 감동적인 책 『설교와 목사』(*Preaching and Preachers*)에서[51] "설교란 무엇인가?"라는 질문을 던지고는 그 자신의 정의를

제시하고 있다:

> 불타오르는 논리! 달변이 되어 나오는 추론! 이것들이 모순입니까? 물론 아닙니다. 이 진리에 관한 추론은 정말로 달변이 되어 나와야 합니다. 사도 바울과 여러 사람들의 경우에서 나타나듯이 말입니다. 그것은 불타오르는 신학입니다. 신학이 불에 타오르지 않는다면, 분명히 말씀드립니다만, 그것은 결함이 있는 신학이거나, 아니면 최소한 그 신학에 대한 그 사람의 이해가 결함이 있는 것입니다. 설교는 불타오르는 사람을 통해서 나오는 신학인 것입니다.[52]

더 나아가서 그는 자신의 에베소서 6:10-13 강해서인 『그리스도인의 싸움』(*The Christian Warfare*)에서, 성령의 사역과 관련하여 이 주제를 상세히 다루고 있다:

> 불을 끄지 마십시오. 성령을 소멸치 마십시오 … . 기독교는 뜨거움입니다. 기독교는 불꽃입니다 … . 아마 여러분은 이렇게 말할 것입니다. "예, 물론 그렇지요. 하지만 진짜 학문을 지니게 되면 그렇게 활기에 넘치지 않을 것이고, 위엄을 갖추게 되고, 위대한 논문을 열정이 없이 조용히 읽게 될 것입니다." 절대로 그런 생각은 하지 마십시오! 그것은 성령을 소멸시키는 것입니다! 사도 바울은 때로는 문법의 법칙도 어기고, 자기 자신의 논지에 스스로 끼어들기도 합니다. 그것은 바로 불 때문입니다! 우리는 너무 점잖고, 너무 절제되어 있고, 모든 것을 예의와 질서에 따라 행하고 있습니다. 그러다보니 거기에 생명도 없고, 뜨거움도 없고, 능력도 없는 것입니다! 하지만 신약 성경이 가르치는 기독교는 그런 것이 아닙니다! … 여러분의 믿음이 여러분의 마음을 녹이고 움직입니까? 그 믿음이 과연 여러분 속에 있는 얼음 덩어리를, 여러분의 마음의 차거움을, 경직된 것을 제거하고 있습니까? 신약 성경의 기독교의 본질은 바로 이러한 뜨거움이요, 이것은 바로 성령의 임재하심의 결과인 것입니다.[53]

필자는 로이드 존스 박사가 문제의 결정적인 핵심을 찔렀다고 생각한다. 설교에 열정이 있느냐는 설교자에게 열정이 있느냐에 달려 있고, 이는 다시 성령께로부터 오는 것이다. 성령의 불이 우리의 마음을 태워서 우리 자신이 "성령으로 불타오르기"(롬 12:11. 한글 개역 개정판은 "열심을 품고"로 번역함 — 역자주) 전에는 우리의 설교들도 결코 불타오르는 일이 없을 것이다.

웨스트민스터 센트럴 홀(Westminster Centra Hall)의 생스터 박사(Dr. W. E. Sangster)에 관하여 한 가지 이야기가 전해오는데, 그 이야기는 그의 아들 폴 생스터(Paul Sangster)가 쓴 『생스터 박사』(Dr. Sangster)라는 전기에는 들어 있지 않으나, 필자는 그것을 사실이라 믿고 또 그렇기를 바란다. 그는 언젠가 메소디스트 교회의 목사 후보생을 면접하여 뽑는 위원회의 일원이었는데, 그때에 한 젊은 청년이 아주 긴장한 상태로 면접 장소에 나왔다. 그에게 발언을 할 기회를 주자, 이 후보생은, 꼭 해명을 해야 하겠다고 느낀다고 하면서 자신이 다소 부끄러움을 타기 때문에 템스 강(Thames River)을 불타오르게 할, 즉 런던에 큰 소요를 일으킬 그런 사람은 못된다고 말했다. 그러자 생스터 박사는 비상한 지혜로 이렇게 대답했다고 한다: "여보게 젊은이, 자네가 템스 강에 불을 지를 수 있는지 없는지에 대해서는 나는 관심이 없네. 내가 알고 싶은 것은 바로 이것이네. 내가 자네의 목덜미를 잡고서 자네를 템스 강에 빠뜨리게 되면, 과연 템스 강이 지글거리겠는가 하는 것일세." 다시 말해서 그 젊은이 자신이 불에 타오르고 있는가? 그것이 중요한 문제였던 것이다.

그러면, 진리와 달변, 이성과 열정, 빛과 불 등, 결코 서로 떨어지지 말아야 했을 것들이 결국 서로 떨어지고 말았는데, 과연 어떻게 하면 이것들을 다시 합칠 수 있겠는가? 어떤 설교자들은 강단에서 훌륭한 신학을 전해 주지만, 마치 냉장고에서 나오는 것 같아 보인다. 뜨거움도, 불꽃도, 불도 없다. 또 어떤 강단에서는 불길이 솟아 나와서 교회를 온통 불바다가 되게 할 지경이면서도, 거기에 귀중한 신학의 내용이 거의 담겨 있지 않다. 그것은 바로 그 능력을 거의 저항할 수 없는 그런 결합이다. 곧, 불 타오르는 신학, 열정적인 진리, 달변으로 제시되는 추론이다. 그렇지만 어떻게 하면 그렇게 되는가? 그것들을 함께 묶는 비결은 무엇인가? 두 가지로 답할 수 있을 것이다.

첫째로, 성령께서는 그 두 가지 모두를 주장하시는 영이시라는 것이다. 예수께서는 그를 가리켜 "진리의 영"이라고 부르셨고, 그는 오순절에 "불의 혀" 같이 나타나셨다. 그 두 가지가 그에게서 분리되어 있지 않으므로, 성령 충만한 그리스도인에게서도 분리되지 않을 것이 자명한 일이다. 설교 준비에서나 설교를 행하는 데 있어서나 그가 자유로이 역사하시도록 허용하면, 빛과 불이, 진리와 열정이 다시금 하나로 합쳐질 것이다.

두 번째 비결은 예수께서 부활하신 후 엠마오로 가는 길에서 예수님을 만난 두 제자들에게서 배울 수 있다. 예수께서 그들을 떠나셨을 때, 그들은 서로 이렇게 이야기하였다: "길에서 우리에게 말씀하시고 우리에게 성경을 풀어 주실 때에 우리 속에서 마음이 뜨겁지 아니하더냐?"(눅 24:32). 그들이 느꼈던 마음의 뜨거움은 분명 감정적인 체험이었다. 그들은 깊이 감동을 받았다. 불이 그들 속에서 터져나온 것이다. 그런 일이 언제 시작되었는가? 그 일은 예수께서 그들에게 말씀하시고 성경을 풀어 주실 때에 그런 일이 시작되었다. 진리를 새롭게 바라볼 때에 불이 타오르기 시작한 것이다. 지금도 마음에 불을 지펴주는 것은 바로 진리이다. 그리스도께서 중심이 되시는 성경적인 진리인 것이다.

강단에서의 유머

설교에 열심이 필요하다는 사실을 생각하면, 설교자가 회중을 웃기는 일이 과연 적절한가 하는 문제를 생각하지 않을 수가 없다. 언뜻 보면 진지함과 웃음은 서로 어긋나는 것처럼 보이고, 그리하여 우리는 "무엇을 하든 간에 여러분이 진지하다는 것을 사람들에게 보여 주십시오 … . 우스운 농담을 갖고서 사람들의 마음을 찌를 수는 없습니다"[54]라고 한 리차드 백스터의 말에 동의하지 않을 수가 없다.

그러나 그 문제는 그렇게 간단하게 정리되는 것이 아니다. "울 때가 있고 웃을 때가 있"기 때문이다(전 3:4). 눈물을 흘리며 우는 것이 강단에서 반드시 금지되는 것이 아니라는 것을 보았다. 그러니 웃음도 마찬가지로 금하지 말아야 하지 않을까?

이 문제를 해결하기 위해서 우리는 예수님의 가르침부터 살펴보아야 할 것이다. 왜냐하면 그 위대하신 스승의 주 무기 가운데 하나가 유머였다는 것이 일반적으로 인정되는 것 같기 때문이다. 명망 높은 미국의 퀘이커 교도로서 얼햄 칼리지(Earlham College)의 철학 교수인 엘튼 트루블러드 박사(Dr. Elton Trueblood)는 1965년에 『그리스도의 유머』(The Humour of Christ)라는 책을 출간하였다. 그는 언젠가 가족 기도회 시간에 마태복음 7장(티와 들보에 대한 대목)을 읽었는데 네 살짜리 아이가 킥킥대며 웃는 것을 보고서, 이 문제에 대해 생각하기 시작했다고 말하고 있다. 그는 공관복음서에서 유머가 담긴 30가지 본문을 열거하면서, 언제나 침울하고 어둡기만 하고 "절대로 웃지 않는 전통적인 그리스도의 모습"[55]에 도전하였다. 동시에 트루블러드 교수는 예수께서 가장 흔하게 사용하신 유머는 **비꼬는 것**(이는 잔인한 것으로 그 당사자에게 상처를 주는 것이다)이 아니라 **풍자**(諷刺: 이는 악행이나 어리석음에 대한 대중들의 생각을 불러일으키는 것이다)였다는 것을 증명해 보여준다. 그는 이렇게 쓰고 있다:

> 그리스도의 유머의 분명한 목적은 상처를 주기보다는 사안을 명확하게 밝혀서 이해를 돕도록 하는 데 있었다는 것을 이해하는 것이 매우 중요하다. 어쩌면 어느 정도의 상처는 불가피했을 것이고, 특히 … 인간의 교만이 우스꽝스러운 것이 드러나는 경우에는 더했을 것이다. 그러나 그 분명한 목표는 해를 끼치는 것이 아니었다 … . 오직 진리만이 … 오류의 가면을 벗겨내고 그리하여 진리를 드러내는 것이 … 그 목표였던 것이다.[56]

글로버(T. R. Glover) 역시 그의 베스트셀러인 『역사의 예수』(The Jesus of History)에서, 예수님의 가르침에 유머의 요소가 있음을 분명하게 입증하였다.[57] 그가 제시한 좋은 실례는 예수께서 서기관과 바리새인들을 가리켜 아주 미세한 의무들에는 양심적이면서도, "율법의 더 중한 것들"은 아예 무시해 버린 것으로 그리시는 것이다. 전혀 균형이 맞지 않는 그들의 모습은 마치 물을 마시는 사람이 "하루살이는 걸러내고 낙타는 삼키는" 것과도 같다는 것이었다(마 23:23, 24). 글로버는 우리로 하여금 사람이 낙타를 삼키려고 시도하는 모습을 상상하게 하여 폭소를 자아내게 만든다.

그런 모습을 상상해 본 적이 있는 사람이 우리 가운데 몇 명이나 되겠는가? 긴 털이 수북한 목이 바리새인의 목구멍으로 넘어가는데도 — 그 덩치가 큰 낙타의 머리와 두 개의 혹이 함께 넘어가고, 그 툭 삐져나온 무릎과 큰 굽이 달린 발이 함께 넘어가는데도 — 그는 전혀 알아 차리지 못한다. 바리새인은 낙타 한 마리를 완전히 삼키고도 전혀 알아 차리지 못한다.[58]

예수께서 그저 그런 표현만 사용하셨고 구체적으로 묘사하지는 않으셨더라도, 그의 말씀을 듣는 이들에게서는 분명 웃음이 터져나왔을 것이다.

예수께서 이렇게 전례를 세우셨으니, 설교와 가르침에서 유머를 사용하는 일이 오랜 동안 전통으로 지켜져 내려왔다는 사실이 이상스러울 것은 없다. 이런 전통은 16세기의 종교 개혁 시대에 아주 성행하였다. 유럽의 마르틴 루터(Martin Luther)나 잉글랜드의 휴 래티머(Hugh Latimer)는 그들의 묘사력을 충분히 발휘했다. 그들은 말로 풍자 만화를 그렸는데, 그것들이 오늘날까지도 웃음을 자아내게 만드는 것이다.

이렇게 보면 유머는 정당한 것이다. 그러나 유머의 사용 빈도수가 적어야 하고 또한 웃음을 위하여 주제를 택할 때에도 매우 사려 깊어야 한다. 타락한 유한한 인간이 하나님에 대해서 — 성부든, 성자든, 성령이든 간에 — 웃는다는 것은 언제나 합당치 못한 일이다. 또한 죄인들이 예수님의 십자가나 부활에 대해서 웃는 것도, 또한 마지막 종말에 관한 엄숙한 사실들에 — 즉, 죽음, 심판, 천국과 지옥 등 — 대해서 웃는 것도 똑같이 합당치 못하다. 이런 주제들은 그 자체가 우스운 것이 아니다. 그런데 우리가 그것들을 우습게 만들면 그것들이 하찮은 문제가 되어 버리며, 또한 사람들도 우리를 진지하게 대하지 않게 된다. 그러면 우리의 사역도 아무 효력이 없는 것이 되고 만다. 여호와께서 소돔을 멸하려 하실 때에 롯이 사위들에게 소돔을 피하자고 강권하였으나, "그의 사위들은 농담으로"(창 19:14) 여긴 것처럼 말이다.

필립스 브룩스(Philips Brooks)는 예일 강좌에서 목사들이 농담을 삼가야 할 것을 말하면서, 목사들이 "지극히 거룩한 것들에 더러운 손을 대어 만지는 것마다 더러운 얼룩을 남겨 놓는다"고 하는데, 이는 전적으로 정당한 것이라 하겠다.[59] 그는 말하기를, 그런 무책임한 어릿광대는 "유머란 경박스러움과는 전연 다른 것"이라는 것을 전혀 깨닫지 못한 사람이라고 하였다.[60]

그렇다면, 적절한 자리에서 적절한 일들에 대해 사용하는 유머는 어떤 가치가 있는가? 첫째로, 긴장을 풀어 준다. 대부분의 사람은 긴 시간 동안 정신을 집중시키는 일이나 감정적인 압박이 고조되는 것을 견디기가 어렵다. 잠시 동안이라도 쉬는 것이 필요한데, 그런 쉼을 얻을 수 있는 가장 간단하면서도 가장 빠르고 건전한 방법은 바로 유머를 써서 웃게 만드는 방법이다.

둘째로, 웃음은 사람들의 방어벽을 깨뜨리는 놀라운 능력을 지니고 있다. 어떤 사람이 아주 완고하고도 반항적인 마음의 자세를 갖고서 교회당에 나온다. 그는 전도의 호소에 응답하지 않기로, 혹은 어떤 이슈에 대해 생각을 바꾸지 않기로 결심을 하고 있다. 얼굴을 보면 그 사람의 그런 상태를 곧바로 알 수 있다. 입술을 꼭 다물고 있고 이마를 찌푸리고 있어서, 그 사람의 굳은 저항감을 역력히 보여 주고 있다. 그런데 자기의 뜻과는 관계 없이 갑자기 웃음이 터져나오면, 그것으로 저항감이 무너져 내리는 것이다. 제임스 에모 크웨기 아그레이(James Emmau Kwegyir Aggrey: 1875-1927)는 이런 유머의 힘을 잘 알고 있었다. 아프리카 서해안의 소위 황금 해안(Gold Coast)에서 출생한 그는 미국에서 교육을 받았고 아치모타 대학(Achimota College)의 초대 부학장이 된 인물로서 인종 간의 화목에 대해 깊은 관심을 가졌다. 아프리카 서부와 남부와 동부를 다니며 교육 실태 조사를 돕고 있을 때에, 사람들은 그의 거침없는 말이 적대감을 불러일으키지 않을까 염려했다. 그러나 염려할 필요가 전혀 없었다. 그는 이렇게 말했다: "입이 터져라 웃게 만들고 나서 그들에게 진리를 집어넣습니다."[61] 아니면 크리스토퍼 몰리(Christopher Morley)의 적절한 표현처럼, "폭소 뒤의 고요하고 세미한 음성"이다.[62]

세 번째로, 유머가 주는 가장 큰 유익은 인간의 거만함의 거품을 제거함으로써 우리를 겸손하게 만들어 준다는 것이다. 필자가 아는 한 로널드 녹스의 『풍자로 된 에세이』(*Essays in Satire*)의 첫 장만큼 이 문제를 잘 드러내 주는 것은 없다.⁶³⁾ 홀튼 데이비스는 그를 가리켜 "쾌활함과 온화함의 샘이신 명랑하신 몬시뇨르(Monsignor: 가톨릭의 고위 성직자에 대한 경칭 — 역자주)"⁶⁴⁾라 부르는데, 그의 책 서론에서는 위트, 유머, 해학, 풍자를 서로 구별한다.

> 유머의 영역은 주로 사람과 그의 활동인데, 그것들과 너무 어울리지 않고, 또 전혀 예기지 않게 어긋나서 인간의 위엄이 떨어지는 그런 상황들에서 발생한다 … . 추운 겨울날 사람이 미끄러져 넘어지는 모습이 우스워보이는 것은, 만물의 영장으로서 사람이 지닌 영광인 직립보행(直立步行)을 갑자기 예기치 않게 포기해버렸기 때문이다 … . 말이 넘어지는 것은 전혀 우스워보이지 않는다 … . 오로지 사람만이 위엄이 있고, 그렇기 때문에 오로지 사람만이 우스워보일 수 있는 것이다 … . 모든 유머에는 어디엔가 위엄의 상실이 있고, 누군가에게서 덕성이 사라지는 면이 있다. 사물 자체에 고유한 유머란 없다. 해학이 있는 곳에는 어디나 그 맨 밑바닥 어디엔가 절반은 천사요 절반은 짐승인 사람이 있는 것이다.⁶⁵⁾

그러므로 누군가의 약점에 대해 웃는다는 것은 간접적인 칭찬이요, 인간 본연의 위엄을 인식하는 것이다. 유머로는 순전한 인간의 행실로부터의 일탈, 그들의 교만, 허위와 비열함 등을 진지하게 다룰 수가 없다. 이런 것들이 웃음을 자아내는 것은 그것들이 전혀 어울리지 않기 때문이다. 더 나아가서, 자기 자신에 대해서도 유머를 만들어낼 수 있다. 자기 자신의 괴상스러움에 대해서나, 인간됨에서 우스꽝스럽게 벗어나는 자기 자신의 모습에 대해서도 스스로 웃기도 하는 것이다.

그러나 로널드 녹스는 계속해서 말하기를, "풍자(Satire)는 계속해서 나타나고 항상 나타나는 인간의 어리석은 짓들을 조롱하는 데에서 나오는 것이다 … . 웃음은 풍자라는 탄약창에 들어 있다가 지정된 목표물에 정확하게 맞추어질 때에 발사됨으로써 그 목표물에 유익한 상처를 가하는 치명적인 탄약"이라고 한다.⁶⁶⁾

녹스의 논지를 정리하자면, 웃음이란 — 특히 풍자의 성격에 속하는 웃음이란 — 우리 인간의 괴상한 것들을 놀려줌으로써 우리의 타락성을 증거하고 우리를 부끄럽게 하여 회개하게 만든다는 것이다. 그러므로 우리 설교자들은 풍자를 더 기술적으로 더 자주 사용하되, 다른 사람에 대해 웃는 가운데 언제나 우리에게 있는 인간적인 허세와 어리석음에 대해서도 함께 웃는 것이 되도록 해야 할 것이다. 마크 트웨인은 『신비한 낯선 자』(*The Mysterious Stranger*)[7]에서 사탄이 친히 우리에게 인류가 그 빈곤한 가운데서도 "한 가지 정말 효과적인 무기를 갖고 있으니 바로 웃음이 그것"이라는 것을 상기시켜 주는 것으로 묘사한다. 예를 들어서 "어마어마한 사기" 같은 것을 어떻게 물리칠 수 있을까? "오로지 웃음만이 그것을 날려서 누더기로 만들어 버릴 수 있다. 웃음의 공격에는 아무것도 견딜 수가 없다."[68]

우리와 동 시대인 가운데 이 무기를 효과적으로 사용한 사람을 들자면, 단연 말콤 머거리지(Malcolm Muggeridge)를 들 수 있을 것이다. 그는 자기 스스로 "유머 있다고들 하는 『펀치』(*Punch*)라는 잡지"라 부르는 그 잡지의 편집장을 역임한 사람이었으니, 웃음의 의미에 대해 깊이 생각해 볼 이유가 충분히 있는 사람이었다. 그는 웃음을 가리켜 "저 신비스러운 계몽주의 다음으로 이 땅의 우리에게 주어지는 가장 고귀한 선물이요 축복"이라고 한다. 더 나아가서 그는 웃음을 "신비주의의 다른 얼굴"로 보게 되었다. 왜냐하면 신비주의자는 하나님을 향하여 위로 올라가는데 반하여 유머를 쓰는 사람들은 하나님을 발견할 능력이 없는 우리 인간의 처지를 잘 인식하기 때문이라는 것이다. 그는 이러한 역설이 중세 유럽의 대성당들에서 잘 드러나고 있다고 본다. 거기에는 "하늘 높이 뻗어 있는 첨탑들"도 있고 또한 "땅 밑으로 파고 들어가는 낙숫물받이용 괴물상들"도 있다. 이 두 가지 물건들은 서로 어긋나는 것이 아니라 서로를 보완해 주는 것이라고 한다. "첨탑은 높이 뻗어 하늘의 영원 세계의 영광에까지 이르며," 또한 "낙숫물받이용 괴물상들은 죽을 수밖에 없는 인간의 우스운 처지를 보고 웃기" 때문이다. 이 둘을 보면, 유머를 "인간의 야망과 인간의 실제의 현실 사이의 냉혹한 불균형을 우스꽝스러운 방식으로 표현하는 것"이라 정의하게 된다고 한다.[69]

말콤 머거리지의 독자들 중에는 다른 사람들을 다소 혹독하게 비판하는 그의 모습을 보고 언짢아하기도 하지만, 그는 자기 자신도 결코 비판의 대상에서 제외시키지 않았다는 점을 기억할 필요가 있을 것이다. 첨탑과 낙숫물받이용 괴물상은 그 자신의 삶의 모습을 잘 보여준다. 그는 자신이 지닌 하늘에 대한 비전과 그가 이 땅에서 이룬 업적 사이에 엄청난 괴리가 있다고 고백한다. 그는 자신이 느낀 그리스도의 실체에게 진실하려고 애쓰면서도 다음과 같은 서글픈 말을 덧붙이고 있다: "나의 이 어리석은 송장이 그동안 이런저런 이유로 해서 온 세상을 대체 얼마 만큼이나 많이 실려다녔는지는 생각조차 하기 싫다."[70]

그러므로 강단에서의 유머는 분명 금지할 것이 아니다. 오히려 그 반대로, 인간의 처지에 대해 — 그리하여 우리 자신에 대해 — 웃는 것이라면, 유머는 사물의 정상적인 모습을 보도록 도와준다. 웃음을 통해서, 과연 우리가 얼마나 높은 데에서 떨어져 타락했으며 또한 우리가 얼마나 깊은 곳에 빠져 있는지를 분명하게 흘낏 보게 되고, 그리하여 "속량받고, 치유받고, 회복받고, 용서받기"를 정말 사모하게 되는 경우도 많다. 그러므로 유머가 복음을 받아들이도록 준비시켜 주는 순전한 도구가 될 수 있는 것이다. 유머가 우리 자신의 모습에 대해 부끄러움을 불러일으키고, 우리 자신이 될 수 있는 그런 이상적인 모습을 사모하도록 만드는 데에 이바지할 수 있으므로, 우리로서는 기꺼이 복음의 대의를 위하여 그것을 계속 사용해 나아가야 할 것이다.

설교의 길이

필자는 설교가 어느 정도나 길어야 한다고 생각하느냐는 질문을 종종 받곤 했다. 설교에는 헤아릴 수 없는 문제들이 너무나 많기 때문에, 이것은 대답하기가 불가능한 질문이다. 그때그때의 형편과 주제에 따라서, 설교자의 은사와 회중의 성숙도에 따라서 답변이 달라진다. 그러나 진실함과 열심을 다루는 이 장에서 이 문제를 제기하는 것은 옳은 것 같다. 왜냐하면, 최소한 원칙적으로는 설교의 길이는 언제나 설교자가 자신의 영혼을 전달하기에 필요한 정도가 되어야 한다고 생각하기 때문이다. 기본적으로, 회중이 조바심을 내면서 설교가 끝나기를 기다리도록 만드는 것은 설교 시간이 길기 때문이 아니라, 설교 자체가 지리멸렬하고 설교자 자신도 자기 설교에 대해 별로 관심이 없어 보이기 때문이다. 비처(H. W. Beecher)는 말하기를, "설교를 짧게 만드는 진정한 방법은 설교를 좀 더 흥미있게 하는 것이다"라고 하였다.[71]

사도 바울은 지금까지 말 많은 설교자들에게 영원한 경계로 남아 있다. 유두고라는 불쌍한 청년이 설교 도중에 잠이 들었다가 창문에서 떨어져 죽었기 때문이다. 그때에 바울은 설교를 2부로 나누어 진행했는데, 제1부는 해가 질 때부터 자정까지 계속되었고, 제2부는 자정부터 이 날 해뜰 때까지 진행되었다(행 20:7-12). 그러나 그것도 가장 긴 설교의 기록은 아니다. 1980년 기네스북에 따르면 역사상 가장 긴 설교는 1978년 9월 18일부터 22일 사이에 뉴욕 브루클린의 도널드 토머스 목사가 행한 설교로 23시간 동안 계속되었다고 한다.[72] 의미없는 반복 같은 것은 제쳐두고서도 설교가 몇 시간씩 계속된 경우도 많았다. 존 웨슬리는 1739년 10월 19일자 일기에서 카디프의 공회당에서 행한 설교에 대해 기록하고 있다. 그는 그날만큼 자유로이 설교한 적이 별로 없다고 썼다. 그리고 그는 덧붙이기를, "내 마음이 어찌나 벅차 올랐는지, 그것을 억제할 수가 없어서 세 시간 동안이나 설교를 계속하였다."

조나단 에드워즈(Jonathan Edwards)는 1758년 프린스턴 대학의 학장으로 지명된 후 프린스턴 채플에서 "그리스도의 불변하심"에 대해 처음 설교했는데, "그 설교는 두 시간이 넘게 걸렸는데, 회중이 어찌나 그 설교에 주목하여 경청했던지 시간이 가는 것을 의식하지 못했고 설교가 끝나자 어떻게 그렇게 빨리 끝나버렸는지 놀라기까지 했다고 한다."[73] 후에 버지니아 주교가 되고 미국 감독 교회(American Episcopl Church)의 대표 주교(Presiding Bishop)가 된 리처드 채닝 무어(Richard Channing Moore:1762-1841)는 스테이튼 섬(Staten Island)의 센 앤드류 교회(St. Andrew's)의 교구 목사로 있을 당시 수많은 청중들의 주목을 받았다.

주일 오후 예배가 끝날 무렵, 회중 가운데 한 회원이 일어서서, "무어 박사님, 사람들이 집에 갈 생각을 하지 않으니, 한 번 더 설교를 부탁드리겠습니다"라고 하였다. 그는 그 요청에 응했다. 그런데도 회중은 여전히 생명의 말씀에 갈급한 상태였다. 세 번째 설교가 이어졌고, 그 설교 말미에 그 설교자는 이렇게 말했다: "사랑하는 여러분, 이제 흩어지셔야겠습니다. 물론 제게는 구원의 기쁜 소식을 선포하는 것이 정말 즐거운 일입니다만, 이제 너무나 지쳐서 더 이상 말할 수가 없군요."[74]

지금까지 세 가지 실례를 제시했는데 — 존 웨슬리의 세 시간 설교, 조나단 에드워즈의 두 시간 설교, 그리고 리처드 채닝 무어의 세 차례의 연속 설교 — 그 이유는 부분적으로는 그 설교들이 모두 똑같이 시간적으로 여유가 있던 세기에 행해진 것들이기 때문이고, 부분적으로는 그 설교들이 특정한 회중들의 이례적인 영적 갈급함에 대한 반응으로 주어진 것들이기 때문이다. 빅토리아 여왕 시대에는 45분 설교가 보통이었고, 한 시간짜리 모래 시계를 다 비울 정도까지 길어지는 경우도 많았으나, 오늘날 그렇게 긴 설교는 지극히 성숙한 회중이라야 견딜 수 있을 것이다. 그리고, 그 당시에도 어떤 교인들은 지루해하기도 했다. 스펄전은 한 젊은 목사가 설교를 지나치게 길게 하는 것에 대해 굉장히 불평하는 한 농부의 이야기를 하고 있다:

"목사님, 네 시가 되면 끝마쳐야 되는데, 아니 네 시 반이 되어도 우리를 놓아 줄 생각을 하지 않으니 어쩌면 좋습니까? 내 소들이 모두 젖을 짜 주기를 기다리고 있는데 말입니다. 만일 자기가 소라면 그런 것을 좋아했겠습니까?" 그 농부의 이런 질문은 굉장히 일리가 있었습니다. 동물학대방지협회가 그 젊은 목사를 고발했어야 옳았을 것입니다. 머릿속에 온통 소의 젖을 짜는 일밖에는 없는데, 어떻게 설교에서 유익을 얻을 수 있겠습니까?[75]

그러나, 빅토리아 시대의 긴 설교에 대한 반동으로 오늘날 많은 설교자들이 설교를 10분짜리 메시지로 줄여버렸다는 것은 절말 서글픈 일이다. 그런 식의 부적절한 영적 양식 공급으로는 교인들이 영적으로 건강하게 자랄 수가 없을 것이다. 웨스트민스터 채플의 캠벨 모건과 포트맨 스퀘어(Portman Square)의 성 바울 교회의 스튜어트 홀든(Stuart Holden)은, "짧은 설교들은 작은 그리스도인들을 키워낸다"고 했다. 포사이스(P. T. Forsyth)도 이와 비슷하게, "간결한 것이 재치의 핵심일지는 모르나, 설교자는 재치가 아니다 … . 설교가 짧은 기독교는 근성이 약한 기독교다"라고 논평하였다.[76] 이런 사실을 인식하는 설교자들이 늘어나는 것은 정말 감사한 일이다.

맨체스터 대학교(Manchester University)의 핸슨(R. P. C. Hanson) 주교는

1977년 8월 67일자 『타임즈』지(The Times)에 기고한 글에서 교회에 "깊이와 진지함이 결핍된 사실"에 대해 탄식하면서, 그것이 주로 짧은 설교 탓이라고 하였다. 그는, "가브리엘 천사라 할지라도 십 분 동안에는 아무도 회심시킬 수 없었을 것이다"라고 하였다. 윌리엄 코너 매기(William Connor Magee) 주교의 설교는 "신앙적 문제들에 대해 명확한 생각을 지속적으로 계속하는 것"으로 묘사되었으나, "십 분밖에 되지 않는 설교는 결코 지속적으로 계속하는 것이라 할 수 없다. 말씀을 전하는 일에 대해 이렇게 소홀히 하는 자세야말로 신앙이 깊이가 없다는 하나의 증표라 하겠다."

설교 시간의 길이에 대해서는 엄격한 규범을 제시할 수가 없다. 그저 10분은 너무 짧고, 40분은 너무 길다는 정도는 말할 수 있을 것이다. 모든 설교는 "20분 정도 걸리는 것 같아야" — 물론 실제로는 그보다 더 길어도 — 한다고 말하는 것이 지혜로운 일일 것이다. 목사가 새로운 교회에 부임해 가서는 그 교회가 익숙해져 있는 정도의 시간에 맞추어서 설교하는 것이 좋을 것이다. 그러나 점점 하나님의 말씀이 그들의 영적인 갈급함을 일깨워감에 따라, 교회가 좀 더 길게 할 것을 요청하게 될 것이다.

* * *

이 장의 내용은 다소 주관적이었으나 그럴 수밖에 없었다. 왜냐하면 설교란 설교자를 떠나서는 생각할 수가 없기 때문이다. 궁극적으로 무엇을 설교하느냐 하는 것과 어떻게 설교하느냐 하는 것은 바로 그 설교자가 누구냐 하는 것에 의해서 결정되는 것이다. 설교의 영광과 그 신학을 깨닫는 것도 설교요, 열심히 연구하고 잘 준비하는 것도 설교요, 말씀을 세상과 연관지을 필요성을 보고, 순전하게 다리를 놓는 자가 되기를 원하는 것도 설교자다. 그러나 그에게 여전히 개인의 영적인 실체라는 필수적인 요소가 결핍되어 있을 수도 있다(이것이 결핍되어 있으면 다른 어떠한 것으로도 보상할 수가 없다). 마치 크리스마스 트리에다 붙이는 갖가지 장식물들처럼, 진실함과 열심은 바깥에서부터 우리에게 붙여질 수 있는 것이 아니다. 그것들은 성령의 열매다. 그것들은 자기가 전하는 바를 그대로 믿고 느끼는 사람을 그저 묘사하는 말인 것이다.

  20세기 초엽 바운즈(E. M. Bounds)가 쓴 것처럼, "사람이, 전인(全人)이, 설교 뒤에 자리잡고 있다. 설교란 그저 한 시간 동안의 공연(公演) 같은 것이 아니다. 그것은 삶이 흘러 넘치는 것이다. 한 편의 설교를 만드는 데는 이십 년의 세월이 소요된다. 왜냐하면 사람을 만드는 데에 이십 년이 소요되기 때문이다."[77] 제임스 블랙(James Black)도 이와 비슷하게 이렇게 말하고 있다: "최고의 설교는 언제나 무르익은 지성과 계속 성장하는 경험의 표현이 **자연스럽게 흘러 넘치는 것이다**. 훌륭한 설교는 노력으로 만들어내는 것이 아니고 속에서부터 바깥으로 흘러 나오는 것이다."[78]

  필자는 "흘러 나오는 것"과 "흘러 넘치는 것"이라는 두 단어를 좋아한다. 이 단어들은 참된 설교가 결코 피상적인 행위가 아니며 깊은 곳에서부터 샘솟는 것이라는 사실을 간단명료하게 표현해 주기 때문이다. 예수께서도 친히 이 원리에 대해 상당히 강조하셨다. 우리 속에 영원히 샘솟는 성령의 생명의 샘이 없이는, 우리에게서 생수의 강이 결코 흘러넘칠 수가 없다고 말씀하셨다. 또한, 우리 마음에 가득한 것이 우리의 입을 통해서 발설된다고도 말씀하신 것이다(요 4:14; 7:37-39; 마 12:34을 보라).

---

  1. Baxter, *Reformed Pastor*, p. 162. 「참된 목자」, 크리스챤 다이제스트
  2. Spurgeon, *Lectures*, First Series, p. 4. 「스펄전 목회론」, 원광연 역 (고양: 크리스챤다이제스트, 2003), 12쪽.
  3. Haslam, pp. 48-9.
  4. 딤전 4:12; 딛 2:7; 벧전 5:3.
  5. Bavinck, p. 93.
  6. Spurgeon, *Lectures*, First Series, p. 12, 13. 「스펄전 목회론」, 원광연 역 (고양: 크리스챤다이제스트, 2003), 25쪽.
  7. Brooks, *Lectures*, p. 5, 28.
  8. Beecher, p. 16.
  9. Manning, p. 138.
  10. Black, p. 6.

제7장 진실함과 열심 321

11. 참조. Spurgeon, *Lectures*, Second Series, p. 45.
12. Baxter, *Reformed Pastor*, p. 162.
13. Golding, p. 210.
14. Ibid., p. 217.
15. Black, p. 23.
16. Poulton, pp. 60-1, 79.
17. 고후 11:21-33; 살전 2:1-4; 딤후 3:10-12.
18. Morris, pp. 34, 35.
19. 그 중 한 사람은 해머스미스(Hammersmith)의 왕립 의과대학원의 바이러스학 교수인 토니 워터슨(Tony Waterson)이다. 그는 겸손하여 깊이 생각하고 난 후 자신의 논평들이 "아마 경솔하고 생각이 짧고 미숙한 것들"일 것이고, 또한 하나님께서 그 메시지에 기름을 부으셨는가, 예수께서 높임을 받으셨고, 사람들이 은혜를 누렸는가 하는 정말 중요한 문제들에 대한 것보다는 구조나 전달 등 기술적인 문제들에 관한 것일 뿐이라고 말했다. 그러나 그는 자신이 필자에게 준 도움과 도전을 대수롭지 않은 문제로 여겼다고 생각한다.
20. Spurgeon, *Lectures*, Second Series, p. 132.
21. Ibid., p. 29. 「스펄전 설교론」, 원광연 역 (고양: 크리스챤다이제스트, 2003), 332-333쪽.
22. Spurgeon, *Lectures*, First Series, p. 131. 「스펄전 설교론」, 원광연 역 (고양: 크리스챤다이제스트, 2003), 193-194쪽.
23. Alexander, p. 20.
24. Broadus, *Preparation and Delivery*, p. 218.
25. Hernandez, p. 241.
26. Alexander, p. 6.
27. Twain, pp. 50, 51.
28. Spurgeon, *Lectures*, Second Series, p. 46.
29. Pollock, *Whitefield*, p. 263.
30. *Expositor's Greek Testament*의 David Smith의 요한이서 12절의 주석.
31. Dargan, Vol. II, p. 174.
32. Baxter, *Poetical Fragments*, pp. 39-40.
33. Baxter, *Reformed Pastor*, p. 110.
34. Ibid., p. 106.
35. Spurgeon, *Lectures*, First Series, pp. 138-9. 「스펄전 설교론」, 원광연 역 (고양: 크리스챤다이제스트, 2003), 203-204쪽.

36. Ibid., p. 140, 「스펄전 설교론」, 원광연 역 (고양: 크리스챤다이제스트, 2003), 205쪽.

37. Ibid., p. 149, 「스펄전 설교론」, 원광연 역 (고양: 크리스챤다이제스트, 2003), 219쪽.

38. Ibid., p. 146, 「스펄전 설교론」, 원광연 역 (고양: 크리스챤다이제스트, 2003), 214쪽.

39. Ibid., p. 148, 「스펄전 설교론」, 원광연 역 (고양: 크리스챤다이제스트, 2003), 217-218쪽.

40. Woodforde에 대한 Norman Sykes의 글 두 편을 보려면, 참조. *Theology*, Vol. 38, No. 224, February 1939와 No. 227, May 1939.

41. Hopkins, p. 65.

42. Ibid., p. 162; Carus, p. 445.

43. Spurgeon, *All-Round Ministry*, p. 175, 「스펄전 목회론」, 원광연 역 (고양: 크리스챤다이제스트, 2003), 184쪽.

44. Ibid., p. 173, 「스펄전 목회론」, 원광연 역 (고양: 크리스챤다이제스트, 2003), 182쪽.

45. Ibid., p. 224, 「스펄전 목회론」, 원광연 역 (고양: 크리스챤다이제스트, 2003), 236쪽.

46. Alexander, p. 266.

47. Ibid., p. 25.

48. G. C. Morgan, *Preaching*, pp. 14, 15.

49. Ibid., p. 36.

50. Ibid., p. 37.

51. 1971년.

52. Lloyd-Jones, *Preaching*, p. 97.

53. Lloyd-Jones, *Warfare*, pp. 273-4.

54. Baxter, *Reformed Pastor*, p. 145.

55. Trueblood, p. 10. 기원 전 14년 로마의 집정관이 된 렌툴루스(Lentulus)는 원로원에게 예수를 묘사했다고 하는데, 거기에는 "그가 웃는 모습을 본 사람이 없다"는 진술이 포함되어 있었다. 그러나 이 문서는 서기 1680년 이전으로 추적해 들어갈 수가 없고, 분명 진정성을 지니는 것이 아니다.

56. Ibid., pp. 49-53.

57. 1917년.

58. Glover, p. 44.

59. Brooks, *Lectures*, p. 55.
60. Ibid., p. 57.
61. *Men Who Served Africa*, p. 154.
62. Luccock, p. 192.
63. 1928년.
64. Davies, p. 116.
65. Knox, pp. 13-15.
66. Ibid., pp. 26-7.
67. 1916년.
68. *The Portable Mark Twain*, p. 736.
69. 이 인용문들은 말콤 머거리지가 1979년 웬함(Wenham)의 고든 칼리지(Gordon College)의 졸업식에서 행한 연설문에서 취한 것이다. 그러나 그는 1979년 9월 24일 필자에게 쓴 편지에서 말하기를, 자신이 "첨탑과 낙숫물받이용 괴물상"이라는 표현을 글과 연설에서 여러 번 사용했다고 말했다. 그는 이렇게 말했다: "내 기억으로는, 언젠가 솔즈베리(Salisbury)에서 정말 어처구니없이 교만하게 하늘을 향해 높이 솟아 있는 정교한 첨탑을 보고 또 땅바닥에서 심술궂은 표정으로 이빨을 드러내며 웃는 작은 괴물상을 보았는데, 그때에 그 생각이 처음 떠올랐다."
70. Muggeridge, *Chronicles, The Green Stick*, p. 98.
71. Beecher, *Lectures*, p. 257.
72. *Guinnes Book of Records*, 1980, p. 228.
73. Dwight, p. 577.
74. Chorley, p. 39.
75. Spurgeon, *Lectures*, First Series, pp. 144-5, 「스펄전 설교론」, 원광연 역 (고양: 크리스챤다이제스트, 2003), 212쪽.
76. Forsyth, *Positive Preaching*, pp. 109-10.
77. Bounds, p. 11. 또한 Albert Martin의 소책자, *What's Wrong with Preaching Today?*를 보라.
78. Black, p. 37.

제 8 장
용기와 겸손

용기

 오늘날 세계의 강단에는 "성령에 충만하여 담대히 하나님의 말씀을 전한" (행 4:31. 참조. 5:23) 초대 교회의 사도들처럼 용기 있는 설교자들이 절실히 요구되고 있다. 사람을 즐겁게 해 주는 자나 시간을 때우는 자들이 훌륭한 설교자가 된 적은 한 번도 없다. 우리는 성경을 해명할 신성한 사명을 받았고, 또한 사람이 듣기를 원하는 것이 아니라 하나님께서 말씀하신 것을 선포할 명령을 받았다. 현대의 많은 교인들은 "귀 가려움증"을 앓고 있어서 "자기의 사욕을 따를 스승을 많이 두고 있다"(딤후 4:3). 그러나 그들의 귀를 긁어주거나 그들의 사욕을 채워 줄 자유가 우리에게는 없다. 오히려 우리는 에베소의 바울을 닮아야 한다. 그는 바로 이러한 유혹을 물리쳤고, 선포해야 할 것을 "거리낌이 없이" 전하여 가르쳤고 그들에게 "유익한 것은 무엇이든지" "하나님의 뜻을 다" 전하였다고 두 번씩 강조하였다(행 20:20, 27).

 우리는 설교 본문과 주제를 우리 개인의 편견이나 대중의 유행을 따라 ― 심지어 무의식적으로라도 ― 택하지 않도록 주의를 기울여야 한다. 복음이라는 약을 선한 의원이신 주께서 처방해 놓으셨으니, 우리는 그 약을 희석시키거나 다른 성분들을 첨가시켜 더 취향에 맞도록 만들어서는 안 된다. 주께서 주신 그대로 그것을 전해야 하고, 또한 사람들이 혹시 그것을 받아들이지 않으면 어떻게 할까 두려워할 필요도 없다. 조지 버트릭(George Buttrick)은 이렇게 논평한 바 있다: "사람들이 교회에서 떠나는 것은 그들을 불편하게 만드는 엄격한 진리 때문이 아니라, 그들에게 모욕감을 일으키는 아무 내용도 없는 허약함 때문인 것이다."[1]

필립스 브룩스(Philips Brooks)는 1877년 예일 강좌에서 다음과 같이 말하고 있다:

> 용기란 … 참된 목회 사역에 필수적인 요건입니다 … . 사람들을 두려워하고 그들의 의견에 종이 되어 있다면, 가서 차라리 다른 일을 하십시오. 가서 그들에게 맞는 구두를 지으십시오. 가서, 여러분이 보기에는 형편없지만 사람들의 형편없는 취향에는 알맞는 그런 그림을 그리십시오. 하지만 하나님께서 선포하라고 여러분을 보내신 그 말씀을 하지 않고 교인들이 하라는 말씀을 하는 그런 설교를 평생토록 계속한다는 것은 어불성설입니다. 용기를 가지세요. 여러분 스스로 분명히 서시기를 바랍니다.[2]

과연 "사람을 두려워하면 올무에 걸리"는 법인데(잠 29:25), 많은 설교자들이 거기에 걸리는 것을 본다. 그러나 일단 그 올무에 걸리게 되면 더 이상 자유로이 움직일 수가 없다. 대중의 생각에 비굴하게 아첨하는 종들이 되어 버렸기 때문이다.

용기 있는 설교의 전통

오늘날 신실한 사역을 위해 하나님의 은혜를 구하는 기독교 설교자는 구약 시대부터 시작되는 기나긴 선열(先烈)들의 전통에서 많은 감동을 얻을 수 있다. 사람들의 반대와 그로 인한 고독을 감수하면서 하나님의 말씀을 듣고 믿고 순종하고 가르친 최초의 선지자를 모세로 보고 그에게까지 거슬러 올라갈 수도 있겠지만, 히브리 민족의 예언의 뚜렷한 전통은 왕정 시대의 엘리야에게서 시작되었다고 말할 수 있을 것이다. 엘리야는 이스라엘 백성 모두가 하나님의 언약을 저버렸고 "오직 나만 남았나이다"라고 탄식하였는데, 그것은 물론 계산 착오였다. "바알에게 무릎을 꿇지 아니한" 신실한 남은 자들이 그가 생각했던 것보다 훨씬 더 많이, 실제로 칠천 명이나 있었기 때문이다(왕상 19:9-18). 그렇다 해도, 우리는 신앙적 진리와 사회적 정의라는 이중적인 대의를 섬기기 위하여 기존의 민족적 체제 전체에 반대하여 일어선 그의 용기를 흠모하지 않을 수가 없다. 그는 바알 선지자들에게 도전하여 공개적으로 그들을 물리쳤고, 나봇을 살해하고 그의 포도원을 빼앗은 왕과 왕비를 정죄하였다. 이 모든 일에 그는 홀로 담대히 나섰다. 그 일은 탁월한 선례가 되었고, 선지자와 왕의 대결과, 하나님의 말씀과 왕의 권위의 대결이 선지자들의 증언의 일상적인 특징이 되었다. 나단 선지자는 밧세바와 통정하고 그녀의 남편을 살해한 다윗 왕을 담대하게 책망하였다. 아모스 선지자는 벧엘의 왕궁에서 벌어지는 악행을 통렬하게 꾸짖었고 또한 그를 잠잠케 하려 한 왕궁의 제사장 아마샤의 끔찍한 최후를 예언하였다(암 7:10-17).

예레미야도 외로이 싸운 선지자였다. 선지자 사역 초기에 하나님께서는 민족의 패망에 대한 그의 메시지가 거대한 반대를 불러일으킬 것을 경고하셨고 그를 "그 온 땅과 유다 왕들과 그 지도자들과 그 제사장들과 그 땅 백성 앞에 견고한 성읍, 쇠기둥, 놋성벽"이 되게 하겠다고 약속하셨다. 그들이 그를 치겠지만 그를 이기지 못할 것이라고 하신 것이다(렘 1:17-19). 물론 예레미야가 신세 한탄과 절망을 터뜨린 것이나 혹은 이따금씩 개인적인 복수심을 드러낸 것에 대해서는 용납할 수가 없다. 그러나 그렇더라도 그가 외로이 담대하게 외친 일에 대해서는 깊이 존경하지 않을 수가 없다. 그는 참된 애국자로서, 진정 마음에서 우러나는 회개만이 민족을 살릴 수 있다는 것을 아는 참된 애국자였다. 그러나 그는 하나님께서 바벨론 사람들을 통하여 심판하실 것을 선언하도록 부르심을 받았고, 그리하여 자기 민족을 미워한다는 혐의를 받았고 심지어 원수에게 민족을 내어버린다는 오해를 받기까지 했던 것이다.

구약의 선지자적 증거는 "광야에서 외치는 자의 소리"였던 세례 요한에게서 절정에 달했다. 예수께서는 그를 대중의 생각에 따라 흔들리는 갈대도, 육체의 정욕에 빠져서 호의호식하는 관리도 아니요, 하나님의 말씀에 지배를 받은 참된 선지자요 그때까지 살았던 가장 위대한 사람으로 선언하셨다(마 11:7-11). 그는 새로운 엘리야였고, 신앙적 사회적 대의를 위한 두 가지 방향의 증언이 똑같이 그의 사역에서 재현되었다. 그는 하나님의 통치가 시작되었음을 선언하는 동시에 왕의 간음을 통렬히 꾸짖었던 것이다. 그는 그러한 용기로 인하여 목숨까지 잃었다. 물론 이스라엘이 이어서 그들의 메시야를 죽이고 그의 사도들도 핍박했지만(참조. 살전 2:15), 그 백성이 배척하여 죽인 순교한 선지자들의 긴 대열에 속한 최후의 인물은 바로 세례 요한이었던 것이다(참조. 대하 36:15, 16; 마 23:29-36; 행 7:52).

예수께서도 두려움 없고 타협 없는 말씀으로 명성을 얻으셨다. 그의 지상 생애가 거의 끝날 무렵 바리새인들이 그에게 사람을 보냈는데, 그는 예수께 이렇게 이야기했다: "선생님이여 우리가 아노니 당신은 참되시고 진리로 하나님의 도를 가르치시며 아무도 꺼리는 일이 없으시니 이는 사람을 외모로 보지 아니하심이니이다"(마 22:16). 그러므로 갈릴리에서의 그의 인기가 일 년 정도밖에 지속되지 않았고 또한 당국자들의 적대감이 고조되어 결국 그를 제거하기로 결의하기에 이르렀다는 것도 놀랄 일이 아니다. 동시에 그는 자기를 따르는 자들에게 경고하시기를, 제자가 스승보다 더 크지 않으므로 스승이 박해를 받으면 제자들도 똑같이 박해를 받을 것이라고 하셨고, 그대로 이루어졌다. 누가는 사도행전에서 베드로와 요한이 체포되어 투옥된 사실과, 이어서 스데반과 야고보가 순교당한 사실과, 그 다음 바울이 복음을 반대하는 자들의 손에 온갖 고초를 당한 사실을 보도하고 있다. 이러한 박해는 초기 그리스도인들이 예수님을 증거하면서 보여준 **파레시아**, 즉 자유롭고도 담대한 혹은 직선적인 발언 때문에 일어난 직접적인 결과였다. 바울이 그의 사역에서 다른 무엇보다도 가장 바랐던 것이 바로 그러한 특성이었다. 그는 감옥에 갇힌 상태에서 형제들에게 편지를 보내어, 자신이 입을 열어 담대하게 복음을 선포하도록 "말씀"(utterance)을 주시도록 위하여 기도해 달라고 부탁하였다(엡 6:19, 20). 그는 투옥 후에도 잠잠히 있기는커녕 오히려 용기 있게 증언할 새로운 기회를 얻었다. 누가는 로마에서 가택 연금 상태에 있는 바울의 모습을 마지막으로 그리면서, 그가 여전히 그에게 찾아오는 사람들을 다 영접하고 그들에게 "담대하게(문자적으로는 "모든 담대함으로", **파레시아**) 거침없이" 설교하고 가르쳤다고 기록하고 있다(행 28:30, 31).

구약과 신약에서 선지자들과 사도들이, 그리고 주께서도 친히 보여주신 용기 있는 증거와 그로 인하여 당한 고난의 전통은 끊임없이 한결같이 이어지고 있다. 이 전통은 교회 역사 전체를 통틀어 계속되어 온 하나의 전형(典

型)이 되었다. 그러한 전통을 기꺼이 따르고자 하는 마음을 가다듬고 또한 "인기 있는 설교자"가 되고픈 사악한 야망을 뿌리뽑도록 하기 위해서, 여기서 몇 가지 실례를 제시해 보기로 하겠다. 4세기 말의 설교자 크리소스토무스(Chrysostom)는 먼저 안디옥에서, 그리고 후에는 콘스탄티노플의 대주교로서, 6년 동안 능변과 용기로써 설교하다가, 황제의 미움을 사서 직위 해제되어 유배를 당했다. 그는 그 도시의 악행들을 용감하게 탄핵했고, "그 어떠한 사람의 처지나 신분 여하에 좌우되지 않고 두려움 없이 담대하게 꾸짖었다."[3] 예를 들어서, 마태복음에 대한 그의 열일곱 번째 설교에서 그는 예수님이 거짓 맹세를 금하신 일(마 5:33-37)을 강해하였는데, 회중이 주님의 교훈을 정말 진지하게 받아들이고 거기에 순종하게 만들기로 결심하였다:

지금 이후로 계속해서 악을 범하는 일이 보이면, 여러분이 이 신성한 곳에 발을 딛는 일도, 불멸의 신비인 성찬에 참여하는 일도 금지할 것입니다. 우리가 간음자요, 음행자요, 살인자들의 짓을 하니 말입니다 …. 부자도, 유력한 권세자도 여기서는 눈썹을 치켜뜨며 허풍을 떨지 못하게 하겠습니다. 이런 일들은 제게는 모두 거짓말이요, 그림자요, 한낱 꿈에 지나지 않습니다.

그는 각 사람마다 하나님 앞에 서서 자기 자신에 대해 직고(直告)해야 한다고 강조했던 것이다.[4]

이제 천 년 정도를 훌쩍 뛰어넘어서 잉글랜드 종교개혁의 선구자인 존 위클리프(John Wycliffe)를 살펴보기로 하자. 제도권 교회를 홀홀 단신으로 맞서 싸우며 직선적으로 비판한다는 것은 결코 가벼운 임무가 아니었다. 그러나 그는 성직자의 세속화를 공격하였고, 그들을 서기관과 바리새인들과 같은 자들로 공언하였고, 교황주의의 부패와 화체설의 오류들을 담대하게 공박하였다. 그는 몇 차례나 심문을 당하였으나 그의 동료들이 그를 변호하여 정죄를 면하였다. 그러나 그를 따르는 많은 무리들 — 이들을 롤라드(the Lollards)라 부른다 — 은 이단의 죄목으로 화형을 당하였다.

마르틴 루터와 더불어 종교개혁의 충만한 빛이 유럽 대륙에 비치게 되었다. 면죄부 판매에 대한 공격에서든, 교황의 권위에 대한 도전에서든, 하나님의 말씀을 수호하는 자세에서든, 그의 용기는 가히 놀랄 만한 것이었다. 출간된 그의 저서들을 아무 것이나 펼쳐보아도, 거의 매 페이지마다 타협없는 직선적인 발언들을 발견할 수 있을 정도다. 산상수훈의 주석에서 진술하는 대로, "나는 설교자다. 그러니 입에 이빨을 갖고 있어야 하고, 물어뜯고 소금을 치고 그들에게 진리를 이야기해야 한다."[5] 그는 또 이렇게 말한다:

> 누구든지 설교자로서의 의무를 다하기를 바라고, 자기의 직무를 신실하게 수행하기를 바라는 사람은, 다른 사람들을 전혀 개의치 않고 두려움 없이 진리를 전할 자유를 지속적으로 갖고 있어야 한다. 높은 사람이든 낮고 천한 사람이든, 부자든 가난한 자든, 권세 있는 자든, 친구든, 원수든 간에, 꾸짖음을 받아야 할 사람이면 누구든지 꾸짖어야 한다. 탐욕이 있으면 이렇게 하기를 거부할 것이다. 혹시 높은 사람이나 친구들의 비위를 건드려 빵을 얻어먹지 못하게 될까 두려워하기 때문이다. 그리하여 탐욕은 그 호루라기를 호주머니에 집어넣고 침묵하게 하는 것이다… [6]

그러나 기독교 설교자 중에 스코틀랜드의 종교개혁자 존 녹스(John Knox)보다 더 용기를 보인 사람은 없다. 그 당시의 사람들은 그를 작고 유약한 사람으로 묘사했으나, 그는 불타오르는 기질과 열정적인 화술을 지니고 있었다. 1559년 제네바의 유배 생활로부터 스코틀랜드로 돌아온 후, 그는 대담한 성경적 설교를 통해서, 프랑스의 로마 가톨릭교로부터 구원받고 개혁된 교회를 세우기를 염원해오던 스코틀랜드 사람들에게 새로운 마음을 심어주었다. 잉글랜드의 특사(特使) 란돌프(Randolph)는 엘리자베스 여왕에게 보낸 긴급 보고서에서 이렇게 말하였다: "500개의 나팔을 귀에다 계속해서 울리는 것보다도 한 시간 동안의 한 사람의 목소리가 더 활력을 불어넣을 수 있습니다."[7] 스코틀랜드의 메리 여왕(Queen Mary)이 스페인의 왕 펠리페(Philip)의 왕자인 돈 카를로스(Don Carlos)와의 결혼을 추진하자 — 이 일은 교황의 권세(정치적 권세는 물론 종교적 권세도)와 스페인의 종교재판(Inquisition)을 스코틀랜드로 끌어들이는 계기가 될 일이었다 — 녹스는 공개적으로 그것을 반대하여 설교하였다. 그런 결함은 "그리스도 예수를 이 나라에서 추방시키는 일"이라고 외쳤던 것이다. 메리 여왕은 몹시 마음이 상하여, 그를 소환하였고, 눈물을 흘리기까지 하며 항의하였고, 반드시 그에게 복수하리라고 맹세하였다. 그러나 녹스는 여왕에게 이렇게 답변했다:

> 여왕 폐하, 강단 바깥에서는 저 때문에 마음 상하는 사람이 거의 없었다고 생각합니다. 그러나 폐하, 강단에서는 제가 제 자신의 주인이 아니옵니다. 저에게 분명히 말씀하라고 명령하시고 또한 땅 위에 있는 그 어떠한 육체에게도 아첨하지 말라고 명령하시는 그분께 순종해야 합니다.

녹스는 1572년에 사망하여, 전국민의 애도 속에 에든버러(Edinburgh) 센자일스 교회당(St. Giles') 뒤편의 뜰에 장사되었다. 그 당시 섭정이었던 모튼 백작(the Earl of Morton)은 그의 무덤에서 말하기를, "절대로 사람의 얼굴을 두려워하지 않은 한 사람이 여기에 누워 있다"고 하였다.[8]

그 후 세 세기 동안에도 담대히 증거하고 그로 인하여 고난을 당한 사람들이 계속해서 이어져왔고, 20세기에도 나치주의자들, 공산주의자들, 이슬람교도들, 힌두교도들은 물론 소위 서구의 기독교적 세계의 반대 아래서도 결코 그 일을 포기하지 않은 사람들의 사례가 계속해서 나타났다. 좀 더 인기를 얻기 위해서 메시지를 수정하기를 단호히 거부했던 용기 있는 설교자들이 많이 있는 것이다. 그 중에서 한 가지, 미국의 흑인 민권 운동의 지도자로 후에 암살을 당한 마틴 루터 킹 목사의 아버지 예만 들기로 하자. 그의 며느리인 코레타 스코트 킹(Coretta Scott King)은 『마틴 루터 킹 2세와의 삶』(*My Life with Martin Luther King Jr.*)에서 고인(故人)이 된 시아버지에 대해 다음과 같이 묘사하고 있다: "그분은 그 당시(1964년경) 애틀랜타의 어번 애비뉴(Auburn Avenue)의 에베네저 침례교회(Ebenezer Baptist Church)의 목사로 33년을 섬겨오고 계셨다. 그는 육체적으로나 영적으로나 큰 사람이었다. 그는 강단에서 강하면서도 폭이 넓으셨고, 흑인이든 백인이든 그 누구도 두려워하지 않고 있는 그대로 말씀하셨고, 회중에게 말씀을 선포하셨고 그들에게 넘쳐 흐르는 사랑을 주셨다."[9]

위로와 동요를 일으킴

인기에 영합하지 않는 설교의 전통이 성경에서나 교회 역사에서나 너무나도 일관성 있게 내려오며, 또한 인기를 얻고 싶어하고, 사람들을 동요시키기보다는 그들을 위로하고 싶어하는 설교자의 본성적인 성향과는 너무나도 반대되는 것이므로, 우리는 그 기원에 대해 살펴보지 않을 수가 없다. 이는 멀리 가서 찾을 필요가 없다. 이에 대한 유일한 설명은, 설교자들이 선지자들처럼 자기들이 하나님께로부터 오는 말씀을 짊어진 자들이며 따라서 그 말씀에서 벗어날 자유가 없다는 것을 믿고 있다는 것이다. 구약 시대에는 발람 같은 이방인 술객조차도, 이스라엘과 자신이 어떻게 얽혔든지 간에 자기가 자유로이 말할 수 없는 사람이라는 것을, 계시로 말미암아 자신의 자유가 제한을 받는다는 것을 알고 있었다. 모압 왕 발락이 그를 매수하여 이스라엘을 저주하게 하려 했으나, 그는 계속해서 그들을 축복하였다. 그 때문에 발락이 진노하자, 그는 이렇게 해명하였다: "내가 오기는 하였으나 무엇을 말할 능력이 있으리이까? 하나님이 내 입에 주시는 말씀 그것을 말할 뿐이니이다"(민 22:38). 발람이 그렇게 자신이 마음대로 말할 수 없고 하나님의 말씀에 복종하여야 한다는 것을 토로했다면, 이스라엘의 선지자들은 그보다 얼마나 더 했겠는가? 하나님께서는 예레미야에게 주신 다음과 같은 사명과 동일한 사명을 선지자들 한 사람 한 사람에게 주신 것이다: "보라, 내가 내 말을 네 입에 두었노라 … . 그러므로 … 내가 네게 명령한 바를 그들에게 말하라" — 그리고 "한 마디도 감하지 말라"(렘 1:9, 17; 26:2).

그러나 거짓 예언의 다른 전통은 이처럼 하나님의 말씀을 받아 순전하게 전달하는 이 의무와는 대조적으로 너무나도 비굴한 모습을 보인다. 이스라엘의 거짓 선지자들은 계시에 굴복하는 일과 또한 그로 인하여 자유를 제한 받는 일을 거부하였고, 그리하여 자기들 마음대로 사색하고, 꿈꾸고 싶은 대로 꿈꾸고, 자기들 자신의 메시지들을 쏟아내었다. 결국 하나님께서는, "그들이 말한 묵시는 자기 마음으로 말미암은 것이요 여호와의 입에서 나온 것이 아니니라," 또한 "꿈을 꾼 선지자는 꿈을 말할 것이요 내 말을 받은 자는 성실함으로 내 말을 말할 것이라. 겨가 어찌 알곡과 같겠느냐?"고 말씀하셨다(렘 23:16, 28; 참조. 겔 13:2, 3).

비극은 그들의 꿈과 묵시가 "헛된 소망"이었고, 그들이 심판이라는 현실 대신 평화의 환상을 꿈꾸었다는 데 있었다. 분명히 말하지만, 이것이 바로 백성들이 듣기를 원하던 것이었다. "선지자들은 거짓을 예언하며 … 내 백성은 그것을 좋게 여기니"(렘 5:31). 그들은 "선견자들에게 이르기를 '선견하지 말라', 선지자들에게 이르기를, '우리에게 바른 것을 보이지 말라, 우리에게 부드러운 말을 하라, 거짓된 것을 보이라, 너희는 바른 길을 버리며 첩경에서 돌이키라, 이스라엘의 거룩하신 이를 우리 앞에서 떠나시게 하라' 하는도다"(사 30:9-11; 참조. 미 2:6-11). 그리하여 이스라엘은 진리로 인한 동요보다는 거짓말이 주는 위로를 더 선호하였다.

그런데 아뿔싸! 거짓 선지자들은 그런 요구에 아주 기꺼이 열심으로 응하였다. "항상 그들이 나를 멸시하는 자에게 이르기를, '너희가 평안하리라 여호와의 말씀이니라' 하며, 또 자기 마음이 완악한 대로 행하는 모든 사람에게 이르기를, '재앙이 너희에게 임하지 아니하리라' 하였느니라"(렘 23:17; 참조. 5:12, 13; 애 2:14). 그들의 주 상품은 "부드러운 말들"이고, 평화가 없는 때에조차 "평화, 평화"를 반복하는 것이었다. 그리하여, 그들은 결국 하나님의 "백성의 상처를 가볍게 여겼다"(렘 6:14; 8:11). 그들은 당장 심각한 외과 수술이 필요한데도 그저 가볍게 붕대나 감아주고 마는 돌팔이 의사 같았다. 혹은 건축자에 비유하여 말하면, 사람들이 벽을 세울 때에 이 선지자들은 그 벽을 회반죽으로 발라버리고 만 것이다. 다시 말해서, 그들은 아무리 하나님의 뜻에 거스르는 것이라도 사람들이 원하는 것이라면 무엇이든 종교의 공식 재가를 해 주었고, 종교적인 후원으로 뒷받침해 주었던 것이다. 그러나 하나님의 진노를 막기 위해서 아무리 인간이 벽을 쌓아도 소용이 없고, 선지자들이 횟가루를 바른다고 해서 그 벽의 갈라진 틈을 가릴 수는 없다. 하나님의 심판의 바람과 비 앞에 그것들이 여지없이 무너져 버릴 것이다(겔 13:10-16; 22:28).

이 두 가지 은유는 동일한 메시지를 전해 준다. 회개하지 않는 죄인들은 하나님의 심판으로부터 깊은 어려움을 당하게 되어 있다. 그들의 상처가 곪아터지며, 그들의 벽이 무너져 내린다. 피상적인 땜질(상처에 붕대를 감고, 벽에 회칠을 하는 것)은 아무 소용이 없고, 그런 일을 하는 자들은 오히려 무책임하기 짝이 없는 자들이다. 왜냐하면 사람들을 그들이 직면해야 할 현실에서 가로막기 때문이다. 『모비 딕』(Moby Dick)에서 매플 신부는 요나의 이야기로부터 설교자들을 위한 한 가지 교훈을 이끌어낸다: "하나님께서 바닷물에 폭풍을 일으키셨는데, 그 물에다 기름을 부으려 하는 자들은 저주를 받을지어다!"[10]

하나님의 말씀에 신실하고자 용기를 구하는 설교자들은 비단 일반 사람들에게서 뿐 아니라 다른 설교자들에게서도 소외됨으로써 더욱 어려운 상황에 처하게 된다. 오늘날 성경이 지극히 분명하게 말씀하는 신학과 윤리의 근본적인 문제들에 대해서조차 교회 내에서 논쟁이 일고 있어서, 신학에 전문가들로 인정받는 자들이 서로 첨예하게 대립하는 덕스럽지 못한 광경들을 평신도들이 텔레비전이나 신문에서 접하고 있는 형편이다. 그러나 이러한 현상은 새로운 것이 아니다. 그것은 성경에 나타나는 참 선지자들과 거짓 선지자들의 싸움과 원리적으로 동일한 것이다. 이런 싸움의 전형은 이믈라의 아들 미가야 선지자였다. 유다 왕 여호사밧과 이스라엘 왕 아합(이들은 혼인을 통해서 서로 친척이 되었다)은 연합군을 결성하여 아람에게 점령당한 길르앗 라못을 도로 찾기로 합의하였다. 그런데 그들은 군사 원정에 나서기 전에 먼저 "여호와의 말씀이 어떠하신지 물어보는" 것이 지혜로운 일이라 생각하였다. (먼저 사람이 어떤 일을 결정하고 그 다음에 하나님의 재가를 구하여 그 결론에 무게를 더하는 이런 식의 처사는 오늘날도 계속되고 있다.) 사백 명의 궁정 선지자들에게 물어본 결과, 그들은 즉시 "올라가소서. 주께서 그 성읍을 왕의 손에 넘기시리이다"라고 대답했다. 시드기야 선지자는(그는 다소 과시하기를 좋아하는 사람이었던 것으로 보인다) 심지어 철로 뿔들을 만들어 가지고 말하기를, "여호와의 말씀이 왕이 이것들로 아람 사람을 찔러 진멸하리라 하셨다"고까지 하였다. 그러나 여호사밧 왕은 마음이 편치 않았다. 그는 다른 메시지를 전해 줄 또 다른 선지자가 있지 않을까 생각하였다. 아합은 이믈라의 아들 미가야라는 선지자가 한 사람 있다는 것을 인정했다. 그러나 "그는 내게 대하여 길(吉)한 일은 예언하지 아니하고 흉한 일만 예언하기로 내가 그를 미워하나이다." 그럼에도 불구하고 여호사밧은 그를 불러오게 했고, 그를 부르러 간 사신은 미가야를 만나서 이렇게 이야기하였다:

"선지자들의 말이 하나 같이 왕에게 길하게 하니 청하건대 당신의 말도 그들 중 한 사람의 말처럼 길하게 하소서." 그것은 미가야의 신변을 보호하기 위한 호의적인 의도로 주어진 충고인 것이 분명했다. 그러나 그것은 사실 마귀적인 유혹이었다. 과연 무엇이 더 중요한가? 왕의 호의를 얻는 대다수의 견해인가, 아니면 왕의 호의를 얻을 수 없는 여호와의 말씀인가? 미가야는 전혀 주저함이 없었던 것으로 보인다: "여호와께서 살아 계심을 두고 맹세하노니 여호와께서 내게 말씀하시는 것 곧 그것을 내가 말하리라." 그리고 나서 두 왕 앞에 섰을 때에도 그는 전혀 움츠러들지 않았다. 그는 용기 있게 "내가 보니 온 이스라엘이 목자 없는 양 같이 산에 흩어졌다"고 선포하였다. 이것은 아합이 그 전투에서 죽임을 당할 것을 예언한 것만이 아니라, 궁정의 선지자들의 조언과 정반대되는 것이었다. 미가야는 "거짓말하는 영"이 그들의 입으로 그런 조언을 한 것이라고 하였다. 이러한 정직한 발언 때문에 그는 궁정 선지자 중 하나에게 뺨을 맞았다(왕상 22:1-19).

미가야는 자기에게 닥친 난국을 피할 수가 없었다. 왕에게 인기 발언을 하여 그의 호의를 얻고 그의 하나님을 저버리든가, 아니면 왕의 호의를 잃어버리더라도 하나님께 신실하기 위해서 홀로 서서 기득권 세력의 견해에 맞서든가 둘 중의 하나를 택해야 했다. 그는 사람의 칭찬보다는 하나님의 칭찬을 선택하였다. 그에 대한 성경의 기록은 오로지 이 한 가지 사건뿐이다. 그러나 그는 더 널리 알려지고 칭송을 받을 만하다. 그는 찬양받지 않은 성경 영웅 가운데 한 사람이다. 인기 없는 진리를 택할 것인가, 아니면 인기를 누리는 거짓을 택할 것인가 하는 것은 기독교 설교자들이 계속해서 당하는 문제다.

헨슬리 헨슨(Hensley Henson)은 1887년 베드널 그린(Bethnal Green)의 옥스퍼드 하우스(Oxford House)의 학장으로 선출된 직후 다음과 같이 썼는데, 우리 모두가 그 말에 공감하기를 바란다: "나는 인기라면 지푸라기 하나라도 관심이 없다. 왜냐하면 인기란 대개 진리를 값으로 치르고서 얻어지는 것이기 때문이다."[11] 예수께서 "모든 사람이 너희를 칭찬하면 화가 있도다. 그들의 조상들이 거짓 선지자들에게 이와 같이 하였느니라"(눅 6:26)라고 경고하신 것도 분명 이 때문이다. 그는 아마도 선지자들이나 설교자들이나 인기는 오로지 순전함을 값으로 치르고서야 얻어질 수 있다는 것을 당연한 사실로 받아들이신 것 같다. 그런데 주님의 이 말씀을 믿는, 아니면 최소한 이 말씀을 믿는 데 따르는 희생을 기꺼이 감수하고자 하는 교회원들이나 지도자들이 거의 없는 것 같다.

신약의 순전한 복음은 인간의 자존심을 극도로 상하게 하는 것이며, 따라서 복음을 신실하게 전하는 자는 누구도 최소한 어느 정도의 반대는 피할 수가 없는 것이 사실이다. 바울은 그의 시대에 십자가에 못 박히신 그리스도의 메시지가 헬라의 지성인들에게는 어리석은 것이요 스스로 의롭다고 여기는 유대인들에게는 거치는 돌이 된다는 것을 알았다. 자기 자신의 지혜로나 자기 자신의 도덕성으로 하나님께 나아갈 수 있는 사람은 아무도 없다. 오로지 십자가에서만 하나님을 알 수 있는 것이다. 그런데 이 사실은 교양이 있는 남녀에게는 두 배나 더 거부감을 일으킨다. 그들은 기독교의 배타적인 주장에 분개하며, 그 주장에 담겨 있는 굴욕감에 대해서는 더욱더 분개한다. 그리스도께서는 그의 십자가로부터 우리에게 이렇게 말씀하시는 것 같다: "내가 여기 있는 것은 너희들 때문이다. 너희의 죄와 교만이 아니었다면 내가 여기 있지 않을 것이다. 그리고 너희가 스스로 구원할 수 있더라도 내가 여기 있지 않을 것이다." 그리스도인의 순례의 길은 머리를 숙이고 무릎을 꿇은 상태로 시작된다. 자기 자신을 낮춘 자들을 높이는 방법 이외에는 하나님 나라에 들어갈 방법이 없는 것이다.

하나님께서는 필자의 그리스도인으로서의 생활 바로 초기에 필자 자신의 마음의 교만과 다른 사람의 마음의 교만을 보게 하심으로 이러한 진리를 가르쳐 주셨다. 이것이 얼마나 감사한지 모른다. 필자가 케임브리지 대학교의 트리니티 칼리지(Trinity College)의 학부생이었을 때였다. 그 당시는 필자 자신이 그리스도께 나아온지 얼마 되지 않은 때였는데, 그때 어느 동료 학생에게 복음을 전하는 일을 — 분명히 기억나지만 아주 서투르게 — 시도하였다. 오직 은혜로 말미암아 칭의를 얻으며, 구원은 그리스도의 값없는 선물이며, 따라서 우리는 구원을 얻는 데에 아무것도 공헌할 수가 없고 오직 그리스도께서 우리를 위해서 얻으셔서 우리에게 선물로 베풀어 주신다는 등의 위대한 교리를 애를 써서 설명하였다. 그런데 정말 놀랍게도 갑자기 그 친구가 세 번이나 목소리를 높여서 "아이구 끔찍해! 끔찍해! 끔찍해!"라고 외쳐댔다. 인간의 마음의 교만이 얼마나 큰지 복음을 영광스러운 것으로 보지 못하고 오히려 끔찍스러운 것으로 볼 정도인 것이다.

알렉산더 화이트(Alexander Whyte)는 에든버러에서의 목회 사역 말기에 바로 이 문제 때문에 위기를 맞았다. 그는 몇몇 사람들이 그를 "죄에 대해서만 집착하는 외골수"로 여기고 있다는 것을 잘 알고 있었으므로, 설교에서 그 문제를 회피하고픈 유혹을 받았다. 그러나 어느 날 하일랜드 지방을 걷고 있는 동안 — 그는 그 후 평생토록 그 정확한 지점까지도 분명히 기억할 수 있었다 —

> 하나님의 음성으로 여겨지는 것이 내 양심에 강력하게 울려왔고, 그렇게 분명할 수 없을 만큼 내게 분명하게 들려왔다: "안돼! 계속해라! 움츠러들지 말아라! 다시 가서 네게 주어진 일을 담대하게 마무리해라. 목소리를 높여 외치고 두려워하지 말아라. 그 어떠한 희생을 감수하고라도 하나님의 거룩한 법을 분명히 보게 하라. 아무도 그 일을 하려 하지 않을 것이고, 아무도 그 일에 목숨과 명예를 걸지 않을 것이니, 네가 그 일을 해라. 게다가 너에게는 남은 게 많지 않으니 잃을 것도 없지 않은가? 집으로 가서 네 남은 여생을 내게 주어진 사명을 이루라. 내 백성에게 그들의 죄를 보이고 나의 구원이 필요하다는 것을 보이라."

그는 그렇게 했다. 하늘의 이상에 불순종하지 않았다. 그로 인하여 그는 그의 사명을 완수할 "새로운 힘과 새로운 용기"를 얻은 것이다.[12]

그러므로 설교자들은 안일한 자들을 동요시킬 의무를 회피할 수가 없다. 그리스도께서 여러 가지 "위로의 말씀"을 주셨다는 것을 우리 모두 잘 알고 있다. 그리고 영국 국교회에서도 성찬 예배 때마다 그 중의 몇 말씀들을 반복하여 읽고 있다. 그러나 예수님의 모든 말씀이 다 위로를 주는 것은 아니다. 그 중의 어떤 말씀들은 깊은 동요를 일으킨다. 그러므로 우리는 주님의 "불편하게 하는 말씀"도 성실하게 해명하고 가르쳐야 한다. 그러므로, 하나님의 사랑과 은혜와 긍휼(이것들은 캄캄한 배경 앞에서 더욱 환하게 빛을 발한다)은 물론 그의 진노도 설교해야 하고, 그의 구원은 물론 그의 심판도 설교해야 하고, 천국은 물론 지옥도 설교해야 하고(혹시 성경이 명확하게 가르치는 내용을 넘어서게 될까 염려하여, 이 두 가지에 대한 세세한 내용에 대해서 잠정적인 자세를 취하는 것이 지혜롭다는 생각이 든다 할지라도), 그리스도와 함께 부활하는 일은 물론 그와 함께 죽는 일에 대해서도, 믿음은 물론 회개에 대해서도, 그리스도의 구주 되심(Saviourhood)은 물론 그의 주 되심(Lordship)도, 그리스도인의 제자도(弟子道)에 대한 상급은 물론 그 제자도에 요구되는 희생도, 자기 발견으로 나아가는 길로서의 자기 부인도, 그리고 우리가 그 아래서 쉼을 얻게 되는 그리스도의 권위의 멍에도 설교해야 하는 것이다.

비단 복음을 전하는 설교에서만이 아니라 그리스도인의 삶에 대한 가르침에서도 용기가 필요하다. 곧, 신약의 메시지 가운데 사람의 입맛에 잘 맞지 않는 것들을 소홀히 다루어서는 안 되고 성경적인 균형을 찾는 용기가 필요하다는 것이다. 예를 들어서, 사도들은 그리스도를 아는 "말할 수 없는 영광스러운 즐거움"을 말씀하면서도 갖가지 시험과 사탄적인 압력 때문에 "근심하게 되지" 않을 수 없다는 사실을 덧붙이고 있다(벧전 1:6-8). 그들은 그리스도께서 이루신 역사와 성령의 내주하심을 믿는 믿음의 안식을 묘사하지만, 동시에 우리를 병사들로, 경기장의 달리기 선수로, 농부로, 투사로 그리는데, 이는 모두가 힘든 수고가 있어야 함을 암시하는 것들이다. 그리스도께서 우리에게 베푸신 그 뛸듯이 기쁜 자유를 강조하면서도, 또한 그것은 곧 다시 그리스도와 그의 뜻에 종이 되는 것을 의미한다는 점을 덧붙인다. 그들은 우리가 더 이상 "율법 아래에" 있지 않다는 것을 확실히 선언한다. 곧, 하나님께서 우리를 받아들이시는 것이 우리의 행위가 아니라 그의 은혜에 의존하는 것이라는 뜻이다. 그러나 그들은 또한 우리에게 순종이 요구된다는 사실도 똑같이 강조한다. 그리스도께서 우리를 위해서 죽으신 것은 바로 "육신을 따르지 않고 그 영을 따라 행하는 우리에게 율법의 요구가 이루어지게 하려 하심이니라"(롬 8:3, 4).

그러므로 높은 도덕적 표준이 우리 앞에 놓여 있는 것이다. 더 나아가서, 사도들은 모호한 일반적인 표현들을 넘어서서 정확한 적용에까지 나아간다.

그러므로 예를 들어서 에베소서 4:25-5:21이나 디도서 2:1-15, 혹은 야고보서나 산상수훈에 대해 연속 설교들을 해 나가게 되면 많은 교인들이 깜짝 놀라게 될 것이다. 우리는 과연 남편과 아내, 부모와 자녀, 주인과 종 사이의 관계에 대한 사도들의 가르침을 신실하게 가르치고 있는가? 탐심이 우상숭배요, 재물은 위험한 것이요, 서로서로 자비롭게 책임을 다하는 것이 하나님의 새로운 사회의 표지(標識)라는 사실 등을 제대로 가르치고 있는가? 하나님께서 성적인 성취를 위하여 제정하신 유일한 상황은 평생토록 이어지는 이성간의 결혼 밖에 없으므로 이혼은(때로는 인간의 연약함 때문에 허용되기는 하지만) 언제나 하나님의 이상에서 벗어나는 것이요, 또한 이성간의 간음과 음행이나 동성 간의 성적 행위들은 하나님의 뜻을 거스르는 것이라는 사실을 과연 신실하게 가르치고 있는가? 일(work)이란 타락의 결과가 아니라 창조의 결과요, 하나님께서 하나님의 일에 동참하며 다른 이들을 섬기고 자기를 실현하는 수단으로 의도하신 것이므로 일을 하지 않는다는 것이 비극이라는 사실은 과연 성실하게 가르치고 있는가?

우리가 "죄와 의와 심판"에 대해 신실하게 설교하고 있다면, 동시에 거기에 불균형이 없도록 조심해야 한다. 설교자들 중에 하나님의 심판을 우레같이 퍼붓는 일을 즐기는 사람들이 있다는 것을 인정하지 않을 수가 없다. 그들은 그들이 때리는 채찍에 맞아 청중들이 신음하는 것을 보면서 병적으로 만족감을 느낀다. 그것이 구두적인 가학증(verbal sadism)이든, 미국인들이 "ego trip"(자기 중심적 행동)이라 부르는 것이든 간에, 다른 사람들의 고통으로부터 쾌감을 느낀다는 것은 언제나 병적인 것이다. 앤소니 트롤럽(Anthony Trollope)은 『바체스터 타워스』(Barchester Towers)에서 주인공인 오바디야 슬로프 목사를 바로 이런 병적인 증상을 지닌 사람으로 경멸하고 있다. 트롤럽은 이렇게 쓰고 있다: 그 목사는 "설교의 언변에 있어서는 은사를 받은 점도 있으나 설교에서 책망과 비난을 주로 많이 하고 있다. 사실 그의 표정과 말투가 지극히 심하다 … . 길거리를 걸어갈 때 보면 그의 얼굴 자체가 세상의 악에 대한 공포에 질려있는 표정이며, 그의 눈 가장자리에는 언제나 저주가 번뜩인다 … . 구주께서 긍휼하심을 말씀해도 그에게는 아무런 소용이 없다 … ."[13] 콜린 모리스(Colin Morris)의 재치 있는 표현을 빌려 말하자면, 그는 강단을 "복된 소식(Good Tidings)이 아니라 복된 책망(Good Chidings)을 쏟아놓는 데에" 사용한 것이다.[14]

특히 도덕적으로 해이해져 있는 시대에는 죄에 대한 하나님의 심판을 다루는 것이 필요하다고 느끼는 것만큼, 죄인들을 향한 하나님의 긍휼하심도 다룰 필요가 있다. 서기관들과 바리새인들의 외식에 대하여 예수께서 발하신 저주들은 성경 전체에서 가장 혹독한 질책 중에 속하지만, 그럼에도 불구하고 예수께서는 "죄인들의 친구"로 불려지셨고, 그의 주위에 사람들이 몰려들어 기쁨으로 그의 말씀을 들었으며, 그는 그들에게 짐을 짊어진 상태 그대로 그에게 나아오라고 초청하셨고, 그렇게 그에게 나아오면 쉬게 해 주시겠다고 약속하셨으며, 용서받은 창녀의 애정어린 행위를 용납하셨고, 또한 간음하는 현장에서 붙잡힌 여인에게는 "나도 너를 정죄하지 아니하노니 가서 다시는 죄를 범하지 말라"고 말씀하셨던 것이다.

바울이 고린도 교인들에게 "그리스도의 온유와 관용으로" 호소하였다는 것은 의미심장한 일이다(고후 10:1). 그는 얼마든지 혹독히 대할 수 있었다. 그는 교회들이 범죄자들을 징계할 것을 기대했고 회개치 않는 자들의 경우에는 심지어 출교까지도 시킬 것을 기대하였다. 그러나 그는 그런 일들을 전혀 즐거워하지 않은 것이 분명하다. 오히려 반대로, 그는 부모의 온유함과 애정과 자기를 주는 사랑을 보여주었다. 사실 그는 데살로니가 교인들을 마치 "유모가 자기 자녀를 기름과 같이" 또한 "아버지가 자기 자녀에게 하듯" 대하였던 것이다(살전 2:7, 11).

오늘날 기독교 목사는 누구나 자기에게 맡겨진 자들을 향하여 동일한 사랑의 느낌을 갖고 있다. 매 주일 그들에게 말씀을 전할 때마다 그는 그들이 지고 있는 갖가지 짐들을 이해하고 있다. 곧 큰 수술을 받아야 하는 처지에 있는 이도 있고, 최근 자신이 난치병에 걸려 있다는 사실을 전해 들은 사람도 있고, 또한 바로 얼마 전에 사랑하는 가족을 여읜 사람도 있다. 그리고 부부간의 불화로 고민 중인 사람도 있고, 아내가 부정을 행하고 있는 남자도 있고, 남편에게서 가혹한 대접을 받는 여자도 있고, 실연으로 고통을 당하는 독신자도 있고, 비기독교적인 환경 속에서 그리스도인의 표준을 지키는 것이 힘들어 괴로워하는 젊은 청년도 있다. 그들의 얼굴을 바라보면, 용감한 모습 뒤에 비극이 숨어 있는 것 같아 보인다. 거의 모든 사람이 인생의 상처를 받았었고, 유혹, 패배, 침체, 외로움, 절망 등의 압박을 느끼고 있다. 물론 안일한 생활 자세로부터 흔들려서 정신을 차려야 할 필요가 있는 사람도 있는 것이 사실이지만, 무엇보다 하나님의 사랑의 위로가 필요한 사람들도 많은 것이다. 조웨트(J. H. Jowett)는 이렇게 쓰고 있다.

> 나는 최근 여러 전기들을 읽었는데, 전기들마다 한 가지 주제가 반복되어 나타나는 것을 보고 크게 감동을 받았다. 파커 박사(Dr. Parker)는 거듭 말하기를, "상한 심령들에게 설교하라!"고 하였고, 이언 맥클라렌(Ian Maclaren)은 이렇게 증언하고 있다: "설교의 가장 주된 목표는 위로다 … ." 데일 박사(Dr. Dale)의 말은 너무나 애절하다: "사람들은 위로를 받기를 바란다 … . 그들에게는 위안이 필요하다. 그저 그것을 사모하는 정도가 아니고 정말로 그것을 필요로 하고 있다."[15]

어떻게 해서든 우리는 균형을 잘 유지해야 한다. 그리고 그렇게 할 수 있으려면 민감함을 주시도록 기도할 필요가 있다. 미국 감독교회의 채드 월쉬(Chad Walsh)는 그의 초기의 저서인 『시험받는 캠퍼스의 신들』(Campus Gods on Trial)에서 설교에 대한 탁월한 정의를 내린 바 있다: "설교자의 진정한 기능은 안일한 자들에게는 동요를 일으키고, 흔들리는 자들에게는 위로를 주는 것이다."[16] 이보다 한 세기 전 노예 상인이었다가 회심한 존 뉴턴(John Newton)은 그의 모든 설교의 주요 요점은 바로 "굳은 마음을 깨뜨리고 상한 마음을 치료하는 것"이라고 말하곤 했다.[17] 그러나 이 두 가지가 잘 조화를 이루는 경우가 매우 드문 것 같다. 설교자들 중에는 위로를 주는 면에서 대가(大家)인 사람들도 많다. 그들의 설교는 모두가 달래는 것들이다. 그러나 그들은 위로를 주는데 바빠서 먼저 그들을 동요시키는 일을 빠뜨리는 것이다. 또 어떤 설교자들은 정반대의 실수를 범한다. 그들은 인간의 죄와 하나님의 거룩하심을 설교하여 회중의 평화로운 마음을 뒤흔드는 데에는 선수들이다. 그러나 그렇게 마음이 뒤흔들린 자들에게 계속해서 위로를 주는 일은 전연 잊고 있는 것이다. 채드 월쉬가 제시한 설교의 정의는 이런 두 가지 기능을 한 데 묶어 주는 것인데, 존 웨슬리의 『일기』(*Journal*)에서 그 정의가 잘 드러나고 있다. 예를 들어서, 1761년 6월 21일 그는 요크셔(Yorkshire)의 오스머덜리(Osmotherley)의 교회당 뜰에서 설교했는데, 그날의 일기에서 그는 "많은 사람들이 상처를 받았고 또 많은 사람들이 위로를 받은 것으로 여겨진다"고 기록하고 있다.[18] 그리고 1787년 8월 17일에는 채널 제도(Channel Islands)의 알더니 섬(Issle of Alderney)의 총독 관저 근처에서 많은 무리들에게 설교했는데, 그날의 일기에는, "이 시간 많은 사람들의 마음이 찢어졌고, 또 위로를 받은 이들도 적지 않은 것 같다"고 적혀 있다.[19]

좀 더 최근의 실례는 호턴 데이비스 박사(Dr. Horton Davies)가 『영국의 설교의 다양한 모습들 1900-1960』(*Varieties of English Preaching 1900-1960*)에서 잘 보여 주고 있다. 회중교회의 설교자였던 그의 부친께 그 책을 헌정한 그는 저자 서문을 다음과 같이 시작하고 있다:

> 목사의 아들로 자라면서, 살아 있는 하나님의 말씀이 여러 다양한 가족들과 다양한 직업을 가진 사람들에게 통찰과 애정으로 전해지고 적용되는 것을 들을 수 있었던 것은 정말 큰 특권이었다 … . 주일은 언제나 한 주간의 정점(頂點)이었고, 회중이 교회당 좌석에 자리를 잡고 앉아서 우레의 아들(보아너게)이나 혹은 위로의 아들(바나바)이 될 — 같은 설교에서 동시에 두 사람이 다 될 경우도 많았다 — 한 분의 말씀을 들을 때가 바로 그날의 절정이었다 … .[20]

설교자는 누구나 보아너게(마음을 뒤흔들 용기를 가진 자)도 되어야 하고, 동시에 바나바(위로할 사랑을 가진 자)도 되어야 하는 것이다.

체계적인 강해의 가치

설교자들에게 용기가 필요하다는 것과 연관된 것으로서, 체계적인 강해를 실시할 것을 권하고 싶다. 곧, 성경의 어느 한 권이나 한 단락을 택하여 절 단위로나 문단 단위로 처음부터 계속해서 강해해 나가는 방법이 그것이다. 이 방법의 첫 번째 유익한 점은 혹시 그냥 지나치거나 심지어 고의로 피하게 될 구절들을 강제로라도 다루도록 만들어 준다는 점이다. 필자는 몇 년 전 산상수훈을 한 절씩 설교해 나가던 중의 일이 기억에 남는다. 주께서 이혼 문제에 대해 말씀하신 마태복음 5:31, 32을 다룰 차례가 되었다. 부끄러운 고백이지만 필자는 목회 사역에 몸 담은지 25년이 되었지만, 이혼 문제에 대해 설교한 적은 그때까지 한 번도 없었다. 이혼 문제가 현대에 뜨겁게 논란이 이는 문제이며 또 많은 사람들이 이 부분에서 도움을 원하고 있는데도, 정말 부끄럽게도 그 문제를 다룬 적이 없었던 것이다. 물론 상당히 그럴듯한 변명을 늘어놓을 수도 있었다. "그것은 아주 복잡한 문제이고, 나는 그것을 다룰 만한 전문 지식이 없다." "게다가 논란이 이는 문제이니, 분쟁을 일으키고 싶지도 않다." "그리고 분명 누군가 거부감을 가질 것이다." 그리하여 이런 저런 어려움 때문에, 필자는 그 주제를 비껴갔던 것이다.

그러나 이제 산상수훈을 처음부터 계속 다루어가다 보니, 마태복음 5:31, 32이 눈 앞에 닥쳐 왔다. 어떻게 해야 할까? 이 절들을 그냥 지나치고, "지난 주일에는 마태복음 5:30을 다루었습니다. 오늘은 마태복음 5:33입니다"라는 식으로 설교를 시작할 수는 없었다. 아니다. 오랜 동안 회피해오던 그 본문을 설교해야 했다. 그 본문을 감히 다루기를 시도하기 전에 얼마나 연구와 사색을 열심히 했었는지 지금도 생생하게 기억이 난다.

체계적인 강해의 두 번째 유익은 특정한 주일에 왜 하필 그 본문을 택했을까 하는 식의 호기심을 교인들에게서 불러일으키지 않는다는 점이다. 만일 필자가 어느날 갑자기 뜻밖에도 이혼에 관해서 설교했다면, 교회원들은 분명 왜 그랬을까 하고 의아해했을 것이다. 아마도 "오늘 누구를 생각하고 그 말씀을 하셨을까?"라는 식으로 생각할 것이었다. 그러나 체계적인 강해 설교의 경우는 그런 일이 없다. 마태복음 5:31, 32을 강해할 것을 사전에 미리 예측하고 있기 때문이다.

세 번째 유익이 아마도 가장 클 것이다. 그것은 성경의 큰 부분을 철저하게 체계적으로 밝혀나감으로써 교인들의 시야가 넓어지고, 성경의 주요 주제들에 대해 정리하게 되고, 성경을 성경으로 해석하는 법을 배우게 된다는 것이다. 포사이스(P. T. Forsyth)는 이 점을 다음과 같이 잘 지적해 준다:

우리는 그의(설교자의) 주관적인 시각, 본 주제에서 벗어나는 것, 단조로움, 한계 등에서 보호받을 필요가 있다. 더욱이 설교자가 자기 자신이나 자신의 시대를 설교하지 않도록 보호할 필요도 있다. 우리 모두 우리 시대를 향하여 설교하여야 한다. 그러나 우리가 우리 시대를 설교한다면 우리에게 화(禍)가 있을 것이다. 그것은 거울을 들고 시대에다 비추어 보는 것에 지나지 않은 것이다.[21]

그는 또 이렇게 말하고 있다:

설교자의 가장 큰 임무 중의 하나는 성경을 일반 사람들의 본문에 대한 고정관념에서, 또한 성경을 하나의 종교적인 스크랩북으로 전락시켜서 오로지 절과 구(句) 안에서만 사용하는 성경숭배자들의 사고에서 구원해 내는 일이다 … . 설교자는 성경 각 부분이 살아있는 복음적인 전체에 가장 값지게 기여하며 또한 성경 전체가 인간 역사의 큰 과정 속에 녹아들어가도록 성경을 더 자유롭고도 크고 유기적으로 대하는 자세를 배양해야 한다.[22]

물론 반드시 이런 식으로 이유를 표명하지는 않았지만, 교회 역사상 가장 위대한 몇몇 설교자들은 성경을 성실하고도 철저하며 또한 체계적인 방식으로 강해하였다. 처음 네 세기 동안의 가장 두드러지는 예는 설교자의 용기와 관련해서 본 장에서 이미 언급한 바 있는 요한 크리소스토무스(John Chrysostom)이다. 4세기의 마지막 20여년 동안, 그는 구약에서는 창세기와 시편을, 신약에서는 마태복음, 요한복음, 사도행전, 그리고 바울 서신 전체를 강해하였다.

그러나 체계적인 성경 강해법을 가장 효과적으로 개발한 것은 16세기 종교개혁자들이었다. 그것은 하나님의 순전하고도 능력 있는 말씀을 회중에게 그대로 드러내는 일에 대한 관심에서 비롯된 것이었다. 루터와 칼빈은 여러 가지 면에서 서로 달랐다. 루터는 독일인이었고 칼빈은 프랑스인이었다. 루터는 체구가 크고 다부졌으나, 칼빈은 왜소하고 약했다. 루터의 스타일은 그의 생생하고도 열정적인 상상에 의존하는 것이었으나, 칼빈은 침착하며 선명한 분석에 의존하는 것이었다. 그러나 두 사람은 우리 현대인들을 부끄럽게 할 정도로 성경을 부지런히 그리고 깊이 있게 다루었다. 비텐베르크(Wittenberg)의 종교개혁자들(루터와 그의 동료 성직자들)은,

> … 설교를 통하여 신앙을 교육하는 운동을 광범위하게 시행하였다. 주일에는 세 차례의 공예배가 있었는데, 오전 5시부터 6시까지는 바울 서신을 강해했고, 9시부터 10시까지는 복음서를, 그리고 오후에는 예배 시간이 자주 바뀌었는데 그때에는 오전 예배 시에 다룬 주제를 계속하거나 요리문답을 가르쳤다 … . 월요일과 화요일에는 요리문답에 대한 설교가 행해졌고, 수요일에는 마태복음을, 목요일과 금요일에는 사도들의 서신서들을, 그리고 토요일 저녁에는 요한복음을 강해했다. 한 사람이 이 모든 임무를 다 도맡아 한 것이 아니었으나, … 루터가 맡은 몫만 해도 엄청난 것이었다. 가정에서 모이는 경건회를 포함해서 그는 주일에는 네 차례 설교할 때가 많았고, 분기마다 한 차례씩 두 주간 연속으로 한 주에 4일씩 요리문답을 가르쳤다. 현존하는 그의 설교를 모두 합하면 2,300편에 달한다. 가장 설교를 많이 한 해는 1528년인데, 그 해에는 145일에 걸쳐서 195회의 설교를 했다.[23]

칼빈의 방법도 루터의 방법과 비슷했으나, 그는 좀 더 체계적이었다. 1549년부터 그는 제네바에서 매 주일마다 두 차례씩 설교했고, 격주로 주중에 날마다 저녁 예배 시간에 설교했다. 그는 주중에는 구약을 다루었고, 주일에는 신약이나 시편을 다루었다. 속기사를 고용하여 그의 설교를 받아 적게 하고 나중에 정사(正寫)했다. 1549년부터 사망시까지 15년 동안 그는 구약에서는 창세기, 신명기, 사사기, 욥기, 시편 일부, 사무엘상하, 열왕기상, 그리고 선지서들을 다루었고, 신약에서는 복음서, 사도행전, 고린도전후서, 갈라디아서, 에베소서, 데살로니가전후서, 세 편의 목회 서신을 다루었다.

다른 스위스의 종교개혁자들도 동일한 관례를 따랐다. 예를 들어서 츠빙글리는 취리히에서의 목회 초기에 "그저 교회의 교훈에 따르지 않고 마태복

음 전체를 한 장씩 설교하겠다는 의도를 공포하였다. 그것은 너무 새로운 방법이라고 몇몇 동료들이 반대하자, 그는 '이것은 오랜 관례일세. 크리소스토무스의 마태복음 설교나 아우구스티누스의 요한복음 설교를 생각해 보게' 라고 하였다."[24] 취리히에서 츠빙글리를 계승하여 사역한 하인리히 불링거(Heinrich Bullinger)도 동일한 확신을 가지고 있었다. 다간(E. C. Dargan)에 의하면, 그는 "키가 크고 길게 늘어진 턱수염이 있는 모습으로, 자애롭고 지성적인 표현과, 듣기 좋은 목소리와, 위엄이 있으면서도 활기에 넘치는 태도를 지닌 인물"이었다. 다간은 계속해서, 1549년부터 1567년까지 그는 요한계시록을 100차례 설교했고, 다니엘서를 66회, 예레미야서를 170회, 이사야서를 190회 설교했고, 그 외에도 많은 설교를 했다고 보도하고 있다.[25]

그로부터 한 세기가 지난 후 매튜 헨리(Matthew Henry)가 성실하고도 성경적인 설교의 찬란한 모범을 보여주고 있다. 체스터에서 비국교회파 설교자로 25년을 목회하는 동안(1687년-1712년), 그는 매 주일 오전에는 구약을, 매 토요일 오후에는 신약을 강해하여 성경 전체를 두 차례 전부 설교했고, 주중에 모인 강좌 시간을 통해서는 시편 전체를 최소한 다섯 차례 이상 강해하였다. 이 강해들이 그의 유명한 성경 주석의 골자를 이루고 있다.

지난 세기의 강단의 거장(巨匠)들 역시 아우구스티누스와 크리소스토무스가 세웠고 루터와 칼빈과 다른 종교개혁자들과 청교도들이 발전시킨 그 전통을 그대로 지속하였다. 예를 들어서 찰스 시미언의 강해들이 『설교의 시간』(Horae Homileticae)이라는 21권 분량의 책으로 출간되었는데, 모두 2,536편의 설교가 들어 있다. 그는, 우리가 하루에 한 편씩 읽어 나가면 전체를 다 읽는 데에 7년이 걸릴 것이라고 지적하였다.

런던의 시티 템플(City Temple)의 조셉 파커(Joseph Parker)는 1869년부터 33년 동안 평균 3,000명의 청중 앞에서 설교했다. 1884년 그는 성경 전체를 차례로 설교하겠다는 의도를 공포했다. 매 주일마다 두 차례, 그리고 목요일 낮에 한 차례씩 설교하여, 7년만에 그 일을 완결지었다. 그의 설교들은 『사람들의 성경』(The People's Bible)이라는 표제로 된 25권의 책으로 출간되었는데, 1895년에 마지막 권이 나왔다.

거의 반세기 동안 맨체스터의 유니온 채플(Union Chapel)에서 수많은 청중들을 사로잡았던 침례교 목사요 때로 "강해 설교의 왕자"로 불리는 알렉산더 맥클라렌(Alexander Maclaren)은 그의 생애 마지막 6년(1904년-1910년) 동안 총 32권으로 된 『성경 강해』(Expositions of Holy Scripture)를 출간하였는데, 거기에 수록된 강해 설교들은 성경 전체를 거의 망라하고 있다.

20세기에 이르러서는, 피카딜리(Piccadilly)의 센 제임스 교회(St. James's)의 교구 목사였던 윌리엄 템플(William Temple)을 흥미 있는 예로 들 수 있는데, 그는 제1차 세계대전 기간 중 거의 4년에 걸쳐서 요한복음 전체를 설교하였고 후에 그 강해 설교들을 『요한복음 읽기』(Readings from St John's Gospel)라는 제목으로 출간하였다.

교회(하나님의 말씀으로 말미암아 살고 번창해 간다)의 건강과 설교자의 유익을 위해서는 체계적인 강해로 돌아가는 일이 시급하다. 그러나 그러기 위해서는 아무런 생각도 없이 선조들을 그대로 흉내내는 것이 아니라 우리 시대의 특성들을 정당하게 고려할 필요가 있을 것이다. 지나간 시대에 전통적으로 내려오던 방식, 즉 장기간에 걸쳐서 길게 강해하는 방식을 충분히 소화할 수 있을만큼 영적으로 성숙하며 갈급한 상태에 있는 회중은 오늘날 많지 않다. 예를 들어서 데일(Dale)은, "한 독일의 주경학 교수는 20년여 동안 이사야서를 가르쳤으나 2장 중반부까지밖에는 나가지 못했다"고 한다.[26] 심지어 마틴 로이드 존스가 웨스트민스터 채플에서 은퇴할 때까지 12년에 걸쳐서 행하여 14장 17절까지 나간 그 탁월한 로마서 강해도 영국의 어느 교회에서도 거의 다시는 반복될 수 없을 것이다. 그러나 현대인들의 사정을 참작하여, 한 절보다는 한 단락씩을 단위로 하고, 몇 년보다는 몇 개월 정도를 주기로 하여 연속적으로 강해해 나간다면, 오늘날의 회중들도 충분히 받아 먹을 것이다.[27] 그렇게 하면 우리 설교자들 역시 용기 있게 하나님의 뜻을 전부 밝히 드러내는 일에 성장하도록 도움을 얻게 될 것이다.

겸손

불행하게도, 강단에서 용기를 갖고자 결심하게 되면 우리가 고집스럽고 거만하게 될 소지가 있다. 있는 그대로 단호하게 제시하는 데에는 성공할지 모르나, 우리 자신의 대담함을 자랑하게 되어 결국 실패할 수도 있는 것이다. 사실대로 말하면, 강단이란 아담의 자손 누구에게나 올라가기에 위험한 장소다. 강단은 "높이 들린" 곳이어서 오직 여호와의 보좌만이 누려야 할 그런 높고 고귀함을 그것이 차지하기가 쉬운 것이다(사 6:1). 우리는 그곳에 홀로 올라서 있고, 모든 사람의 눈이 우리를 바라보고 있다. 우리는 홀로 독백으로 말을 하고, 그동안 모든 사람들이 조용히 침묵하며 앉아서 듣는다. 그러니 누가 과연 그런 공적인 노출을 당하면서 허영심에 빠지지 않을 수 있겠는가? 교만이야말로 설교자들의 주요 직업병이다. 그것이 수많은 설교자들을 망쳤고, 그들의 능력의 사역을 앗아간 것이다.

어떤 설교자들에게는 이런 현상이 눈에 띄게 드러난다. 그들은 자기를 드러내기를 좋아하는 기질을 지닌 사람들이어서 강단을 자기 자신을 드러내는 무대처럼 사용한다. 로이드 존스 박사는 그런 사람들을 "설교자들(preachers)이 아니라 설교꾼들(pulpiteers)"이라고 불렀는데, 그것은 정말 적절한 표현이다. 그들은 자기를 드러내는 데에 전문가들이기 때문이다.[28]

헨리 워드 비처(Henry Ward Beecher)의 제9회 예일 강좌(1872년)는 "설교 작법"이라는 제목이 붙여졌는데, 거기서 그는 "느부갓네살식 설교"에 대해 언급하고 있다. 이 이상스런 표현은 곧 느부갓네살 왕의 교만에 가득한 말 ─ "내가 나의 강력한 힘으로 세운 이 위대한 바벨론이 … 나의 위엄의 영광을 위한 것이 아닌가?" ─ 을 사실상 반복하는 "허영심에 찬 설교자가 고수하는" 강론을 지칭하는 것이었다. 비처는 다음과 같이 계속한다: "이런 설교자들은 느부갓네살처럼 잠시 들로 쫓겨났다가 다시 정신을 차리고 겸손하게 되어 돌아왔으면 좋겠다."[29] 그의 이런 유비는 아주 설득력이 있다. 교만에는 근본적으로 "추한" 면이 있다. 기독교적인 예의를 거스르며 혐오감을 불러일으키도록 계산된 어떤 면이 있는 것이다. 느부갓네살의 몰락과 회복에서 가장 두드러지는 사실은 그의 교만이 정신 이상에서 나왔고, 정신이 돌아오자 스스로 겸비하게 되었다는 것이다.

그러나 어떤 설교자들의 경우는 느부갓네살의 경우와는 달리, 교만이 건방진 자랑의 형태를 취하지 않는다. 오히려 그보다 더 교묘하고, 음흉하며, 더 사악하다. 겉으로는 지극히 온유한 모습을 보이면서도, 속으로는 칭찬을 받고자 하는 욕심이 끝없이 끓어오르는 일이 얼마든지 가능한 것이다. 강단에 서서 그리스도의 영광을 찬송하는 그 순간에도 실제로 우리 자신의 영광을 구하고 있을 수도 있다. 그리고 하나님을 찬양하라고 회중들에게 교훈하며, 열심히 찬양을 인도하면서도, 우리 자신에 대한 칭찬도 좀 남겨 두었으면 하는 바람을 은밀하게 갖고 있을 수도 있는 것이다. 백스터와 더불어 우리는 이렇게 외쳐야 한다: "오! 이 교만의 죄여! 이 얼마나 끈질긴 동반자요, 얼마나 횡포를 부리는 대장(大將)이며, 얼마나 부끄럽고 교묘하며 음흉한 원수인가!"30)

이 원수를 드러내고 싸우고 격퇴시키는데에 가장 좋은 적극적인 방법은 설교자의 겸손이 어떠해야 하는가에 대해 분석하는 일이라고 생각한다.

하나님의 말씀

무엇보다 먼저, 하나님의 말씀에 굴복하는 겸손이 우리에게 필요하다. 즉, 별 인기가 없는 성경의 진리들을 피하고 그 대신 좀 더 유행에 어울리는 우리 자신의 생각들을 제시하고픈 유혹을 대적하여야 한다는 것이다. "미련한 자는 명철을 기뻐하지 아니하고 자기의 의사를 드러내기만 기뻐하느니라" (잠 18:2).

그리스도인의 겸손은 먼저 **타페이노프로수네**, 즉 "마음이 낮아진 상태"에서 시작한다. 그것은 다른 사람들과의 관계(우리 자신보다 그들을 더 높이고 기꺼이 그들을 섬기는 자세, 빌 2:3, 4; 벧전 5:5)와 하나님과의 관계("겸손하게 네 하나님과 함께 행하는" 자세, 미 6:8)에서 — 특히 후자의 관계에서 — 우리가 생각을 어떻게 하느냐에 관한 것이다. 겸손한 마음이란 닫혀 있는 것도, 무비판적인 것도 아니요, 오히려 자신의 한계점들을 인정하는 마음이다. 그 마음에서는 이런 말이 나온다: "여호와여 내 마음이 교만하지 아니하고 내 눈이 오만하지 아니하오며 내가 큰 일과 감당하지 못할 놀라운 일을 하려고 힘쓰지 아니하나이다"(시 131:1). 또한 하나님의 전지하심에 대해서는, "이 지식이 내게 너무 기이하니 높아서 내가 능히 미치지 못하나이다"(시 139:6)라고 한다. 이것은 반(反)계몽주의도, 반(反)지식주의도 아니다. 이것은 다만 하나님의 무한하신 존재가 우리의 인식의 범위를 초월하시며, 그의 생각과 길이 마치 하늘이 땅보다 높음 같이 그렇게 우리의 생각과 길보다 높다는 것을(사 55:8, 9), 그가 자신을 계시하지 않으시면 우리는 절대로 그를 알 수가 없다는 것을, 또한 "하나님의 어리석음이 사람보다 지혜롭"다는 것을(고전 1:25) 겸손하고도 진지하게 인정하는 것일 뿐이다.

그러므로 만일 하나님의 판단이 측량할 수 없고 그의 길이 찾을 수 없는 것이라면, 우리가 하나님을 가르친다거나 그에게 충고를 해준다는 것은 고사하고(롬 11:33, 34), 우리 스스로 그의 생각을 안다는 것조차도 그야말로 얼토당토 않은 일이다. 그러므로 우리에게는 하나님의 계시를 반박할 자유도 없을 뿐더러 그의 구원 계획을 비판할 자유는 더욱 없는 것이다. 십자가의 메시지가 우리의 유한하고 타락한 마음에게는 어리석게 보일 수도 있고, 그리하여 우리 생각에 좋은 대로 그것과는 다른 구원의 길을 제의하고픈 생각이 들 수도 있을 것이다. 그러나 하나님께서는 "내가 지혜 있는 자의 지혜를 멸하리라"고 말씀하시며, 그 대신 복음의 "미련한 것" — 그러나 이것은 사실 그의 지혜다 — 을 통해서 우리를 구원하시기로 결정하시는 것이다(고전 1:18-25; 참조. 3:18-20). 그러므로 우리의 책임은 우리 자신에게서나 다른 사람들에게서 할 수 있는 일을 다하여 "하나님 아는 것을 대적하여 높아진 것을 다 무너뜨리고 모든 생각을 사로잡아 그리스도에게 복종하게 하"는 것이다(고후 10:5).

그리스도 안에 나타난 하나님의 계시에 굴복하는 겸손한 마음은 과연 설교자들에게서 어떻게 표현될 것인가? 겸손한 설교자들은 자기 자신의 사색에 따라 성경에다 다른 것을 덧붙이거나, 자기 자신의 편견에 따라서 성경의 내용을 제하여 내는 일을 피할 것이다. 성경에다 덧붙이는 일은 독창성을 향한 열망의 형태를 취하는 경우가 많다. 어떤 설교자들은 성경이 밋밋하다고 생각하여, 자기들의 끓어오르는 거품으로 그것을 신선하게 만들려 한다. 또 어떤 이들은 성경이 맛이 없다고 생각하여 자기들이 가진 조미료를 약간 쳐서 맛을 내려 한다. 성경을 있는 그대로 취하기를 꺼리며, 그리하여 언제나 자기 자신의 번쩍이는 아이디어로 그것을 개선시키려 하는 것이다.

그러나 이런 것은 설교자의 임무가 아니다. 우리가 물론 "독창적"이어야 하지만, 이 말은 곧, 옛 진리들을 취하여 그것들을 현대적인 용어들로 창조적으로 재진술하며 현대의 상황에 그것들을 재적용시킨다는 의미인 것이다.

그러나 이런 식으로 "창조적"이라는 것은 새로운 비성경적인 관념들을 "창안해낸다"는 것과는 다른 것이다. 또한 우리는 우리가 시도한 재해석들이 우리가 재해석하려고 애쓰고 있는 그 하나님의 말씀과 똑같은 권위를 지닌다는 식으로 상상할 만큼 우리가 헛되거나 어리석지도 않은 것이다.

겸손한 마음을 지닌 설교자라면 덧셈뿐 아니라 뺄셈도 피할 것이다. 그리고 그는 성경을 오늘날의 사람들이 잘 받아들일 수 있도록 만들기 위해서 그 본문을 조작하는 행위도 거부할 것이 틀림없다. 성경이 더 잘 받아들여지도록 만들려는 시도는 사실상 "우리 자신"이 더 잘 받아들여지도록 만드는 것이요, 따라서 이것은 대중의 인기를 탐하는 욕심인 것이다.

하나님의 말씀에 다른 것을 더하는 행위는 바리새인들의 과오였고, 그 말씀에서 제하여 내는 행위는 사두개인들의 과오였다. 예수께서는 둘 다 비판하시면서, 아무것도 더하거나 빼지 말고, 확대하거나 수정하지도 말고, 하나님의 말씀이 그대로 홀로 최고의 충족한 권위를 지니고 서 있도록 해야 한다는 사실을 강조하셨다. 성경에서 원하지 않는 것들을 잘라내고, 원하는 다른 것을 삽입시키는 현대 교회 안의 바리새인들과 사두개인들은 이러한 예수님의 비판을 깊이 생각해야 마땅할 것이다. 여기서 지적하지 않을 수 없는 것은, 역사적으로 내려온 성경적 기독교로부터 이탈하는 신학적 자유주의(theological liberalism)는 그 자체가 교만한 것이라는 사실이다. 하나님의 말씀에 굴복하기를 거부하며 "바른 말 곧 우리 주 예수 그리스도의 말씀과 경건에 관한 교훈을 따르지" 아니하는 자들은 "교만하여 변론과 언쟁을 좋아하는 자"이기 때문이다(딤전 6:3, 4; 딛 1:9, 10).

기독교 설교자는 자기가 좋아하는 대로 새로운 교리들을 창안해내는 사색가여서도 안 되며, 자기가 보기에 불쾌한 옛 교리들을 잘라내는 편집가여서도 안 된다. 그는 청지기여야 한다. 곧, 성경에 주어져 있는 진리들을, 그 이상도 그 이하도 아닌 바로 그 진리들을 하나님의 백성들에게 신실하게 전해 주는 하나님의 청지기여야 하는 것이다. 이 사역을 위해서는 겸손한 마음이 필수적이다. 날마다 성경에게로 나아가며, 마리아처럼 예수님의 발 앞에 앉아서 그의 말씀을 들어야 할 필요가 있는 것이다.

본회퍼는 "침묵"의 필요성을 강조했는데, 그가 염두에 둔 것이 바로 그렇게 말씀을 "듣는 것"이다. 그는 (몇몇 사람들이 상상하듯) 교회가 책임 있게 행동해야 할 영역에서 실패하여 발언을 할 권리를 빼앗기고 말았으므로 교회는 마땅히 설교를 포기해야 한다는 식으로 주장한 것이 아니다. 오히려 그 반대로, 그가 정죄한 것은 "선포하는" 교회가 아니라 "수다를 떠는" 교회였다. 그는 교회가 하나님의 말씀 앞에서 존경의 자세로 침묵하게 되기를 바랐던 것이다. "교회의 침묵은 말씀 앞에서의 침묵이다 … . 그리스도를 선포하는 것이야말로 적절한 침묵에 근거한 교회의 발언이다."[31]

하나님의 계시 앞에서 그렇게 기대를 갖고 받아들일 자세를 취하는 것은 합당한 일일 뿐 아니라 생산적인 일이기도 하다. 예수께서 분명히 말씀하셨듯이, 하나님께서는 지혜롭고 슬기 있는 자들에게서는 그의 비밀들을 감추시고 오히려 어린아이들에게 — 즉, 겸손하고 마음을 열고 진리를 구하는 겸손한 자들에게 — 그것들을 드러내시는 것이다(마 11:25).

그리스도의 영광

마음의 겸손에 이어서 동기의 겸손이 있어야 한다. 왜 설교하는가? 설교를 통해서 과연 무엇을 이루기를 바라는가? 무슨 동기로 인내하는가? 우리의 동기들이 이기적인 경우가 너무 많다는 생각이 든다. 우리는 사람들의 칭찬과 축하를 바란다. 주일 예배가 끝난 후 입구에서 참석자들과 인사를 나눌 때에 몇몇 사람들에게서 "목사님, 설교가 좋았습니다!" "오늘 큰 은혜 받았어요"라는 식의 칭찬의 말을 듣기를 바란다. 물론 순전한 감사의 말은 침체된 설교자의 사기를 높이는 데 도움이 될 수 있다. 그러나 한가한 아첨이나 설교의 질과는 아무 상관 없이 그저 형식적인 인사말을 반복하는 위선적인 행위는 설교자에게 해를 끼치고 하나님을 거스르는 짓이다. 교인들에게도 이런 전통을 회개하도록 촉구해야 할 것이며, 격려의 말을 표현하는 데에서도 더욱 절제하며 더욱 분별있게 하도록 가르쳐야 할 것이다.

설교의 주 목적은 성경을 신실하고도 적절하게 해명하여 예수 그리스도께서 과연 인간의 진정한 필요를 완전히 해결해 주시는 분으로 인식하도록 하는 것이다. 참된 설교자는 증인이다. 그는 끊임없이 그리스도를 증언하는 사람이다. 그러나 겸손이 없이는 그 일을 할 수도, 하려고 하지도 않는다. 제임스 데니(James Denny)는 이 사실을 알고서 다음과 같은 말을 그의 스코틀랜드 교회의 목사실에다 써붙였다: "어느 누구도 그리스도와 자기 자신을 동시에 증거할 수는 없다. 어느 누구도 자기 자신이 똑똑하다는 것과 그리스도께서 구원에 능하시다는 것을 동시에 드러낼 수는 없다."[32]

"이언 맥클라렌"(Ian Maclaren)이라는 필명으로 『바니 브라이어 숲가에서』(Beside the Bonnie Brier Bush)라는 베스트셀러 소설을 쓴 존 왓슨(John Watson)도 이와 매우 비슷한 발언을 하고 있다: "모든 설교의 주된 효과는 그리스도를 밝히 드러내는 것이어야 하며, 설교자의 주요 기술은 자기 자신을 감추는 것이어야 한다."[33] 그러나 설교자의 목적은 단순히 그리스도를 밝히 드러내는 것만이 아니다. 그를 드러내어 사람들로 하여금 그에게로 나아가 그를 영접하도록 하는 것이다. 그리하여 로널드 워드(Ronald A. Ward)는 설교에 관한 그의 저서의 제목을 『왕 같은 성례』(Royal Sacrament)로 붙였다. 그는 말씀의 사역과 성례의 사역에 유사점이 있는 것을 깨닫고 그것을 이렇게 표현하였다: "성찬 시에 우리가 빵과 포도주를 분배하고 신자들이 그리스도를 받듯이, 설교에서도 우리가 말씀을 주면 신자들이 그리스도를 받는 것이다."[34] 이렇게 보면, 성찬과 성경 강해 모두 외형적인 표증(떡과 포도주 혹은 말씀)이 있고, 또한 내적이며 영적인 은혜(믿음으로 받는 그리스도)가 있다 할 것이다.

동일한 진리를 다른 식으로 표현하자면, "설교는 그 본질이 인격적인 만남(encounter)에 있다"고, 아니면 최소한 설교의 목적이 그런 만남을 촉진시킨다고는 말할 수 있을 것이다. "그러나 큰 만남은 설교자와 사람들 사이의 만남이 아니다. 그것은 하나님과 사람들 사이의 만남이다."[35] 도널드 밀러(Donald Miller)는 이보다 더 강하게 표현하고 있다. 그는 "참된 설교는 진정한 행위다"라는 포사이스의 명언을 취하여 이렇게 쓰고 있다: "설교자와 그의 회중 사이의 양자(兩者) 간의 만남에 하나님이 친히 살아 있는 한 당사자로서 개입하셔서 그것이 삼자(三者) 간의 만남이 되기 전에는 아무도 진정으로 설교했다고 할 수 없다."[36]

필자 자신도 이런 진술들에 전적으로 동감한다. 설교자가 누릴 수 있는 가장 고귀하고도 감동적인 체험은 바로, 설교 도중에 전연 낯선 이상스런 고요함이 회중에게 임하는 것이다. 졸던 자들이 깨어나고 기침을 하던 자들이 기침을 멈추고, 안절부절못하던 자들이 조용히 앉아 있다. 방황하는 눈빛도 찾아볼 수가 없다. 모두가 말씀에 귀를 기울이고 있다. 그러나 설교자에게 주의를 집중하는 것은 아니다. 설교자는 잊혀져 버렸고, 사람들은 살아 계신 하나님과 대면하며 그의 고요하고 세미한 음성을 듣고 있는 것이다.

빌리 그레이엄 박사는 가끔씩 이런 경험을 이야기하곤 했다. 런던 전도 대회(London Crusade)의 마지막 날인 1954년 5월 20일 필자는 웨스트민스터의 센트럴 홀(Central Hall)에서 2,400명의 목사들 앞에서 행한 그의 설교를 들은 기억이 난다. 12개의 요지 가운데 세 번째는 성령의 능력과 그 능력으로 말미암아 느끼게 되는 설교에서의 자유로움을 강조하는 것이었다. 그는 이렇게 말했다: "저는 제 자신이 한 쪽 옆에 서서 하나님께서 일하시는 것을 바라보는 관객처럼 느껴지는 때가 자주 있었습니다. 저는 그 일에서 벗어나 있다는 느낌이었습니다. 저는 할 수 있는 만큼 옆으로 비켜 서서 성령께서 일하시도록 하고 싶었습니다 … ."[37] 바로 여기서 동기의 겸손이 나타나는 것이다. "저는 옆으로 비켜 서 … 고 싶었습니다." 우리 스스로 사람들과 주님 사이를 가로 막고 버티고 서 있기가 너무나도 쉽기 때문이다. 이 점을 쉽게 이해할 수 있도록 두 가지 모습이 사용되었다.

첫 번째 모습은 결혼식이다. 정상적인 사람이라면 신랑과 신부의 결혼을 최대한으로 돕기 위해서 할 수 있는 모든 일을 다할 것이고, 그 둘 사이에 끼어드는 일은 결코 하지 않을 것이다. 그런데 예수께서는 구약에 나타나는 여호와와 이스라엘 사이의 결혼이라는 상징적인 모습을 취하셔서 담대하게 자기 자신을 신랑으로 선포하셨다(예컨대, 막 2:19, 20). 아마 세례 요한도 이를 이해했던 것으로 보인다. 그는 자기 자신이 그리스도가 아님을 알고 있었고, 그렇게 분명하게 말했다. 그는 그리스도에 앞서서 보내심을 받은 그의 선구자였다. 그는 이렇게 말씀하고 있다: "신부를 취하는 자는 신랑이나 서서 신랑의 음성을 듣는 친구가 크게 기뻐하나니 나는 이러한 기쁨으로 충만하였노라. 그는 흥하여야 하겠고 나는 쇠하여야 하리라"(요 3:29-30).

이런 점에서 설교자의 사역은 세례 요한의 사역과 비슷하다 하겠다. 그리스도의 길을 예비하고, 그의 음성을 들으며 기뻐하고, 그를 그의 신부와 남겨두며, 그가 흥하게 하기 위해서 자신은 끊임없이 쇠하는 길을 가는 것이다. 위대한 사도 바울도 자신의 사역을 이처럼 자신을 낮추는 것으로 보았다. 그는 고린도 교인들에게 쓰기를, "내가 너희를 정결한 처녀로 한 남편인 그리스도께 드리려고 중매함이로다"라고 하였고, 심지어 그리스도의 신부가 진실함과 깨끗함에서 떠나 부패하고 있는 증표들이 나타나는 것을 보고서 그리스도를 위하여 질투심을 느끼기까지 하였다(고후 11:2, 3). 기독교 설교자는 누구나 이런 언어를 이해하며, 이러한 질투심을 느껴본 적이 있을 것이다.

조웨트(J. H. Jowett)는 이렇게 말했다: "우리는 신랑의 친구들이 되어 사람들을 우리 자신에게로가 아니라 그에게로 이끌어야 하며, 주님을 위하여 중매해야 하고, 신부와 신랑을 함께 엮고난 다음 충만히 만족한 마음이어야 한다."[38] 그는 정말로 그랬다. 그가 설교하게 되어 있던 어느 날 예배가 시작할 무렵 그를 위한 기도가 행해졌는데, 그의 말을 빌리면 그 기도는 "영감을 준 간구"였다. 그런데 그 기도는 이렇게 시작되었다: "오 주님, 우리의 형제에 대해 감사를 드립니다. 이제 그를 지워 주시옵소서!" 그리고는, "주의 영광을 찬란하게 나타내시사 그가 완전히 잊혀지게 하옵소서"라고 계속되었다. 조웨트는 이 기도에 대해, "그의 기도는 정말로 옳았다. 그리고 그 기도는 그대로 응답되었다고 믿는다"라고 논평하였다.[39]

설교자가 옆으로 비켜서야 한다는 것을 보여주는 두 번째 모습은 오케스트라의 지휘자의 모습이다. 여기서 오토 클렘퍼러(Otto Klemperer)를 예로 들어보자. 그는 1973년 88세를 일기로 작고한 저명한 독일의 지휘자로서 특히 브람스와 베토벤을 탁월하게 해석한 것으로 유명하다. 그의 전기 작가 중 한 사람은 그의 탁월한 재능을 한 마디로 정리하여 "그는 음악이 흘러가도록 했다"고 표현하였다.[40] 그리고 그의 80회 생일을 기념하는 글에서 음악 평론가인 네빌 카더스(Neville Cardus)는 그를 "현재 생존하는 최고의 지휘자"로 칭송하면서 다음과 같이 쓰고 있다: "그는 결코 여주인공 역할을 하는 지휘자가 아니었다. 그의 긴 생애 동안 그는 한 번도 음악과 청중 사이에 자기 자신을 밀어넣은 적이 없다. 그는 지휘대 위에서 눈에 보이면서도 보이지 않는 상태를, 하나의 고전적인 이름없는 상태를 유지해왔다."[41] 필자는 "눈에 보이면서도 보이지 않는 상태"(visible invisibility)라는 말을 무척 좋아한다. 이 말은 지휘자에게는 물론 설교자에게도 그대로 적용된다. 지휘자는 지휘대 위에서, 설교자는 강단에서, 눈에 보이지 않을 수가 없으나, 둘 중 누구도 자기 자신에게 관심을 끌려 해서는 안 된다. 청중이 음악회에 온 것은 지휘자를 보고자 함이 아니라 음악을 듣기 위함이다. 회중이 교회당에 모이는 것도 설교자를 보거나 그의 말을 듣기 위함이 아니라, 하나님의 말씀을 듣기 위함이다. 지휘자의 기능은 합창단이나 오케스트라에게서 음악을 이끌어 내어 청중들이 음악을 즐기도록 해 주는 것이고, 설교자의 기능은 하나님의 말씀을 성경으로부터 끌어내어 회중이 그 말씀을 기쁨으로 받아들이도록 하는 것이다. 지휘자도 음악과 청중 사이를 가로막아서도 안 되며, 설교자가 주님과 그의 백성 사이에 끼어들어서도 안 되는 것이다. 옆으로 비켜 서기 위해서는 우리에게 겸손이 필요하다. 그렇게 되면 주께서 말씀하시고 백성들이 그의 말씀을 들을 것이고, 주께서 자신을 드러내시고 백성들이 그를 보게 될 것이며, 또한 그의 음성을 듣고 그의 영광을 보고서 백성들이 엎드려 그에게 경배하게 될 것이다.

성령의 능력

설교자의 겸손에 대한 분석에서 대두되는 세 번째 요소를 필자는 의지(依支)하는 겸손이라 부르고 싶다. 설교자는 누구나 사람들에게 영향을 미치기를 바란다. 사람들이 자신의 설교들을 들으러 나오고, 그 설교들을 이해하고 믿음과 순종으로 응답하기를 바란다. 하지만 이런 효과를 위해서 그는 무엇을 의지하는가?

많은 설교자들이 자기 자신을 의지한다. 그들은 외향적인 기질을 지녔고, 아주 강하고 사교적인 성품을 지녔고, 또한 예리한 지성의 소유자들일 수도 있다. 그리하여 그들은 누구를 만나든 깊은 인상을 심어 준다. 그들은 타고난 리더들이기 때문이다. 그러니 자연히 강단에서도 이러한 재능들을 십분 발휘하기를 기대한다. 그런데 그렇게 하는 것이 과연 옳은가? 옳기도 하고 옳지 않기도 하다. 분명한 것은, 그들이 자기들의 강력한 지성과 인격이 하나님으로부터 오는 것임을 인식해야 한다는 것이다. 이런 재능들이 없는 체해서도 안 되고, 그것들을 없애려 해서도 안 되고, 서재에서 준비할 때나 강단에서 설교를 행할 때에나 그 재능들을 사용하기를 소홀히 해서도 안 된다. 그들 자신의 모습 그대로 행하여야 한다. 그러나 아무리 하나님께서 주신 달란트를 지니고 있다 해도 하나님께서 베푸시는 복이 없이는 사람들을 그리스도께로 인도할 수 없다는 사실을 명심해야 한다.

목회 사역 전반에서 우리는 그리스도가 없는 사람들의 비참한 영적 상태와 아울러, "정사와 권세들"이 굉장한 힘과 기술을 지닌 채 우리를 대적하여 진치고 있다는 사실도 기억해야 한다. 예수께서는 친히 인간의 상실한 처지를 육체적인 불구로 비유하여 말씀하셨다. 우리는 본래 하나님의 진리에 대해 소경이요 그의 음성에 대해 귀머거리의 상태에 있다. 우리는 본래 절름발이들이어서 하나님의 길을 걸을 수가 없다. 또한 벙어리이므로 하나님을 향하여 노래할 수도 없고 그를 위하여 말을 할 수도 없다. 우리는 심지어 우리의 허물과 죄로 죽어 있는 상태다. 더 나아가서 우리는 마귀의 권세에 놀아나는 미련한 자들이요 종들이다.

물론, 이런 사실을 과장된 것이라거나 "신비적"이라거나 거짓된 것으로 생각하게 되면, 초자연적인 능력이 필요없다고 여기게 되고, 우리 자신의 능력만으로 족하다고 생각하게 될 것이다. 그러나 만일 인간이 영적으로 도덕적으로 소경이요, 귀머거리요, 벙어리요, 절름발이요, 심지어 죽어 있는 상태라는 것이(사탄에게 포로로 잡혀 있는 상태라는 것은 제쳐두고라도) 과연 사실이라면, 우리 자신의 힘으로 순전히 인간적인 설교를 통해서 그런 곤경 가운데 있는 사람들에게 다가가서 그들을 구원할 수 있다고 생각하는 것은 그야말로 어리석은 짓이 될 것이다. 스펄전은 그의 일상적인 재치로 이 점을 강력하게 표현하고 있다:

저는 호랑이를 가르쳐서 채식주의자가 되게 만드는 따위의 일은 시도하지 않을 것입니다. 하지만 하나님께서 죄와 의와 다가올 심판에 대해서 계시하신 진리들을 중생하지 않은 사람에게 납득시키는 일은 소망을 갖고 시도할 것입니다.[42]

오직 예수 그리스도만이 그의 성령으로 말미암아 소경된 눈을 뜨게 하고, 귀머거리의 귀를 열며, 절름발이를 걷게 하고, 벙어리를 말하게 하며, 양심을 찌르고, 생각을 밝혀 주며, 마음을 뜨겁게 하며, 의지를 움직이고, 죽은 자에게 생명을 주며, 사탄에게 종노릇하는 종들을 구원해 내실 수 있는 것이다. 이 모든 일을 오직 그리스도만이 하실 수 있고 또한 그가 그렇게 하신다는 것을 설교자는 자신의 경험을 통해서 알아야 마땅한 것이다. 그러므로, 설교자들로서 우리에게 가장 절실히 필요한 것은, 우리가 "위로부터 능력으로 입혀"져서(눅 24:49) 사도들처럼 "하늘로부터 보내신 성령을 힘입어 복음을 전하"게 되며(벧전 1:12), 그리하여 복음이 우리의 설교를 통하여 "말로만 … 이 아니라 또한 능력과 성령과 큰 확신으로" 사람들에게 이르게 되는 일이다(살전 1:5).

그런데 성령의 능력이 우리의 설교에 함께 역사하는 일이 그렇게 드물어 보이는 이유는 무엇인가? 필자가 보기에 가장 주된 원인은 우리의 교만에 있는 것 같다. 성령으로 충만해지기 위해서는 먼저 우리 자신이 텅 비어 있음을 시인해야 한다. 하나님으로 말미암아 높임을 받고 사용받기 위해서는 먼저 그의 능하신 손 아래에서 우리 자신을 낮추어야 한다(벧전 5:6). 그의 능력을 받기 위해서는 먼저 우리 자신의 연약함을 인정하고 심지어 그것을 즐거워하기까지 해야 하는 것이다.

맨 마지막에 언급한 역설이야말로 필자에게는 신약 성경 기자들이 동일한 진리를 표현하는 갖가지 방식들 가운데 가장 충격적인 것이었다. "약한 가운데 강함"이라는 주제가 바울의 고린도서에서 계속 나타나며 심지어 중심을 이루기까지 한다. 고린도 교인들에게 그것이 절실하게 필요하기도 했다. 왜냐하면 그들은 교만한 사람들로서 자기들의 재능과 성취를 자랑하며, 또 자기들의 지도자들을 자랑하고 있었고, 부끄러운 인물 숭배에 빠져서 사도들을 서로 이간시키는 모습이 바울이 보기에 정말로 끔찍한 지경이 되어 있었기 때문이다. 그들은 오직 그리스도께만 돌려야 할 경의(敬意)를 그에게 돌리고 있었다. 바울은 당혹스러워 하면서 외쳤다: "바울이 너희를 위하여 십자가에 못 박혔으며, 바울의 이름으로 너희가 세례를 받았느냐?"(고전 1:13). 그는 고린도 교인들이 계속해서 자기들 자신이나 인간 지도자들에 대해 자랑하는 일을 허용하지 않는다. 그는 "누구든지 사람을 자랑하지 말라"(고전 3:21)고 강력히 금하고, 오히려 "자랑하는 자는 주 안에서 자랑하라"(고전 1:31)고 말씀하는 것이다.

"약한 가운데 강함"이라는 바울의 주제는 바로 이러한 고린도 교인들의 교만을 배경으로 보아야 그 의미가 분명하게 드러난다. 이 주제는 주로 다음의 세 본문에서 반복되어 나타나고 있다:

> 내가 너희 가운데 거할 때에 약하고 두려워하고 심히 떨었노라. 내 말과 내 전도함이 설득력 있는 지혜의 말로 하지 아니하고 다만 성령의 나타나심과 능력으로 하여 너희 믿음이 사람의 지혜에 있지 아니하고 다만 하나님의 능력에 있게 하려 하였노라(고전 2:3-5).

> 우리가 이 보배를 질그릇에 가졌으니 이는 심히 큰 능력은 하나님께 있고 우리에게 있지 아니함을 알게 하려 함이라(고후 4:7).

> 여러 계시를 받은 것이 지극히 크므로 너무 자만하지 않게 하시려고 내 육체에 가시 곧 사탄의 사자를 주셨으니 이는 나를 쳐서 너무 자만하지 않게 하려 하심이라. 이것이 내게서 떠나가게 하기 위하여 내가 세 번 주께 간구하였더니, 나에게 이르시기를, "내 은혜가 네게 족하도다. 이는 내 능력이 약한 데서 온전하여짐이라" 하신지라. 그러므로 도리어 크게 기뻐함으로 나의 여러 약한 것들에 대하여 자랑하리니 이는 그리스도의 능력이 내게 머물게 하려 함이라. 그러므로 내가 그리스도를 위하여 약한 것들과 능욕과 궁핍과 박해와 곤고를 기뻐하노니 이는 내가 약한 그 때에 강함이라(고후 12:7-10).

인간의 약함을 통해서 하나님의 능력이 드러나는 이러한 강함과 약함의 대조 외에, 위의 세 본문들을 하나로 합쳐 주는 매우 중요한 요인이 한 가지 더 있다. 그것은 "… 하기 위하여"라는 뜻의 헬라어 단어 히나가 사용된다는 사실이다. 바울의 진술들을 필자 자신의 말로 풀어 보면 다음과 같다. 첫 번째 본문은, "내가 너희 가운데 거할 때에 인간적인 연약함이 내게 있었고, 그리하여 성령께서 내 말의 진리를 능력으로 나타내시기를 의지하였으니, 이는 너희의 믿음이 오직 하나님의 능력에 있게 하기 위함이었노라"로 풀을 수 있을 것이다. 둘째 본문은 "우리가 복음이라는 이 보배를 깨지기 쉬운 연약한 질그릇에 가졌으니(우리의 몸이 그 만큼 깨어지기 쉽고 연약하다는 뜻이다), 이는 우리를 유지시키고 너희를 회심시킨 그 엄청난 능력이 우리에게서가 아니라 하나님께로부터 오는 것임을 분명히 보게 하기 위함이로다"로 풀 수 있다. 또한 세 번째 본문은 이렇게 풀 수 있을 것이다: "예수께서 그의 능력이 인간의 연약함 속에서 완전하여진다고 내게 말씀하셨기 때문에 나는 내 자신의 연약함에 대해 기쁨으로 자랑할 것이니, 이는 그리스도의 능력이 내게 머물게 하기 위함이라. 이는 내가 약할 때에야 비로소 내가 강하기 때문이라."

여기서 계속 나타나는 "하기 위함"이라는 말에 담긴 의미를 회피할 수도 없고, 그것이 지향하는 결론을 거부할 수도 없다. 이런 경우들에서 인간적인 연약함이 계속 나타나도록 의도적으로 허용된 것은 그것이 신적인 능력이 발휘되도록 하는 수단이 되고, 또한 그 능력이 드러나는 장(場: arena)이 되도록 하기 위함이었던 것이다. 바울에게 있었던 육체적(혹은 심리적) 약점이 무엇이든 간에, 그는 그 자신의 "육체의 가시"를 명확하게 드러낸 것이 분명하다. 과연 그것은 "사탄의 사자"였다. 그러나 주 예수 그리스도께서는 그것을 제거해 달라는 바울의 세 차례의 간구를 거부하셨다. 그것은 그를 낮추기 위하여 주어진 것이었고, 따라서 그의 그러한 연약함을 통해서 그리스도의 능력이 그에게 머물며 그의 안에서 온전하게 되기까지 그에게 계속 남아 있을 것이었다.

그러나 이런 원리를 바울에게만 한정시킬 수는 없다. 그 원리는 누구에게나 적용되는 것이다. 중국 내지 선교회(China Inland Mission)의 설립자인 허드슨 테일러(Hudson Taylor)의 금언 중에 "위대한 하나님의 사람들은 모두 연약한 사람들이었다"는 말이 있는데, 이는 그들이 연약했기 때문에 하나님의 능력에 의지할 필요가 있는 사람들이었다는 뜻인 것이 분명하다. 그의 그러한 주장을 입증할 수는 없다. 왜냐하면 하나님께서 크게 쓰신 사람들 중에 연약함이 전혀 알려져 있지 않은 사람들도 있기 때문이다. 하지만 그들에게도 감추어진 은밀한 연약함이 있지 않았을까? 아마 있었을 것이다. 여하튼, 지난 세기의 뛰어난 설교자들 중에 약점들을 지닌 것이 잘 알려져 있는 사람들의 숫자가 놀랄 만큼 많은 것이 사실이다. 예를 들어서 에든버러의 센 커스버트 교회(St. Cuthbert's Church)에서 근 40년 동안 목회했던 제임스 맥그리거 박사(Dr. James Macgregor)를 보자. 그는 체구가 왜소했을 뿐 아니라 어린 시절부터 심각한 기형적인 모습을 지닌 사람이었다. 언젠가 실천신학 교수가 "체구가 크고 건장한 것"을 목사들에게 필수적인 요건 중의 하나로 강조하고 있었는데, 바로 그때에, "문이 열리더니 마치 교수의 말에 도전이라도 하는듯이 '꼬마 맥그리거'라는 애칭으로 불리던 그가 들어왔다 … . 다리가 짧고 휘어져서 난쟁이 같은 그의 모습이야말로 육체의 핸디캡을 초월하는 성령의 초월적인 능력을 확실하게 입증해 주는 것이다."[43]

어떤 설교자는 육체적인 약점이 아니라 심리적인 약점을 지니기도 했다. 때로 "설교자 중의 설교자"라 불리기도 했던 브라이튼(Brighton)의 트리니티 교회(Trinity Church)의 목회자 로버트슨(F. W. Robertson: 1816-53)은 평생토록 큰 영향을 미쳤고, 오늘날도 여전히 그의 설교집이 읽혀지고 있는데, 그는 37년의 짧은 생애를 살면서 항상 건강이 약하여 고생했고 게다가 우울증으로 고통을 받았다. 그는 좌절감을 느끼기도 했고, 영혼의 깊은 암흑 속에서 고통받는 때도 많았다. 그의 설교의 용기와 능력은 분명 바로 이런 연약함으로부터 나온 것이었다.

런던의 시티 템플에서 28년 동안 설교하며 능력과 강력한 호소력으로 수많은 이들에게 영향을 미쳤던 조셉 파커(Joseph Parker) 목사가 노섬브리아(Northumbria)의 석수(石手)의 아들로 출생하여 신학 교육도 제대로 받지 못했다는 것 때문에 늘 열등감으로 시달렸다는 것을 알면 깜짝 놀랄 사람들이 많을 것이다. 그러나, 모든 사람이 인정하는 "설교자들의 왕자"로서 성경에 능하였고, 확신 있고, 사려 깊고, 능변과 재치가 탁월했던 저 위대한 스펄전이 1866년에 행한 한 설교에서 자기 자신에 대해서 다음과 같이 말하고 있다는 사실이야말로 가장 놀랄 만한 일일 것이다: "저에게는 영적인 우울증이 있습니다. 저의 그런 상태가 얼마나 끔찍스러운지, 그 누구도 제가 당하는 것만큼 그렇게 처참한 상태에 빠지는 일이 없기를 바랍니다."[44]

이 문제와 관련해서 필자 자신의 이야기를 하기가 꺼려진다. 필자는 지금 언급한 그런 강단의 대가들의 부류에 속하는 사람이 못되기 때문이다. 하지만, 그들과 같은 탁월한 능력은 지니지 못했지만, 그들의 연약함에 대해서 필자도 어느 정도는 안다고 생각한다. 사실 필자도 지난 35년의 목회 생활 동안 "약한 가운데 강함"에 대한 바울의 고린도서의 교훈을 확증해 주는 경험들을 몇 차례 했다. 그 중에 한 가지만 언급하기로 하자.

1958년 6월 필자는 호주의 시드니 대학교(University of Sudney)에서 한 주간의 선교 집회를 인도하고 있었는데, 주일에 마지막 집회가 열렸다. 학생들은 믿음을 갖고서 그 마지막 날 저녁 집회 장소로 대학교의 그 큰 대강당을 예약해 놓고 있었다. 그런데 호주인들이 "wog"이라 부르고 나머지 영어권에서는 "bug"이라 부르는 그것(목소리 이상)이 필자를 강력하게 공격하여, 목이 완전히 잠겨버린 것이다. 도저히 말을 할 수가 없었다. 오후 내내 주최측과 통화하며 대리 설교자를 찾게 하느라 분주했다. 그러나 주최측에서는 그렇게 하지 말자고 계속 필자를 설득했다. 그리고 이윽고 7시 반, 마지막 집회가 시작되기 30분전이 되었고, 필자는 대기실에서 기다리고 있었다. 필자는 그 자리에 함께 있던 몇몇 학생들에게 잘 나오지 않는 목소리로 겨우 부탁하여, 사회자에게 고린도후서 12장의 "육체의 가시"에 관한 본문을 읽어달라고 했다. 그는 그 본문을 읽었다. 예수님과 바울 사이의 대화가 살아나왔다.

> 바울: "이것을 내게서 떠나게 해 주시기를 간구하나이다."
> 예수님: "내 은혜가 네게 족하도다. 이는 내 능력이 약한 데서 온전하여짐이라."
> 바울: "내가 여러 약한 것들에 대하여 자랑하리니 이는 그리스도의 능력이 내게 머물게 하려 함이라 … . 이는 내가 약한 그때에 강함이라."

본문을 읽고 나서 사회자는 필자를 위해 기도했고, 드디어 필자는 강단으로 걸어 나갔다. 설교를 시작할 시간이 되자, 필자가 할 수 있는 일은 그저 마이크를 통해서 쉰 소리로 단조롭게 복음을 전하는 것이 전부였다. 목소리를 조절한다거나 필자의 개성을 발휘할 여지가 조금도 없었다. 필자는 설교를 진행하는 내내 약한 데서 주의 능력이 온전하여지리라는 주의 약속을 이루어달라고 속으로 계속 부르짖었다. 그리고는 설교 마지막에 그리스도께 나아오는 길에 대해 직설적인 안내를 해 준 다음, 초청을 했는데 즉시 상당히 큰 응답이 있었다. 그리고 나서 여닐곱 차례 다시 호주를 방문했는데, 그 때마다 나를 찾아와서 "목사님, 1958년 시드니 대학교의 대강당의 마지막 집회를 기억하시나요? 목사님의 목소리에 이상이 있었던 날 말입니다. 제가 그 날 밤 그리스도께 나아왔습니다"라는 식으로 말하는 사람을 만났던 것이다.

　기독교 설교자인 우리는 모두가 유한하며, 타락하였고, 연약한 피조물들이요, 성경의 표현대로 말하면 "질그릇"이다(고후 4:7). 그러므로 능력은 그리스도께 속하였고 그의 성령을 통하여 발휘되는 것이다. 우리가 인간적인 연약함을 지닌 상태로 하는 말들을 성령께서 그의 능력으로 청중들의 지성과 마음과 양심과 의지에 와 닿게 하시는 것이다.

　스펄전은 언젠가, "성령이 없이 70년을 설교하는 것보다 성령의 능력에 힘입어 여섯 마디를 하는 것이 더 낫다"고 하였다.[45] 지금 이 글을 쓰고 있는 동안 필자 앞에는 스펄전이 설교했던 메트로폴리탄 태버너클(Mertopolitan Tabernacle)의 거대한 중앙 강단의 사진이 놓여 있다. 그것은 그의 『자서전』(*Autobiography*) 제2권에 있는 것을 재생시켜 놓은 것이다. 그 강단 좌우에는 15개의 가파른 계단이 있는데, 필자가 들은 바로는(사실 여부는 물론 확인할 수 없다) 스펄전은 그 육중한 몸을 이끌고 천천히 이 계단을 올라서면서 매 계단을 디딜 때마다 "성령을 믿사오니"라고 중얼거렸다고 한다. 이 사도신경의 문구를 열 다섯 번이나 되풀이했으니, 강단에 올라섰을 때에는 그가 **진정** 성령을 믿었을 것이 틀림없을 것이다. 그는 또한 우리에게도 그렇게 할 것을 강권하고 있다:

　　모든 사람의 귀에 복음이 전해지지만, 그저 몇몇 사람에게만 능력으로 와 닿습니다. 복음 안에 있는 능력은 설교자의 언변에 있는 것이 아닙니다. 만일 그렇다면 사람이 영혼을 회심시킬 수 있을 것입니다. 또한 그 능력은 설교자의 학식에 있는 것도 아닙니다. 만일 그렇다면 복음이 사람의 지혜에 있는 것이 될 것입니다. 혀가 닳아빠질 때까지 설교할 수도 있고, 우리의 폐가 소진하여 죽을 때까지 설교할 수도 있습니다만, 신비한 능력이 우리의 설교와 함께 있지 않으면 단 한 사람도 회심하지를 않는 법입니다. 예, 바로 사람의 뜻을 바꾸시는 성령의 능력이 있어야 합니다. 오오 여러분! 성령께서 우리가 전하는 말씀에 함께 계셔서 영혼을 회심시킬 능력을 주시지 않으신다면, 사람에게 설교하기보다는 차라리 돌로 된 벽에다 대고 설교하는 편이 나을 것입니다.[46]

* * *

겸손한 마음(기록된 하나님의 말씀에 굴복함), 겸손한 야망(그리스도와 그의 백성 사이에 만남이 일어나기를 사모함), 그리고 겸손한 의지(성령의 능력에 의지함) — 이것이 우리가 살펴본 대로 설교자에게 마땅히 있어야 할 겸손이다. 우리의 메시지가 우리의 말이 아니라 하나님의 말씀이어야 하고, 우리의 목표가 우리의 영광이 아니라 그리스도의 영광이어야 하고, 우리의 신뢰가 우리 자신의 능력이 아니라 성령의 능력에 있어야 하는 것이다. 고린도전서 2:1-5에서 사도 바울이 고린도에서 자신이 그리스도의 십자가에 관한 하나님의 말씀 혹은 "증거"를 성령의 능력의 나타남으로 선포했노라고 쓰고 있는 것처럼, 사실 이 겸손은 삼위일체적인 겸손인 것이다.

서퍽(Suffolk) 주 입스위치(Ipswich)의 센 메리엣퀘이 교회(St. Mary-at-Quay Church)와 데본(Devon)의 헤덜레이 교구 교회(Hatherleigh Parish Church)의 목사실에서 바실 고우 목사(Rev. Basil Gough)가 발견한 다음과 같은 익명의 글귀를 인용하는 것으로 본 장을 결론짓는 것 이상 좋은 것이 없다는 생각이 든다. 고우 목사는 그 글귀를 필자에게 건네주었고, 그때 이후 필자는 침실에다 그것을 걸어놓고 있다:

주의 값없는 구원을 전할 때에
모든 것을 빨아들이는 주의 생각들이

내 마음과 영혼을 가득 채우게 하소서:
주의 말씀의 크신 능력을 받아
온 심령들이 머리 숙여 움직일 때에
주의 십자가 뒤로 나를 숨겨 주소서.

---

1. Buttrick, p. 133.
2. Brooks, *Lectures*, p. 59.
3. Dargan, Vol. I, p. 90.
4. *The Works of Chrysostom*, in Schaff, Vol. X, p. 123.
5. *Works*, Vol. 21, p. 124.
6. Ibid., pp. 201-2.
7. Whitely, p. 147.
8. Ibid., pp. 199, 235.
9. King, p. 18.
10. Melville, p. 142.
11. Henson, *Retrospect*, Vol. I, p. 27.
12. Nicoll, p. 320.
13. Trollope, pp. 26, 27.
14. Morris, p. 11.
15. Jowett, p. 107.
16. Walsh, p. 95.
17. Pollock, *Amazing Grace*, p. 155.
18. Wesley, *Journal*, p. 250. 「존 웨슬리의 일기」, 크리스챤다이제스트
19. Ibid., p. 401.
20. Davies, p. 13.
21. Forsyth, p. 5.
22. Ibid., p. 19.
23. Bainton, *Here I Stand*, pp. 348-9.
24. Broadus, *History*, Vol. I, p. 115.
25. Ibid., pp. 414-15.
26. Dale, p. 231.

27. 필자는 올소울즈 교회에서 마이클 본의 지도 아래 행한 몇 가지 실례들을 6장에 제시한 바 있다.
28. Lloyd-Jones, *Preaching*, p. 13.
29. Beecher, p. 249. 비처는 단 4:28-37에 기록된 사건을 지칭한 것이다.
30. Baxter, *Reformed Pastor*, p. 95.
31. Christology, in Fant, *Bonhoeffer*, p. 64.
32. Turnbull, p. 41.
33. Tizard, pp. 40-1.
34. Ward, p. 25.
35. Terwilliger, pp. 112, 114.
36. D. G. Miller, *Fire*, p. 18.
37. Colquhoun, p. 164.
38. Jowett, *The Preacher*, p. 24.
39. Ibid., pp. 150-1.
40. Beavan, p. 2.
41. 1965년 5월 20일자 *The Guardian Weekly*.
42. Spurgeon, *All-Round Ministry*, p. 322, 「스펄전 목회론」, 원광연 역 (고양: 크리스챤다이제스트, 2003), 334쪽.
43. Gammie, p. 24.
44. Wiersbe, p. 263. 또한 참조. Spurgeon, *Lectures*, First Series, pp. 167-79.
45. Spurgeon, *Twelve Sermons*, p. 122.
46. 이 감동적인 권면은 30여년 전 당시 사우스포트(Southport)의 비카오브크라이스트 교회(Vicar-of-Christ Church)를 담임하던 프레드 피커링 목사(Canon Fred Picering)가 필자에게 보내준 것인데, 「스펄전 설교론」(*Lectures to My Students*)에서도, 「스펄전 목회론」(*All-Round Ministry*)에서도, 성령에 관한 「열두 편의 설교」(*Twelve Sermons*)에서도 찾을 수가 없었고, 그 출처가 어디인지 도무지 추적할 길이 없었다.

후기

나는 설교를 믿는다. 그리고 더 나아가서 교회의 건강과 생명력을 회복시키고 그 회원들을 그리스도 안에서 성숙하게 하는 데에는 참되고 성경적이며 현대에 맞는 설교의 회복 이상 좋은 것이 없다고 믿는다. 그러나 이에 대해 강력한 반론들이 있고, 앞에서 그것들을 다루어오기도 했다. 그러나 앞에서 파악하려고 애쓴 바와 같이, 그보다 더 강력한 신학적 논지들이 있는 것이다. 또한 말씀과 세상을, 신적 계시와 인간의 경험을 서로 연결시키고 또한 순전함과 적절성을 유지하면서 서로를 연관지으려고 애를 써오면서 보았듯이, 오늘날 설교의 임무는 굉장한 수고가 따르는 일이기도 하다. 그러므로 연구와 설교 준비에 더 많은 시간을 들이고, 또한 진실하고도 열심히, 용기와 겸손을 갖고 설교하기로 결심해야 할 하나님의 소명이 새롭게 우리에게 다가오는 것이다.

그런데 우리의 입술에서 이런 질문이 당장 튀어나온다: 과연 이 일들을 충분히 감당할 사람이 과연 어디 있겠는가? 그 특권이 크고, 그 책임은 막중하며, 그 유혹은 많고, 그 표준은 높다. 그러니 우리가 그 일을 합당하게 감당할 것을 어떻게 바랄 수 있단 말인가?

이에 대한 답변으로 한 가지 간단한 비결을 나누고 싶다. 필자는 그것을 기억하려고 애를 썼고, 또한 그것을 기억할 때마다 언제나 큰 도움을 받았다. 그것은 우리가 어디를 가든 결코 하나님에게서 피할 수 없다는 시편 139편의 부정적인 사실에서 시작하여, 우리가 어디에 있든 "거기서도" 하나님의 오른손이 우리를 인도하시고 붙드신다는 긍정적인 사실로 이어진다. 그 뿐이 아니다. 그의 손은 물론 그의 눈이 우리를 향하고 계시며, 그의 귀도 우리의 말과 기도에 주의를 기울이신다(시 32:8; 시 34:15 = 벧전 3:12). 이 진리는 그리스도인 모두에게 중요하지만, 특히 설교자에게는 특별히 의미 있는 것이다. 예를 들어서 구약의 예레미야와 신약의 바울을 택해 보자.

예레미야: 내 입술에서 나온 것이 주의 목전에 있나이다(렘 17:16).
바울: 순전함으로 하나님께 받은 것 같이 하나님 앞에서와 그리스도 앞에서 말하노라.
우리는 그리스도 안에서 하나님 앞에 말하노라(고후 2:17; 12:19).

설교할 때에, 우리는 정말 사람들이 보는 앞에서 그들이 듣도록 이야기하는 것이며, 그러므로 그들로 인하여 우리는 성실하도록 도전을 받는다. 그러니, 우리가 하나님이 보시고 그가 들으시는 가운데 설교한다는 사실을 깨닫는다면, 그 도전이 얼마나 더 크겠는가? 우리의 행동을 그가 보시며, 우리의 말을 그가 들으시다니! 하나님께서 보고 들으시며 마음에 두신다는 것을 깨닫는 것보다 우리의 게으름과 냉랭함을, 외식과 비겁함과 교만을 속히 없애 줄 것이 어디 있겠는가? 그러니 마음에 감추어진 모든 비밀들을 다 알고 계시는 하나님께서 친히 그의 임재하심을 언제나 더 생생하게 깨닫게 해 주시기를 바란다! 우리가 설교할 때에 회중이 보고 듣는 것보다 먼저 **하나님께서 보시고 들으신다**는 사실을 더욱 의식하게 해 주시고, 또한 그로 인하여 우리가 더욱더 신실하게 말씀을 전하도록 하나님께서 은혜를 베푸시기를 바라는 마음 간절하다!

후에 케임브리지의 리들리 홀(Ridley Hall)의 초대 학장이 되고 그 후에는 더럼(Durham)의 주교가 된 핸들리 무울(Handley Moule)은 1867년에 목사로 임직되어 도어세트(Dorset)의 포딩턴(Fordington)에서 그의 부친 밑에서 사역을 시작하였다. 그는 "포딩턴의 강단 — 한 설교자의 주일의 단상"(Fordington Pulpit — a preacher's weekday thoughts)이라는 시(詩)를 지었다. 물론 그것을 위대한 시라고 말하기는 어렵겠지만, 그의 자기 성찰의 열매가 그 시에 배어 있다. 그 시는 하나님을 설교자의 옆에 서서 그의 설교를 들으시는 "이 위대하신 청취자"로 간주하면서, 다음과 같은 예리한 질문들로 끝을 맺는다.

그가 그대의 메시지가 진리임을 아셨는가?
그 메시지를 진실하게 전달한 것은 아셨는가?
온전한 목적으로
자기를 잊어버린 심령으로부터 말하며,
위대하신 구속자의 이름의 영광과,
값주고 사신 그의 양 떼들의
죄 사함과 생명과 복락 외에
그 어떠한 것에도 기대지 않는가?[1]

자기를 잊어버린다는 것은 도저히 도달할 수 없는 목표다. 그러나 다른 분의 임재하심과 그의 메시지와 그의 능력과 그의 영광에 온전히 사로잡히면 자기를 잊을 수가 있다. 그렇기 때문에, 필자는 지금까지 여러 해 동안 설교하기 전에 강단에서 다음과 같은 기도를 드림으로써 큰 도움을 얻었다.

하늘에 계신 아버지여,
주의 임재 앞에 엎드리나이다.
주의 말씀이 우리를 다스리게 하옵시고
주의 성령이 우리의 스승이 되시오며
주를 더욱 영화롭게 하는 일이
우리의 최고의 관심이 되게 하옵소서.
우리 주 예수 그리스도의 이름으로 비옵나이다.

---

1. Harford and Macdonald, p. 63.

참고문헌

1. Books on Ministry and Preaching

Alexander, James W., *Thoughts on Preaching* (1864; Banner of Truth reprint, 1975).

Allmen, Jean-Jacques von, *Preaching and Congregation* (French original 1955; Lutterworth, 1962).

Bavinck, J. H., *An Introduction to the Science of Missions* (Presbyterian and Reformed Publishing Co., 1960).

Baxter, Richard, *The Reformed Pastor* (1656; Epworth second edition revised by John T. Wilkinson, 1950).

Beecher, Henry Ward, *Lectures on Preaching: Personal Elements in Preaching*, the 1872 Yale Lectures (Nelson, 1872).

Bernard, Richard, *The Faithfull Shepheard* (London 1607).

Black, James, *The Mystery of Preaching*, the 1923 Warrack and Sprunt Lectures (James Clarke, 1924; revised edition, Marshall, Morgan & Scott, 1977).

Blackwood, Andrew W., *The Preparation of Sermons* (Abingdon, 1948; Church Book Room Press, 1951).

Brilioth, Bishop Yngve, *Landmarks in the History of Preaching*, the 1949 Donellan Lectures in Dublin (S.P.C.K., 1950).

Broadus, John A., *On the Preparation and Delivery of Sermons* (1870; new and revised edition by J. B. Weatherspoon, Harper, 1944).

  Lectures on the History of Preaching (1876; Armstrong, New York, 1899).

Brooks, Phillips, *Lectures on Preaching*, the 1877 Yale Lectures (Dutton, 1877; Allenson, 1895; Baker, 1969).

  Essays and Addresses, religious, literary and social, ed. John Cotton Brooks (Macmillan, 1894).

Brunner, Emil, *The Word and the World* (S.C.M., 1931).

Buttrick, George A., *Jesus Came Preaching*, Christian Preach-

ing in the New Age, the 1931 Yale Lectures (Scribner, 1931).
Bull, Paul B., *Lectures on Preaching and Sermon Construction* (S.P.C.K., 1922).
Coggan, F. Donald, *Stewards of Grace* (Hodder & Stoughton, 1958).
On Preaching (S.P.C.K., 1978)
Crum, Milton, *Manual on Preaching*, a new process of sermon development (Judson, 1977).
Dale, R. W., *Nine Lectures on Preaching*, the 1876 Yale Lectures (Hodder & Stoughton, 1877; Barnes, 1878; Doran, New York, 1900).
Dargan, Edwin Charles, *A History of Preaching, Vol. 1 A.D. 70–1572* (Hodder & Stoughton and G. H. Doran, 1905), *Vol. II A.D. 1572–1900* (Hodder & Stoughton and G. H. Doran 1912).
Davies, Horton, *Varieties of English Preaching 1900–1960* (S.C.M. and Prentice-Hall, 1963).
Davis, H. Grady, *Design for Preaching* (Fortress, 1958).
Fant, Clyde E., *Bonhoeffer: Worldly Preaching* (Nelson, 1975. Includes Bonhoeffer's Finkenwalde Lectures on Homiletics 1935–39).
Ferris, Theodore Parker, *Go Tell the People*, the 1950 George Craig Stewart Lectures on Preaching (Scribner, 1951).
Ford, D. W. Cleverley, *An Expository Preacher's Notebook* (Hodder & Stoughton, 1960).
A Theological Preacher's Notebook (Hodder & Stoughton, 1962).
A Pastoral Preacher's Notebook (Hodder & Stoughton, 1965).
Preaching Today (Epworth and S.P.C.K., 1969).
The Ministry of the Word (Hodder & Stoughton, 1979).
Forsyth, P. T., *Positive Preaching and the Modern Mind* (Independent Press, 1907).
Gillett, David, *How Do Congregations Learn?* (Grove Booklet on Ministry and Worship No. 67, 1979).
Hall, Thor, *The Future Shape of Preaching* (Fortress, 1971).
Herbert, George, *A Priest to the Temple* or *The Country Parson, his Character and Rule of Holy Life* (written 1632, published 1652; ed. H. C. Beeching, Blackwell, 1898).
Horne, Charles Silvester, *The Romance of Preaching*, the 1914 Yale Lectures (James Clarke and Revell, 1914).
Huxtable, John, *The Preacher's Integrity and other lectures* (Epworth, 1966).

Jowett, J. H., *The Preacher: his life and work*, the 1912 Yale Lectures (G. H. Doran, New York, 1912).
Keir, Thomas H., *The Word in Worship* (O.U.P., 1962).
Lloyd-Jones, D. Martyn, *Preaching and Preachers* (Hodder & Stoughton, 1971; Zondervan, 1972).
  The Christian Warfare, an Exposition of Ephesians 6:10–13 (Banner of Truth, 1976; Baker, 1976).
Mahaffy, Sir John Pentland, *The Decay of Modern Preaching* (Macmillan, 1882).
Martin, Al, *What's Wrong with Preaching Today?* (Banner of Truth, 1968).
Mather, Cotton, *Student and Preacher*, or *Directions for a Candidate of the Ministry* (1726; Hindmarsh, London, 1789).
McGregor, W. M., *The Making of a Preacher*, the 1942–3 Warrack Lectures (S.C.M., 1945).
McWilliam, Stuart W., *Called to Preach* (St. Andrew Press, 1969).
Miller, Donald G., *Fire in Thy Mouth* (Abingdon, 1954).
Mitchell, Henry H., *Black Preaching* (1970; second edition Harper & Row, 1979).
  The Recovery of Preaching (Harper & Row, 1977; Hodder & Stoughton, 1979).
Morgan, G. Campbell, *Preaching* (1937; Baker Book House reprint 1974).
Morris, Colin, *The Word and the Words* (Epworth, 1975).
Neill, S. C., *On the Ministry* (S.C.M., 1952).
Perkins, William, *The Art of Prophecying* or 'A Treatise concerning the sacred and onely true manner and methode of preaching', being Vol. II (1631) of *The Workes of that Famous and Worthy Minister of Christ in the Universitie of Cambridge, Mr. William Perkins* (John Legatt and John Haviland, London, 3 Vols. 1631–5).
Perry, Lloyd M., *Biblical Preaching for Today's World* (Moody Press, 1973).
Phelps, Austin, *Men and Books* or *Lectures Introductory for the Theory of Preaching* (Dickinson, 1882).
Pitt-Watson, Ian, *A Kind of Folly*, Toward a Practical Theology of Preaching, the 1972–5 Warrack Lectures, (St. Andrew Press, 1976; Westminster, 1978).
Poulton, John, *A Today Sort of Evangelism* (Lutterworth, 1972).
Quayle, William A., *The Pastor-Preacher* (1910; Baker 1979).
Rahner, Karl, (ed.). *The Renewal of Preaching* – theory and

practice, Vol. 33 of *Concilium*, (Paulist Press, New York, 1968).

Ramsey, Michael, *The Christian Priest Today* (Mowbray, 1972).

Read, David H. C., *The Communication of the Gospel*, the 1951 Warrack Lectures (S.C.M., 1952).

Reid, Clyde, *The Empty Pulpit*, a Study in Preaching as Communication (Harper & Row, 1967).

Robinson, Haddon W., *Biblical Preaching*, the development and delivery of expository messages (Baker, 1980).

Sangster, W. E., *The Craft of Sermon Illustration* (1946; incorporated in *The Craft of the Sermon*, Epworth, 1954).
　The Craft of Sermon Construction (1949; incorporated in *The Craft of the Sermon*, Epworth, 1954).
　The Approach to Preaching (Epworth, 1951).
　Power in Preaching (Epworth, 1958).

Simpson, Matthew, *Lectures on Preaching* (Phillips & Hunt, New York, 1879).

Smyth, Charles, *The Art of Preaching*, a Practical Survey of Preaching in the Church of England 747–1939 (S.P.C.K., 1940).

Spurgeon, C. H., *An All-Round Ministry*, a collection of addresses to ministers and students, 1900 (Banner of Truth, 1960).
　Lectures to My Students in 3 Vols., first series 1881; second series 1882; third series 1894 (Passmore and Alabaster; Zondervan, 1980).

Stalker, James, *The Preacher and his Models*, the 1891 Yale Lectures (Hodder & Stoughton, 1891).

Stewart, James S., *A Faith to Proclaim*, the 1953 Yale Lectures (Scribner's, 1953).
　Heralds of God, the 1946 Warrack Lectures (Hodder & Stoughton, 1946).

Sweazey, George E., *Preaching the Good News* (Prentice-Hall, 1976).

Terwilliger, Robert E., *Receiving the Word of God* (Morehouse-Barlow, 1960).

Tizard, Leslie J., *Preaching* – The Art of Communication (George Allen & Unwin, 1958).

Turnbull, Ralph G., *A Minister's Obstacles* (1946; Baker Book House edition, 1972).

Vinet, A., *Homiletics* or *The Theory of Preaching* (English translation from French, T. and T. Clark, 1853).

Volbeda, Samuel, *The Pastoral Genius of Preaching* (Zondervan, 1960).

Wand, William, *Letters on Preaching* (Hodder & Stoughton, 1974).
Ward, Ronald A., *Royal Sacrament*, The Preacher and his Message (Marshall, Morgan & Scott, 1958).
Welsh, Clement, *Preaching in a New Key*, studies in the psychology of thinking and listening (Pilgrim Press, 1974).
White, R. E. O., *A Guide to Preaching*, a practical primer of homiletics (Pickering & Inglis, 1973).
Wilkins, John, Bishop of Chester, *Ecclesiastes* or 'A discourse concerning the gift of Preaching, as it falls under the Rules of Art, showing the most proper Rules and Directions, for Method, Invention, Books, Expression whereby a Minister may be furnished with such abilities as may make him a Workman *that need not to be ashamed*' 1646, third edition, 1651.
Williams, Howard, *My Word*, Christian Preaching Today (S.C.M., 1973).
Wingren, Gustaf, *The Living Word* (1949, English translation S.C.M., 1960).

2. Books on Communication and the Media

Berlo, David K., *The Process of Communication*, an introduction to theory and practice (Holt, Rinehart & Winston, 1960).
Broadcasting, Society and the Church, report of the Broadcasting Commission of the General Synod of the Church of England (Church Information Office, 1973).
Children and Television, a national survey among 7–17 year olds (1978) commissioned by Pye Limited, Cambridge.
Evans, Christopher, *The Mighty Micro*, the Impact of the Microchip Revolution (1979, Hodder & Stoughton Coronet edition, 1980).
Freire, Paulo, *Pedagogy of the Oppressed* (Penguin, 1972).
The Future of Broadcasting, the Annan Report (H.M.S.O., London 1977).
Gowers, Sir Ernest, *The Complete Plain Words* (incorporating both *Plain Words* and *The ABC of Plain Words*, H.M.S.O., London, 1954).
Hirsch, E. D., *Validity in Interpretation* (Yale University Press, 1967).
Lewis, C. S., *Studies in Words* (Cambridge University Press, 1960).

McGinniss, Joe, *The Selling of the President 1968* (Trident Press, 1969; Pocket Books 1970).

McLuhan, Marshall, *The Gutenberg Galaxy: The Making of Typographic Man* (Routledge, 1962).

Understanding Media: The Extensions of Man (Routledge, 1964, Abacus 1973).

The Medium is the Massage: An Inventory of Effects, with Quentin Fiore (Penguin, 1967).

Miller, Jonathan, *McLuhan* in the 'Fontana Modern Masters' series (Collins, 1971).

Muggeridge, Malcolm, *Christ and the Media*, the 1976 London Lectures in Contemporary Christianity (Hodder & Stoughton, 1977; Eerdmans, 1978).

Packard, Vance, *The Hidden Persuaders*, an introduction to the techniques of mass-persuasion through the unconscious (David McKay, 1957, Penguin 1960).

Reid, Gavin, *The Gagging of God*, the failure of the church to communicate in the television age (Hodder & Stoughton, 1969).

Screen Violence and Film Censorship, Home Office Research Study No. 40, (H.M.S.O., London, 1977).

Solzhenitsyn, Alexander, *One Word of Truth*, the 1970 Nobel Speech on Literature (Bodley Head, 1972; Farrer, Strausz & Giroux, 1970).

Thiselton, Anthony, *Two Horizons* (Paternoster, 1980; Eerdmans, 1980).

The Willowbank Report on Gospel and Culture, Lausanne Occasional Paper No. 2 (1978), also published in *Explaining the Gospel in Today's World* (Scripture Union 1979).

Winn, Marie, *The Plug-In Drug*, television, children and the family (Viking Press, New York, 1977).

3. Historical, Biographical and Autobiographical

Bainton, Roland H., *Erasmus of Christendom* (1969; Collins, 1970).

Here I Stand, a Life of Martin Luther (Hodder & Stoughton, 1951; New American Library, 1957).

Barbour, G. F., *The Life of Alexander Whyte* (Hodder & Stoughton, 1923).

Beavan, Peter, *Klemperisms* (Cock Robin Press, 1974).

Bosanquet, Mary, *The Life and Death of Dietrich Bonhoeffer* (Hodder & Stoughton, 1968).

참고문헌 375

Cadier, Jean, *The Man God Mastered*, a brief biography of John Calvin, translated by O. R. Johnston (Inter-Varsity Fellowship, 1960).
Carlyle, Thomas, *Heroes and Hero-Worship* (1841; third edition, London, 1846).
Carus, William (ed.), *Memoirs of the Rev. Charles Simeon*, (Hatchard, 1847).
Chorley, E. Clowes, *Men and Movements in the American Episcopal Church*, the Hale Lectures (Scribner, New York, 1946).
Colquhoun, Frank, *Haringay Story* (Hodder & Stoughton, 1955).
Day, Richard Elsworth, *The Shadow of the Broad Brim*, the life-story of Charles Haddon Spurgeon (Judson Press, 1934).
Dillistone, F. W., *Charles Raven* (Hodder & Stoughton, 1975).
Dwight, S. E., *The Life of President Edwards* (Carvill, New York, 1830), being Vol. 1 of *The Works of President Edwards* in 10 Vols.
Gammie, Alexander, *Preachers I Have Heard* (Pickering & Inglis, 1945).
Haller, William, *The Rise of Puritanism* (Columbia University Press, New York, 1938).
Harford, J. B., and MacDonald, F. C., *Bishop Handley Moule* (Hodder & Stoughton, 1922).
Haslam, W., *From Death into Life* (Marshall, Morgan & Scott, 1880).
Hennell, Michael, *John Venn and the Clapham Sect* (Lutterworth, 1958).
Henson, H. Hensley, *Robertson of Brighton 1816–1853* (Smith, Elder, 1916).
    Retrospect of an Unimportant Life (O.U.P., Vol. 1, 1942, Vol. 2 1943, Vol. 3 1950).
Hopkins, Hugh Evan, *Charles Simeon of Cambridge* (Hodder & Stoughton, 1977).
Inge, W. R., *Diary of a Dean*, St. Paul's 1911–34 (Hutchinson, 1949).
Jones, Edgar De Witt, *American Preachers of Today*, intimate appraisals of thirty-two leaders (Bobbs-Merrill, 1933).
Keefe, Carolyn, (ed.), *C. S. Lewis, Speaker and Teacher*, a symposium (Zondervan, 1971, Hodder & Stoughton, 1974).
King, Coretta Scott, *My Life with Martin Luther King, Jr.* (Hod-

der & Stoughton, 1970; Holt, Rinehart, and Winston, 1969).

Moorman, J. R. H., *A History of the Church of England* (A. & C. Black, 1953).

Morgan, Irvonwy, *The Godly Preachers of the Elizabethan Church* (Epworth, 1965).

Muggeridge, Malcolm, *Chronicles of Wasted Time*: Part 1 *The Green Stick* (Collins, 1972).

Nicoll, W. Robertson, *Princes of the Church* (Hodder & Stoughton, 1921).

Paget, Elma K., *Henry Luke Paget, Portrait and Frame* (Longman, 1939).

Pollock, John C., *George Whitefield and the Great Awakening* (Hodder & Stoughton, 1973).

Wilberforce (Constable, 1977, Lion paperback, 1978).

Amazing Grace (Hodder & Stoughton, 1981).

Rupp, Ernest Gordon, *Luther's Progress to the Diet of Worms 1521* (S.C.M., 1951).

Ryle, J. C., *The Christian Leaders of the Last Century* or *England a Hundred Years Ago* (Thynne, 1868. New edition).

Light from Old Times (Thynne & Jarvis, 1924).

Sangster, Paul, *Doctor Sangster* (Epworth, 1962).

Simpson, J. G., *Preachers and Teachers* (Edward Arnold, 1910).

Smyth, Charles, *Cyril Forster Garbett*, Archbishop of York (Hodder & Stoughton, 1959).

Warren, M. A. C., *Crowded Canvas* (Hodder & Stoughton, 1974).

Wesley, John, *Journal,* abridged by Nehemiah Curnock (Epworth, 1949).

White, Paul, *Alias Jungle Doctor*, An Autobiography (Paternoster, 1977).

Whitley, Elizabeth, *Plain Mr. Knox* (Scottish Reformation Society, 1960).

Wiersbe, Warren, *Walking with the Giant*, a minister's guide to good reading and great preaching (Baker 1976).

Williams, W., *Personal Reminscences of Charles Haddon Spurgeon* (Religious Tract Society, 1895).

Woodforde, James, *The Diary of a Country Parson* 1758–1802. Edited by John Beresford in 5 Vols. (O.U.P. 1926–31).

4. Miscellaneous

Abbott, Walter M. (ed.), *The Documents of Vatican II* (Geoffrey Chapman, 1967).

Barth, Karl, *The Word of God and the Word of Man*, a collection of addresses first published in German in 1928. (Hodder & Stoughton, 1935; Peter Smith, 1958).

Baxter, Richard, *Poetical Fragments* (1681; Gregg International Publishers, 1971).

Berger, Peter L., *Facing up to Modernity* (Basic Books, New York, 1977).

Blamires, Harry, *The Christian Mind* (S.P.C.K., 1963).

Bounds, E. M., *Power through Prayer* (Marshall, Morgan & Scott, 1912).

Calvin, John, *Institutes of the Christian Religion*, first published 1536; completed 1959. (translated by F. L. Battler, in The Library of Christian Classics, Vols. 20 and 21, S.C.M. and Westminster, 1960).

Chrysostom: *Works of St. Chrysostom*. In *Post-Nicene Fathers*, Vol. X (Eerdmans, 1975).

Coggan, Donald, *Convictions* (Hodder & Stoughton, 1975; paperback 1978).

The Didache. In *Ante-Nicene Fathers*, Vol. VII (1886. Eerdmans 1975).

Eliot, George, *Scenes of Clerical Life* (1858; Penguin 1973).

Eusebius, *Ecclesiastical History* (S.P.C.K., 1928).

Golding, William, *Free Fall* (Faber, 1959; Harcourt Brace, 1962).

Fant, Clyde E., and Pinson, William M., (eds.), *Twenty Centuries of Great Preaching*, 13 Vols. (Word Books, 1971).

Glover T. R., *The Jesus of History* (S.C.M. 1917; Hodder & Stoughton, 1965).

Green, E. M. B., *The Truth of God Incarnate* (Hodder & Stoughton, 1977).

Grubb, Kenneth G., *A Layman Looks at the Church* (Hodder & Stoughton, 1964).

Henson, Hensley H., *Church and Parson in England* (Hodder & Stoughton, 1927).

Hernandez, José, *The Gaucho* (Part 1 1872, Part 2 1879. English translation by Walter Owen 1935; bilingual edition Editorial Pampa 1967).

Irenaeus, *Adversus Haereses*, Book IV, Ch. 26 (circa A.D. 200). In *Ante-Nicene Fathers*, Vol. 1 (1886; Eerdmans, 1962).

Justin Martyr, *The First Apology*, (circa. A.D. 150). In *Ante-Nicene Fathers*, Vol. 1 (1886; Eerdmans, 1962).
Knox, Ronald, *Essays in Satire* (Sheed & Ward, 1928; new edition 1954).
Latimer: *Select Sermons and Letters of Dr. Hugh Latimer* (R.T.S. und.)
  Works of Hugh Latimer (Parker Society Edition, Vol. 1, C.U.P., 1844).
Leacock, Stephen, *Sunshine Sketches of a Little Town* (McLelland & Stewart, 1948).
Lehmann, Helmut T. (ed.), *Luther's Works* (Fortress Press, 1965).
Lewis, W. H. (ed.), *Letters of C. S. Lewis* (Geoffrey Bles, 1966).
Luther's Table-Talk, 1566 (Captain Henry Bell, 1886).
Luther's Works (Concordia Publishing House, St. Louis, 1956).
Manning, Bernard L., *A Layman in the Ministry* (Independent Press, 1942).
Maugham, Somerset, *The Moon and Sixpence* (Penguin, 1919).
Melville, Herman, *Moby Dick* or *The Whale* (1851; Penguin, 1972).
Parker, J. H. (ed.), *A Library of Fathers of the Holy Catholic Church* (O.U.P., 1843).
Portable Mark Twain, The (Viking Press, New York, 1958).
Ramsey, Arthur Michael, and Suenens, Leon-Joseph, *The Future of the Christian Church* (S.C.M., 1971).
Schaff, Philip (ed.), *The Nicene and Post-Nicene Fathers* (1892, Eerdmans 1975).
Simeon, Charles, *Horae Homileticae*, or Discourses (in the form of skeletons) upon the whole Scriptures, in 11 Vols., 1819–20. Also An Appendix to the Horae Homileticae in 6 Vols., 1828. (Richard Watts, 1819–28).
  Let Wisdom Judge, University Addresses and Sermon Outlines, ed. Arthur Pollard (Inter-Varsity Fellowship, 1959).
Spurgeon, C. H., *Twelve Sermons on the Holy Spirit* (Marshall, Morgan & Scott, 1937; Baker, 1973).
Stewart, James S., *A Man in Christ* (Hodder & Stoughton, 1935; revised edition 1972; Baker, 1975).
Tertullian, *The Apology* (circa A.D. 200). In *Ante-Nicene Fathers*, Vol. 3 (1885; Eerdmans, 1973).
Toffler, Alvin, *Future Shock* (Bodley Head, 1970; Random, 1970).
Trollope, Anthony, *Barchester Towers* (1857; J. M. Dent, Everyman's Library, 1906).

Trueblood, Elton, *The Humour of Christ* (Harper & Row, 1964; Darton, Longman & Todd, 1965).
Twain, Mark, *The Adventures of Tom Sawyer* (1876; Pan Books 1965).
Walsh, Chad, *Campus Gods on Trial* (Macmillan 1962).
Welsby, Paul A. (ed.), *Sermons and Society*, an Anglican Anthology (Penguin, 1970).
Wesley, John, *Sermons on Several Occasions*, published in 4 Vols. 1746–60 (Epworth, 1944).

● **독자 여러분들께 알립니다!**
'CH북스'는 기존 '크리스천다이제스트'의 영문명 앞 2글자와
도서를 의미하는 '북스'를 결합한 출판사의 새로운 이름입니다.

존 스토트 설교의 능력

1판 1쇄 발행 2005년 1월 15일
2판 1쇄 발행 2017년 11월 8일
2판 2쇄 발행 2023년 8월 21일

발행인 박명곤 **CEO** 박지성 **CFO** 김영은
기획편집 채대광, 김준원, 박일귀, 이승미, 이은빈, 강민형, 이지은
디자인 구경표, 구혜민, 임지선
마케팅 임우열, 김은지, 이호, 최고은
펴낸곳 CH북스
출판등록 제406-1999-000038호
전화 070-4917-2074 **팩스** 0303-3444-2136
주소 서울시 강서구 마곡중앙6로 40, 장흥빌딩 10층
홈페이지 www.hdjisung.com **이메일** support@hdjisung.com
제작처 영신사

ⓒ CH북스 2017

※ 이 책은 저작권법에 따라 보호받는 저작물이므로 무단 전재와 복제를 금합니다.
※ 잘못 만들어진 책은 구입하신 서점에서 교환해드립니다.
※ CH북스는 (주)현대지성의 기독교 출판 브랜드입니다.

"크리스천의 영적 성장을 돕는 고전"
세계기독교고전 목록

1. 데이비드 브레이너드 생애와 일기 | 조나단 에드워즈 편집
2. 그리스도를 본받아 | 토마스 아 켐피스
3. 존 웨슬리의 일기 | 존 웨슬리
4. 존 뉴턴 서한집 - 영적 도움을 위하여 | 존 뉴턴
5. 성 프란체스코의 작은 꽃들
6. 경건한 삶을 위한 부르심 | 윌리엄 로
7. 기도의 삶 | 성 테레사
8. 고백록 | 성 아우구스티누스
9. 하나님의 사랑 | 성 버나드
10. 회개하지 않은 자에게 보내는 경고 | 조셉 얼라인
11. 하이델베르크 요리문답 해설 | 우르시누스
12. 죄인의 괴수에게 넘치는 은혜 | 존 번연
13. 하나님께 가까이 | 아브라함 카이퍼
14. 기독교 강요(초판) | 존 칼빈
15. 천로역정 | 존 번연
16. 거룩한 전쟁 | 존 번연
17. 하나님의 임재 연습 | 로렌스 형제
18. 악인 씨의 삶과 죽음 | 존 번연
19. 참된 목자(참 목자상) | 리처드 백스터
20. 예수님이라면 어떻게 하실까 | 찰스 쉘던
21. 거룩한 죽음 | 제레미 테일러
22. 웨스트민스터 소교리문답 강해 | 알렉산더 화이트
23. 그리스도인의 완전 | 프랑소아 페넬롱
24. 경건한 열망 | 필립 슈페너
25. 그리스도인의 행복한 삶의 비결 | 한나 스미스
26. 하나님의 도성(신국론) | 성 아우구스티누스
27. 겸손 | 앤드류 머레이
28. 예수님처럼 | 앤드류 머레이
29. 예수의 보혈의 능력 | 앤드류 머레이
30. 그리스도의 영 | 앤드류 머레이
31. 신학의 정수 | 윌리엄 에임스
32. 실낙원 | 존 밀턴
33. 기독교 교양 | 성 아우구스티누스
34. 삼위일체론 | 성 아우구스티누스
35. 루터 선집 | 마르틴 루터
36. 성령, 위로부터 오는 능력 | 앨버트 심프슨
37. 성도의 영원한 안식 | 리처드 백스터
38. 웨스트민스터 소요리문답 해설 | 토머스 왓슨
39. 신학총론(최종판) | 필립 멜란히톤
40. 믿음의 확신 | 헤르만 바빙크
41. 루터의 로마서 주석 | 마르틴 루터
42. 놀라운 회심의 이야기 | 조나단 에드워즈
43. 새뮤얼 러더퍼드의 편지 | 새뮤얼 러더퍼드
44-46. 기독교 강요(최종판) 상·중·하 | 존 칼빈
47. 인간의 영혼 안에 있는 하나님의 생명 | 헨리 스쿠걸
48. 완전의 계단 | 월터 힐튼
49. 루터의 탁상담화 | 마르틴 루터
50-51. 그리스도인의 전신갑주 I, II | 윌리엄 거널
52. 섭리의 신비 | 존 플라벨
53. 회심으로의 초대 | 리처드 백스터
54. 무릎으로 사는 그리스도인 | 무명의 그리스도인
55. 할레스비의 기도 | 오 할레스비
56. 스펄전의 전도 | 찰스 H. 스펄전
57. 개혁교의학 개요(하나님의 큰 일) | 헤르만 바빙크
58. 순종의 학교 | 앤드류 머레이
59. 완전한 순종 | 앤드류 머레이
60. 그리스도의 기도학교 | 앤드류 머레이
61. 기도의 능력 | E. M. 바운즈
62. 스펄전 구약설교노트 | 찰스 스펄전
63. 스펄전 신약설교노트 | 찰스 스펄전
64. 죄 죽이기 | 존 오웬